ULRIKE KÖCKERT

Die Beteiligung Dritter im
internationalen Zivilverfahrensrecht

Schriften zum Prozessrecht

Band 214

Die Beteiligung Dritter im internationalen Zivilverfahrensrecht

Von

Ulrike Köckert

Duncker & Humblot · Berlin

Die Juristische Fakultät der Universität Regensburg
hat diese Arbeit im Sommersemester 2008
als Dissertation angenommen.

Bibliografische Information der Deutschen Nationalbibliothek

Die Deutsche Nationalbibliothek verzeichnet diese Publikation in
der Deutschen Nationalbibliografie; detaillierte bibliografische Daten
sind im Internet über http://dnb.d-nb.de abrufbar.

Alle Rechte vorbehalten
© 2010 Duncker & Humblot GmbH, Berlin
Fremddatenübernahme: Klaus-Dieter Voigt, Berlin
Druck: Berliner Buchdruckerei Union GmbH, Berlin
Printed in Germany

ISSN 0582-0219
ISBN 978-3-428-13013-9

Gedruckt auf alterungsbeständigem (säurefreiem) Papier
entsprechend ISO 9706 ⊖

Internet: http://www.duncker-humblot.de

Vorwort

Die vorliegende Arbeit wurde von der Juristischen Fakultät der Universität Regensburg im Sommersemester 2008 als Dissertation angenommen. Für die Drucklegung habe ich Rechtsprechung und Literatur bis Dezember 2008 berücksichtigt.

Meinem Doktorvater Professor Dr. Andreas Spickhoff danke ich sehr herzlich. Er förderte mich seit meiner Studienzeit und weckte früh mein Interesse am internationalen Zivilrecht. In der Zeit, in der ich mich mit der Beteiligung des Dritten im internationalen Zivilverfahren beschäftigte, stand er mir jederzeit mit Rat zur Seite. Besonders danke ich auch Professor Dr. Peter Gottwald. Er ermöglichte mir, die vorliegende Arbeit an seinem Lehrstuhl zügig und konzentriert anzufertigen. Für seine stete Anteilnahme und für die schöne Zeit an seinem Lehrstuhl bin ich ihm sehr dankbar.

Schließlich möchte ich meiner Familie danken, die mir bei den Korrekturarbeiten sehr geholfen hat.

Ulrike Köckert

Inhaltsverzeichnis

Kapitel 1

Einleitung 15

A. Problematik 15
B. Untersuchungsgegenstand 17
C. Gang der Untersuchung 19

Kapitel 2

Rechtsquellen 21

Kapitel 3

Drittbeteiligung in den nationalen Verfahrensordnungen 25

A. Deutsches Recht 25
    I.   Streitverkündung 26
    II. Nebenintervention 28
    III. Hauptintervention und Prätendentenstreit 29
B. Französisches Recht 29
    I.   Streitverkündung *(intervention forcée mise en cause commun de jugement)* 30
    II. Interventionsklage *(intervention forcée mise en cause aux fins de condamnation)* 30
    III. Nebenintervention *(intervention volontaire accessoire)* 31
    IV. Hauptintervention *(intervention volontaire principale)* 33
    V. Drittwiderstand *(tierce opposition)* 34
    VI. Zusammenfassung 35
C. Englisches Recht 35
    I.   Interventionsklage *(part 20-Klage)* 36
    II. Streitverkündung und Nebenintervention in Form des *joinder* 38
    III. Hauptintervention *(interpleader)* 39
    IV. Rechtskrafterstreckung auf den verfahrensunbeteiligten Dritten 40

	1. Prozessmissbrauch *(abuse of process)*	42
	2. Repräsentation *(representation)*	44
D.	US-amerikanisches Recht	45
I.	Interventionsklage *(impleader)*	46
II.	Nebenintervention *(intervention)*	48
III.	Hauptintervention *(interpleader)*	50
IV.	Aufforderung zur Verteidigungsübernahme *(vouching in)*	51
	1. Voraussetzungen	52
	2. Wirkung	53
	a) *Issue preclusion*	53
	b) *Issue preclusion* hinsichtlich des Dritten	55
V.	Rechtskrafterstreckung auf den unbeteiligten Dritten *(mutual preclusion)*	56
	1. Rechtsnachfolger	56
	2. Repräsentation *(representation)* bei Interessenübereinstimmung	57
	3. Kontrolle der Prozessführung	58
VI.	Einseitige Rechtskrafterstreckung *(non-mutual preclusion)*	59
E.	Zusammenfassung	59

Kapitel 4

Gerichtspflichtigkeit eines Dritten in einem ausländischen Verfahren 63

A.	Gerichtspflichtigkeit nach autonomem deutschem Recht	63
I.	Anwendbares Recht	63
II.	Drittbeteiligungsinstitute	65
III.	Formvorschriften und Fristen	65
IV.	Nebeninterventionsinteresse	66
V.	Streitverkündungs- und Hauptinterventionsgrund	67
VI.	Ergebnis	68
B.	Gerichtspflichtigkeit nach der EuGVO	68
I.	Überblick über die Regelungen zur Drittbeteiligung	68
II.	Interventionsklage gemäß Art. 6 Nr. 2 EuGVO	69
	1. Normzweck	69
	2. Internationale, örtliche und sachliche Zuständigkeit	69
	3. Anwendungsbereich	70
	a) Allgemeine Auslegung	70
	b) Einordnung der einzelnen nationalen Rechtsinstitute	71
	(1) Hauptintervention des französischen Rechts	72
	(2) Hauptintervention des deutschen Rechts	73

       (3) Nebenintervention und Streitverkündung des französischen Rechts 74
       (4) Streitgenossenschaft des englischen Rechts 75
       (5) Ergebnis 76
    4. Voraussetzungen 76
      a) Anhängigkeit des Hauptverfahrens 76
      b) Gerichtsstand des Beklagten 77
       (1) Besonderer oder ausschließlicher Gerichtsstand nach der EuGVO 77
       (2) Gerichtsstand nach nationalen Verfahrensordnungen 78
      c) Gerichtsstand des Dritten 80
      d) Zusammenhang zwischen Haupt- und Interventionsklage 80
      e) Missbrauchsklausel 81
    5. Durchführung der Drittbeteiligung 84
      a) Zuständigkeits- und Zulässigkeitsregeln 84
      b) Anwendung nationaler Verfahrensregeln 84
      c) Einordnung nationaler Verfahrensregeln 85
    6. Vorbehalt nach Art. 65 EuGVO 85
    7. Ergebnis 87
III. Streitverkündung gemäß Artikel 65 EuGVO 88
    1. Auslegung des Begriffs „Streitverkündung" 88
      a) Nebenintervention 89
      b) Streitverkündung des französischen Rechts 90
    2. Sachlicher und räumlicher Anwendungsbereich der EuGVO 92
    3. Keine unmittelbare Gerichtspflichtigkeit des Dritten 92
    4. Anwendbares Recht 93
    5. Prüfung der Zulässigkeit der Streitverkündung 94
    6. Ergebnis 95
IV. Streitgenossenschaft gemäß Art. 6 Nr. 1 EuGVO 95
    1. Fallgruppen der englischen Streitgenossenschaft 96
    2. Qualifizierung als Streitgenossenschaft im Sinne der EuGVO 96
    3. Konnexität 98
      a) Allgemein 98
      b) Konnexität bei alternativer Schuldnerschaft 100
       (1) Regressanspruch 100
       (2) Alternative Schadensverursachung 101
       (3) Exkurs: Gesamtschuldnerschaft bei gemeinsamer Schadensverursachung 103
    4. Missbrauchskontrolle 104
    5. Ergebnis 105

C. Gerichtspflichtigkeit nach dem Übereinkommen von Lugano 106

Kapitel 5

Anerkennung der Drittwirkung 110

A. Einführung 110
   I. Interessen der Beteiligten 111
   II. Wirkungsgleichstellung oder Wirkungserstreckung 113
      1. Problemstellung 113
      2. Auffassung des autonomen deutschen Rechts 113
      3. Auffassung des Europäischen Rechts 115
   III. Anerkennungsverfahren 118
B. Anerkennung nach dem deutschen autonomen Recht 118
   I. Interventionsklageurteil 119
      1. Qualifikation 119
      2. Anerkennung der Hauptentscheidung 120
      3. Anerkennungshindernisse 122
         a) Anerkennungszuständigkeit – § 328 Abs. 1 Nr. 1 ZPO 122
         b) Ordnungsgemäße Zustellung – § 328 Abs. 1 Nr. 2 ZPO 124
         c) Ordre Public – § 328 Abs. 1 Nr. 4 125
         d) Gegenseitigkeit – § 328 Abs. 1 Nr. 5 125
   II. Entscheidung im *interpleader*-Verfahren 126
   III. Drittwirkung wegen Intervention 128
      1. *Issue preclusion* 128
      2. *Issue preclusion* hinsichtlich des Dritten 130
      3. Anerkennungsvoraussetzungen 133
         a) Anerkennung der Hauptentscheidung 133
         b) Anerkennungsvoraussetzungen im Hinblick auf den Dritten 135
   IV. Drittwirkung wegen *vouching in* 135
      1. Meinungsstand 135
      2. Analoge Anwendung des § 328 ZPO 138
         a) Regelungslücke 138
         b) Planwidrigkeit der Regelungslücke 139
         c) Vergleichbare Interessenlage 142
            (1) § 328 Abs. 1 Nr. 1 ZPO 142
            (2) § 328 Abs. 1 Nr. 2 ZPO 145
            (3) § 328 Abs. 1 Nr. 3 ZPO 146
            (4) § 328 Abs. 1 Nr. 5 ZPO 147
         d) Ergebnis 148
      3. Ordre public-Prüfung – § 328 Abs. 1 Nr. 4 ZPO 148

Inhaltsverzeichnis

V. Drittwirkung ohne Verfahrensbeteiligung 151
   1. Urteilswirkungen zu Lasten und zu Gunsten des Dritten *(mutual preclusion)* 152
      a) Vergleichbare Urteilswirkungen 152
         (1) Rechtsnachfolge 152
         (2) Repräsentation 153
         (3) Virtual representation 154
            (a) *Virtual representation* durch Interessenvereinigungen 155
            (b) *Virtual representation* aufgrund gesellschaftsrechtlicher Ausgestaltung 158
         (4) Freiwillige Unterwerfung am Beispiel der Bürgenhaftung 159
      b) Nicht vergleichbare Urteilswirkungen 160
         (1) *Virtual representation* wegen Interessenparallelität 161
         (2) Obliegenheit zum Verfahrensbeitritt 162
         (3) Kontrolle fremder Prozessführung 163
      c) Ordre public-Prüfung – § 328 Abs. 1 Nr. 4 ZPO 164
   2. Einseitige Urteilswirkung zu Gunsten des Dritten *(non-mutual preclusion)* 166
      a) Vergleichbarkeit 167
         (1) Interventionswirkung 167
         (2) Einrede entgegenstehender Rechtskraft des Versicherers 168
         (3) Einrede entgegenstehender Rechtskraft des akzessorisch Haftenden 169
         (4) Offensive Use 169
         (5) Ergebnis 169
      b) Ordre public-Prüfung – § 328 Abs. 1 Nr. 4 ZPO 170
      c) Ergebnis 171
VI. Ergebnis 172
C. Anerkennung nach der EuGVO 175
  I. Anerkennung eines Interventionsklageurteils 175
   1. Anerkennungsvoraussetzungen 176
   2. Keine Überprüfung der Anerkennungszuständigkeit 178
   3. Rechtliches Gehör bei Verfahrenseröffnung 179
  II. Anerkennung der Drittwirkung ohne Vollstreckungswirkung 180
   1. Drittwirkung wegen Nebenintervention oder Streitverkündung 181
      a) Prozessrechtliche Qualifikation und Wirkungserstreckung 181
      b) Sachlicher und persönlicher Anwendungsbereich 183
      c) Anerkennungsvoraussetzungen 185
         (1) Ordre public – Art. 34 Nr. 1 EuGVO 187
         (2) Rechtliches Gehör bei Verfahrenseröffnung – Art. 34 Nr. 2 EuGVO 190

Inhaltsverzeichnis

   (3) Unvereinbarkeit der Entscheidungen – Art. 34 Nr. 3 EuGVO .. 192
   (4) Keine Anerkennungszuständigkeit – Art. 35 Abs. 3 EuGVO ... 194
  2. Subjektive Rechtskrafterstreckung 195
   a) Rechtskrafterstreckung wegen eines *interpleader*-Verfahrens 197
   b) Rechtskrafterstreckung wegen Repräsentation 197
   c) Rechtskrafterstreckung wegen Prozessmissbrauchs 197
  3. Subjektive Rechtskrafterstreckung wegen *joinder* 199
 III. Rechtsfolgen bei Säumnis des Dritten 199
  1. Nach nationalen Verfahrensordnungen 199
  2. Anerkennung nach der Säumnisentscheidung 200
 IV. Ergebnis 201
D. Anerkennung nach dem Übereinkommen von Lugano 203

Kapitel 6
Substitution durch ausländische Beteiligungsinstitute   205

A. Einführung 205
B. Funktionale Äquivalenz 207
 I. Klageerhebung 207
  1. Charakteristische Merkmale einer Klageerhebung 207
  2. Vergleich mit ausländischen Beteiligungsinstituten 208
  3. Anerkennungsfähigkeit der zu erwartenden Entscheidung 210
  4. Umdeutung bei fehlender Anerkennungszuständigkeit 213
 II. Streitverkündung 214
  1. Charakteristische Merkmale einer Streitverkündung 214
  2. Vergleich mit ausländischen Beteiligungsinstituten 216
   a) Beteiligung mit Vollstreckungswirkung 217
   b) Beteiligung ohne Vollstreckungswirkung 217
  3. Anerkennungsfähigkeit der zu erwartenden Entscheidung 218
C. Ergebnis 219

Kapitel 7
Drittbeteiligung im internationalen Versicherungs- und Transportrecht   221

A. Internationales Versicherungsrecht 221
 I. Drittbeteiligung nach Art. 11 EuGVO 222
  1. Normzweck und praktische Bedeutung 222
  2. Anwendungsbereich 223
  3. Drittbeteiligung des Versicherers gemäß Artikel 11 Abs. 1 EuGVO ... 224

       a) Interventionsklage 224
       b) Internationale, örtliche und sachliche Zuständigkeit 225
       c) Vorbehalt des nationalen Rechts 225
       d) Voraussetzung der erzwungenen Drittbeteiligung des Versicherers .. 226
           (1) Zuständigkeit des Gerichts für die Entschädigungsklage 226
           (2) Anforderungen an die Zuständigkeit 227
               (a) Exorbitanter Gerichtsstand der Entschädigungsklage 227
               (b) Gerichtsstandsvereinbarung 228
           (3) Zusammenhang zwischen Entschädigungs- und Interventionsklage 230
      4. Drittbeteiligung gemäß Art. 11 Abs. 2 und 3 EuGVO 230
       a) Internationale und örtliche Zuständigkeit 231
       b) Direktklage gegen den Versicherer gemäß Art. 11 Abs. 2 EuGVO .. 231
       c) Drittbeteiligung der versicherten Person gemäß Art. 11 Abs. 3 EuGVO 232
           (1) Anwendbares Recht 232
           (2) Auslegung „Streitverkündung" 233
  II. Anerkennung von Entscheidungen in versicherungsrechtlichen Streitigkeiten 235
  III. Ergebnis 237
B. Internationales Transportrecht 239
  I. Information des Regressschuldners von dem Haftungsprozess 240
      1. Auslegung „in Kenntnis setzen" – Art. 39 CMR 240
      2. Auslegung „Streitverkündung" – Art. 51 § 1 CIM 242
  II. Möglichkeit der Verfahrensbeteiligung 243
  III. Rechtsfolge Einredeausschluss 244
      1. Qualifizierung des Einredeausschlusses als Entscheidungswirkung 245
      2. Anerkennung der Bindungswirkung im Folgeverfahren 247
  IV. Ergebnis 248

Kapitel 8

Ausschluss der Drittbeteiligung im Erstverfahren   249

A. Gerichtsstandsvereinbarung 250
  I. Interventionsklage 250
  II. Streitverkündung 251
B. Prozessvertrag 252
  I. Anwendbares Recht 253
  II. Zulässigkeit 254
  III. Einzelne Drittbeteiligungsmöglichkeiten 255

Inhaltsverzeichnis

C. Auslegung von Gerichtsstandsvereinbarungen 257
  I. Auslegung als Ausschluss der Interventionsklage 257
  II. Umdeutung in einen Ausschluss der Streitverkündung 257
D. Rechtsfolge einer Vertragsverletzung 259
  I. Gerichtsstandsvereinbarung 259
  II. Prozessvertrag 260
    1. Unmittelbare prozessuale Wirkung 260
    2. Überprüfung der Zulässigkeit im Erst- oder Folgeverfahren 261
E. Ausschluss der Drittbeteiligung zu Lasten einer vertragsfremden Person 263
F. Ergebnis 265

Kapitel 9

Einreden und Rechtsbehelfe gegen die Drittwirkung im Folgeverfahren 266

A. Einrede mangelhafter Prozessführung 266
  I. Erhebung im Folgeverfahren 267
  II. Mangelnde Prozessführung und ordre public 267
  III. Feststellung mangelnder Prozessführung im Erstverfahren 268
B. Einrede fremder Rechtsordnung 270
C. Rechtsbehelf gegen die Drittwirkung 272
  I. Auswirkungen auf die Anerkennung 272
  II. Aussetzung des Verfahrens zur Vollstreckbarerklärung 273
D. Ergebnis 276

Kapitel 10

Schlussbetrachtung 277

A. Unterschiede in den nationalen Verfahrensregelungen 277
B. Mögliche Regelungssysteme im internationalen Zivilverfahrensrecht 278
C. Drittbeteiligungsmöglichkeiten nach der EuGVO 280
D. Schutz der Beteiligteninteressen im Erstverfahren 281
E. Schutz der Beteiligteninteressen im Anerkennungsverfahren 281

Literaturverzeichnis 285

Sachverzeichnis 299

Kapitel 1

Einleitung

A. Problematik

Der Zivilprozess wird von verschiedenen Grundsätzen geprägt. Da sich in der Regel zwei Beteiligte gegenüber stehen, geht das deutsche Prozessrecht von einem Zweiparteiensystem aus. Ein Zivilprozess kann demnach nur von einem Kläger gegen einen Beklagten geführt werden.[1] Dieses Prinzip spiegelt sich in der subjektiven Rechtskraft gemäß § 325 ZPO wider, die grundsätzlich nur die Parteien des Verfahrens erfasst.[2] Laut der Dispositionsmaxime bestimmt der Kläger, ob und worüber das Verfahren geführt wird. Dies gewährleistet, dass der Kläger sein Prozessrisiko sicher einschätzen kann. Eine gerechte Verteilung dieses Prozessrisikos schützt der Gleichbehandlungsgrundsatz. Der grundgesetzlich gesicherte Anspruch auf rechtliches Gehör und auf den gesetzlichen Richter wird durch die Zuständigkeitsordnung gewahrt, nach der ein gerichtliches Verfahren nur vor einem für den Rechtsstreit zuständigen Gericht eröffnet werden kann.[3] Die Zuständigkeitsregelungen verpflichten den Schuldner, vor dem gesetzlich bestimmten Gericht sein Recht zu nehmen.[4] Das Zuständigkeitssystem der §§ 12 ff. ZPO gleicht dabei die Zuständigkeitsinteressen des Beklagten mit dem Bedürfnis des Klägers aus, an einem zweckmäßigen, seine Prozessführung erleichternden Gerichtsstand zu klagen. Im Grundsatz treten die Interessen des Klägers zurück, weil der Schuldner seinen allgemeinen Gerichtsstand an seinem Wohnsitz hat (§ 12 ZPO). Einzelne materiellrechtliche Ansprüche können aber auch an den besonderen gesetzlich bestimmten Gerichtsständen geltend gemacht werden. Diese Gerichtsstände bestehen in der Regel im Interesse der Sach- und Ortsnähe (§ 32 ZPO), dem Schutz der schwächeren Partei (§ 29 c ZPO) oder einer Erleichterung der Rechtsverfolgung im Inland (§ 23 ZPO).

Die dargestellten Grundsätze werfen Probleme auf, wenn dem Verfahren ein Sachverhalt zugrunde liegt, an dem mehrere Personen (Kläger, Beklagter und Dritter) beteiligt sind. Jeder dieser Beteiligten kann in diesen Fällen daran interessiert sein, den Dritten an dem Verfahren zu beteiligen. Eine Verfahrensbeteili-

---

[1] *Blomeyer*, S. 65; Rosenberg/Schwab/*Gottwald*, § 40 Rn. 26.
[2] MünchKommZPO-*Gottwald*, § 325 Rn. 1.
[3] MünchKommZPO-*Patzina*, § 12 Rn. 2.
[4] MünchKommZPO-*Patzina*, § 12 Rn. 4; Rosenberg/Schwab/*Gottwald*, § 34 Rn. 7.

gung steht im Interesse des Beklagten, wenn der Dritte Schuldner eines Anspruchs auf Gewährleistung – z. B. für Mängel einer gelieferten Sache – oder eines Regressanspruchs ist. Der Kläger betreibt die Beteiligung des Dritten, wenn Beklagter und Dritter ihm gegenüber alternativ auf Schadenersatz oder Gewährleistung haften. Diese Fälle teilen die Gemeinsamkeit, dass der Dritte an einem Verfahren vor einem Gericht beteiligt werden soll, an dem er nicht seinen allgemeinen Gerichtsstand hat. Die Zuständigkeitsinteressen des Dritten werden damit zurückgedrängt. Die Interessen des Dritten treten noch weiter in den Hintergrund, wenn dieser von der Rechtskraft der Entscheidung zwischen den Hauptparteien erfasst wird, obwohl er den Ausgang des Verfahrens nicht beeinflusste. Die subjektive Rechtskrafterstreckung steht in Spannung zum Anspruch auf rechtliches Gehör.

Die Verfahrensbeteiligung kann auch vom Dritten selbst betrieben werden. Wirkt sich die Entscheidung negativ auf seine Rechtsstellung aus, will er den Ausgang des Verfahrens zu seinen Gunsten beeinflussen. Das Urteil kann ihm gegenüber Rechtskraft wirken oder gegen ihn vollstreckt werden. Die Entscheidung kann aber auch Tatbestandsmoment bestimmter nachteiliger Rechtsfolgen für ihn sein.[5] Beteiligt sich der Dritte auf sein eigenes Betreiben an dem Verfahren, kann die Dispositionsbefugnis des Klägers eingeschränkt sein. Da der Kläger nicht mehr darüber entscheiden kann, gegen welche Person er Rechtsschutz sucht, erhöht sich ohne seinen Einfluss das Prozessrisiko.

Einen Sonderfall stellt die Drittbeteiligung dar, wenn mehrere mutmaßliche Gläubiger einen Schuldner in Anspruch nehmen und sich über die Berechtigung streiten. Die Verfahrensbeteiligung steht entweder im Interesse des beklagten Schuldners, der verhindern möchte, zweimal in Anspruch genommen zu werden, oder wird vom Dritten selbst betrieben, wenn er einer Beeinträchtigung seiner Rechtsposition vorbeugen will. Auch in dieser Fallgruppe stehen sich das Interesse an einer Intervention und das Zuständigkeitsinteresse der Beteiligten gegenüber.

Die angesprochenen prozessualen Probleme bestehen auch, wenn das gerichtliche Verfahren einen Auslandsbezug aufweist. Zum Beispiel, wenn der Dritte seinen Wohnsitz in Deutschland hat, er aber an einem Verfahren vor einem ausländischen Gericht beteiligt werden soll. Die Frage begegnet auch dann, wenn der Dritte oder eine der Hauptparteien die Rechtsfolgen einer Drittbeteiligung an einem ausländischen Verfahren vor einem deutschen Gericht geltend machen. Im internationalen Zivilverfahrensrecht gewinnt die prozessuale Problematik der Drittbeteiligung noch an Schärfe, weil die Prozessführung im Ausland vielen Schwierigkeiten begegnet. Eine unbekannte Rechtsordnung, Sprachprobleme und erhöhte Kosten erschweren die ordnungsgemäße Rechtsverteidi-

---

[5] MünchKommZPO-*Schultes*, § 66 Rn. 1; Rosenberg/Schwab/*Gottwald*, § 50 Rn. 15.

gung.⁶ Vor diesem Hintergrund erscheint das Interesse des Dritten besonders schützenswert, nicht in einem Verfahren vor einem Gericht beteiligt zu werden, das für eine selbständige Klage gegen ihn keine Zuständigkeit besitzt. Aber auch der Kläger geht ein erhöhtes Risiko ein, wenn er im Ausland klagt. Wird die subjektive Rechtskraft gemäß des ausländischen Rechts auch auf Verfahrensunbeteiligte erstreckt, erhöht sich sein Prozessrisiko. Wird die Intervention des Dritten in einem ausländischen Verfahren großzügig zugelassen, schränkt das die Dispositionsbefugnis des Klägers ein. Auf der anderen Seite steht das Interesse desjenigen, zu dessen Gunsten der Dritte nach den nationalen Verfahrensordnungen beteiligt werden soll. Auch im internationalen Zivilverfahrensrecht muss sichergestellt sein, dass die materielle Rechtslage bei alternativen Ansprüchen zu Gunsten des Klägers gewährleistet ist und ein Dritter negativen Rechtsfolgen der Entscheidung vorbeugen kann. Ebenso darf der Schuldner nicht mehrmals in Anspruch genommen werden.

Die vorliegende Arbeit verfolgt deshalb das Ziel, das Spannungsfeld zwischen dem Beteiligungsinteresse, dem Anspruch auf rechtliches Gehör sowie dem Dispositionsgrundsatz im internationalen Zivilverfahrensrecht auszuloten und die verschiedenen Interessen angemessen auszugleichen.

B. Untersuchungsgegenstand

Die beschriebenen Sachverhaltskonstellationen tauchen in jeder Rechtsordnung auf, werden aber prozessual unterschiedlich gelöst. Die Arbeit geht deshalb von den prozessrechtlichen Möglichkeiten einer Drittbeteiligung in den verschiedenen Rechtsordnungen aus und untersucht, wie sie sich in einem Verfahren mit Auslandsbezug auswirken. Dabei werden nicht alle Möglichkeiten berücksichtigt, andere Personen an einem Verfahren zu beteiligen. Von Interesse sind nur die Beteiligungsformen, die den oben beschriebenen Interessengegensatz berühren. Ausgehend von den Beteiligungsmöglichkeiten des deutschen Rechts lässt sich der Untersuchungsgegenstand in zwei große Gruppen unterteilen. Erstens die unfreiwillige Verfahrensbeteiligung des Dritten, die zu einer Entscheidung führt, die ihm gegenüber Bindungswirkung oder Vollstreckungswirkung entfaltet, sowie zweitens eine freiwillige Verfahrensbeteiligung des Dritten, die ihn ebenfalls an die Entscheidung bindet oder zu einem Urteil führt, das zu seinen Gunsten vollstreckt werden kann. Nach der deutschen Terminologie beschäftigt sich die Arbeit vor allem mit der Streitverkündung, der dem deutschen Recht unbekannten Interventionsklage, der Nebenintervention

---

⁶ Zu den Sprachproblemen vgl. *Schack,* Rn. 573 ff. Zu den Kosten im Verfahren vor einem englischen oder US-amerikanischen Gericht vgl. *Kilian,* AnwBl. 2003, 452 ff. Zu der Kostenerstattung in Frankreich vgl. *Försterling, Kutscher-Puis,* IPRax 2002, 245. Vgl. außerdem die Länderberichte in *Schütze,* Rechtsverfolgung, Rn. 359 (England), Rn. 377 (Frankreich), Rn. 505 (USA).

und der Hauptintervention. Diese Einteilung mag einen deutschen Juristen überraschen, führt die Hauptintervention doch zu einem selbständigen Interventionsprozess. Es handelt sich also nicht um eine Drittbeteiligung in dem engen Sinne, dass eine fremde Person in einem Verfahren interveniert. Die Hauptintervention wird dennoch in die Untersuchung aufgenommen. Verfahrensordnungen anderer Staaten lösen das materiellrechtliche Problem, welches der Hauptintervention zugrunde liegt, nicht mit einer selbständigen Klage, sondern mit einer Intervention des Gläubigers im Verfahren selbst. Darüber hinaus berührt auch die deutsche Hauptintervention die Zuständigkeitsinteressen der Beteiligten, weil der Gläubiger seine Klage allein wegen des sachlichen Zusammenhangs mit dem Erstverfahren anhängig machen kann.

Die Streitgenossenschaft bleibt jedoch grundsätzlich unberücksichtigt, obwohl sie mit der Drittbeteiligung eng verwandt ist.[7] Sie dient vor allem der prozessökonomischen Zusammenfassung mehrerer Prozesse bei einheitlichem Prozessstoff, um Wiederholungen zu vermeiden und einzelne Streitpunkte besser beurteilen zu können.[8] Deshalb bewegt sie sich nicht im Spannungsfeld zwischen dem Beteiligungsinteresse und dem Anspruch auf rechtliches Gehör sowie der Dispositionsbefugnis der Parteien. Auf die Streitgenossenschaft wird jedoch in einer besonderen Konstellation eingegangen. Die oben beschriebenen Fallgruppen werden im englischen Recht teilweise von der Streitgenossenschaft erfasst. Diese erlaubt es, den Dritten auf eigenes Betreiben oder auf Veranlassung der Parteien an dem Verfahren mit der Folge zu beteiligen, dass das Urteil ihm gegenüber Wirkungen entfaltet. Damit berührt die englische Streitgenossenschaft den oben dargestellten Interessenkonflikt, der Gegenstand dieser Arbeit ist.

Abweichend von der Einteilung in eine freiwillige und eine unfreiwillige Verfahrensbeteiligung des Dritten geht die Arbeit aber auch auf Fallgruppen der subjektiven Rechtskrafterstreckung nach dem anglo-amerikanischen Recht ein. Die englische und US-amerikanische Rechtsordnung kennen eine subjektive Rechtskrafterstreckung auf den Dritten hauptsächlich aus zwei Gründen. Entweder wird der Dritte tatsächlich an dem Verfahren beteiligt, oder er wird so behandelt, als ob eine Verfahrensbeteiligung stattgefunden hat. Da die Rechtsordnungen diese beiden Formen nicht streng unterscheiden, werden ihre Auswirkungen auf ein Verfahren mit Auslandsbezug ebenfalls untersucht.

Die Arbeit bleibt aber nicht bei einer bloßen rechtsvergleichenden Betrachtung stehen, sondern verfolgt das Ziel, die Auswirkungen dieser Drittbeteiligung

---

[7] Aus diesem Grund bleiben auch die Prozessvollmacht und die Prozessstandschaft unbeachtet. Vgl. zur Prozessstandschaft im IZVR *Fragistas*, Festschrift Lewald S. 471 ff.; *Lindacher*, Festschrift Lüke S. 377, vgl. zur Prozessvollmacht *Schack*, Rn. 547.
[8] MünchKommZPO-*Schultes*, § 59 Rn. 1.

auf das internationale Zivilverfahrensrecht zu untersuchen. Das internationale Zivilverfahrensrecht setzt sich aus einer Vielzahl von Rechtsquellen zusammen.[9] Der Arbeit liegt aber nur eine Auswahl zugrunde, die im Hinblick auf ihre praktische Relevanz getroffen wurde. Sie beschränkt sich auf die Vorschriften der Zivilprozessordnung des deutschen Rechts, der EuGVO und dem Übereinkommen von Lugano, behandelt aber auch besondere Staatsverträge im internationalen Transportrecht. Damit wird die Drittbeteiligung anhand eines autonomen nationalen Rechts, einer europäischen Verordnung und eines Staatsvertrages dargestellt. Die Untersuchung zu den Vorschriften der ZPO dient als Beispiel für eine Drittbeteiligung an einem Verfahren eines Staates, mit dem Deutschland weder in der Europäischen Union, noch durch einen Staatsvertrag verbunden ist. Die Darstellung zu der EuGVO und zum Übereinkommen von Lugano ist ein Muster für die Drittbeteiligung an einem Verfahren mit Bezug zu einem Mitgliedstaat der Europäischen Union oder zu einem EFTA-Staat. Die Arbeit geht nur am Rande auf die Vorschriften des EuGVÜ ein, die ihren Anwendungsbereich weitestgehend verloren haben.[10] Diese Einschränkung erscheint vor dem Hintergrund vertretbar, dass die Vorschriften des EuGVÜ weitestgehend mit denen der EuGVO und des Übereinkommens von Lugano übereinstimmen.

C. Gang der Untersuchung

Am Anfang der Arbeit werden die Rechtsquellen und die einzelnen Drittbeteiligungsinstitute nach den jeweiligen Rechtsordnungen dargestellt, die der Untersuchung zugrunde liegen. Die Arbeit beschränkt sich dabei auf das französische, englische und US-amerikanische Recht, weil ihre Regelungen von den deutschen Bestimmungen stark abweichen. Sie erlauben, das Verfahren auf eine dritte Partei auszudehnen oder kennen eine großzügige subjektive Rechtskrafterstreckung. Damit sind sie geeignete Beispiele, die Drittbeteiligung im internationalen Zivilverfahrensrecht anhand der jeweiligen Rechtsquellen konkret darzustellen. Auf das schweizerische und österreichische Recht wird nur am Rande im weiteren Verlauf der Arbeit eingegangen. Eine tiefergehende Darstellung erscheint wegen ihrer Nähe zum deutschen und französischen Recht überflüssig.

Die darauf folgenden Kapitel spiegeln den Verfahrensverlauf einer Drittbeteiligung wider. Der Dritte wird an einem Verfahren zwischen zwei Hauptparteien beteiligt. Die Wirkungen dieser Intervention werden im Folgeverfahren aktuell. Aus diesem Grund untersucht das dritte Kapitel, inwieweit ein ausländisches Drittbeteiligungsinstitut in einem inländischen Erstverfahren ausgeübt werden

---

[9] Vgl. zu den Rechtsquellen *Schack,* Rn. 53.
[10] Dänemark und die EG vereinbarten mit Abkommen vom 19.10.2005, dass die EuGVO auch bzgl. Dänemarks anzuwenden ist, vgl. hierzu Kapitel 1.

kann. Es wird auch die Frage beantwortet, ob der Dritte in einem ausländischen Verfahren gerichtspflichtig wird. Das vierte Kapitel handelt von der Anerkennung der Drittwirkungen im Folgeverfahren, die in verschiedenen Verfahrenskonstellationen problematisiert wird. Die Anerkennung einer Vollstreckungswirkung gegenüber dem Dritten kann in einem Vollstreckbarerklärungsverfahren aktuell werden. Denkbar ist aber auch, dass sich einer der Beteiligten in einem folgenden streitigen Verfahren gegen den Dritten auf die Drittwirkung beruft. Anschließend wird im fünften Kapitel die Tatbestandswirkung einer Drittbeteiligung an einem ausländischen Verfahren thematisiert. Im Anschluss daran werden die besonderen Bestimmungen in den Rechtsgebieten beleuchtet, für die eine materiellrechtliche Dreiecksbeziehung typisch ist. Als Beispiel dienen das internationale Versicherungs- und Transportrecht. Am Ende der Arbeit wird untersucht, wie der Drittbeteiligung und ihrer Wirkungen vorgebeugt werden kann.

Kapitel 2

Rechtsquellen

Die Vorschriften über die Verfahrensbeteiligung Dritter im internationalen Zivilverfahrensrecht sind über eine Vielzahl von Staatsverträgen, europäischen Verordnungen und Bestimmungen des autonomen Rechts verstreut. Die Drittbeteiligung wird teilweise in folgenden multilateralen Staatsverträgen geregelt.

Das Brüsseler EWG-Übereinkommen vom 27.9.1968 über die gerichtliche Zuständigkeit und die Vollstreckung gerichtlicher Entscheidungen in Zivil- und Handelssachen (EuGVÜ)[1] sieht in seinem Art. 6 Nr. 2 einen Interventionsklagegerichtsstand vor. Protokoll V des Übereinkommens enthält Bestimmungen zur grenzüberschreitenden Streitverkündung. Besondere Vorschriften über die Drittbeteiligung in Versicherungssachen enthält Art. 10. Das Übereinkommen wird jedoch seit dem 1.3.2002 in den 15 alten EU-Staaten durch die EuGVO verdrängt. Für die zehn Beitrittsstaaten gilt diese Rechtslage seit dem 1.5.2004. Auch im Verhältnis zu Dänemark findet das EuGVÜ keine Anwendung mehr. Dänemark beteiligte sich zwar nicht an der Annahme der Verordnung (Art. 1 und 2 des Vertrages über die Europäische Union und gemäß dem Vertrag zur Gründung der Europäischen Gemeinschaft beigefügten Protokolls über die Position Dänemarks). In dem Abkommen über die gerichtliche Zuständigkeit und die Anerkennung und Vollstreckung von Entscheidungen in Zivil- und Handelssachen vom 19.10.2005[2] zwischen Dänemark und der EG wurde aber vereinbart, dass die EuGVO auch auf Dänemark anzuwenden ist. Aus diesen Gründen ist das EuGVÜ nur noch im Verhältnis zu Gebieten von Mitgliedstaaten anzuwenden, für die das Gemeinschaftsrecht nach Art. 229 EGV nicht gilt.

Ein weiteres multilaterales Abkommen, das Vorschriften zur Drittbeteiligung enthält, ist das Luganer Übereinkommen vom 16.9.1988 über die gerichtliche Zuständigkeit und die Vollstreckung gerichtlicher Entscheidungen in Zivil- und Handelssachen (LugÜ).[3] Dieses Übereinkommen wurde zwischen den EuGVÜ- und den EFTA-Staaten geschlossen, steht aber gemäß Art. 62 LugÜ auch Staaten offen, die weder der EU noch der EFTA angehören. Seitdem die EFTA-

---

[1] BGBl. 1972 II 774 (in Kraft seit dem 1.2.1973, BGBl. II 60), Neufassung vom 29.11.1996, BGBl. 1998 II 1411 (in Kraft seit dem 1.1.1999, BGBl. II 419).

[2] Abl. EU Nr. L 299/62, ratifiziert durch Beschluss des Rates vom 27.4.2006 Abl. EU L 120/22.

[3] BGBl. 1994 II 2658 (in Kraft seit dem 1.3.1995, BGBl. II 221).

Staaten Finnland, Österreich und Schweden sowie Polen der EU beigetreten sind und damit die EuGVO in diesen Staaten gilt, hat dieses Abkommen nur noch einen kleinen Anwendungsbereich. Dennoch wurde es am 30. Oktober 2007 in Lugano revidiert und an die europäische Entwicklung angepasst. Sein Inkrafttreten setzt die Ratifikation durch die Vertragsstaaten voraus.[4] Vertragsstaaten sind die Mitgliedstaaten der Europäischen Union sowie die Schweiz, Norwegen und Island.

Auch die Verordnung (EG) Nr. 44/2001 vom 22.12.2000 über die gerichtliche Zuständigkeit und die Anerkennung und Vollstreckung von Entscheidungen in Zivil- und Handelssachen (EuGVO)[5] kennt besondere Vorschriften über die Beteiligung Dritter. Die Verordnung wurde als Maßnahme der justiziellen Zusammenarbeit in Zivilsachen am 22.12.2000 vom Rat verabschiedet und trat am 1.3.2001 in Kraft.[6] Anders als das EuGVÜ gründet die EuGVO nicht auf Art. 293 EG-Vertrag, nach dem die Mitgliedstaaten die Förmlichkeiten für die gegenseitige Anerkennung und Vollstreckung richterlicher Entscheidungen vereinfachen sollen, sondern auf Art. 65 EG-Vertrag, der den Rat zu Maßnahmen ermächtigt, die der Verbesserung und Vereinfachung der Anerkennung und Vollstreckung gerichtlicher und außergerichtlicher Entscheidungen in Zivil- und Handelssachen dienen. Art. 65 EG-Vertrag wurde mit dem Vertrag von Amsterdam vom 2.10.1997[7] eingeführt. Er unterstellt die justizielle Zusammenarbeit unmittelbar der Zuständigkeit der Europäischen Gemeinschaft und belässt sie nicht im Anwendungsbereich intergouvernementaler Zusammenarbeit.[8] Die neue Rechtsgrundlage ermöglicht es, Fragen der justiziellen Zusammenarbeit in der Rechtsform einer Verordnung nach Art. 249 Abs. 2 EG-Vertrag zu regeln. Deshalb ist die EuGVO keine staatsvertragliche Regelung, sondern als Verordnung Bestandteil des sekundären Gemeinschaftsrechts und des acquis communautaire. Im Gegensatz zum EuGVÜ, das ein eigenständiger völkerrechtlicher Vertrag ist, dem ein den Europäischen Gemeinschaften beitretender Staat nur aufgrund eines EuGVÜ-Abkommens nach Art. 293 EG-Vertrag und Art. 63 EuGVÜ beitreten konnte, gilt die EuGVO als sekundäres Gemeinschaftsrecht unmittelbar in allen Mitgliedstaaten. Aus diesem Grund genießt sie gegenüber

---

[4] Übereinkommen über die gerichtliche Zuständigkeit und die Anerkennung und Vollstreckung von Entscheidungen in Zivil- und Handelssachen vom 30.10.2007.

[5] EG-Abl. 2001 Nr. L 12/1 (in Kraft seit dem 1.3.2001).

[6] Der EuGVO sind der Vorschlag der Kommission vom 26.10.2000 (KOM (2000) 689 endg., Abl. 2001 Nr. C 62 E 243 vom 27.2.2001) vorangegangen, der auf den Kommissionsvorschlag vom 14.7.1999 (KOM (99) 348 endg., BR-Drucks. 534/99 vom 23.9.1999) und der Stellungnahme des Europäischen Parlaments vom 21.9.2000 (Abl. 2001 Nr. C 146 94) zurückgeht.

[7] EG Abl. 1997 Nr. C 340 1; BGBl. 1998 II 386 (in Kraft getreten am 1.5.1999, BGBl. 1999 II 296).

[8] Zu Zweifeln an der Rechtsgrundlage vgl. *Schack,* IZVR, Rn. 106b m.w.N.

den nationalen zivilprozessualen Regelungen Vorrang.[9] Da gemäß Art. 234 EG-Vertrag die EuGVO der direkten Auslegungskompetenz des Europäischen Gerichtshofs unterliegt, ist ein Auslegungsprotokoll, wie es für das EuGVÜ erlassen wurde,[10] nicht erforderlich, um die einheitliche Rechtsanwendung in den Mitgliedstaaten zu gewährleisten. Die EuGVO verdrängt in ihrem Anwendungsbereich andere multilaterale und bilaterale Abkommen. Wie in dem EuGVÜ und dem LugÜ findet sich in der EuGVO in Art. 6 Nr. 2 ein Interventionsklagegerichtsstand, regelt Art. 65 die Anerkennung der Interventionswirkung grenzüberschreitender Streitverkündungen und enthält Art. 11 besondere Vorschriften für die Drittbeteiligung in versicherungsrechtlichen Streitigkeiten.

Im Bereich des Transportrechts finden sich besondere multilaterale Abkommen, die eigene und von den oben genannten Regelungen abweichende Vorschriften über die Drittbeteiligung enthalten. Beispielhaft sind hier zu nennen und zu behandeln das Genfer Übereinkommen vom 19.5.1956 über den Beförderungsvertrag im internationalen Straßengüterverkehr (CMR)[11] sowie das Übereinkommen vom 9.5.1980 über den internationalen Eisenbahnverkehr (COTIF)[12]. In seinem Anhang A finden sich Regelungen über die Eisenbahnbeförderung von Personen und Gepäck (CIV), in Anhang B Regelungen über die Eisenbahnbeförderung von Gütern (CIM). Auch dieses Sachgebiet wird in Zukunft von einer europäischen Verordnung geregelt. Am 23.10.2007 wurde die Verordnung über die Rechte und Pflichten der Fahrgäste im Eisenbahnverkehr erlassen, die voraussichtlich am 3.12.2009 in Kraft tritt.[13] Die Drittbeteiligung, das Regressverfahren sowie die Beteiligung des Regressverpflichteten im Entschädigungsverfahren werden in Art. 63 geregelt.

Das deutsche autonome Recht kennt nur eine gesetzliche Regelung der Drittbeteiligung im internationalen Zivilverfahrensrecht, die lückenhaft und über mehrere Gesetze verstreut ist. Zu nennen sind hier § 328 ZPO zur Anerkennungsproblematik sowie das 11. Buch der ZPO über die justizielle Zusammenarbeit in der EU. Desweiteren wird die Drittbeteiligung in den §§ 69 ff. ZPO geregelt,

---

[9] Zur Geltung der EuGVO auf dem Gebiet des Vereinigten Königreiches und Irlands vgl. *Kropholler,* EZPR, Einl. zur EuGVO Rn. 20; *Schack,* Rn. 106b; zur Einschränkung des räumlichen Geltungsbereiches in Bezug auf Dänemark vgl. *Kropholler,* EZPR, Einl. zur EuGVO Rn. 21.

[10] Protokoll betreffend die Auslegung des Übereinkommens durch den Gerichtshof vom 3.6.1971, BGBl. 1975 II 1138. Siehe die Erläuterungen im *Jenard*-Bericht, EG Abl. 1979 Nr. C 59/66-70.

[11] BGBl. 1961 II 1119 (in Kraft seit dem 5.2.1962, BGBl. II 12).

[12] BGBl. 1985 II 130 (in Kraft seit dem 1.5.1985, BGBl. II 1001). Das Protokoll von Vilnius vom 3.6.1999 betreffend die Änderungen des COTIF vom 9.5.1980 ist seit dem 1.7.2006 in Kraft.

[13] Verordnung (EG) Nr. 1371/2007 des Europäischen Parlaments und des Rates vom 23.10.2007 über die Rechte und Pflichten der Fahrgäste im Eisenbahnverkehr, veröffentlicht im Abl. EG 2007 L 315/14–41.

die aber nur reine Inlandsfälle im Blick haben. Im Versicherungsrecht finden sich besondere vertragliche Regelungen in den Allgemeinen Versicherungsbedingungen für Haftpflichtversicherungen (AHB und AKB).

Es ist deshalb festzuhalten, dass die EuGVO die Rechtsquelle mit dem breitesten Anwendungsbereich ist. Das LuGÜ, dessen Regelungen sich an den Vorgänger der EuGVO, das EuGVÜ, anlehnt und deshalb ähnliche Bestimmungen enthält, ist nur noch im Verhältnis zu wenigen Staaten anwendbar. Seine Regelungen werden deshalb nur als Exkurs im Bezug auf die Schweiz erklärt. Auf das EuGVÜ, das wegen des oben erwähnten Abkommens zwischen der EG und Dänemark kaum noch einen Anwendungsbereich besitzt, wird nicht näher eingegangen. Zudem enthält das EuGVÜ keine von der EuGVO abweichenden Regelungen. Anders gelagert ist der Fall der erwähnten transportrechtlichen Staatsverträge, weshalb auf sie in einem eigenen Kapitel eingegangen wird. Auch die Drittbeteiligung in Versicherungssachen wird näher erläutert. Denn zum einen enthält die EuGVO hierzu besondere Bestimmungen, zum anderen regeln die Allgemeinen Versicherungsbedingungen die Verfahrensbeteiligung des Versicherers auf besondere Weise.

Kapitel 3

Drittbeteiligung in den nationalen Verfahrensordnungen

A. Deutsches Recht

Der deutsche Zivilprozess wird vom Zweiparteienprinzip beherrscht, nach dem jeder Prozess zwei Parteien voraussetzt, von denen die eine gegen die andere Rechtsschutz begehrt.[1] Infolgedessen wird eine Entscheidung grundsätzlich nur zwischen den beteiligten Parteien rechtskräftig (§ 325 ZPO). Da in einem Rechtsstreit mehrere Personen verwickelt sein können, muss das Prozessrecht Möglichkeiten bereitstellen, weitere Personen an dem gerichtlichen Verfahren zu beteiligen. Auf beiden Parteiseiten (Kläger und Beklagter) können weitere Personen als Streitgenossen stehen, wenn die Voraussetzungen der §§ 59 ff. ZPO erfüllt sind. Verfolgen sie jedoch andere Interessen als Kläger und Beklagter, können sie wegen des Zweiparteienprinzips nicht als weitere Partei beteiligt werden. Es bleibt nur die Möglichkeit der Drittbeteiligung. Dem Dritten kann durch eine der Hauptparteien der Streit verkündet werden (§§ 72 ff. ZPO), jedoch kann die Initiative auch von ihm selbst ausgehen. Er tritt als Nebenintervenient dem Verfahren bei, wenn er eine der Hauptparteien unterstützen möchte, um eine für ihn ungünstige Entscheidung zu verhindern (§§ 66 ff. ZPO). Nehmen mehrere Personen eine Sache oder ein Recht gegenüber einem Schuldner für sich in Anspruch, und ist zwischen zweien von ihnen ein Rechtsstreit anhängig geworden, stehen verschiedene Institute zur Verfügung, um zu gewährleisten, dass der Schuldner nur an einen Gläubiger leisten muss. Bestreitet er seine Leistungspflicht, kann der am Verfahren nicht beteiligte Gläubiger seinen Anspruch im Wege der Hauptintervention geltend machen (§ 64 ZPO). Ist der Schuldner sich aber nur über die Person des Gläubigers im Unklaren, kann er durch Streitverkündung den Gläubigerstreit veranlassen, in dessen Rahmen beide Prätendenten um die Gläubigerstellung streiten (§ 75 ZPO). Dabei handelt es sich eigentlich nicht um eine Drittbeteiligung im engeren Sinne, weil der Dritte im Fall der Hauptintervention selbständige Klagen erhebt und infolge des Prätendentenstreits durch Wechsel Verfahrenspartei wird.

---

[1] *Rosenberg/Schwab/Gottwald,* § 40 Rn. 26. Siehe zur Kritik am Zweiparteienprinzip, *W. Lüke,* S. 423; *Koch,* KritV 1989, 323.

I. Streitverkündung

Mit der Streitverkündung benachrichtigt eine der Hauptparteien (Streitverkünder) den Dritten (Streitverkündungsempfänger) von einem Rechtsstreit[2] und gibt ihm die Möglichkeit, dem Verfahren als Nebenintervenient beizutreten. Da der Dritte sich am Verfahren beteiligen kann, wird als Kehrseite die Interventionswirkung herbeigeführt. Voraussetzung ist, dass in der Person des Streitverkünders ein Streitverkündungsgrund gegeben ist. Das heißt, dass ihm im Fall des ungünstigen Ausgangs des Rechtsstreits ein Anspruch auf Gewährleistung oder Schadloshaltung zusteht oder er einen solchen Anspruch des Dritten besorgt (§ 72 ZPO). Die Streitverkündung ist damit zulässig, wenn der Streitverkünder bei Dritten Regress nehmen kann oder ihm gegenüber für den Ausgang des Verfahrens verantwortlich ist.[3] Über den Wortlaut hinaus wird von der Streitverkündung aber auch die alternative Schuldnerschaft gefasst.[4] Darunter werden nicht Gesamtschuldverhältnisse verstanden, in denen dem Gläubiger zwei Schuldner zur Verfügung stehen, sondern Fälle, in denen der Anspruch gegen den Beklagten und derjenige gegen den Dritten so miteinander verbunden sind, dass ein Tatbestandsmerkmal den einen begründen und den anderen ausschließen kann.[5] Jedoch macht der Streitverkünder diese Ansprüche in dem anhängigen Verfahren nicht geltend. Das wäre wegen des oben beschriebenen Zweiparteienprinzips auch nicht möglich, weil der Dritte eine neue Verfahrenspartei wäre. Die dargestellten Ansprüche rechtfertigen nur die Streitverkündung. Sie können gegen den Dritten nur im Rahmen eines Folgeprozesses geltend gemacht werden. Die Hauptpartei verkündet den Streit, indem sie einen Schriftsatz bei Gericht einreicht, der dem Dritten von Amts wegen zugestellt wird.[6] Diese Förmlichkeit ist erforderlich, weil die Streitverkündung erst mit Zustellung wirksam ist, was wiederum den Eintritt der Interventionswirkung beeinflusst.

Die Streitverkündung führt zur Interventionswirkung und hemmt die Verjährung des Anspruchs, der den Streitverkündungsgrund bildet.[7] Sie zeitigt also prozessuale und materiellrechtliche Folgen. Kommt der Dritte der Streitverkündung nach und tritt dem Verfahren als Nebenintervenient bei, folgt die Interventionswirkung unmittelbar und unabhängig von der Zulässigkeit der Streitverkündung aus der Nebenintervention.[8] Beteiligt sich der Streitverkündungsempfänger

---

[2] Rosenberg/Schwab/*Gottwald*, § 51 Rn. 1.
[3] MünchKommZPO-*Schultes*, § 72 Rn. 6; Rosenberg/Schwab/*Gottwald*, § 51 Rn. 12.
[4] MünchKommZPO-*Schultes*, § 72 Rn. 9 und 12; Rosenberg/Schwab/*Gottwald*, § 51 Rn. 16.
[5] Rosenberg/Schwab/*Gottwald*, § 51 Rn. 17.
[6] MünchKommZPO-*Schultes*, § 72 Rn. 17.
[7] MünchKommZPO-*Schultes*, § 74 Rn. 11.
[8] MünchKommZPO-*Schultes*, § 74 Rn. 3; Rosenberg/Schwab/*Gottwald*, § 51 Rn. 26.

nicht an dem Verfahren, wird es ohne Rücksicht auf ihn weiter fortgesetzt.[9] Dennoch ist er an die verfahrensbeendende Entscheidung aufgrund der Streitverkündungswirkung gebunden (§ 74 Abs. 2 und 3 ZPO). Diese Wirkung unterscheidet sich nicht von der Interventionswirkung wegen einer Nebenintervention. Der Streitverkünder kann im Folgeverfahren die Richtigkeit der im Erstverfahren ergangenen Entscheidung nicht bestreiten (§ 74 Abs. 1 und 3 sowie § 68 ZPO). Die Streitverkündung wirkt grundsätzlich nur zu Gunsten, aber nicht zu Lasten der unterstützten Hauptpartei.[10] Die Interventionswirkung ist der Rechtskraft ähnlich, aber mit ihr nicht identisch. Zum einen setzt sie keinen endgültigen und vorbehaltlosen Ausspruch über eine Rechtsfolge voraus, sondern folgt schon aus jedem formell rechtskräftigen Urteil.[11] Zum anderen bezieht sie sich auf einen anderen Gegenstand. Sie bindet den Dritten nicht an die Entscheidung über den Streitgegenstand, sondern erstreckt sich auf die Richtigkeit der zugrunde liegenden rechtlichen und tatsächlichen Feststellungen.[12] Deshalb werden im Folgeverfahren Behauptungen und Beweismittel nicht berücksichtigt, die im Erstverfahren geltend gemacht werden konnten. Diese werden nur in Bezug auf Tatsachen zugelassen, die im Erstverfahren nicht zur Entscheidung standen. Ein weiterer Unterschied zur Rechtskraft ist, dass dem Dritten die Einrede schlechter Prozessführung zusteht (§ 68 ZPO). Dies ist für die Rechtskraftwirkung gänzlich ausgeschlossen. Die Streitverkündung führt deshalb nicht zu einer Rechtskrafterstreckung. Von der subjektiven Rechtskraft sind weiterhin nur die Parteien umfasst (§ 325 ZPO). Obwohl Interventionswirkung und Rechtskraft zu trennen sind, ist die Wirkung der Streitverkündung vom Schicksal der Klage abhängig. Wird sie zurückgenommen oder als unzulässig abgewiesen, entfällt auch die Interventionswirkung.

Der Streitverkündungsempfänger kann erst im Folgeverfahren beantragen, die Zulässigkeit der Streitverkündung zu überprüfen.[13] Sie unterscheidet sich von der Nebenintervention, die einen Zwischenstreit kennt, aus folgendem Grund. Die Hauptpartei wünscht die Beteiligung des Dritten, so dass sie vor einer Intervention gegen ihren Willen nicht geschützt werden muss. Da Verfahrensrechte nicht gefährdet sind, ist es prozessökonomischer, den Streit über die Zulässigkeit auf den Folgeprozess zu verschieben, weil es zur Zeit des Erstprozesses noch nicht absehbar ist, ob es überhaupt zu einem Verfahren gegen den Dritten kommt.

---

[9] MünchKommZPO-*Schultes*, § 74 Rn. 5.
[10] Zur Diskussion über den Umfang der Interventionswirkung vgl. Stein/Jonas/*Bork*, § 68 Rn. 11; Rosenberg/Schwab/*Gottwald*, § 50 Rn. 59.
[11] Rosenberg/Schwab/*Gottwald*, § 50 Rn. 66.
[12] Rosenberg/Schwab/*Gottwald*, § 50 Rn. 66.
[13] MünchKommZPO-*Schultes*, § 72 Rn. 17.

II. Nebenintervention

Auch die Nebenintervention löst wie die Streitverkündung eine Interventionswirkung gegenüber dem Dritten aus. Sie erfolgt aber auf Initiative des Dritten, der sich im Wege der Nebenintervention an der Führung eines fremden Rechtsstreits beteiligt, indem er aus eigenem Interesse eine der Hauptparteien unterstützt.

Da den Parteien eines Verfahrens grundsätzlich die Prozessführung obliegt (Parteiautonomie), kann ein Dritter in einem fremden Verfahren nur intervenieren, wenn er über ein besonderes Interesse verfügt. Es muss sich dabei um ein rechtliches Interesse am Sieg der unterstützten Hauptpartei handeln, das vorliegt, wenn die Rechtslage des Dritten durch ein für die Hauptpartei ungünstiges Urteil rechtlich nachteilig beeinflusst wird.[14] Ob dem Dritten der Sieg der Hauptpartei einen Vorteil bringt, ist unerheblich.[15] Ebenso sind nur wirtschaftliche oder tatsächliche Interessen, die einer persönlichen Beziehung zur Hauptpartei oder einer gemeinsamen Interessenlage entspringen, nicht ausreichend.[16] Liegt das Nebeninterventionsinteresse vor, hat der Dritte das Recht zum Beitritt. Die Voraussetzungen werden aber nicht von Amts wegen, sondern nur dann geprüft, wenn die Hauptpartei beantragt, die Nebenintervention zurückzuweisen (§ 71 ZPO).

Der Nebenintervenient tritt im Verfahren nicht als Vertreter der Hauptpartei auf, sondern handelt in eigenem Namen.[17] Ebenso wenig ist er Verfahrenspartei, weil er im Erstverfahren keinen eigenen Rechtsschutz begehrt. Er wird deshalb als Nebenpartei oder Streithelfer bezeichnet. Er kann alle Prozesshandlungen, die der Hauptpartei zustehen, in eigenem Namen vornehmen, ist aber nicht berechtigt, bürgerlichrechtliche Willenserklärungen abzugeben. Als Streithelfer ist seine Verfahrensstellung jedoch auf verschiedene Weise eingeschränkt. Seine Prozessführung darf weder Erklärungen und Handlungen der unterstützten Hauptpartei widersprechen, noch ihren Interessen zuwiderlaufen, weshalb ein Anerkenntnis oder ein Rechtsmittelverzicht unzulässig sind.[18] Der Streithelfer kann auch nicht über den Streitgegenstand verfügen.[19] Infolgedessen ist es ihm nicht möglich, einen Vergleich abzuschließen oder die Klage zurückzunehmen.

Eine stärkere Verfahrensstellung genießt jedoch der streitgenössische Nebenintervenient. Da die Rechtskraft der Entscheidung im Erstprozess auch auf sein Rechtsverhältnis mit der Gegenpartei einwirkt, besitzt er eine Doppelstellung

---

[14] MünchKommZPO-*Schultes*, § 66 Rn. 7; Rosenberg/Schwab/*Gottwald*, § 50 Rn. 14.
[15] Zur Diskussion siehe MünchKommZPO-*Schultes*, § 66 Rn. 9.
[16] MünchKommZPO-*Schultes*, § 66 Rn. 8.
[17] Rosenberg/Schwab/*Gottwald*, § 50 Rn. 33 f.
[18] Rosenberg/Schwab/*Gottwald*, § 50 Rn. 42 und 45.
[19] Rosenberg/Schwab/*Gottwald*, § 50 Rn. 41.

als Nebenintervenient und Streitgenosse (§ 69 ZPO). Deshalb darf er sich mit seinen Prozesshandlungen auch in Widerspruch zu der unterstützten Hauptpartei setzen.[20]

III. Hauptintervention und Prätendentenstreit

Die Hauptintervention ermöglicht es einem Dritten, seinen Anspruch auf eine Sache oder ein Recht geltend zu machen, über den zwischen anderen Personen ein Rechtsstreit anhängig ist.[21] Dabei handelt es sich nicht um eine Drittbeteiligung im engeren Sinne, weil der Dritte selbständige Klagen gegen den Kläger und den Beklagten des Hauptprozesses erhebt, weshalb ein selbständiger Interventionsprozess anhängig ist.[22] Dieser berührt den Hauptprozess grundsätzlich nicht. Aus diesem Grund ist eine Verfahrensverbindung nach § 145 ZPO zweckmäßig. Die Hauptintervention rechtfertigt auch nicht, die Rechtskraft der einen Entscheidung auf die Parteien des anderen Prozesses zu erstrecken. Deshalb ist es trotz Hauptintervention nicht ausgeschlossen, dass der Schuldner in beiden Verfahren verurteilt wird. Im Interventionsprozess sollte er dem Kläger des Hauptprozesses deshalb den Streit verkünden.

Die Hauptintervention regelt eine ähnliche Konstellation wie der Prätendentenstreit (§ 75 ZPO) oder die Urheberbenennung (§ 76 ZPO). Einem Schuldner stehen zwei Gläubiger gegenüber, die unabhängig voneinander einen Anspruch geltend machen. Bestreitet der Schuldner seine Leistungspflicht, kann der am Hauptprozess nicht als Kläger beteiligte Gläubiger die Hauptintervention durchführen. Ist sich der Schuldner nur unklar, wem er die Leistung schuldet, kann er dem anderen Gläubiger den Streit verkünden und mit Endurteil aus dem Verfahren ausscheiden. Der Gläubiger übernimmt im Wege des Parteiwechsels die Verfahrensstellung des beklagten Schuldners und führt den Rechtsstreit mit dem anderen Prätendenten weiter. Somit geht die Hauptintervention von dem Dritten aus, während der Prätendentenstreit von dem beklagten Schuldner veranlasst wird.

B. Französisches Recht

Das französische Recht kennt die unfreiwillige Verfahrensbeteiligung *(intervention forcée),* die entweder zu einer Entscheidung eines Anspruchs gegen den Dritten *(mise en cause aux fins de condamnation)* oder zu einer Erstreckung der Rechtskraft führt *(mise en cause commun de jugement).* Außerdem besteht die Möglichkeit der freiwilligen Verfahrensbeteiligung *(intervention volontaire),* die

---

[20] MünchKommZPO-*Schultes,* § 69 Rn. 11 und 13.
[21] Musielak/*Weth,* § 64 Rn. 4.
[22] Musielak/*Weth,* § 64 Rn. 1 f.

sich in eine Nebenintervention *(intervention volontaire accessoire)* und eine Hauptintervention *(intervention volontaire principale)* untergliedert.

I. Streitverkündung
(intervention forcée mise en cause commun de jugement)

Die Streitverkündung ist in Art. 325 und 331 ff. CPC[23] geregelt. Sie wird von einer Partei des Hauptverfahrens eingeleitet und erfolgt nach Art. 63, 68 Abs. 2 CPC in der Form einer Klage. Die Streitverkündung bezieht den Dritten als Hauptpartei in ein Verfahren ein und führt zur Rechtskrafterstreckung. Der Dritte wird autonome, von dem Streitverkünder unabhängige Verfahrenspartei, die alle Verfahrensrechte auch im Widerspruch zur Hauptpartei ausüben kann.[24] Die Erstreckung der Rechtskraft begründet jedoch keinen Vollstreckungstitel gegenüber dem Dritten,[25] sondern bezweckt, die mit der Entscheidung getroffenen Feststellungen für ein mögliches Folgeverfahren gegen den Dritten zu sichern. Die Streitverkündung ist aber nicht auf mögliche Rückgriffsansprüche beschränkt, sondern bietet den Hauptparteien auch die Möglichkeit, einen Widerspruch des Dritten im Rechtsbehelfsverfahren zu verhindern *(tierce opposition)*, indem er am Verfahren beteiligt wird. Dieses Beteiligungsinstitut setzt voraus, dass der Streitverkünder ein besonderes Interesse an einer gemeinsamen Entscheidung hat, und dass ein Sachzusammenhang zwischen der Hauptsache und dem Streitverkündungsgrund besteht *(connexité)*.[26] Darüber hinaus müssen die allgemeinen Voraussetzungen einer Klageerhebung erfüllt sein. Das französische Recht kennt eine besondere Zuständigkeitsnorm für die Streitverkündung. Sie ist jedoch auf internationale Sachverhalte nicht anwendbar.[27]

II. Interventionsklage
(intervention forcée mise en cause aux fins de condamnation)

Das französische Recht ermöglicht gemäß Art. 331 Abs. 1 CPC einer Hauptpartei nicht nur, den Dritten in das Hauptverfahren einzubeziehen, sondern auch gegen den Dritten einen selbständigen Anspruch geltend zu machen. Gegen den Dritten ergeht dann ein eigenes Urteil. Aus dem Zweiparteienprozess im Ausgangsverfahren wird durch die Streitverkündung ein Dreiparteienprozess. Ein Spezialfall der Streitverkündung mit Dritturteil sind die Garantieurteile. Art. 334

---

[23] Die Artikel des Code de Procédure Civile sind abgedruckt in *Dalloz, Édouard*, Nouveau Code de Procédure Civile, 95. Auflage 2003.
[24] *Guinchard*, Nr. 312.46.
[25] *Guinchard*, Nr. 312.46; *Dalloz*, CPC, Art. 331 Nr. 3.
[26] Art. 325 und 331 Abs. 2 CPC; *Guinchard*, Nr. 312.42.
[27] *Dalloz*, CPC, Art. 333 Nr. 3.

CPC unterscheidet zwischen dem einfachen und dem formalen Garantieurteil *(garantie simple* und *garantie formelle).*

Voraussetzungen einer Streitverkündung zwecks Verurteilung sind erstens die allgemeinen Voraussetzungen einer inzidenten Klageerweiterung. Danach muss der Streit in der Form einer Klageerhebung verkündet werden.[28] Zweitens müssen die Voraussetzungen einer Intervention nach Art. 325 CPC berücksichtigt werden. Der gegen den Dritten geltend gemachte Anspruch muss in einem sachlichen Zusammenhang mit dem Hauptverfahren stehen *(lien suffisant).* Drittens muss gemäß Art. 331 Abs. 1 CPC dem Streitverkünder das Recht zustehen, gegen den Dritten in der Hauptsache vorzugehen. Das heißt, dass dem geltend gemachten Anspruch nicht die Einrede der entgegenstehenden Rechtskraft entgegengehalten werden kann.[29]

Die Streitverkündung mit dem Ziel einer Verurteilung erfasst die Fälle der nachträglichen Streitgenossenschaft und der Alternativschuldnerschaft. Spezialfall ist die Garantieklage. Die einfache und formelle Garantieklage unterscheiden sich nach Art. 334 CPC danach, ob der Garantiekläger als persönlich Verpflichteter oder als Inhaber einer Sache verklagt wird. Zwischen dem Garantiebeklagten und dem Kläger des Hauptverfahrens wird durch die Garantieklage keine rechtliche Verbindung geschaffen.[30] Deshalb kann das Gericht den Dritten nicht direkt zu Gunsten des Klägers in der Hauptsache verurteilen.

Folge der Streitverkündung *(intervention forcée)* ist, dass gegen den Dritten ein Urteil ergeht, und dass der Dritte Partei des Hauptprozesses wird. Im Falle der einfachen Garantieklage wird der Interventionsbeklagte von der Rechtskraft der Entscheidung in der Hauptsache erfasst. Nach Art. 335 CPC bleibt der einfache Garantiekläger Partei des Hauptverfahrens. Der Garantiebeklagte kann deshalb nicht anstelle des Garantieklägers den Prozess in der Hauptsache führen. Da ihn aber auch die Rechtskraft der Entscheidung in der Hauptsache erfasst, verfügt er auch über Verteidigungsrechte in der Hauptsache. Der formelle Garantiekläger kann nach Art. 336 CPC vom Garantiebeklagten verlangen, ihn als Hauptpartei zu ersetzen.

III. Nebenintervention
(intervention volontaire accessoire)

Das Rechtsinstitut der freiwilligen Nebenintervention *(intervention volontaire accessoire)* ist im französischen Recht in Art. 328 und Art. 330 CPC geregelt, wonach der Dritte einem anhängigen Verfahren beitreten kann, um eine der

---

[28] Art. 63, 68 Abs. 2 CPC.
[29] *Cadiet,* CPC, Art. 331 Nr. 7.
[30] *Cadiet,* CPC, Art. 334 Nr. 2.

Hauptparteien zu unterstützen. Die *intervention volontaire accessoire* dient nicht der Durchsetzung eines eigenen Anspruchs in dem anhängigen Verfahren, sondern ermöglicht es dem Dritten, seine Interessen zu wahren. Mithilfe der Nebenintervention kann der Dritte das Risiko vermeiden, von der Hauptpartei nachlässig verteidigt oder bei Prozessverlust in Regresshaftung genommen zu werden. Der Intervenient muss über ein eigenes Interventionsinteresse verfügen, das hinreichend mit dem Hauptverfahren verbunden ist.[31] Die Rechtsbeziehungen, die der Intervention zugrunde liegen, dürfen aber nicht mit der zu verhandelnden Hauptsache übereinstimmen.[32] Ob eine solche Verbindung zwischen dem Interventionsinteresse des Dritten und der streitigen Hauptsache vorliegt, wird in freiem Ermessen vom Richter entschieden.[33] Ausreichend ist nach Art. 330 Abs. 2 CPC, dass der Dritte eine Verfahrenspartei unterstützt, um seine eigenen Rechte zu wahren. Im Gegensatz zur deutschen Rechtsordnung kann nach französischem Verfahrensrecht der Dritte auch zur Wahrung eines moralischen oder wirtschaftlichen Interesses beitreten.[34] Das französische Verfahrensrecht lässt außerdem die Intervention von Zusammenschlüssen zu, die nur Verbandsinteressen verfolgen. In dem Hauptsacheverfahren müssen entweder spezifische berufliche Rechte und Pflichten oder die Berufsehre betroffen sein.[35]

Die Nebenintervention wird formell wie eine Klage erhoben, weil sie nach Art. 63 CPC ein Unterfall des Zwischenstreits *(demande incidente)* ist, der nach Art. 68 Abs. 2 CPC in Form einer Klage eröffnet wird. Die Nebenintervention kennt keine besonderen Zuständigkeitsvorschriften, vielmehr ist das Gericht der Hauptsache auch für die Nebenintervention zuständig, weil der Klagegegenstand nicht geändert wird. Folgen einer Nebenintervention sind, dass der Dritte Partei des Verfahrens wird.[36] Trotzdem verfügt er nicht über die vollen Rechte einer Hauptpartei, sondern ist ihr untergeordnet.[37] Der Beitretende macht keinen eigenen Anspruch geltend, sondern unterstützt die Hauptpartei bei der Durchsetzung ihres Anspruchs, so dass der Streitgegenstand unverändert bleibt. Um die

---

[31] Art. 325 und Art. 330 Abs. 2 CPC.

[32] *Guinchard*, Nr. 312.32.

[33] *Dalloz*, CPC, Art. 325 Nr. 1.

[34] Der Beitritt eines Mieters und Vaters dreier Kinder in einen Prozess des Vermieters gegen einen anderen Mieter, der in seiner Wohnung ein Bordell betreiben wollte, ist deshalb zulässig. Der Erwerber einer Wohnung kann im Prozess zwischen dem Bauunternehmer und dem Verkäufer um die Fertigstellung intervenieren. Vgl. dazu *Guinchard*, Nr. 312.32.

[35] So konnte die französische Anwaltskammer in einem Prozess eines Vermieters gegen einen Anwalt intervenieren, der in dem Mietobjekt seine Anwaltskanzlei betrieb (Cour de Paris 21.5.1962, D. 1962. 668). Siehe auch *Cadiet*, CPC, Art. 330 mit ausführlichem Nachweis der Rechtsprechung.

[36] *Guinchard*, Nr. 312.33.

[37] *Guinchard*, Nr. 312.33.

Hauptpartei effektiv zu unterstützen, kann der Beitretende neue Verteidigungsmittel in den Prozess einführen. Er kann aber nicht über den Streitgegenstand verfügen. Nimmt er seine Intervention zurück, hat dies keine Auswirkungen auf den Fortgang des Verfahrens.[38] Ihm stehen nur die Rechtsmittel zur Verfügung, über die auch die Hauptpartei verfügt. Diese darf er nicht im Widerspruch zur Hauptpartei einlegen.[39] Ist die Entscheidung gegenüber den Hauptparteien formell rechtskräftig, kann auch der Dritte keine Rechtsmittel mehr einlegen. Da die Nebenintervention der Unterstützung einer Hauptpartei dient, ist ihr Schicksal von dem der Hauptsache abhängig.[40] Eine Verfahrensbeendigung führt deshalb zur Aufhebung der Intervention.

Die Verfahrensbeteiligung des Dritten bleibt aber auch im französischen Recht nicht ohne Folgen. Da er umfangreiche Beteiligungsrechte in einem fremden Verfahren erhält, ist er an die Rechtskraft des Urteils *(l'autorité de la chose jugée)* gebunden.[41] Zu Gunsten der gegnerischen Partei kann er aber nicht verurteilt werden. Gegen die Rechtskrafterstreckung kann er den Rechtsbehelf der *tierce opposition* einlegen. Diese wird weiter unten dargestellt.[42]

IV. Hauptintervention *(intervention volontaire principale)*

Die Hauptintervention des französischen Rechts ist wie die Nebenintervention ein Fall des freiwilligen Verfahrensbeitritts.[43] Sie ist in Art. 325 und Art. 329 CPC geregelt. Mithilfe der Hauptintervention kann ein Dritter einem Verfahren beitreten, um einen eigenen Anspruch gegen eine der Hauptparteien geltend zu machen. Streng genommen handelt es sich dabei nicht um den Beitritt eines Dritten, sondern um eine selbständige Klageerhebung. Der Dritte wird durch die Intervention klagende Partei des Hauptverfahrens; seine Stellung unterscheidet sich nicht von der anderer Verfahrensparteien. Die Hauptintervention ist nur zulässig, wenn ein eigener Anspruch gegen mindestens eine der Hauptparteien geltend gemacht wird, über den dem Dritten die Verfügungsbefugnis zusteht, und der mit der Hauptsache ausreichend verbunden ist *(lien suffisant)*.[44] Die Hauptintervention wird wie eine Klage erhoben, weshalb auch deren Voraussetzungen vorliegen müssen. Als inzidente Klage erfordert die Hauptintervention, dass bei Klageerhebung ein Hauptprozess anhängig ist. Im Gegen-

---

[38] Art. 330 Abs. 3 CPC.
[39] *Guinchard,* Nr. 312.33; *Cadiet,* CPC, Art. 330 Nr. 8; *Dalloz,* CPC, Art. 330 Nr. 7 mit weiteren Rechtsprechungsnachweisen; *Habscheid,* in Recht in Ost und West, S. 651 (653).
[40] *Cadiet,* CPC, Art. 330 Nr. 6.
[41] *Guinchard,* Nr. 312.33.
[42] *Guinchard,* Nr. 312.33.
[43] Art. 328 Abs. 1 CPC.
[44] *Guinchard,* Rn. 312.22; *Cadiet/Jeuland,* Rn. 459 Pkt. 1.

satz zur Nebenintervention ist die Hauptintervention nicht vom Schicksal des Hauptprozesses abhängig. Deshalb können die Verfahren unterschiedlich ausgehen, wenn der Dritte mit seinem Anspruch im Gegensatz zum Hauptkläger obsiegt oder die Klage des Hauptprozesses zurückgenommen wird.[45] Das Urteil über die inzidente Klage der Hauptintervention hat dieselben Urteilswirkungen wie eine selbständige Hauptklage.

V. Drittwiderstand *(tierce opposition)*

Nach französischem Recht kann sich der Dritte nicht nur am erstinstanzlichen Verfahren beteiligen. Es steht ihm auch offen, seine Interessen erst im Rechtsbehelfsverfahren mit dem Drittwiderstand[46] *(tierce opposition)* zu verteidigen. Dieses Rechtsinstitut, das die Art. 582 bis 592 CPC regeln, ist ein außerordentlicher Rechtsbehelf, um das angegriffene Urteil[47] überprüfen zu lassen.[48] Der Prüfungsumfang des Gerichts ist auf die vom Dritten angegriffenen Punkte beschränkt. Das Gericht ist dabei nicht an die tatsächlichen Feststellungen des entscheidenden Gerichts gebunden.[49] Der Drittwiderstand als außerordentliches Rechtsmittel besitzt aber keine Suspensivwirkung.[50] Das Gericht kann jedoch nach Art. 590 CPC die Vollstreckung der angefochtenen Entscheidung aussetzen. Da der Prüfungsumfang des Gerichts durch den Antrag des Widerspruchsführers begrenzt ist, wird nur der Klageanspruch angegriffen, der den Dritten beeinträchtigt. Infolgedessen entfaltet die angefochtene Entscheidung nur gegenüber dem Dritten keine Wirkung. Das Verhältnis der Hauptparteien zueinander ist davon unberührt.[51] Es sind nur Personen befugt, Drittwiderstand einzulegen, die im bisherigen Verfahren weder als Partei, noch als Bevollmächtigte beteiligt waren, und die durch die angegriffene Entscheidung beschwert werden.[52] Der oben erwähnte Drittwiderstand des Nebenintervenienten ist eine Ausnahme, die durch die beschränkte Verfahrensstellung des Dritten als Nebenpartei gerechtfertigt ist. Damit erlaubt das französische Zivilprozessrecht unbeteiligten Dritten, ihre Rechte erst in der Rechtsmittelinstanz zu wahren. Der Dritte wird damit Verfahrenspartei. Theoretisch ist ein Dritter gemäß der in

---

[45] *Cadiet,* CPC, Art. 329 Nr. 7.
[46] Als Übersetzung findet sich auch Drittwiderspruchsklage. Sie ist jedoch ungenau, weil sie Assoziationen mit der Drittwiderspruchsklage nach § 771 ZPO weckt.
[47] Nach Art. 585 CPC sind aber alle Entscheidungen – ausgenommen die des Kassationsgerichts – mit dem Drittwiderstand angreifbar.
[48] *Guinchard,* Nr. 551.11.
[49] *Guinchard,* Nr. 551.271.
[50] Art. 579 CPC; *Guinchard,* Nr. 551.251.
[51] *Guinchard,* Nr. 551.271.
[52] *Guinchard,* Nr. 551.51. Deshalb ist derjenige, der schon im erstinstanzlichen Verfahren intervenieren konnte, im Rechtsbehelfsverfahren nicht präkludiert, vgl. *Spellenberg,* ZZP (106), 1993, S. 283 (310).

Art. 1351 CC geregelten Rechtskraft davor geschützt, dass ein Urteil auch für ihn Wirkungen entfalten kann.[53] Jedoch sind Konstellationen vorstellbar, in denen ein Urteil faktisch auch gegenüber einem Dritten wirkt. Dies ist der Fall, wenn die Beschränkung der subjektiven Rechtskraft nicht zur Wirkung kommt, weil die Beziehungen zwischen den Verfahrensparteien und dem Dritten wie im Fall der Gesamthand oder Gesamtschuldner- und Gesamtgläubigerschaft tatsächlich untrennbar sind. Für den Drittwiderstand ist es ausreichend, dass der Dritte ein besonderes Interesse an der Überprüfung der Entscheidung hat. Die angefochtene Entscheidung muss den Dritten derart belasten, dass er materielle oder moralische Nachteile erleidet oder erleiden könnte.[54] Er muss kein rechtliches Interesse besitzen.

VI. Zusammenfassung

Das französische Recht lässt eine Beteiligung Dritter an einem fremden Verfahren großzügig zu. Zum einen kann der Dritte in einem Verfahren intervenieren, wenn er nur ein wirtschaftliches Interesse verfolgt. Zum anderen ist er nicht gezwungen, sich an dem erstinstanzlichen Verfahren zu beteiligen. Er kann den Erlass der gerichtlichen Entscheidung abwarten und anschließend den Drittwiderstand einlegen. Die Hauptparteien können sich davor nur schützen, indem sie dem Dritten den Streit verkünden und ihn so gegen seinen Willen an dem Verfahren beteiligen.

C. Englisches Recht

Am 26. April 1999 traten in England die Civil Procedure Rules (CPR)[55] in Kraft, welche die unterschiedlichen Verfahrensrechte – die County Court Rules (CCR) für die County Courts sowie die Rules of the Supreme Court (RSC) für den Court of Appeal und die Civil Division des High Court – vereinheitlichten.[56] Nur das Verfahren vor dem House of Lords unterliegt weiterhin einer eigenen Verfahrensordnung (Part 2.1. CPR). Aus diesem Grund ist die rechtsvergleichende Literatur zur Drittbeteiligung im englischen Recht,[57] jedenfalls

---

[53] Der Code Civil ist in *Dalloz, Édouard, Wiederkehr, Georges,* Code Civil, 103. Auflage 2004 abgedruckt.

[54] *Guinchard,* Nr. 551.51.

[55] Die Civil Procedure Rules sind in *William, Rose, Ashfield, Evan* (Hrsg.), Blackstone's civil practice 2008 abgedruckt.

[56] Diese gelten nicht für Verfahren vor den Familiengerichten, auf die die *Familiy Proceedings Rules* anzuwenden sind. Vgl. The Familiy Proceedings Rules 1991, Statutory Instruments (SI) 1991 N° 1247 L 20, herausgegeben vom *Stationary Office*.

[57] *Kraft,* Grenzüberschreitende Streitverkündung und Third Party Notice, 1997; *Spellenberg,* Drittbeteiligung im Zivilprozess in rechtsvergleichender Sicht, ZZP 106 (1993), 283; *Grunsky,* in Grunsky, Stürner (Hrsg.), Wege zu einem europäischen Zivil-

was die zitierten Rechtsquellen anbelangt, weitgehend überholt. Das CPR ist eine Rechtsverordnung, die durch Verfahrensrichtlinien für die Prozesspraxis konkretisiert wird *(Practice Directions)* und zu deren Auslegung Entscheidungen *(cases)* herangezogen werden.[58]

I. Interventionsklage (*part 20*-Klage)

Das englische Recht enthält abweichend vom deutschen Recht die Möglichkeit, eine verfahrensunbeteiligte Person innerhalb eines bestehenden Verfahrens zu verklagen. Diese Klage, die in der deutschen Literatur als Interventionsklage bezeichnet wird, ist in Part 20 des CPR geregelt. Bevor die Civil Procedure Rules in Kraft traten, wurde diese Klage *third party notice* oder *impleader* genannt. Nach der neuen Terminologie handelt es sich bei der Interventionsklage um ein *Part 20 claim* in der Form des *additional claim*. Seit 2005 werden diese Klageformen nur als *additional claims* bezeichnet, auch wenn die Literatur oder gerichtliche Formulare von *Part 20 claims* sprechen.[59] Da Part 20 CPR nicht nur Klagen gegen Verfahrensunbeteiligte, sondern auch gegen andere Beklagte umfasst, bevorzugt die englische Literatur den Begriff des *additional claim for contribution or indemnity*.[60] Die deutsche Übersetzung als Interventionsklage ist ungenau. Im Interesse der Übersichtlichkeit wird hier von einer *Part 20*-Klage im Besonderen oder der Interventionsklage im Allgemeinen gesprochen. Eine *Part 20*-Klage gegen einen Dritten ist ein sogenanntes *additional claim* nach Part 20.2.2a CPR, da nicht der Kläger, sondern der Beklagte von ihm Gebrauch macht.[61] Sie wird wie jede andere Klage nach Part 7 CPR erhoben, der die Formalien der Klageerhebung regelt, unterliegt aber den Verfahrensbesonderheiten nach Part 20 CPR.[62]

Eine *Part 20*-Klage gegen einen verfahrensunbeteiligten Dritten oder gegen einen anderen Hauptbeklagten kann ausschließlich von einem Beklagten (dem Hauptbeklagten oder einer anderen mit einer *Part 20*-Klage verklagten Partei) erhoben werden. Sie setzt voraus, dass der klagende Hauptbeklagte einen Aus-

---

prozessrecht, S. 25; *Habscheid,* Die Voraussetzungen der Intervention Dritter in einen Rechtsstreit, in Recht in Ost und West, 1988, S. 651.

[58] *Bunge,* S. 59 f.

[59] Einführung zu Practice Direction Part 20 CPR; Civil Procedure (Amendement N°4) Rules Statutory Instrument (SI) 2005 N°3515 L 32.

[60] *Zuckerman,* 3.43 f.

[61] Grundsätzlich sind alle Klagen *Part 20*-Klagen, die nicht der Kläger gegen den Beklagten richtet, *Zuckerman,* Rn. 3.43. Part 20 CPR besitzt deshalb einen weiten Anwendungsbereich und umfasst sowohl Widerklagen gegen den Kläger, echte und unechte Drittwiderklagen sowie Klagen des Beklagten gegen andere Beklagte oder Verfahrensunbeteiligte beispielsweise wegen eines Ausgleichs- oder Freistellungsanspruchs (Part 20. 2).

[62] *Andrews,* Rn. 11.66.

gleichs- oder Freistellungsanspruch besitzt. Unter einem Anspruch auf Ausgleich *(contribution)* versteht das englische Recht einen Anspruch des Hauptbeklagten gegen einen Dritten auf Übernahme der Verpflichtung, die der Hauptbeklagte gegenüber dem Hauptkläger erfüllen muss wegen und in Höhe des Beitrags des Dritten zu dem zu ersetzenden Schaden.[63] Der Ausgleichsanspruch *(contribution)* ist deshalb mit dem Anspruch auf Gesamtschuldnerausgleich nach dem deutschen Recht vergleichbar. Bei dem Anspruch auf Freistellung *(indemnity)* handelt es sich um einen Anspruch des Hauptbeklagten gegen den Dritten auf Freistellung von der Verpflichtung, die er gegenüber dem Hauptkläger erfüllen muss. Er ist unabhängig von einem Handlungsbeitrag des Dritten zu dem entstandenen Schaden. Freistellungsansprüche bestehen zum Beispiel gegenüber dem Haftpflichtversicherer.[64]

Obwohl eine *Part 20*-Klage ohne Zustimmung des Gerichts erhoben werden kann, hat das Gericht die Möglichkeit, die Klage in einem anderen Verfahren zu verhandeln.[65] Das Gericht muss bei seiner Entscheidung den Zusammenhang zwischen der Klage des Klägers und der zusätzlichen Klage des Beklagten berücksichtigen. Es muss in Betracht ziehen, inwieweit der Beklagte substantiell denselben Anspruch geltend macht, wie er gegen ihn erhoben wird, und ob der Beklagte Fragen zur Entscheidung stellt, die nicht nur zwischen existierenden Parteien, sondern auch zwischen einer Partei und einem Verfahrensfremden bestehen (Part 20.9 CPR).

Infolge der *Part 20*-Klage erlangt der beklagte Dritte Parteistellung, der bis dahin noch nicht am Verfahren beteiligt war (Part 20.10 CPR). Im Verfahren, das nun um eine Partei und einen Streitgegenstand erweitert ist, wird auch über den Anspruch gegen den Dritten abschließend entschieden. Die *Part 20*-Klage führt deshalb nicht zu einer Bindung an die Urteilsfeststellungen, wie es die Streitverkündung nach dem deutschen Recht vorsieht, sondern zu einer endgültigen Entscheidung über den Anspruch gegen den Dritten. Eine Ausnahme von dieser Regel besteht, wenn der Dritte sich nicht gegen die Klage verteidigt. Im Fall der Säumnis kann ein Versäumnisurteil *(default judgment)* nicht ergehen, weil die Klage gegen den Dritten von der Entscheidung gegen den Hauptbeklagten abhängt.[66] Aus diesem Grund wird eine Säumnis wie ein Anerkenntnis der Klage gegen den Dritten behandelt, was in der Endkonsequenz zu einer Urteilsbindung an die Entscheidung gegen den Hauptbeklagten führt (Part 20.11.2 CPR).[67]

---

[63] *Zuckerman*, 3.58.
[64] *Zuckerman*, 3.58.
[65] *Bunge*, S. 155.
[66] *Zuckerman*, 3.63.
[67] Zu beachten ist, dass die Regelung des Part 20.11 CPR nur auf die hier behandelten *part 20 claims for contribution or indemnity* anwendbar ist. Bei Widerklagen, die ebenfalls *Part 20*-Klagen sind, ist ein Versäumnisurteil deshalb möglich.

II. Streitverkündung und Nebenintervention in Form des *joinder*

Will die beklagte Verfahrenspartei eigene Ansprüche gegen den Dritten in dem anhängigen Verfahren zur Entscheidung stellen, steht ihr die oben beschriebene *Part 20*-Klage zur Verfügung. Soll der Dritte jedoch an die gerichtliche Entscheidung zwischen den Hauptparteien gebunden werden, ohne dass Ansprüche gegen ihn geltend gemacht werden, besteht nur die Möglichkeit, ihn als Streitgenossen *(joinder)* in das Verfahren zu ziehen. Hintergrund dessen ist ein anderes Verständnis von Verfahrensbeteiligung im englischen Recht, nach dem an einem Verfahren vor einem englischen Gericht nur eine vollwertige Partei beteiligt sein kann, so dass weder das Institut des Streithelfers ähnlich dem deutschen Recht, noch das einer Nebenpartei ähnlich dem französischen Recht bekannt ist. Ein weiterer Grundsatz des englischen Rechts ist es, zusammenhängende Fragen mit Wirkung für alle Beteiligten zu entscheiden.[68] Aus diesem Grund finden sich in der englischen Rechtsordnung keine besonders geregelten Prozessinstitute der Nebenintervention oder der Streitverkündung.

Die Regelung des *joinder* und damit der Verfahrensbeteiligung Dritter sind noch durch zwei weitere Grundsätze geprägt. Zum einen handelt es sich bei einer Vielzahl von Klägern oder Beklagten immer um Streitgenossen *(joinder* nach Part 19.1 CPR). Zum anderen kann nach dem englischen Recht keiner gezwungen werden, Kläger in einem Verfahren zu sein. Deshalb kann eine Person gegen ihren Willen nur als Beklagter zu dem Verfahren hinzugezogen werden.[69] Ein Verfahrensunbeteiligter kann sich auf drei Wegen als *joinder* am Verfahren beteiligen. Zum einen kann er von Anfang an mit dem anderen Kläger oder Beklagten im Verfahren auftreten. Da er in diesem Fall an der Verfahrenseröffnung beteiligt ist, handelt es sich hierbei nicht um die Beteiligung eines Dritten. Zum anderen kann er auf seinen eigenen Antrag oder auf den Antrag einer der schon bestehenden Verfahrensparteien *joinder* werden. Schlussendlich kann das Gericht die Hinzuziehung des Dritten als *joinder* anordnen (Part 19.2.2 CPR). Geht die Initiative von dem Dritten oder einer bestehenden Verfahrenspartei aus, unterliegt die Beteiligung als *joinder* der gerichtlichen Zustimmung. Diese wird nur erteilt, wenn die Beteiligung des Dritten notwendig ist, um den gesamten zur Entscheidung gestellten Streitstoff zu klären, oder wenn zwischen einer der bestehenden Verfahrensparteien und dem Dritten Rechts- und Tatsachenfragen streitig sind, die mit dem anhängigen Verfahren im Zusammenhang stehen. Diese Voraussetzungen müssen unter Beachtung der Zielsetzung des CPR, eine Streitigkeit so umfassend wie möglich in einem Verfahren zu entscheiden,[70] und des Rechts des zukünftigen *joinder* auf ein faires

---
[68] *Blackstone*, 14.2; *Langan/Henderson*, S. 138; *Spellenberg*, ZZP 106 (1993), 283 (322).
[69] Practice Direction 19.2.2; *Zuckerman*, 12.5.
[70] *Zuckerman*, 12.2.

Verfahren[71] ausgelegt werden.[72] Dabei ist auch zu berücksichtigen, dass nach englischem Recht ein Kläger nicht gezwungen werden kann, entgegen seinem Willen gegen eine Person ein Verfahren zu führen.[73] Deshalb werden die Vorschriften zur Streitgenossenschaft *(joinder)* von den Gerichten sehr zurückhaltend angewendet.[74]

Wird der Dritte als *joinder* nach der Regelung des Part 19 CPR an dem anhängigen Verfahren beteiligt, wird er vollwertige Verfahrenspartei. Er kann seine Beteiligungsrechte deshalb unabhängig vom Willen der anderen Beklagten ausüben. Eine Beschränkung wie das deutsche Recht in § 67 ZPO, wonach der Intervenient sich nicht in Widerspruch zur unterstützten Hauptpartei stellen darf, kennt das englische Recht nicht. Infolgedessen ist der Dritte jedoch auch vollständig von der subjektiven Rechtskraft der Entscheidung erfasst. Die Entscheidung wirkt jedoch nicht einseitig nur zu Lasten des *joinder*, sondern auch zu seinen Gunsten, so dass eine andere Partei in einem Folgeverfahren mit dem Dritten sich nicht in Widerspruch zu den gerichtlichen Feststellungen stellen kann. Über einen Anspruch gegen den Dritten oder des Dritten gegen eine der Hauptparteien wird jedoch in diesem Verfahren nicht entschieden. Dieser ist nur bei der Frage interessant, ob die Voraussetzungen für die Streitgenossenschaft gegeben sind. Deshalb bereitet die Drittbeteiligung als *joinder* in der Regel einen Folgeprozess vor. Die Streitgenossenschaft ermöglicht es damit Personen, die am Verfahren ursprünglich nicht beteiligt waren, auf das Verfahren gegen den Willen der Hauptparteien Einfluss zu nehmen und so einen Folgeprozess vorzubereiten.

III. Hauptintervention *(interpleader)*

Wie das deutsche Recht regelt auch das englische Recht die Situation, dass ein Schuldner zwar bereit ist, seine Verpflichtung zu erfüllen, jedoch Unklarheiten über den Gläubiger bestehen. Für den Schuldner besteht in einem solchen Fall die Gefahr, an den vermeintlichen Gläubiger zu leisten und anschließend vom tatsächlich Berechtigten erfolgreich in Anspruch genommen zu werden. Dieses Problem kann in zwei Fällen auftreten. Erstens, wenn der Gerichtsvollzieher *(sheriff)* die Zwangsvollstreckung eines Urteils betreibt und die Sache von mehreren Gläubigern herausverlangt wird.[75] In diesem Fall handelt es sich um ein Verfahren des *sheriff's interpleader*, der dem Vollstreckungsbeamten die

---

[71] *Kent v. M&L Management & Legal Ltd and another* [2005] EWHC 2546.
[72] *Zuckerman*, 12.3.
[73] *Jacob*, 15/6/7.
[74] *Jacob*, 15/6/7. Laut *Habscheid*, in Recht in Ost und West, S. 666, spielt die Beiladung eine größere Rolle im englischen System als der freiwillige Beitritt.
[75] *Kraft*, S. 182.

gerichtliche Entlassung ermöglicht, wenn er von einem Dritten verklagt wird.[76] Da der *sheriff's interpleader* im Rahmen eines Zwangsvollstreckungsverfahrens durchgeführt wird, soll er hier nicht näher interessieren, auch wenn das Gericht über den Anspruch des Dritten entscheiden muss.[77] Zweitens ist die Berechtigung des Gläubigers unklar, wenn der Schuldner eine Sache für zwei Personen hält und beide die Herausgabe verlangen. Zum Beispiel der Frachtführer, der das Transportgut entweder an den Absender oder den Empfänger herauszugeben hat, beide sich aber um die Berechtigung streiten, oder der Immobilienagent, der sich Forderungen des Verkäufers und des Käufers gegenüber sieht. Hierbei handelt es sich um die Form des sogenannten *stakeholder interpleader*. Auch nach Inkrafttreten des CPR ist das *interpleader*-Verfahren nicht einheitlich durch die Civil Procedure Rules geregelt. Es existieren vielmehr unterschiedliche Vorschriften in den einzelnen Verfahrensrechten. Deshalb gibt es für den *County Court* und den *High Court* unterschiedliche Regelungen.[78] Grundsätzlich kann der Beklagte, der seine Verpflichtung nicht bestreitet, dem aber unklar ist, wem er schuldet, nach allen Verfahrensordnungen die Gläubiger auffordern, miteinander im Wege des *interpleader*-Verfahrens um die Berechtigung zu prozessieren. Das Gericht kann dann den Beklagten, der das Verfahren eingeleitet hat, durch den Dritten als Beklagten ersetzen.[79] Dem Dritten stehen als Beklagten nicht nur die Einreden des ursprünglich Beklagten, sondern auch seine eigenen zu.[80] Der ursprünglich Beklagte scheidet auf diesem Wege aus dem Verfahren aus (Order 17 rule 5 [1]). Infolgedessen wird der ursprüngliche Beklagte an eine Entscheidung zu einem Verfahren gebunden, an dem er eigentlich nicht beteiligt war.

IV. Rechtskrafterstreckung auf den verfahrensunbeteiligten Dritten

Auch das englische Recht kennt den Grundsatz, dass das Gericht den Rechtsstreit zwischen den Parteien endgültig und abschließend entscheidet. Dieser Grundsatz findet sich nicht ausdrücklich in den Civil Procedure Rules, sondern ist in drei von der Rechtsprechung entwickelten Prinzipien enthalten, die in der englischen Literatur und Rechtsprechung weder einheitlich bezeichnet, noch genau voneinander abgegrenzt werden.[81] Die Regel der *res judicata* besagt, dass einmal entschiedene tatsächliche oder rechtliche Fragen nicht nochmals vor ein

---

[76] *Rotmann*, S. 11.
[77] Zum *sheriff's interpleader* siehe Rotmann S. 9 ff., 20 ff., 31 ff., 40.
[78] Für Verfahren vor dem *High Court* siehe CPR Sch 1, RSC Ord 17, rule 1, für Verfahren vor den *County Courts* siehe CPR Sch. 2, CCR Ord 33. *Andrew,* Rn. 11.136.
[79] *Bunge,* S. 154.
[80] *Jacob,* 17/5/4.
[81] *Zuckerman,* 24.48. Beim Gebrauch der Terminologie ist darauf zu achten, dass das US-amerikanische Recht dieselben Begriffe anders definiert.

Gericht gebracht werden können, so dass die Verfahrensparteien an diese Entscheidung gebunden und an weiteren Verfahren in der Sache gehindert sind.[82] Diese generelle Wirkung, die auch als *estoppel per rem judicatam* bezeichnet wird, umfasst die *cause of action estoppel* und die *issue estoppel*. *Cause of action estoppel* bedeutet, dass die Parteien den Rechtsstreit nicht erneut anhängig machen können, weil der streitige Anspruch in ein Urteil übergegangen ist *(merger)* und somit nicht mehr zur Disposition steht. Diese Urteilswirkung ähnelt in seinen Folgen – nicht in seiner Begründung – der entgegenstehenden Rechtskraft nach deutschem Recht. Anders als diese ist sie aber als Einrede ausgestaltet und nicht von Amts wegen zu beachten. *Issue estoppel* besagt, dass die Parteien an die tatsächlichen und rechtlichen Feststellungen des Gerichts gebunden sind, so dass ein diesen widersprechender Vortrag in einem anderen Verfahren zwischen den Parteien nicht berücksichtigt wird.[83] *Issue estoppel* bezieht sich immer nur auf entscheidungserhebliche Tatsachen. Anders als die *cause of action estoppel* bezieht sie sich auf die einzelnen entscheidungserheblichen Tatsachen und rechtlichen Fragen und verlangt nicht, dass im zweiten Verfahren dieselbe Streitsache *(cause of action)* verhandelt wird. Deshalb bindet sie die Parteien des ersten Verfahrens auch dann an die darin getroffenen Feststellungen, wenn im Folgeverfahren eine ganz andere *cause of action* verhandelt wird.[84] Hier bestehen Parallelen zum deutschen Recht, nach dem die Rechtskraft auch Präklusionswirkung besitzt.

Die Einreden der Rechtskraft *(cause of action estoppel* oder *issue estoppel)* können nur von den Parteien des Verfahrens erhoben werden, in dem die Sache *(res)* entschieden wurde.[85] Hintergrund dessen ist, dass die *res judicata* eine endgültige Entscheidung einer streitigen Sache voraussetzt, im Verhältnis zu verfahrensfremden Personen diese aber gerade nicht getroffen wurde. Darüber hinaus ist ein Verfahrensfremder nicht zu seinen Lasten an die Entscheidung gebunden, weil sein Anspruch auf rechtliches Gehör sonst nicht gewahrt wäre.[86] Eine Bindung tritt selbst dann nicht ein, wenn die Verfahrenspartei im Folgeverfahren nur in einer anderen Funktion – z.B. als Gesellschafter und nicht für die Gesellschaft – auftritt.[87]

Der verfahrensunbeteiligte Dritte kann sich aber auch nicht zu seinen Gunsten auf diese Entscheidung berufen. Da sich der Dritte gerade auf das Verfahrensergebnis bezieht, handelt es sich dabei nicht um ein Problem des rechtlichen Gehörs. Jedoch soll eine Verfahrenspartei frei sein, die streitige Sache

---

[82] *Ord v. Ord* [1923] 2 KB 432 bis 439.
[83] *Zuckerman,* 24.48.
[84] *Zuckerman,* 24.48 m.w.N.
[85] *Zuckerman,* 24.50.
[86] *C (A Minor) v. Hackney LBC* [1996] 1 All E.R. 973 (CA).
[87] *Marginson v. Blackburn BC* [1939] 2 K.B. 426 (CA).

gegenüber einem Verfahrensfremden vollumfänglich zu verhandeln. Da die Anstrengungen, die eine Partei zu ihrer Verteidigung unternimmt, abhängig sind von ihrem Prozessrisiko, ist davon auszugehen, dass sie in Verfahren um geringere Summen weniger investiert als in Verfahren, die sie gegenüber einer Vielzahl von Personen verlieren könnte.[88] Grundsätzlich ist es deshalb nach dem englischen Recht möglich, endgültige gerichtliche Feststellungen und Entscheidungen in einem Verfahren mit einem Dritten infrage zu stellen, sog. *collateral attack*.

Der Grundsatz, dass die *res judicata* nur zwischen den Verfahrensparteien wirkt, und die Möglichkeit eines *collateral attack* werden im englischen Recht aus verschiedenen Gründen begrenzt.

1. Prozessmissbrauch (abuse of process)

Der Grundsatz der *res judicata* wurde mit der *Henderson v. Henderson rule* um den Gedanken des Verfahrensmissbrauchs erweitert. Da die *res judicata* sich nur auf die Tatsachen und rechtlichen Fragen erstreckt, die im Verfahren tatsächlich vorgebracht und festgestellt wurden, wirkt sie nicht hinsichtlich der tatsächlichen und rechtlichen Fragen, die zwischen den Parteien nicht verhandelt wurden.[89] *Res judicata*, *cause of action estoppel* und *issue estoppel* wirken deshalb nur dann, wenn eine entschiedene Frage von den Parteien wiederholt kontrovers verhandelt wird. Dies wird ausführlich in *Baker v. Ian McCall International Ltd.*[90] ausgeführt:

„Issue estoppel in its strict sense requires that there should have been before the first court a claim asserted by one party against another giving raise to the relevant issue between them, and that there should have been a final determination by that court of that issue, therefore binding the same parties and their privies in litigation involving the same point before another court."

Die *Henderson v. Henderson rule*[91] erweitert diesen Grundsatz auch auf rechtliche und tatsächliche Fragen, die im ersten Verfahren nicht entschieden wurden. Sie verpflichtet die Parteien, den gesamten Streitstoff vorzubringen, damit alle Aspekte des Sachverhalts endgültig entschieden werden können. Die Parteien können keine weiteren Argumente oder Tatsachen vortragen, die sie schon im ersten Verfahren hätten vorbringen können.[92] Dabei ist es unerheblich, ob der Vortrag im ersten Verfahren vorsätzlich, fahrlässig oder rein zufällig

---

[88] *Zuckerman*, 24.50.
[89] *Barnett*, Rn. 6.01.
[90] *Baker v. Ian McCall International Ltd.* [2000] C.L.C. 189, 196 und 199 (QBD).
[91] *Henderson v. Henderson* (1843) 3 Hare 100.
[92] *Barrow v. Bankside Members Agency Ltd.* [1996] 1 All E.R. 981 bis 983 (CA).

unterblieb.[93] Die *Henderson v. Henderson rule* dient dem öffentlichen Interesse, ein Verfahren tatsächlich abzuschließen und den Beklagten vor weiteren Klagen in derselben Sache zu schützen. Sie ist eine eigenständige Einrede, die ihre theoretische Grundlage nicht in der Doktrin der *res judicata*, sondern in dem Verbot des Verfahrensmissbrauchs *(abuse of process)* findet.[94] Sie wird deshalb als *„Henderson v. Henderson rule"* bezeichnet. Noch in der Entscheidung *Barrow v. Bankside Members Agency Ltd.* findet sich der ausdrückliche Hinweis, dass es sich bei der *Henderson v. Henderson rule* nicht um eine Ergänzung der *res judicata* im weiteren Sinne oder der *cause of action estoppel* oder *issue estoppel* handelt.[95] Jedoch tendiert die gerichtliche Praxis dazu, die Grenzen zwischen der Einrede wegen *res judicata* und der von Amts wegen vorzunehmenden Abweisung wegen Verfahrensmissbrauchs zu verwischen.[96] In der gerichtlichen Praxis tritt die theoretische Begründung der *Henderson v. Henderson rule* als ein Aspekt des Verfahrensmissbrauchs deshalb genau so in den Hintergrund wie die Regelungen über die *res judicata* Wirkung einer Entscheidung.[97]

Ursprünglich konnte die *Henderson v. Henderson rule* nur auf Parteien des ersten Verfahrens angewendet werden, da nur ihnen der Vorwurf gemacht werden konnte, sie hätten nicht den gesamten Sachverhalt vorgetragen. Noch in *C (A minor) v. Hackney London Borough Council*[98] wurde darauf hingewiesen, dass die Einrede der *res judicata* auch dann nicht auf andere Personen ausgeweitet werden darf, wenn diese zwar am Verfahren nicht beteiligt sind, sie aber dasselbe Interesse wie eine der Verfahrensparteien vertreten. In *Bradford & Bingley Building Society v. Seddon*[99] stellte der Court of Appeal fest, dass in der früheren Rechtsprechung nicht ausreichend zwischen der *res judicata* und dem Verfahrensmissbrauch differenziert worden sei. Im Gegensatz zur *res judicata* setze die Regelung des Verfahrensmissbrauchs gerade nicht voraus, dass die streitige Sache identisch ist, so dass sie auch auf Verfahrensunbeteiligte angewendet werden könne. Diese Ansicht ist nicht unumstritten. In *Baker v. Ian McCall International Ltd*[100] wird dagegen eingewendet, dass die *Henderson v. Henderson rule* verlange, *„each party should bring forward its full case against the other"*, weshalb sie sich an die Parteien des vorhergehenden Verfahrens

---

[93] *Henderson v. Henderson* (1843) 3 Hare 100.
[94] So ausdrücklich *Sir Bingham* in *Barrow v. Bankside Members Agency Ltd.* [1996] 1 All ER 981 bis 983 (CA).
[95] *Barrow v. Bankside Members Agency Ltd.* [1996] 1 All E.R. 981 bis 983 (CA).
[96] *Stürner*, in Festschrift Schütze, S. 913 (923).
[97] In *Bragg v. Oceanus Mutual Underwriting Association (Bermuda) Ltd.* [1982] 2 Lloyd's Rep 132, 137 (CA) oder in *Talbot v. Berkshire CC* [1994] QB 290, 300 (CA) wurde auf einen Verfahrensmissbrauch abgestellt, obwohl tatsächlich die Einrede der *res judicata* einschlägig gewesen wäre.
[98] *C (A Minor) v. Hackney LBC* [1996] 1 WLR 789 (CA).
[99] *Bradford & Bingley Building Society v. Seddon* [1999] 1 WLR 1482 (CA).
[100] *Baker v. Ian McCall International Ltd* [2000] C.L.C. 189 (QBD).

richte. Jedoch wird gleichzeitig betont, dass die Regelung des Verfahrensmissbrauchs nicht in den Civil Procedure Rules geregelt sei, weshalb sie einer weiteren Entwicklung offenstehe. Auch andere Entscheidungen, die die Argumentation in *Bradford & Bingley Building Society v. Seddon* vorbereiten, weisen darauf hin, dass ein Verfahrensmissbrauch nach der *Henderson v. Henderson rule* unabhängig von einer Beteiligung im ersten Verfahren angenommen werden könne.[101] Diese erweiterte Anwendung der *Henderson v. Henderson rule* entspricht der allgemeinen Tendenz des englischen Rechts, wiederholte Verfahren zu vermeiden und die Parteien zur Klagehäufung zu ermuntern. Diese Bestrebung wird auch durch die neuen *Civil Procedure Rules* bestärkt, die weitreichende Regelungen zur subjektiven und objektiven Klagehäufung enthalten.[102]

Die Anwendung der *Henderson v. Henderson rule* im Verhältnis zu Dritten ist nur möglich, wenn ein *collateral attack* – also die wiederholte Verhandlung gegenüber einer der Parteien endgültig festgestellter tatsächlicher oder rechtlicher Fragen – verfahrensmissbräuchlich ist. Dies wird von der englischen Rechtsprechung bejaht, wenn es dem Dritten gegenüber offensichtlich unfair wäre, die streitige Sache wiederholt zu verhandeln[103] oder wenn diese geeignet wäre, das Vertrauen in die Justiz zu erschüttern.[104] Das bedeutet, dass der Dritte oder eine der Parteien des ersten Verfahrens sich nur auf die *Henderson v. Henderson rule* berufen können, um sich gegen eine Klage oder gegen ein Vorbringen im Prozess zu verteidigen. Die Doktrin des *abuse of process* ist nicht geeignet, eigenes Vorbringen zu unterstützen.

2. *Repräsentation* (representation)

Die Rechtskraft einer Entscheidung kann sich auch auf einen verfahrensunbeteiligten Dritten erstrecken, wenn dieser von einer der Verfahrensparteien im Verfahren repräsentiert wird. Die Repräsentation kann von dem Gericht angeordnet werden, aber auch von der Verfahrenspartei selbst ausgehen. Eine Repräsentation erfordert keine gerichtliche Erlaubnis, kann aber gerichtlich unterbunden werden. Voraussetzung ist, dass die Interessen des Dritten und der repräsentierenden Verfahrenspartei übereinstimmen. Ob dies der Fall ist, wird auch vor dem Hintergrund der zivilverfahrensrechtlichen Grundsätze *(overriding objec-*

---

[101] *Ashmore v. British Coal Corp* [1990] 2 QB 338; *Asher v. Secretary of State for the Environment* [1974] Ch 208.

[102] Siehe Part 7.3 CPR, wonach ein Klageformular mehrere Klagen enthalten kann, Part 19 CPR, der die Parteienhäufung und Ersetzung *(addition and substitution of parties)* regelt, und Part 20 CPR über die Widerklage und zusammenhängende Klagen *(counterclaim and additional claim)*.

[103] *Arthur J S Hall & Co (a firm) v. Simons* [2000] 3 All ER 673 (HL); *Palmer v. Durnford Ford (a firm)* [1992] 2 All ER 122 (QBD).

[104] *Secretary of State for Trade and Industry v. Bairstow* [2003] EWCA Civ 321 (CA).

tives) bestimmt, nach denen ein Verfahren effizient und ökonomisch durchgeführt werden soll.[105] Jedoch soll es ausreichend sein, dass die Rechts- und Tatsachenfragen *(issues of facts and law)* übereinstimmen.[106] Infolge der Repräsentation wird der repräsentierte Dritte an das Verfahrensergebnis gebunden, auch wenn er sich in dem Verfahren nicht beteiligen konnte oder womöglich gar keine Kenntnis von dem Verfahren hatte.[107] Diese Folge wird jedoch dadurch abgeschwächt, dass die Rechtskrafterstreckung der gerichtlichen Erlaubnis unterliegt (Part 19.6 [4]).[108]

D. US-amerikanisches Recht

Die Darstellung der Drittbeteiligung nach US-amerikanischem Recht beschränkt sich auf das Verfahren vor den Bundesgerichten. Dieses wird von den *Federal Rules of Civil Procedure* (F.R.Civ.Pr.)[109] geregelt, die grundsätzlich[110] für alle nicht strafrechtliche Verfahren vor den Bundesdistriktgerichten[111] gelten. Dabei handelt es sich nicht um parlamentarische Gesetze, sondern um Bestimmungen, die der Oberste Gerichtshof aufgrund gerichtlicher Praxis trifft.[112] Auf die Zivilprozessrechte der einzelnen Bundesstaaten muss aus zwei Gründen nicht eingegangen werden. Zum einen dienten die *Federal Rules of Civil Procedure* als Muster für die einzelnen US-amerikanischen Zivilprozessrechte der Bundesstaaten.[113] Zum anderen werden internationale Rechtsstreitigkeiten in der Regel vor Bundesgerichten ausgetragen.[114]

Die Möglichkeiten des US-amerikanischen Prozessrechts, Dritte an einem Verfahren zu beteiligen, ähneln denen des englischen Rechts. Es sind dies die Interventionsklage *(impleader),* die Nebenintervention *(intervention)* und die Hauptintervention *(interpleader).* Außer den prozessrechtlichen Instituten kennt das Bundesrecht die Bindungswirkung gemäß materiellen Rechts aufgrund des *vouching in,* das in seinen Voraussetzungen mit der Streitverkündung vergleich-

---

[105] *Zuckerman,* 12.24.

[106] *Independiente Ltd v. Music Trading On-Line (HK) Ltd* [2003] EWHC 470, Ch.D.

[107] *Howells v. Dominion Insurance Co Ltd* [2005] EWHC 552 (QB).

[108] *Zuckerman,* 12.26.

[109] Die *Federal Rules of Civil Procedure* sind im Internet unter http://judiciary.house.gov (Datum des Abrufs 12.1.2009) zugänglich.

[110] Es sei denn, spezielle Verfahrensordnungen wie die *Bankruptcy Rules* sind anzuwenden. Vgl. *Schack,* Einführung, S. 12.

[111] Rule 81 F.R.Civ.Pr.

[112] *Junker,* Discovery, S. 64.

[113] *Junker,* ZZP 101 (1988), 241 (258 ff. und 291 ff.).

[114] *Born,* S. 12 f.; *Junker,* Discovery, S. 68. Zu den einzelnen Voraussetzungen einer Zuständigkeit bei unterschiedlicher Staatszugehörigkeit *(diversity of citizenship)* nach 28 U.S. § 1332 vgl. *Schack,* Einführung, S. 19.

bar ist. Darüber hinaus kann eine Entscheidung auch gegenüber Personen Rechtskraft wirken, die sich am Verfahren überhaupt nicht beteiligt haben. Diese können mit ihren Einwendungen ebenso wie eine Verfahrenspartei aufgrund der Rechtskraft *(issue preclusion)* der Entscheidung präkludiert sein.

I. Interventionsklage *(impleader)*

Die Interventionsklage des amerikanischen Rechts ist der *impleader*.[115] Nach Rule 14 der F.R.Civ.Pr. ermöglicht sie dem Beklagten, einen unbeteiligten Dritten in einen bestehenden Rechtsstreit einzubeziehen und eigene Ansprüche gegen den Dritten geltend zu machen.[116]

Die Interventionsklage verfolgt das aus dem englischen Recht bekannte Ziel, den gesamten Streitstoff zusammenhängend in einem Verfahren zu erledigen.[117] Sie soll dem Risiko sich widersprechender Entscheidungen sowie einem Zeit- und Kostenverlust vorbeugen, die der Beklagte erleidet, wenn er seinen Anspruch gegen den Dritten in einem Folgeprozess geltend machen muss.[118] Außerdem dient sie der Prozessökonomie. Deshalb wird der Dritte als Interventionsbeklagter in einem Verfahren als Partei beteiligt.[119] Er findet sich aber nicht auf Seiten des Beklagten der Hauptklage wieder, da dieser gerade Kläger der Interventionsklage ist. Das Verfahren wird damit um einen weiteren Rechtsstreit und um eine weitere Verfahrenspartei erweitert. Als Beklagter der Interventionsklage und damit als Verfahrenspartei stehen dem Dritten nach Rule 14 a) F.R.Civ.Pr. alle prozessualen Möglichkeiten zu, sich gegen die Interventionsklage zu verteidigen. Außerdem kann er Widerklage *(counterclaim)* nach Rule 13 F.R.Civ.Pr. gegen den Drittkläger und Kreuzklage *(crossclaim)* gegen weitere Drittbeklagte erheben. Da die Interventionsklage vom Verfahrensausgang in der Hauptsache abhängt, stehen dem Drittbeklagten außerdem alle Verteidigungsrechte des Beklagten und Drittklägers gegen die Hauptklage zu.[120]

---

[115] Andere Bezeichnungen lauten *Third-Party-Practice* oder *Third-Party-Notice*.

[116] *Friedenthal/Kane/Miller* § 6.9, S. 361. Die Interventionsklage kann aber vom Kläger erhoben werden, wenn er Beklagter einer Widerklage *(counterclaim)* oder einer Kreuzklage *(crossclaim)* ist, *Friedenthal/Kane/Miller*, § 6.9, Fn. 1. Da der Dritte Beklagter der Interventionsklage ist, kann er seinerseits einen Vierten mit einer weiteren Interventionsklage einbeziehen (Rule 14 a) F.R.Civ.Pr.).

[117] *LASA Per L'Industria Del Marmo Societa Per Azioni v. Alexander*, 414 F. 2d 143, 146 (1969); *Hood v. Security Bank of Huntington*, 562 F. Supp. 749 (1983); *Friedenthal/Kane/Miller*, § 6.9, S. 361.

[118] *James/Hazard/Leubsdorf*, § 10.18, S. 634.

[119] *James/Hazard/Leubsdorf*, § 10.18, S. 633.

[120] Rule 14 F.R.Civ.Pr.; vgl. *Finkel v. U.S. v. Barbagallo* (Third Party Defendant), 385 F. Supp. 333 (1974); *Friedenthal/Kane/Miller*, § 6.9, S. 365; *James/Hazard/Leubsdorf*, § 10.18, S. 636.

Die Interventionsklage ist nur statthaft, wenn der Beklagte vertragliche oder gesetzliche Ansprüche geltend macht, die zu einer Überleitung der Haftung auf den Dritten führen.[121] Dies können Ansprüche auf Haftungsfreistellung *(indemnity)*[122] oder Forderungsübergang *(subrogation)*[123], Gesamtschuldnerausgleich *(contribution)*[124] oder Gewährleistung *(breach of warranty)*[125] sein. Die Interventionsklage setzt voraus, dass der Dritte dem Beklagten und nicht dem Kläger der Hauptsache verpflichtet ist. Kann der Hauptkläger gegenüber dem Dritten klagen oder bezieht der Beklagte den Dritten nur mit dem Argument in das Verfahren ein, der Dritte sei vollständig dem Hauptkläger verpflichtet, ist die Interventionsklage unzulässig.[126] Da die Verpflichtung des Dritten von der Verurteilung des Beklagten abhängig sein muss, sind Fälle der Alternativschuldnerschaft ausgeschlossen. Die Verpflichtung des Dritten muss auf demselben Rechtsgeschäft oder Ereignis wie die Klage in der Hauptsache gründen.[127] Eine identische Rechts- oder Tatsachengrundlage ist aber nicht erforderlich.[128] Deshalb kann der Beklagte z. B. wegen unerlaubter Handlung und der Dritte aufgrund eines Versicherungsvertrages verurteilt werden.[129]

Das Gericht der Hauptsache muss auch für die Interventionsklage zuständig sein. Die allgemeinen Vorschriften[130] werden jedoch an die Besonderheiten einer Interventionsklage angepasst. Eine örtliche Zuständigkeit des Gerichts *(venue)* wird nicht verlangt. Gegenüber ausländischen Interventionsbeklagten ergäbe sie sich aber aus 28 U.S.C. § 1391 (d), wonach Ausländer vor jedem Bun-

---

[121] *Friedenthal/Kane/Miller,* § 6.9, S. 362.
[122] *John Mohr & Sons v. GMR Associates, Inc.* 388 F.2d 907 (1968); *Funt v. Ruiz,* 58 A.D.2d 801, 396 N.Y.S.2d 418 (1977).
[123] *Glenn Falls Indem. Co. v. Atlantic Bldg. Corp.,* 199 F.2d 60 (1952); *Liberty Nat. Bank & Trust Co. of Savannah v. Interstate Motel Developers,* Inc. 346 F.Supp. 888 (1972).
[124] *DeHaas v. Empire Petroleum Co.,* 286 F.Supp. 809, 815 (1968); *New Hampshire Ins. Co. v. Petrik,* 343 So.2d 48 (1977).
[125] *Altec, Inc. v. FWD Corp.,* 399 F.2d 860 (1968); *Mitchell v. Duquesne Brewing Co.,* 34 F.R.D. 145 (1963).
[126] *Friedenthal/Kane/Miller,* § 6.9, S. 363.
[127] *W. Lüke,* S. 66.
[128] *James/Hazard/Leubsdorf,* § 10.18, S. 635.
[129] *Jones v. Waterman S.S. Corp.,* 155 F.2d 992 (1946).
[130] Die internationale Zuständigkeit richtet sich nach der *territorial jurisdiction.* Vgl. die allgemeine Darstellung in *James/Hazard/Leubsdorf,* § 2.4, S. 63 und *Schack,* Einführung, S. 23. Die Frage, ob das Gericht Rechtsprechungsgewalt über die Person des Beklagten besitzt, bestimmen die Regeln der *personal jurisdiction,* vgl. die allgemeine Darstellung in *James/Hazard/Leubsdorf,* § 2.3 ff., S. 60 ff. Die *subject matter jurisdiction* regelt, ob das Gericht Rechtsprechungsgewalt über den Rechtsstreit hat, vgl. die Darstellung in *James/Hazard/Leubsdorf,* § 2.22, S. 125; *Schack,* Einführung, S. 18. Die *venue* regelt die örtliche Zuständigkeit, vgl. die allgemeine Darstellung in *James/Hazard/Leubsdorf,* § 2.23, S. 126; *Schack,* Einführung, S. 32.

desgericht verklagt werden können.[131] Der Dritte sieht sich aber dennoch keiner unüberschaubaren Anzahl von Gerichtsständen gegenüber, weil auf ihn die Regel der *personal jurisdiction* Anwendung findet. Danach muss das Gericht Rechtsprechungsgewalt über die Person des Beklagten besitzen. Diese richtet sich nach denselben Voraussetzungen wie für eine selbständig erhobene Klage.[132] Deshalb muss der Beklagte einen zumindest minimalen Kontakt *(minimal contact)* zum Forumstaat besitzen.[133] Außerdem muss die Annahme des Gerichts, *personal jurisdiction* zu besitzen, angemessen und fair sein.[134] Das Bundesgericht muss auch über die *subject matter jurisdiction* verfügen, um die Interventionsklage entscheiden zu können. Die *subject matter jurisdiction* des 28 U.S.C. § 1331 ist im Fall der Interventionsklage durch 28 U.S.C. § 1367 lit. a modifiziert. Danach ist das Gericht der Hauptsache auch für den Regressstreit zuständig.

II. Nebenintervention *(intervention)*

Die Verfahrensbeteiligung eines Dritten kann nicht nur vom Beklagten auf dem Wege der Interventionsklage, sondern auch von ihm selbst veranlasst werden. Der Dritte bedient sich dabei der Intervention *(intervention)*, die in Rule 24 F.R.Civ.Pr. geregelt ist. Das amerikanische Prozessrecht kennt zwei Formen der Intervention. Es unterscheidet zwischen der Rechtsintervention *(intervention of rights)* und der Zulassungsintervention *(permissive intervention)*.

Da die Intervention den ursprünglich vorgebrachten Streitstoff erweitert, steht sie im Spannungsfeld zwischen dem Interventionsinteresse des Dritten und dem Interesse des Klägers, den Umfang seiner Klage, die beteiligten Parteien und die Prozessdauer und Kosten selbst zu bestimmen. Im Fall der Rechtsintervention wird dieser Interessengegensatz durch eine gesetzliche Regelung überwunden, die dem Dritten in bestimmten Fällen ein unbedingtes Interventionsrecht einräumt und so implizit entscheidet, dass die Interventionsinteressen des Dritten überwiegen.[135] Voraussetzung ist aber, dass die Drittinteressen in einem sachlichen Zusammenhang mit der Hauptsache stehen und durch die Entscheidung zwischen den ursprünglichen Parteien tatsächlich beeinträchtigt werden. Die US-amerikanische Rechtsprechung hat keinen Katalog einschlägiger Interessen entwickelt, sondern legt diese Anforderung weit am konkreten Fall aus.[136] Wel-

---

[131] *Götze*, S. 102.

[132] Zur Rechtsprechung amerikanischer Gerichte siehe die Nachweise in *James/Hazard/Leubsdorf*, § 10.18, S. 636, Fn. 23. Siehe die ausführliche Darstellung in *Götze*, S. 92. Gleiches gilt für die Voraussetzung der *territorial jurisdiction*.

[133] Entscheidung des Supreme Court *International Shoe Co. v. State of Washington* 326 U.S. 310 (1945).

[134] *Götze*, S. 93.

[135] *Friedenthal/Kane/Miller*, § 6.10, S. 367.

[136] *James/Hazard/Leubsdorf*, § 10.17, S. 628.

che Interessen berücksichtigt werden, hängt vom Streitstoff in der Hauptsache ab.[137] Wegen des Wortlauts der Rule 24 R.F.Civ.Pr. muss das Interesse des Dritten keine eigenständige Klage begründen können. Die Rechtsprechung ist vor allem bei Fragen von öffentlichem Interesse und bei Gruppeninteressen sehr großzügig.[138] Drittinteressen werden beeinträchtigt, wenn die Entscheidung wegen Vorgreiflichkeit eine Bindungswirkung für einen Rechtsstreit des Dritten entfaltet.[139] Außerdem dürfen die Drittinteressen nicht bereits adäquat im Prozess vertreten sein (Rule 24 a) R.F.Civ.Pr.), weshalb die Intervention unzulässig ist, wenn der Dritte denselben Anspruch wie eine der Hauptparteien geltend macht.[140] Erhebt der Dritte aber einen anderen, eigenen Anspruch, ist eine adäquate Vertretung ausgeschlossen. In den nicht so eindeutigen Fällen muss das Gericht im Einzelnen abwägen. Berücksichtigt wird, inwieweit die Interessen des Dritten mit denen der Hauptparteien übereinstimmen, und ob die Mittel der ursprünglichen Parteien für eine Interessenvertretung ausreichen.[141] Ein möglicher Prozessbetrug oder ein kollusives Zusammenwirken stellen ein Indiz dar. Eine Vertretung ist auch dann zu verneinen, wenn eine der Hauptparteien mehrere gegensätzliche Interessen vertritt, von denen eine auch der Dritte verfolgt.[142]

Sind die dargestellten Voraussetzungen einer Rechtsintervention nicht gegeben, kann die Intervention im Einzelfall von dem Gericht zugelassen werden *(permissive intervention)*. Bei seiner Entscheidung wägt das Gericht ab, ob die Interessen der ursprünglichen Parteien zurücktreten müssen. Es berücksichtigt das Verzögerungs- und Kostenrisiko sowie das Interesse des Rechtssystems an einer adäquaten Vertretung der Interessen unbeteiligter Personen, die durch die Entscheidung beeinträchtigt werden können.[143] Ausreichend ist, dass das geltend gemachte Interesse des Dritten eine Rechts- oder Tatsachenfrage mit der Hauptsache gemein hat. Im Gegensatz zur Rechtsintervention muss aber kein sachlicher Zusammenhang mit der Hauptsache vorliegen.[144] Dieser weite Anwendungsbereich wird dadurch ausgeglichen, dass die Zulassung von einer Ermessensentscheidung des Gerichts abhängt.

Infolge der Intervention wird der Dritte an das Urteil gebunden.[145] Über seinen eigenen Anspruch wird im Gegensatz zur Interventionsklage aber nicht ent-

---

[137] Siehe die Beispiele in *James/Hazard/Leubsdorf*, § 10.17, S. 628 f.
[138] Siehe die Beispiele in *James/Hazard/Leubsdorf*, § 10.17, S. 630.
[139] *Atlantis Development Corporation v. United States* 379 F.2d 818 (1967).
[140] *Friedenthal/Kane/Miller*, § 6.10, S. 371 ff.
[141] *James/Hazard/Leubsdorf*, § 10.17, S. 629.
[142] *Trbovich v. United Mine Workers of America*, 404 U.S. 528 (1972).
[143] *Friedenthal/Kane/Miller*, § 6.10, S. 373.
[144] *Iona Shipping Company v. British Law Insurance Company*, 426 F.2d 186 (1970).
[145] *James/Hazard/Leubsdorf*, § 10.16, S. 626.

schieden. Die Intervention ist deshalb auch dann statthaft, wenn der Dritte nur die Beeinträchtigung seiner Interessen und keinen eigenen Anspruch geltend macht. Dennoch wird der Dritte Verfahrenspartei.[146] Sind seine Interessen durch das Urteil so beeinträchtigt, dass er befugt ist, Rechtsmittel einzulegen, kann er diese auch im Widerspruch zu den ursprünglichen Parteien ausüben.[147] Denn Voraussetzung der Intervention ist, dass die Interessen des Dritten nicht adäquat im Prozess vertreten sind, so dass nicht zu erwarten ist, dass die ursprünglichen Parteien ein für sie vorteilhaftes Urteil zu Gunsten des Dritten anfechten.

III. Hauptintervention *(interpleader)*

Eine Hauptintervention ist in einem Verfahren vor den Bundesgerichten gemäß Rule 22 R.F.Civ.Pr. als sogenanntes *„rule interpleader"* oder aufgrund des Federal Interpleader Act als sogenanntes *„statutory interpleader"* (28 U.S.C. § 1335) möglich. Diese Institute bestehen nebeneinander, weil das *rule interpleader* nur in Verfahren vor den Bundesgerichten ausgeübt werden kann.[148] Die Hauptintervention verhindert, dass der Schuldner auf unbillige Weise mehrmals in Anspruch genommen wird, weil er aufgrund einer Entscheidung zur Herausgabe verklagt wird, die die anderen verfahrensunbeteiligten Gläubiger nicht bindet. Die Situation ist mit der Interventionsklage vergleichbar, bei der ein doppelter Prozessverlust verhindert werden soll. Das Verfahren der Hauptintervention kennt zwei Phasen. In der ersten entscheidet das Gericht, ob die weiteren Forderungsprätendenten beizuziehen sind und der Schuldner aus dem Rechtsstreit ausscheidet. Voraussetzung dafür ist, dass die Klagen gegen den Herausgabeschuldner unvereinbar sind (Rule 22 [1]).[149] Sollte der Beklagte beiden Gläubigern gegenüber haften[150] oder sollte eine der geltend gemachten Klagen zurückgenommen werden[151], ist der Gläubigerstreit nicht zulässig.[152] In diesem Fall lehnt das Gericht den Antrag ab. Ist das *interpleader*-Verfahren zulässig, entlässt das Gericht den Schuldner *(discharge of plaintiff)* und verurteilt gleichzeitig die Gläubiger auf Unterlassung *(permanent injunction)*, den Streitgegenstand anderweitig anhängig zu machen.[153] Es handelt sich dabei jedoch

---

[146] *James/Hazard/Leubsdorf,* § 10.16, S. 626.
[147] *Fishgold v. Sullivan Drydock & Repair Corp.,* 328 U.S. 275 (1946).
[148] *James/Hazard/Leubsdorf,* § 10.19, S. 640.
[149] Im Allgemeinen vgl. *Friedenthal/Kane/Miller,* § 16.11, S. 768.
[150] *General Electric Credit Group v. Grubbs,* 447 F.2d 286 (1971).
[151] *Biermann v. Marcus,* 246 F.2d 200 (1957).
[152] *Friedenthal/Kane/Miller,* § 16.11, S. 768 f.
[153] 28 U.S.C.A. § 2361; *Rosenberg v. Northwestern Mut. Life Ins. Co.,* D.C.Kan., 176 F. Supp. 379 (1959); *Metropolitan Life Ins. Co. v. Harris,* D.C.Wis., 446 F.Supp. 936 (1978).

nicht um eine *injunction* mit der Funktion einer einstweiligen Verfügung, sondern um eine *permanent injunction,* die als Unterlassungsurteil übersetzt werden kann. Der Schuldner wird aus dem Rechtsstreit aber nur entlassen, wenn es ihm gleichgültig ist, wer als der rechtmäßige Gläubiger erkannt wird. Sollte er diesbezüglich eigene Interessen verfolgen, tritt er bei der Auseinandersetzung der Gläubiger als Kläger auf.[154] Im Falle des *statutory interpleader* muss der Schuldner die streitige Sache außerdem bei Gericht hinterlegen (28 U.S.C.A. § 2361). Deren Heraugabe steht aber unter der Bedingung, dass damit ein Urteil gegenüber dem Kläger erfüllt wird.[155] Diese Voraussetzung kennt das *rule interpleader* nicht. Das Gericht kann aber die Hinterlegung anordnen.[156] In der sich daran anschließenden Stufe tragen die Gläubiger den Rechtsstreit untereinander aus, so dass eine Entscheidung getroffen wird, die für alle Gläubiger verbindlich ist. Die Hauptintervention kann durch Klage gegen einen Dritten oder von einem Dritten[157] gegen eine der Parteien eingeleitet werden.[158]

IV. Aufforderung zur Verteidigungsübernahme *(vouching in)*

Das US-amerikanische Recht kennt außerhalb der Federal Rules eine weitere Möglichkeit, Dritte in einen Prozess einzubeziehen. Mit dem *vouching in*[159] wird der Dritte von einem bestehenden Prozess in Kenntnis gesetzt und zur Übernahme der Verteidigung aufgefordert. Da der Dritte das Verfahren kontrollieren kann, ist er an die Rechtskraft des Urteils gebunden.[160] Mit diesem Institut wird die materielle Rechtslage umgesetzt, dass ein Dritter für einen Schaden haftet, der anfänglich einem anderen aufgebürdet wird.

Das *vouching in* beruht auf dem case law und ist nur teilweise gesetzlich geregelt. Während die Federal Rules dieses Institut überhaupt nicht erwähnen, findet sich im Kaufrecht *(Uniform Commercial Code* (UCC) § 2-607 (5) [a]) und im Wertpapierrecht (UCC § 3-803) eine gesetzliche Teilkodifizierung.[161] Für das Verständnis des *vouching in* ist das Restatement of Judgments 2d Section § 57[162] bedeutsam. Da das *vouching in* eng mit der materiellrechtlich ver-

---

[154] *Friedenthal/Kane/Miller,* § 16.11, S. 768.
[155] *W. Lüke,* S. 70.
[156] *Friedenthal/Kane/Miller,* § 16.11, S. 769.
[157] *Mallonee v. Fahey,* 117 F.Supp. 259 (1953).
[158] *Friedenthal/Kane/Miller,* § 16.11, S. 770.
[159] Verschiedentlich wird auch von *tender of defence* gesprochen. Nach *W. Lüke* handelt es sich aber bei dem *tender of defence* und dem *vouching in* um identische Rechtsinstitute, vgl. *W. Lüke,* S. 88.
[160] Restatement of the Law Judgments 2d Section § 57 (a).
[161] *Koch,* in Justizkonflikt, S. 123 (126).
[162] Die Restatements sind Beiträge des American Law Instituts zur Rechtsvereinheitlichung. Sie werden vom American Law Institute herausgegeben. Obwohl es sich

standenen Rechtskraftlehre verbunden ist, wird es dem materiellen und nicht dem prozessualen Recht zugeordnet.[163]

1. Voraussetzungen

Der Anwendungsbereich des *vouching in* ist nicht definiert und deshalb unsicher. Einigkeit besteht darin, dass es in Fällen der Gewährleistungs- und Rückgriffshaftung statthaft ist.[164] Da es nur den Fall regelt, dass der Dritte für einen Schaden haften soll, der anfänglich einem anderen aufgebürdet wird,[165] rechtfertigt eine alternative Schuldnerschaft des Dritten ein *vouching in* nicht.[166] Die amerikanische Rechtsprechung[167] lehnt es ab, diesen Grundsatz zu durchbrechen und einen Dritten, der nicht Verfahrenspartei ist, auch in anderen Fallkonstellationen im Wege des *vouching in* an die Rechtskraft des Urteils zu binden.[168] Der alternative Schuldner kann im US-amerikanischen Prozess nur als Streitgenosse *(joinder)* einbezogen werden. Der Dritte, der die Verteidigung für den Beklagten übernimmt, wird nicht Partei des Verfahrens. Formell ist weiterhin der Beklagte Verfahrenspartei (sog. *party of record*).[169] Materiell steht der Dritte aber an Stelle des Beklagten (sog. *real party of interest*).[170] Da der Dritte nicht Verfahrenspartei ist, muss das Gericht ihm gegenüber keine Rechtsprechungsgewalt besitzen, d.h. es muss nicht nach den Regeln der *personal jurisdiction*[171] zuständig sein. Das *vouching in* ist deshalb für die Fälle interessant, in denen eine Interventionsklage wegen mangelnder *jurisdiction* unzulässig ist. Damit der Dritte dennoch eine realistische Möglichkeit hat, am Verfahren

---

dabei nicht um amtliche Werke mit Gesetzeskraft, sondern um Darstellungen des amerikanischen Rechts handelt, werden sie von den Gerichten berücksichtigt, vgl. *Schack,* Einführung, S. 14.

[163] Restatement of the Law Judgments 2d Section § 57; *W. Lüke,* S. 88, *Götze,* S. 40 ff., *M. Meier,* S. 104, *Koch,* S. 16 f.
[164] *W. Lüke,* S. 88.
[165] Restatement of the Law Judgments 2d Section § 57 (a).
[166] *W. Lüke,* S. 88.
[167] Siehe die Entscheidung des District Court Pennsylvania *Penn-Central v. Merger & N & W Inclusion Cases* 389 U.S. 486 (1968), in der die Rechtskraft eines Urteils auf einen Unbeteiligten erstreckt wird, weil dieser eine angemessene Möglichkeit hatte, sich an dem Erstprozess zu beteiligen. Anders dann die Entscheidung des Supreme Court *Martin v. Wilks* 109 S.Ct. 2180 (1989), nach der das Urteil *Penn-Central* nicht auf allgemeine Zivilprozesse übertragbar ist. Bei *Penn-Central* entschied das Gericht über die Reorganisation des Eisenbahnnetzes, die im Ergebnis nicht durchführbar gewesen wäre, wenn die Endgültigkeit des Urteils nicht sichergestellt worden wäre.
[168] *Krause,* S. 166 und 176.
[169] *Koch,* in Justizkonflikt, S. 123 (127).
[170] *W. Lüke,* S. 89.
[171] Zur *jurisdiction* siehe die Darstellung in *Cound/Friedenthal/Miller,* S. 66 ff., *Friedenthal/Kane/Miller,* S. 93 ff. In der deutschsprachigen Literatur vgl. *Kropholler,* HdbIZVR, Band 1, Kapitel III Rn. 101 ff., *J. Schröder,* S. 89 ff.

teilzunehmen, um das auch ihn bindende Urteil zu beeinflussen, muss die Benachrichtigung bestimmte Anforderungen erfüllen. Diese werden vertraglich oder gesetzlich aufgestellt.[172] Das Schreiben muss den Dritten bedingungslos, klar und verständlich zur Verteidigungsübernahme auffordern, indem es ihn aussagekräftig über den anhängigen Rechtsstreit und den möglichen Folgeprozess informiert.[173]

2. Wirkung

Das *vouching in* führt zu anderen Rechtsfolgen als die oben behandelte Interventionsklage. Da gegen den Dritten ein Anspruch nicht klageweise geltend gemacht wird, ergeht keine Entscheidung, die ihm gegenüber Vollstreckungswirkung besitzt. Das *vouching in* wirkt auch nicht verjährungshemmend oder verjährungsunterbrechend. Da die Verjährung als prozessrechtliches Institut verstanden wird, kann ihr Lauf nur durch Klageerhebung gehemmt werden,[174] was wiederum voraussetzt, dass ein Anspruch geltend gemacht wird.

Übernimmt der Dritte die Verteidigung, wird er jedoch an die Entscheidung gebunden, obwohl er nicht Partei des Verfahrens ist. Nach amerikanischem Verständnis handelt es sich dabei nicht um eine von der Rechtskraftwirkung verschiedene Interventionswirkung, sondern um eine Erscheinungsform der *issue preclusion*.

a) Issue preclusion

Die *issue preclusion,* die wörtlich als Ausschluss einer streitigen Frage übersetzt werden kann, ist ein Teilaspekt der Rechtskraftwirkung eines Urteils. Die Rechtskraft wird im US-amerikanischen Recht als *res judicata* bezeichnet und unterteilt sich in *issue preclusion* und *claim preclusion*.[175] Nach anderer Terminologie ist *claim preclusion* die *res judicata,* während *issue preclusion* sogenanntes *collateral estoppel* ist. Terminologie, Umfang und Anwendungsbereich dieser Institute sind im US-amerikanischen Recht nicht genau bestimmt, weshalb eine Abgrenzung schwer fällt. Rechtsprechung und Literatur halten sie auch für überflüssig.[176] *Claim preclusion* gegenüber dem obsiegenden Kläger bedeutet, dass eine erneute Klage wegen des Anspruchs nicht zulässig erhoben werden kann, weil der Anspruch sich durch die Entscheidung in einen Anspruch auf Vollstreckung umwandelt *(merger)*. Gegenüber dem unterliegenden Kläger

---

[172] Restatement of the Law Judgments 2d Section § 57 (e).
[173] Restatement of the Law Judgments 2d Section § 57 (e).
[174] Restatement of the Law Conflict of Laws 2d Section § 142.
[175] *W. Lüke,* S. 158.
[176] Siehe die Hinweise bei *R. Krause,* S. 42 f.

wirkt das Urteil *bar*, wonach der Anspruch auch in einem zweiten Verfahren nicht mehr durchsetzbar ist.[177] Da das Urteil die materielle Rechtslage umgestaltet, wird die Rechtskraft als materiellrechtlicher Einredeausschluss verstanden.[178] Nach dem US-amerikanischen Recht gilt deshalb die materiellrechtliche Rechtskrafttheorie. Abweichend zum deutschen Recht setzt *claim preclusion* nicht voraus, dass formelle Rechtskraft eingetreten ist. Es genügt der Abschluss der ersten Instanz.[179] Voraussetzung der *claim preclusion* ist aber, dass der erneuten Klage derselbe Gegenstand zugrunde liegt *(same cause of action).*[180] Da die Rechtsprechung eine Erweiterung der *claim preclusion* auf Dritte mit der Begründung ablehnt, die Institute des *joinder* und des *crossclaim* zeigten, dass jedem das Recht zusteht, mit einer eigenen Klage die Urteilswirkungen *merger* und *bar* herbeizuführen,[181] soll dieses Institut hier nicht weiter interessieren.

Die *issue preclusion* führt im Gegensatz zur *claim preclusion* nicht zur Klageabweisung, sondern wirkt sich auf den vom Gericht zu subsumierenden Sachverhalt und die daraus folgenden rechtlichen Schlüsse aus. Wegen *issue preclusion* ist der gesamte entscheidungserhebliche Prozessstoff, der im Verfahren abschließend streitig verhandelt wurde, einer erneuten streitigen Verhandlung entzogen, wenn die betroffene Partei *full and fair opportunity for judicial resolution* besaß.[182] Die *issue preclusion* wird zwar nur auf Einrede berücksichtigt, wirkt sich aber nicht nur aus, wenn derselbe Prozessstoff *(claim* oder *cause of action)* streitig ist, sondern auch, wenn dem zweiten Verfahren ein anderer Prozessstoff zugrunde liegt. Im ersten Fall handelt es sich um entgegenstehende Rechtskraft, die *direct estoppel* genannt wird, im zweiten Fall um eine Präklusionswirkung aufgrund der Rechtskraftwirkung eines früheren Urteils, sogenanntes *collateral estoppel.*[183] Ausreichend ist, dass die Sach- und Rechtsfrage, die von *issue preclusion* erfasst sein soll, für das erste Verfahren entscheidungserheblich ist.[184] Aus diesem Grund ist die *issue preclusion* nur einschlägig, wenn die streitige Frage verhandlungsmäßig abgeschlossen wurde.[185] Diese Bindungswirkung tritt nur ein, wenn sich subsumtionsrelevante Tatsachen im ersten und zweiten Verfahren decken.[186] Umfasst sind dabei aber auch die Rechtsfol-

---

[177] *R. Krause,* S. 32 ff.
[178] *Schack,* Rn. 926.
[179] Siehe die Rechtsprechungshinweise bei *R. Krause,* S. 32 f.; *Engelmann-Pilger,* S. 31 f.
[180] Siehe zu den Abgrenzungsschwierigkeiten der *same cause of action R. Krause,* S. 32 f.
[181] *Supreme Court of Montana v. United States* 440 U.S. 147 (1979); Restatement of the Law Judgments 2d Section § 24 (a); *R. Krause,* S. 39.
[182] *R. Krause,* S. 40 ff.
[183] Restatement of the Law Judgments 2d Section § 27 (b); *R. Krause,* S. 42.
[184] *Supreme Court of Montana v. United States* 440 U.S. 147 (1979).
[185] *Zdanok v. Glidden Co.* 327 F.2d 944, 955 (1964).
[186] *R. Krause,* S. 40.

gen, die sich aus der Subsumtion ergeben.[187] Die Gerichte verwenden als Schlagwort *issues of fact or law*.[188]

b) Issue preclusion *hinsichtlich des Dritten*

Die *issue preclusion* führt dazu, dass der Dritte im Folgeprozess mit Einwendungen gegen den Verpflichtungsgrund und die Verpflichtungshöhe präkludiert ist.[189] Er kann nicht einwenden, der Regressgläubiger sei zum Schadenersatz nicht verpflichtet. Jedoch werden von der Bindungswirkung nur die Feststellungen erfasst, die notwendig zu treffen waren. Einwendungen aus dem Regressverhältnis oder im Falle einer Versicherung aus dem Deckungsverhältnis sind dem Regressschuldner nicht verwehrt.[190] Die Frage, ob der Zwischenhändler ordnungsgemäß geliefert hat und die Sache erst später beschädigt wurde, ist deshalb nicht im Prozess des Käufers, sondern im Regressprozess zu entscheiden.

Sollte der Regressschuldner die Verteidigung nicht übernehmen, ist er an das Urteil nur gebunden, wenn der Beklagte sich im Prozess mit gebührender Sorgfalt verteidigt und er durch den Beklagten angemessen vertreten ist.[191] Dies ist Ausfluss der *issue preclusion,* die verlangt, dass derjenige, der von der Rechtskraft erfasst sein soll, eine *full and fair opportunity for judicial resolution* hat. Diese Voraussetzung wird jedoch nicht personen-, sondern interessenbezogen ausgelegt, so dass die *issue preclusion* nicht gegenüber dem Dritten wirkt, wenn zwischen ihm und dem Regressgläubiger ein Interessenkonflikt besteht.[192] Darunter versteht die Rechtsprechung eine Situation, in der der Anspruch, der im Erstprozess erhoben wird, auf verschiedenen Grundlagen beruhen kann, und nur einer der möglichen Gründe den Pflichtenkreis des Regressschuldners berührt.[193] Vorstellbar ist dies im Falle einer Versicherung, die nur für fahrlässiges Handeln einsteht, wenn unklar ist, ob der Regressgläubiger fahrlässig oder vor-

---

[187] *R. Krause,* S. 40. Kriterien zu der hier nicht näher interessierenden Abgrenzung finden sich im Restatement of the Law Judgments 2d Section § 27 (c), nach dem eine völlige Identität nicht verlangt wird. Ausreichend ist z.B. ein sachlicher Zusammenhang, das Überschneiden von Argumenten sowie die Entscheidungserheblichkeit von Tatsachen für das zweite Verfahren, die im *pretrial*-Verfahren zum ersten Prozess festgestellt wurden. Die Abgrenzung ist schwierig, weil das Interesse, einen adäquaten *day of court* wahrnehmen zu können, mit dem Interesse, erneute Verhandlungen über entschiedene Rechts- und Tatsachenfragen zu vermeiden, abgewogen werden muss.
[188] Restatement of the Law Judgments 2d Section § 27.
[189] Zur Bindungswirkung eines abweisenden Urteils zu Lasten des Klägers des Erstprozesses siehe das Restatement of the Law Judgments 2d Section § 57 (f).
[190] *W. Lüke,* S. 89.
[191] Restatement of the Law Judgments 2d Section § 57 (1) (b) (ii).
[192] Restatement of the Law Judgments 2d Section § 57 (2).
[193] Restatement of the Law Judgments 2d Section § 57 (3).

sätzlich gehandelt hat.[194] Ein anderes Beispiel ist der Regress innerhalb einer Lieferkette, wenn nicht eindeutig ist, ob die Mangelhaftigkeit der Sache durch ein fehlerhaftes Teil des Zulieferers oder durch unsachgemäßen Einbau des Produzenten verursacht wurde. Die Bindung ist aber ausgeschlossen, wenn der Regressschuldner die Verteidigungsübernahme wegen mangelnder Kooperationsbereitschaft des Regressgläubigers oder kollusiven Zusammenwirkens zwischen den Parteien des Erstprozesses ablehnt.[195]

V. Rechtskrafterstreckung auf den unbeteiligten Dritten
(mutual preclusion)

Die *issue preclusion* besitzt keine grundsätzliche Drittwirkung. In bestimmten Fällen erlaubt die US-amerikanische Rechtsprechung Ausnahmen von dieser Regel. Ein Beispiel ist die Drittwirkung infolge des oben dargestellten *vouching in*. Da die amerikanische Rechtsprechung nur besonderen Konstellationen im Einzelfall gerecht wird, den inter partes-Grundsatz aber nicht insgesamt aufheben will, muss die Drittwirkung im Einzelfall aufgrund der beteiligten Interessen gerechtfertigt sein. Tatsachenbehauptungen und Einwendungen des Dritten werden deshalb von der *issue preclusion* einer vorangehenden Entscheidung ausgeschlossen, wenn erstens der Dritte Rechtsnachfolger einer Verfahrenspartei ist, zweitens die Interessen des Dritten im Vorverfahren durch einen der Verfahrensbeteiligten repräsentiert wurden oder drittens der verfahrensunbeteiligte Dritte die Prozessführung eines Verfahrensbeteiligten kontrollierte.[196]

1. Rechtsnachfolger

Den Rechtsnachfolger treffen die Urteilswirkungen nur, wenn Gegenstand des Verfahrens nicht ausschließlich *personal rights* des Klägers, sondern dingliche Rechte an Immobilien und Mobilien *(property)*[197] waren.[198] Eine Bindungswirkung kann unabhängig davon eintreten, ob die Rechtsnachfolge zur Zeit des Prozesses oder anschließend erfolgt. Im ersten Fall ist der Dritte nur von der Bindungswirkung betroffen, wenn er von dem Prozess Kenntnis erlangte oder der Gegner von der Unkenntnis des Dritten und seinem Rechtserwerb wuss-

---

[194] Beispiele nach Restatement of the Law Judgments 2d Section § 57 (c).
[195] Restatement of the Law Judgments 2d Section § 57 (d).
[196] Die Einordnung in Fallgruppen ist *R. Krause,* S. 60, 75, 156, 208 entnommen.
[197] Es wird zwischen *real property* und *personal property* unterschieden. Ersteres sind dingliche Rechte an Immobilien und ihren Bestandteilen. Letzteres sind dingliche Rechte an Mobilien sowie eigentumsähnliche Rechte wie Immaterialgüterrechte. *Property* wird von den *personal rights,* worunter man obligatorische Ansprüche und Persönlichkeitsrechte versteht, abgegrenzt.
[198] Restatement of the Law Judgments 2d Section § 43 (a).

te.¹⁹⁹ Dahinter steht die Überlegung, dass sich der Dritte durch *intervention* oder *substitution* als Partei an dem Verfahren beteiligen kann. Gebraucht er diese Möglichkeit nicht, ist er aber nach dem Grundsatz der Repräsentation durch den Veräußerer an das Verfahrensergebnis gebunden.²⁰⁰ Im zweiten Fall wird eine Bindungswirkung damit begründet, dass der Veräußerer sein Recht nur in der Weise übertragen kann, wie es ihm selbst zusteht.²⁰¹

2. Repräsentation (representation) *bei Interessenübereinstimmung*

Eine Bindungswirkung wird auch angenommen, wenn die Interessen des verfahrensunbeteiligten Dritten mit denen einer Prozesspartei so eng verbunden sind, dass sie als sein Repräsentant dem Grunde nach *(virtual representative)* angesehen werden muss.²⁰² Dieser sehr weite Grundsatz wurde von der Rechtsprechung in Einzelfällen konkretisiert. Dabei haben sich folgende Fallgruppen herausgebildet:²⁰³ a) das Obsiegen der einen Partei erhöht unmittelbar das Vermögen des Dritten, b) der Dritte beteiligt sich nicht an dem ersten Verfahren, um die Urteilsbindung rechtsmissbräuchlich zu umgehen, c) eine Personenvereinigung vertritt die Interessen des Dritten im Prozess und d) rechtlich unterschiedlich ausgestaltete Verbindungen wie Franchise und Gesellschaftsbeteiligungen indizieren eine Interessenübereinstimmung. Da diese Fallgruppen im weiteren Verlauf der Arbeit umfassend untersucht werden, wird im Interesse der Übersichtlichkeit auf diese ausführlichere Darstellung verwiesen.²⁰⁴ Keine Drittbindung tritt in den Fällen ein, in denen die Interessen des Dritten parallel, aber nicht identisch mit denen einer Prozesspartei sind und diese auch nicht rechtlich miteinander verbunden sind. Hierzu gehört v.a. der Sachverhalt, dass bei einem Unfall mehrere Personen verletzt werden, aber nur ein Verletzter Klage auf Schadenersatz erhebt. Es sei reiner Zufall, dass die Verletzten durch dasselbe Unfallereignis verletzt wurden.²⁰⁵ Eine Drittbindung ist jedoch nur möglich, wenn das verfassungsrechtliche Rechtsstaatsprinzip oder der Grundsatz eines ordnungsgemäßen Verfahrens *(due process*²⁰⁶*)* gegenüber dem Dritten berück-

---

¹⁹⁹ Restatement of the Law Judgments 2d Section § 44.

²⁰⁰ Restatement of the Law Judgments 2d Section § 44 (a).

²⁰¹ *Postal Tel. Cable Co. v. City of Newport, Ky.*, 247 U.S. 464, 474f (1918); zitiert nach *R. Krause*, S. 67 Fn. 37.

²⁰² *Aerojet-General Corp. v. Askew*, 511 F.2d 710, 714 (1975), vgl. auch *R. Krause*, Fn. 40 m.w.N.

²⁰³ Die Fallgruppen wurden *R. Krause*, S. 81 ff. entnommen. Auf seine Auswertung der Rechtsprechung wird verwiesen.

²⁰⁴ Siehe Kapitel 5 B. V. 1. a) (3).

²⁰⁵ *R. Krause*, S. 107 ff. mit ausführlicher Besprechung der einschlägigen Rechtsprechung.

²⁰⁶ Der Grundsatz des *due process* ergibt sich für die Bundesgewalt aus dem 5. Zusatzartikel und für die Bundesstaaten aus dem 14. Zusatzartikel zur amerikanischen

sichtigt wurde. Grundsätzlich ist dieses Prinzip verletzt, wenn jemand an ein Urteil gebunden wird, ohne Partei gewesen und deshalb nicht im Prozess gehört worden zu sein.[207] Jedoch können die Interessen des Dritten an strikter Einhaltung der parteibezogenen Rechtskraftwirkung hinter den Interessen der begünstigten Partei oder der Allgemeinheit an einer ökonomischen Verfahrensgestaltung zurücktreten.[208] Aus diesem Grund ist in den oben genannten Fallgruppen eine Erweiterung der Urteilswirkung auf Dritte möglich, ohne dass diese tatsächlich vor dem Gericht gehört worden sind.

3. Kontrolle der Prozessführung

Die Urteilswirkungen werden auch auf Dritte erstreckt, die ohne Partei zu sein, die Prozessführung eines Verfahrensbeteiligten derart kontrollieren, dass ihnen praktisch dieselben prozessualen Möglichkeiten wie einer Partei zustehen.[209] Indem der Dritte die Prozessführung kontrolliert, ist sichergestellt, dass sein Interesse adäquat im Verfahren repräsentiert ist.[210] Kontrolliert der Dritte den Prozess derart, dass er durch den Verfahrensbeteiligten bezüglich des Streitgegenstandes Einwendungen erhebt und Beweis antritt, ist er wie eine Partei zu behandeln, die vor Gericht erschienen ist *(day in court)*.[211] Hatte er aber trotz Kontrolle keine vollwertige und faire Möglichkeit, den Streitgegenstand zu verhandeln *(full and fair opportunity to litigate the issue)*, tritt die Rechtskrafterstreckung nicht ein.[212] Verklagt also ein Unfallgeschädigter den Unfallgegner und übernimmt dessen Haftpflichtversicherung die Verteidigung, ist diese an ein zusprechendes Urteil gebunden.[213] Für den Fall, dass der Dritte gegenüber dem Beklagten zur Haftungsfreistellung gegenüber dem Kläger verpflichtet ist, genügt es, dass er von dem Prozess Kenntnis erlangt und die Möglichkeit besitzt, die Verteidigung zu übernehmen.[214]

Verfassung, in denen es heißt, dass niemand ohne ordnungsgemäßes Verfahren *(due process)* seines Lebens, seiner Freiheit oder seines Eigentums beraubt werden darf. Ausführlich zu dem Prinzip des *due process* vgl. *Burnham*, S. 205 und 356.

[207] *Parklane Hosiery Co. v. Shore*, 439 U.S. 322, 327 Fn 7 (1979).
[208] *R. Krause*, S. 55 f.
[209] Restatement of the Law Judgments 2d Section § 39.
[210] *Martin v. Wilks*, 109 S.Ct. 2180, 2184 Fn 2 (1989).
[211] Restatement of the Law Judgments 2d Section § 39 (a).
[212] *R. Krause*, S. 213.
[213] Restatement of the Law Judgments 2d Section § 39 (2).
[214] Siehe zu den einzelnen Voraussetzungen, dem Problem der Interessenkollision sowie den einzelnen Rechtsfolgen Restatement of the Law Judgments 2d Section § 57 (1) und (2).

VI. Einseitige Rechtskrafterstreckung *(non-mutual preclusion)*

Eine Bindung an ein Urteil kann den Dritten belasten, aber auch begünstigen. Wie oben beschrieben kann eine Bindung an für den Dritten nachteilige Urteilswirkungen nur unter Berücksichtigung des Grundsatzes des *due process* erfolgen, nach dem nur in einem ordnungsgemäßen Verfahren Rechtspositionen genommen werden können. Eine Bindung an begünstigende Urteilswirkungen verbessert aber die rechtliche Position des Dritten und verletzt deshalb das Prinzip des *due process* nicht. Danach wäre eine Bindung an begünstigende Wirkungen unbeschränkt möglich. Da sich jedoch damit das Prozessrisiko der am ersten Verfahren Beteiligten erhöht – durch das Urteil verschlechtern sich ihre Rechtspositionen auch gegenüber einem nicht vorhersehbaren Personenkreis – kann der Dritte sich nur unter bestimmten Voraussetzungen einseitig auf begünstigende Urteilswirkungen berufen. Eine Berufung auf die *issue preclusion* soll möglich sein, wenn der Dritte sich gegen geltend gemachte Ansprüche verteidigen will.[215] Dahinter steht die Überlegung, dass der unterliegende Kläger eine nochmalige Verhandlung nicht durch ein bloßes Austauschen des Beklagten erreichen können soll.[216] Anders ist zu entscheiden, wenn der Dritte mithilfe der Bindungswirkung eigene Ansprüche begründet. In diesem Fall wäre es für den Dritten taktisch nicht klug, sich am vorangehenden Verfahren zu beteiligen, weil er begünstigende Urteilswirkungen geltend machen kann, ohne ein Prozessrisiko eingehen zu müssen, während das Prozessrisiko der Verfahrensbeteiligten steigt. Eine einseitige Bindung wird vom Supreme Court nicht grundsätzlich abgelehnt, setzt aber nach den von ihm aufgestellten Richtlinien u. a. voraus, dass der Dritte nicht nur aus taktischen Überlegungen den Ausgang des Verfahrens abwartete.[217]

E. Zusammenfassung

Alle hier behandelten Verfahrensordnungen stellen besondere prozessuale Institute für die Verfahrensbeteiligung Dritter bereit. Die Interessen der Beteiligten sind dabei unabhängig vom anwendbaren Recht ähnlich. Während es im Interesse des Klägers ist, sein Prozessrisiko zu kontrollieren und deshalb entscheiden zu können, welche rechtlichen und tatsächlichen Streitigkeiten zur Entscheidung gestellt werden, und wem gegenüber das Urteil Rechtskraft wirkt, besteht das Interesse des Dritten darin, für ihn nachteilige Urteile so früh wie möglich abzuwehren. Demgegenüber möchte der Beklagte, der gegen den Dritten z. B.

---

[215] *Blonder-Tongue Laboratories, Inc. v. University of Illinois Foundation* 402 U.S. 313 (1971). Allgemein zu den Argumenten gegen eine einseitige Bindung an begünstigende Urteilswirkungen vgl. die Darstellung bei *W. Lüke,* S. 167 f.
[216] *W. Lüke,* S. 166.
[217] *Parklane Hosiery Company v. Shore* 439 U.S. 322 (1979).

im Falle des Prozessverlustes einen Anspruch geltend machen kann, verhindern, dass er zwei Prozesse verliert, obwohl er eigentlich einen gewinnen müsste. Trotz derselben Interessenlage unterscheiden sich die prozessualen Lösungen der behandelten Verfahrensordnungen, weil das jeweilige Prozessrecht von unterschiedlichen Grundprinzipien bestimmt wird. Die deutsche Zivilprozessordnung hält streng an dem Zweiparteiensystem und an der Parteiautonomie fest, während das englische Recht dem Leitsatz folgt, zusammenhängende Fragen mit Wirkung für alle Beteiligten zu entscheiden. Infolgedessen lassen das englische, französische und US-amerikanische Recht die Interventionsklage zu, die dem deutschen Recht fremd ist. Ein weiterer wesentlicher Unterschied liegt in der Verfahrensstellung des Dritten. Nach deutschem und französischem Recht kann der Dritte als Streithelfer beteiligt werden, so dass er sich nicht in Widerspruch mit der Verfahrensführung der Hauptpartei setzen darf. Diese Einschränkung ist für das englische Recht unvorstellbar, weil es eine Verfahrensbeteiligung nur als vollwertige Verfahrenspartei mit selbständigen und unabhängigen Verfahrensrechten kennt. Deshalb kann eine Hauptpartei in einem Verfahren vor einem deutschen oder französischen Gericht dem Dritten den Streit verkünden, während vor einem englischen Gericht nur die Möglichkeit besteht, den Dritten als Streitgenossen zu verklagen. Dies hat Auswirkungen auf den Umfang der Drittwirkung. Da nach deutschem Recht die Streitverkündung einen doppelten Prozessverlust des Streitverkünders verhindern soll und der Dritte sich zur Unterstützung des Streitverkünders als Streithelfer beteiligt, wirkt die Interventionswirkung nicht zu Ungunsten des Streitverkünders. Diese Einschränkung besteht nach englischem Recht nicht, weil ein Streitgenosse auf der Beklagtenseite von den Urteilswirkungen zu seinen Gunsten und zu seinen Lasten umfasst wird. Die unterschiedliche Verfahrensstellung im englischen und deutschen Recht führt auch dazu, dass dem Intervenienten nach deutschem Recht die Einrede mangelhafter Prozessführung zusteht, eine vergleichbare Verteidigungsmöglichkeit nach englischem Recht aber nicht besteht. Diese ist auch nicht nötig. Der Dritte ist nach englischem Recht in seiner Verhandlungsführung nicht eingeschränkt, so dass er sich auch in Widerspruch zu den Prozesshandlungen der Hauptpartei setzen darf.

Die dargestellten Prozessrechtsinstitute können in vier verschiedene Gruppen eingeteilt werden. Die Verfahrensbeteiligung des Dritten kann freiwillig oder unfreiwillig erfolgen. Sie kann entweder in ein Urteil münden, das auch gegenüber dem Dritten Wirkungen entfaltet. Sie kann aber auch das Rechtsverhältnis zwischen dem Dritten und der jeweiligen Hauptpartei abschließend und endgültig entscheiden, so dass das Urteil auch Vollstreckungswirkung gegenüber dem Dritten besitzt. Als Institut der freiwilligen Verfahrensbeteiligung, das nicht zu einem Urteil mit Vollstreckungswirkung führt, ist die Nebenintervention allen Rechtsordnungen außer der englischen bekannt. Nach englischem Recht, das eine Verfahrensbeteiligung nur als volle Verfahrenspartei kennt, kann sich der

E. Zusammenfassung

Dritte als Streitgenosse *(joinder)* beteiligen. Allen Rechtsordnungen ist gemeinsam, dass nur ein Verfahrensfremder intervenieren kann und dass ihm gegenüber keine gerichtliche Zuständigkeit bestehen muss. Folge der Nebenintervention (und auch des *joinder*) ist die Bindung des Dritten an das Urteil, das zwischen den Hauptparteien ergeht. Es bestehen aber auch Unterschiede. Zum einen werden unterschiedliche Anforderungen an das Interventionsinteresse gestellt. So genügt nach französischem Recht ein rein moralisches oder wirtschaftliches Interesse, während das deutsche Recht ein rechtliches Interesse verlangt. Zum anderen sind die Verfahrensrechte des Dritten unterschiedlich stark ausgestaltet. Nach US-amerikanischem und englischem Recht ist er eine selbständige Verfahrenspartei, während er nach französischem und deutschem Recht der Hauptpartei untergeordnet ist und sich mit seinen Verfahrenshandlungen nicht in Widerspruch zu ihr setzen darf. Den Hintergrund dafür bildet das bereits dargestellte unterschiedliche Verständnis von Verfahrensbeteiligung.

Alle Rechtsordnungen enthalten mit der Hauptintervention ein Institut, das dem Dritten ermöglicht, sich freiwillig an einem Verfahren mit der Folge zu beteiligen, dass das Urteil zu seinen Gunsten vollstreckbar ist. Jedoch lassen sich zwei verschiedene Regelungssysteme erkennen. Nach dem deutschen und französischen Recht handelt es sich bei der Hauptintervention um die Verbindung zweier selbständiger Verfahren. Der Dritte erhebt eine selbständige Klage, die zusammen mit dem schon anhängigen Verfahren zwischen den Hauptparteien entschieden werden kann. Der beklagte Schuldner scheidet dabei nicht aus dem Verfahren aus. Nach englischem und US-amerikanischem Recht scheidet der beklagte Schuldner aus dem Verfahren aus und wird durch den Dritten ersetzt. Nach englischem Recht wirkt das zu erwartende Urteil gegenüber dem Schuldner Rechtskraft, obwohl dieser zu dem Zeitpunkt des Erlasses nicht mehr am Verfahren beteiligt ist. Deshalb kann der unterliegende Gläubiger nicht erneut eine Klage gegen ihn erheben. Das US-amerikanische Recht arbeitet im Unterschied dazu nicht mit einer Rechtskrafterstreckung auf den ausgeschiedenen Schuldner, sondern mit einem Klageverbot für die Gläubiger, aufgrund dessen ihnen untersagt wird, den Streit anderweitig anhängig zu machen.

Die größten Unterschiede bestehen jedoch bei der unfreiwilligen Verfahrensbeteiligung des Dritten. Wie oben bereits erwähnt, enthält das französische, englische und US-amerikanische Recht die Möglichkeit, den Anspruch gegen den Dritten im Hauptsacheverfahren zur Entscheidung zu stellen, so dass das Urteil gegenüber dem Dritten Vollstreckungswirkung entfaltet. Jedoch sind diese Interventionsklagen nur eingeschränkt vergleichbar, besitzen sie doch unterschiedliche Anwendungsbereiche. Nach französischem Recht kann im Fall der Alternativschuldnerschaft der Beklagte und der Dritte die Interventionsklage erheben. Nach US-amerikanischem Recht ist dies ausgeschlossen, weil es voraussetzt, dass eine Haftung des Dritten von der Verurteilung des Beklagten abhängig ist.

Das deutsche Recht, das von einem Zweiparteiensystem ausgeht,[218] kennt nur das Institut der Streitverkündung, nach dem der Dritte als Streithelfer einer Partei beteiligt wird. Diese Möglichkeit besteht auch nach dem französischen Recht, nicht jedoch nach englischem oder US-amerikanischem Recht. Eine unfreiwillige Verfahrensbeteiligung des Dritten, ohne dass das Urteil auch Vollstreckungswirkung gegenüber dem Dritten entfaltet, ist im englischen Recht nur mit der Streitgenossenschaft *(joinder)* möglich. Das US-amerikanische Recht löst die unfreiwillige Verfahrensbeteiligung ohne Vollstreckungswirkung wiederum anders. Der Dritte wird hier mit dem *vouching in* aufgefordert, die Verteidigung zu übernehmen. Er erhält damit zwar nicht die formelle Stellung einer Partei, muss sich aber dennoch die Entscheidung entgegenhalten lassen, weil es ihm möglich ist, sich an dem Verfahren zu beteiligen. Im Hintergrund steht hier die Rechtsprechung US-amerikanischer Gerichte, die eine Rechtskrafterstreckung zu Lasten des Dritten wegen Prozesskontrolle, Repräsentanz oder nicht wahrgenommener Verteidigungsmöglichkeit großzügig bejahen.

Diese unterschiedlichen prozessualen Beteiligungsmöglichkeiten führen selbstverständlich zu abweichenden Lösungen derselben Sachverhaltskonstellation. So bleibt zum Beispiel im oben angesprochenen Fall der Alternativschuldnerschaft dem Gläubiger nach deutschem Recht nur die Streitverkündung. Sollte er den ersten Prozess verlieren, so dass die alternative Schuldnerschaft des Dritten aktuell wird, muss er gegen diesen ein Folgeverfahren anstrengen. Nach französischem Recht hat der Gläubiger die Wahl. Er kann entweder den Streit verkünden oder gegen den Dritten eine Interventionsklage erheben. Eines Folgeverfahrens bedarf es in diesem Fall nicht mehr. Nach englischem Recht hat der Gläubiger diese Möglichkeit nicht, weil die Interventionsklage nur vom Beklagten erhoben werden kann. Der Gläubiger kann den Dritten nur als *joinder* in das Verfahren ziehen. Nach US-amerikanischem Recht besteht keine dieser Möglichkeiten. Der Gläubiger kann den Dritten nur auffordern, die Verteidigung zu übernehmen, und sich im anschließenden Folgeverfahren auf die Rechtskrafterstreckung aufgrund des *vouching in* berufen.

---

[218] Zur Kritik am Grundsatz des Zweiparteiensystems vgl. *W. Lüke*, S. 423 ff., *Koch*, KritV 1989, S. 323 (340).

Kapitel 4

Gerichtspflichtigkeit eines Dritten in einem ausländischen Verfahren

A. Gerichtspflichtigkeit nach autonomem deutschem Recht

Der rechtsvergleichende Überblick hat gezeigt, dass in jeder Rechtsordnung Dritte an einem Verfahren beteiligt werden können, dass die Voraussetzungen und Wirkungen aber unterschiedlich ausgestaltet sind. Es stellt sich deshalb die Frage, welche Prozessordnung die Beteiligung eines Dritten an einem Verfahren eines deutschen Gerichts regelt, wenn das Verfahren Bezüge mit dem Ausland aufweist. Von der Antwort hängt unter anderem ab, ob Drittbeteiligungsformen, die wie die Interventionsklage dem deutschen Recht fremd sind, vor deutschen Gerichten ausgeübt werden können und welche Rechtsordnung die Form, die Voraussetzungen und die Wirkungen der Drittbeteiligung im Erstprozess bestimmt.[1]

I. Anwendbares Recht

Anwendbares Recht kann entweder das Recht sein, welches dem Rechtsverhältnis der ursprünglichen Hauptparteien zugrunde liegt, oder das Recht des Gerichtsstandes (lex fori) bzw. das der zugrunde liegenden rechtlichen Beziehung (lex causae). Anders als im internationalen Privatrecht, das dieses Problem mithilfe von Kollisionsnormen löst, kommt es im internationalen Zivilverfahrensrecht darauf an, ob die Norm materiellrechtlich oder verfahrensrechtlich verstanden wird. Handelt es sich um eine Fragestellung des materiellen Rechts, verweist das internationale Privatrecht des Forumstaates auf die lex causae mit der Folge, dass ausländisches Verfahrensrecht im Verfahren eines deutschen Gerichts angewendet wird. Als prozessrechtliche Vorschrift kommt es im Gegensatz dazu nur auf die Regelungen der lex fori an. Das Prinzip der lex fori,[2] das vereinzelt als einseitige, versteckte Kollisionsnorm verstanden wird,[3] ist im Grundsatz unbestritten.[4] In Grenzbereichen versucht man, seinen Anwendungs-

---

[1] Die Wirkungsanerkennung im Folgeprozess wird in Kapitel 5 diskutiert.
[2] Zur Begründung des Grundsatzes der lex fori, vgl. *Jaeckel,* S. 27 ff.; kritisch dazu *Rixen,* S. 40 ff.
[3] *Roth,* in Festschrift Stree/Wessels, S. 1044 (1046); *Jaeckel,* S. 26.
[4] BGH NJW 1992, 438 (439); *Geimer,* IZPR, Rn. 319 ff.; *Roth,* in Festschrift Stree/Wessels, S. 1044 (1045); *Leipold,* Lex fori, Souveränität, Discovery, S. 27 f. Auch

bereich durch ein materiellrechtsfreundliches Verständnis prozessualer Normen einzuschränken oder abweichende Kollisionsregeln für das internationale Zivilverfahrensrecht zu entwickeln.[5]

Prozessuale Vorschriften, die mit dem materiellen Recht so eng verbunden sind, dass sie losgelöst von diesem nicht mehr verständlich und anwendbar sind,[6] sollen wie die Regeln des Prozessrechts, die die materiellrechtliche Vorschrift nur spiegelbildlich abbilden oder gemeinsam mit ihr ein inländisches Sachrechtsinstitut ergeben,[7] der lex causae unterliegen. Materiellrechtlich sollen auch die Normen eingeordnet werden, die den Maßstab der richterlichen Beurteilung bilden oder die richterliche Entscheidungsfindung beeinflussen.[8] Vorschriften, die der Richter nur nachvollzieht oder die das Verhalten der Parteien steuern, richten sich aber nach der lex fori.

Grunsky, ZZP 89 (1976), 241 (254), lehnt diesen Grundsatz trotz seiner gegenteiligen Ausführungen im Ergebnis nicht ab, schränkt ihn aber ein.

[5] Vereinzelt wird vertreten, dass auch im internationalen Zivilverfahrensrecht Kollisionsnormen entwickelt werden, vgl. *Grunsky,* ZZP 89 (1976), 241 (254); *Roth,* in Festschrift für Stree/Wessels, S. 1045 (1060); *Coester-Waltjen,* Beweisrecht, Rn. 159 und 162. Die Existenz verfahrensrechtlicher Kollisionsnormen ist jedoch mit v. Bar/ *Mankwoski,* IPR Band 1, § 5, Rn. 76 f., zu verneinen, der ein Verfahrenskollisionsrecht für nicht denkbar hält, weil es voraussetze, dass ein Gericht in einem anderen Staat Recht spricht. Die in dieser Diskussion angeführten Kollisionsnormen stellen sich bei näherem Hinsehen entweder als die Berücksichtigung der Vorfragenproblematik im Verfahrensrecht, als Zuständigkeitsnormen, deren Anwendung eine Entscheidung über die maßgebliche Rechtsordnung schon voraussetzt, oder als eine Frage der Anerkennung ausländischer Verfahrensergebnisse heraus. Zurückgehend auf *Pagenstecher,* ZZP 64 (1950/51), 249 (278), soll sich die Partei- und Prozessfähigkeit nach ausländischem Recht bestimmen. Tatsächlich wird dabei nur die in §§ 50 und 55 ZPO aufgeworfene Frage der Rechtsfähigkeit als Vorfrage berücksichtigt. Auch das erbrechtliche Gleichlaufprinzip ist entgegen der Auffassung von *Jaeckel,* S. 153, keine Kollisionsnorm, sondern eine ungeschriebene Zuständigkeitsregelung des deutschen Rechts, die anwendbar ist, weil sich die internationale Zuständigkeit als verfahrensrechtliches Problem nach der lex fori richtet. Die Verfahrensvorschriften, die wie § 606a Abs. 2 Nr. 4 ZPO anordnen, ausländisches Verfahrensrecht zu berücksichtigen, sind entgegen *Kropholler* § 56 IV 1 und 2, keine Kollisionsnormen, weil sie nicht zur unmittelbaren Anwendung ausländischen Verfahrensrechts führen. Vertreten wird auch, auf verfahrensrechtliche Fragestellungen die lex causae anzuwenden, wenn sie mit dem materiellen Recht eng verflochten sind. Aber auch hierbei handelt es sich nicht um eine verfahrensrechtliche Kollisionsnorm, sondern um die differenzierende Einordnung von Rechtsfragen in das materielle oder das prozessuale Recht.

[6] *Müller,* JbIntR 5 (1955), 239 (249 f.), prägte dafür den Begriff der sachrechtsgebundenen Normen im Gegensatz zu den sachrechtsverbundenen Normen, die nur der Durchführung bestimmter materiellrechtlicher Beziehungen dienen.

[7] Diese Unterscheidung von sachrechtsentsprechenden und sachrechtsergänzenden Normen geht auf *v. Craushaar,* S. 27, zurück.

[8] *Pohle,* in Festschrift Dölle, Bd. 2, S. 317 (323 ff.), und *Blomeyer,* Zivilprozessrecht, S. 2 f., 11, arbeiteten den Gegensatz von Beurteilungs- und Befolgungsnormen oder Entscheidungs- und Verhaltensnormen heraus.

Grunsky will die Grenzbereiche zwischen materiellem und prozessualem Recht nicht auf der Ebene der Einordnung in die Normenkomplexe lösen, weil jede prozessuale Norm auch mit dem materiellen Recht verbunden ist. Er schlägt deshalb vor, danach zu fragen, ob es den Parteien zumutbar und möglich ist, sich auf die Verfahrensvorschrift einzustellen, oder ob diese einseitig nicht mehr abgeändert werden kann.[9] Nach *Roth* sollen schwierige Abgrenzungsfragen zwischen dem materiellen und prozessualen Recht durch eine kumulierende Anwendung der lex causae und der lex fori beantwortet werden, bei der die lex fori die Wirkungen der lex causae begrenzt.[10]

II. Drittbeteiligungsinstitute

Obwohl die verschiedenen Verfahrensordnungen die Drittbeteiligung unterschiedlich ausgestalten, können Dritte in einem Verfahren vor einem deutschen Gericht nur durch die in der Zivilprozessordnung vorgesehenen Institute beteiligt werden. Der Dritte kann deshalb nicht als Beklagter einer Interventionsklage Verfahrenspartei werden. Die Art und Weise, wie Rechtsschutz gewährt wird, ist eine verfahrensrechtliche Frage und wird übereinstimmend nach der lex fori beantwortet. Deshalb sind die Rechtsschutzformen nicht zulässig, die wie die Interventionsklage der Rechtsordnung des Gerichtsstands fremd sind.[11] Aus diesem Grund können die Vorstellungen des Verfahrensrechts der lex causae auch nicht die Wirkungen eines Beteiligungsinstituts des deutschen Verfahrensrechts bestimmen. Sehen ausländische Verfahrensordnungen vor, dass ein Dritter Verfahrenspartei ist und seine rechtlichen Beziehungen mit den Hauptparteien vom Streitgegenstand umfasst sind, führt dies nicht dazu, dass die deutschen Drittbeteiligungsinstitute modifiziert werden. Sonst regelten ausländische Rechtsordnungen die Rechtsschutzgewährung vor den deutschen Gerichten.

III. Formvorschriften und Fristen

Allen oben dargestellten Lösungsansätzen ist ebenfalls gemeinsam, dass Regelungen zur Form und zu den einzuhaltenden Fristen der lex fori unterliegen.

---

[9] *Grunsky*, ZZP 89 (1976), 241 (254).

[10] *Roth*, in Festschrift Stree/Wessels, S. 1045 (1060). Die Kumulationstheorie wurde ursprünglich zur Beurteilung der Rechtskraft ausländischer Urteile entwickelt, vgl. *Schack*, Rn. 796.

[11] *Geimer*, IZPR, Rn. 2635; *Nagel/Gottwald*, IZPR, § 5 Rn. 2; *Radtke*, S. 67; so auch *Böhm*, in Festschrift Fasching, S. 107 (121), zur Feststellungsklage, der aber bei der Auslegung der Klagevoraussetzungen die lex causae berücksichtigen will, und *Roth*, in Festschrift Stree/Wessels, S. 1045 (1054), der in Einzelfällen die Voraussetzungen und Wirkungen des gerichtlichen Rechtsschutzes, aber nicht die Zulässigkeit der Klageart nach der lex causae auslegen will.

Die Begründungen sind jedoch unterschiedlich.[12] Demnach besteht Einigkeit darüber, dass die Streitverkündung und der Beitritt des Nebenintervenienten gemäß §§ 73 S. 1, 70 Abs. 1 S. 1 ZPO durch Einreichen eines Schriftsatzes erfolgt, der bei der Nebenintervention beiden Parteien und bei der Streitverkündung dem Dritten zuzustellen ist. Die Hauptintervention erfolgt in Form einer Klageerhebung.

IV. Nebeninterventionsinteresse

Da die Beteiligungsformen mit dem materiellen Recht verflochten sind, bleibt offen, ob bei der Auslegung der einzelnen Voraussetzungen die Vorstellungen der lex causae berücksichtigt werden müssen. Die Frage, welcher Art das Interesse des Nebenintervenienten an dem Beitritt sein muss, lässt sich deshalb nicht eindeutig beantworten. Nach § 66 Abs. 1 ZPO berechtigt nur ein rechtliches Interesse zur Nebenintervention, während das französische Recht auch ein wirtschaftliches oder moralisches Interesse genügen lässt[13]. Nach der Kumulationstheorie, wie sie *Roth* befürwortet, reicht ein rechtliches Interesse aus. Die Frage nach dem schutzwürdigen und zu beachtenden Interesse ist eng mit dem materiellen Recht verbunden, weshalb Ausgangspunkt die lex causae ist, deren Entscheidung durch die Wertung der lex fori begrenzt wird.[14] Für *Grunsky* richten sich die Voraussetzungen der Drittbeteiligung nach der lex causae, weil die Parteien darauf keinen Einfluss nehmen können.[15] Die Anwendung deutschen Prozessrechts auf einen Sachverhalt der materiellrechtlich dem französischen Recht unterliegt, wäre den Parteien nicht zumutbar, weil dies zur Folge hätte, dass eine Drittbeteiligung bei lediglich wirtschaftlichem Interesse nicht möglich wäre. Allein durch die Tatsache, dass das Verfahren vor deutschen Gerichten stattfindet, wäre der gerichtliche Rechtsschutz der Parteien beschränkt.

Bei der Prüfung dieser These empfiehlt es sich, zwischen den beteiligten Personen zu unterscheiden. Es handelt sich einerseits um den unterstützenden Dritten und andererseits um die unterstützte Hauptpartei. Die eingeschränkte Rechts-

---

[12] Für *Müller*, JbIntR 5 (1954), 239 (249), handelt es sich dabei um abstrakte, für *von Craushaar*, S. 27, um technische Vorschriften, die keinerlei Zusammenhang zum materiellen Recht aufweisen. *Grunsky*, ZZP 89 (1976), 241 (256), hält die lex fori für maßgeblich, weil die Parteien sich auf Formen und Fristen einstellen können. Bei *Pohle*, in Festschrift Dölle, Band 2, S. 317 (323 ff.), und *Blomeyer*, Zivilprozessrecht, S. 3 f., 11, werden diese Vorschriften als Befolgungs- oder Verhaltensnormen eingeordnet, die die richterliche Entscheidungsfindung nicht beeinflussen. *Roth*, in Festschrift Stree/Wessels, S. 1045 (1053), spricht von genuinem Prozessrecht, das frei von materiellrechtlichen Einschlüssen ist.

[13] Siehe die Darstellung in Kapitel 3.

[14] *Roth*, in Festschrift Stree/Wessels, S. 1045 (1058), der aber das Feststellungsinteresse behandelt.

[15] *Grunsky*, ZZP 89 (1976), 241 (257).

schutzgewährung des Dritten ist eine Entscheidung des deutschen Verfahrensgesetzgebers, der an dem Grundsatz des Zweiparteiensystem festhält[16] und sich deshalb dagegen entschieden hat, das Nebeninterventionsinteresse in einem weiten Sinne zu verstehen. Diese rechtspolitische Entscheidung des deutschen Verfahrensrechts kann nicht durch die Anschauungen des ausländischen Rechts modifiziert werden, weil jeder Staat selbst darüber bestimmt, wem er Rechtsschutz durch Eröffnung eines Verfahrens oder durch Verfahrensbeteiligung gewährt.

Da sich in einem Verfahren zwei Hauptparteien gegenüberstehen, die unterschiedliche Interessen vertreten, kann nicht davon ausgegangen werden, dass es für beide gleich vorteilhaft ist, wenn sich der Umfang des gerichtlichen Rechtsschutzes nach der lex causae richtet. Wird ein Dritter wegen eines wirtschaftlichen Interesses an einem Verfahren beteiligt, so dass er Prozesshandlungen vornehmen kann, wirkt sich dies für die eine Partei positiv, für die andere negativ aus. Im Falle einer entsprechenden Gerichtsstandsvereinbarung unterstellen sich die Parteien freiwillig der deutschen Gerichtsbarkeit. Diese wird oftmals auch aus dem Interesse prorogiert, den Prozess vor einem Gericht und mit einer Verfahrensordnung zu führen, das beiden Parteien gleichermaßen fremd ist, so dass keine eine tatsächlich bessere Verfahrensposition besitzt. Ist der deutsche Gerichtsstand ein Klägergerichtsstand, beruht die internationale Zuständigkeit oft auf Schutzüberlegungen wie dem Verbraucherschutz in § 29c ZPO. Deshalb zieht das deutsche Prozessrecht die Schutzwürdigkeit des inländischen Klägers dem ausländischen Beklagten vor. Auch die Regelungen zum Beklagtengerichtsstand zielen auf prozessuale Gerechtigkeit und stellen zwischen den Parteien Waffengleichheit her.[17] Nichts zwingt dazu, die Interessen der Partei für schutzwürdiger zu halten, die den gerichtlichen Rechtsschutz der lex causae unterstellen will. Deshalb führt das Kriterium der Zumutbarkeit, wie es *Grunsky* entwickelt hat, nicht weiter. Die Frage nach der Zumutbarkeit fordert zuerst eine Entscheidung darüber, für welchen Verfahrensbeteiligten die Anwendung des deutschen Prozessrechts zumutbar sein muss. Da dies eine wertende, auf den Einzelfall bezogene Entscheidung ist, wäre das anwendbare Recht nicht sicher im vorhinein zu ermitteln, weshalb das Abgrenzungskriterium *Grunskys* letztlich zu mehr Rechtsunsicherheit führt.

V. Streitverkündungs- und Hauptinterventionsgrund

Die Frage ist bei der Hauptintervention und bei der Streitverkündung eine andere. Da gemäß § 64 ZPO der Hauptintervenient das Recht, worüber ein Rechtsstreit anhängig geworden ist, für sich in Anspruch nehmen muss, und gemäß § 72 ZPO der Streitverkünder einen Anspruch auf Gewährleistung oder

---

[16] Zur Kritik am strengen Grundsatz des Zweiparteienprozesses vgl. *W. Lüke,* S. 423.
[17] Stein/Jonas-*Roth,* vor § 12 Rn. 3.

Schadloshaltung gegen einen Dritten erheben zu können glaubt, wird durch die prozessualen Vorschriften die Frage nach dem Rechtsverhältnis aufgeworfen. Dieses unterliegt als sogenannte Vorfrage nicht der lex fori, sondern ist nach dem Recht zu bewerten, auf das die Kollisionsnormen der lex fori verweisen.[18]

VI. Ergebnis

Die lex fori regelt die Verfahrensbeteiligung eines Dritten vor den Gerichten. Findet das Verfahren vor deutschen Gerichten statt, richtet sich die Drittbeteiligung nach der deutschen Zivilprozessordnung. Deshalb kann die Interventionsklage des US-amerikanischen Rechts nicht in einem deutschen Prozess erhoben werden. Die lex fori bestimmt auch, in welcher Form und Frist eine Verfahrensbeteiligung erfolgen muss und welche Anforderungen erfüllt sein müssen. Bei der Frage, ob die einzelnen Voraussetzungen gegeben sind, können Rechtsverhältnisse zu prüfen sein, die von dem Recht bestimmt werden, auf das die Kollisionsnormen der lex fori verweisen. In diesem Zusammenhang kann ausländisches (materielles) Recht zur Anwendung kommen.

B. Gerichtspflichtigkeit nach der EuGVO

I. Überblick über die Regelungen zur Drittbeteiligung

Die Drittbeteiligung in Verfahren mit Auslandsberührung wird in der EuGVO nur teilweise geregelt. Die Verordnung bestimmt die internationale Zuständigkeit und regelt die Anerkennung von Drittwirkungen eines Urteils. Nach Art. 6 Nr. 2 EuGVO besteht die internationale Zuständigkeit für eine Interventionsklage vor dem Gericht des Hauptprozesses. Die grenzüberschreitende Streitverkündung wird in Art. 65 EuGVO angesprochen. Danach ist der Gerichtsstand nach Art. 6 Nr. 2 EuGVO in den Staaten ausgeschlossen, die den Vorbehalt nach Art. 65 EuGVO erklärten. Dies sind zur Zeit Deutschland, Österreich und Ungarn, deren Rechtsordnungen eine Interventionsklage nicht kennen. Vielmehr kann in diesen Staaten einer Person, die ihren Wohnsitz in einem anderen Mitgliedstaat hat, der Streit verkündet werden. Die Voraussetzungen für eine Interventionsklage oder eine Streitverkündung werden von der Verordnung nicht bestimmt. Für versicherungsrechtliche Streitigkeiten findet sich eine besondere Regelung der Drittbeteiligung in Art. 11 EuGVO. Die Anerkennung und Vollstreckung ausländischer Entscheidungen wird im dritten Kapitel der Verordnung geregelt. Diese Bestimmungen sind auch auf die Anerkennung einer Drittwir-

---

[18] Für die Auslegung von Vorfragen in Prozessrechtsnormen nach der lex fori und gegen eine kollisionsrechtliche Lösung mithilfe von Kollisionsnormen *Roth*, in Festschrift Stree/Wessels, S. 1045 (1052), mit dem Einwand, dass der deutsche Verfahrensgesetzgeber über die Anwendung seines Prozessrechts entscheidet.

kung oder auf die Vollstreckung eines Dritturteils anwendbar. Art. 65 EuGVO stellt darüber hinaus klar, dass Urteilswirkungen – wie die Rechtskraftwirkung eines Dritturteils oder die Interventionswirkung einer Streitverkündung – auch dann anzuerkennen sind, wenn das zugrunde liegende prozessrechtliche Institut dem Anerkennungsstaat fremd ist. Dies ist z. B. der Fall, wenn ein Dritturteil in Deutschland vollstreckt oder eine Interventionswirkung aufgrund einer Streitverkündung in England anerkannt werden soll.

II. Interventionsklage gemäß Art. 6 Nr. 2 EuGVO

Die EuGVO regelt in ihrem Abschnitt über die besonderen Zuständigkeiten gemäß Art. 6 Nr. 2 EuGVO den besonderen Gerichtsstand der Interventions- und Gewährleistungsklage. Abweichend vom allgemeinen Gerichtsstand des Art. 2 EuGVO, nach dem die Gerichte des Mitgliedstaates international zuständig sind, in dem der Beklagte seinen Wohnsitz hat, eröffnet Art. 6 Nr. 2 EuGVO einen besonderen Gerichtsstand an dem Gericht, dass mit dem Rechtsstreit am engsten verbunden ist.

1. Normzweck

Die Vorschrift begründet jedoch keinen allgemeinen Gerichtsstand des Sachzusammenhangs, sondern trägt der engen Verbindung zwischen dem Gericht und dem Rechtsstreit Rechnung.[19] Diese Ausgestaltung schützt das Interesse an einer geordneten und effektiven Rechtspflege, das die Einheitlichkeit gerichtlicher Entscheidungen und eine sachgerechte, konzentrierte Verfahrensgestaltung durch das Gericht verlangt, welches mit dem Rechtsstreit durch die Hauptklage eng verbunden ist.[20] Das grundsätzlich durch Art. 2 EuGVO geschützte Interesse des Beklagten, nur bei einem Gericht an seinem Wohnsitz verklagt zu werden,[21] muss deshalb zurücktreten, wenn Gegenstand der Klage ein Regressanspruch ist, der die Klage gegen den Dritten sachlich mit dem Hauptprozess verbindet.[22]

2. Internationale, örtliche und sachliche Zuständigkeit

Art. 6 Nr. 2 EuGVO begründet nicht nur die internationale, sondern auch die örtliche und sachliche Zuständigkeit des Gerichts des Hauptprozesses. Dies er-

---

[19] Erwägungsgrund Nr. 12; *Briggs,* Nr. 2.164.
[20] EuGH Rs. 365/88, *Kongreß Agentur Hagen v. Zeehaghe BV,* Slg. 1990-I, 1845 Nr. 11; Schlussbericht des Generalanwalts *Lenz* zu der Rs. 365/88, *Kongreß Agentur Hagen v. Zeehaghe BV,* Slg. 1990-I, 1845 (1854); *Jenard*-Bericht, EG-Abl. Nr. C 59/1 (27).
[21] Erwägungsgrund Nr. 11.
[22] Rauscher-*Leible,* EuZPR, Band 1, Art. 6 Rn. 19.

schließt sich nicht auf den ersten Blick, weil Erwägungsgrund Nr. 2 nur von Vorschriften über die internationale Zuständigkeit spricht, Art. 3 EuGVO in die Abschnitte 2 ff. verweist, um Klagen vor den „Gerichten eines anderen Mitgliedstaates" zu ermöglichen und Art. 65 EG-Vertrag den Rat nur zum Erlass von „Vorschriften zur Vermeidung von Kompetenzkonflikten" ermächtigt. Außerdem gilt im Bereich des Art. 2 EuGVO der Grundsatz, dass die örtliche und sachliche Zuständigkeit durch die Verfahrensordnung der lex fori bestimmt wird.[23] Auch die Auslegung der Zuständigkeitsregel für Interventionsklagen im französischen Recht (Art. 333 CPC) lässt darauf schließen, Art. 6 Nr. 2 EuGVO regele nicht die sachliche Zuständigkeit.[24] Jedoch spricht Art. 6 Nr. 2 EuGVO von dem „Gericht des Hauptprozesses" und nicht wie Art. 2 EuGVO von den „Gericht(en) des Mitgliedsstaates". Laut dem Bericht von *Jenard*[25] zum EuGVÜ, dem sich der BGH angeschlossen hat,[26] entschied sich der Rat damit ausdrücklich dafür, die Zuständigkeit des Gerichts unmittelbar und ohne Bezug auf die nationalen Zuständigkeitsregelungen zu begründen, um der engen Verbindung des Rechtsstreits mit dem jeweiligen Gericht gerecht zu werden und die Durchführung des Übereinkommens in den Ländern zu erleichtern, die eine entsprechende Zuständigkeitsregel nicht kennen. Diese Auffassung des Rates findet sich auch bei dem Berichterstatter *Pocar*[27] wieder. Danach bestimmen die Kriterien der besonderen Zuständigkeiten des Art. 5 und 6 EuGVO die internationale und die interne Zuständigkeit, ohne Rücksicht auf abweichende nationale Regelungen zu nehmen. Die Auslegung der französischen Vorschrift zur Interventionsklage (Art. 333 CPC) kann deshalb ein anderes Verständnis des Art. 6 Nr. 2 EuGVO nicht begründen. Sie kann zwar wie jede nationale Rechtsvorschrift zur Auslegung herangezogen werden, darf die praktische Wirksamkeit der europäischen Norm aber nicht beschränken[28].

3. Anwendungsbereich

a) Allgemeine Auslegung

Art. 6 Nr. 2 EuGVO bestimmt die Zuständigkeit für Interventions- und Gewährleistungsklagen. Der Bericht von *Jenard*[29] verweist für die Auslegung des

---

[23] Geimer/Schütze/*Geimer*, EZVR, Art. 2 Rn. 181; *Kropholler*, EZPR, Art. 2 Rn. 1; Geimer/Schütze/*Auer*, IRV, Art. 2 EuGVO Rn. 1; *Layton*, Band 1, Rn. 14.010.
[24] *Mansel*, in Hommelhoff (Hrsg.), Europäischer Binnenmarkt, S. 161 (227).
[25] *Jenard*-Bericht, EG-Abl. Nr. C 59/1 (22).
[26] BGH NJW 1982, 1226 (1227), zur Auslegung von Art. 5 Nr. 1 EuGVÜ.
[27] Amt für Veröffentlichungen der Europäischen Gemeinschaften-*Fausto Pocar*, S. 16.
[28] *Schack*, Rn. 93; Rauscher/*A. Staudinger*, EZPR, Band 1, Einl. zur Brüssel-I VO Rn. 40. Allgemein zur praktischen Wirksamkeit einer europäischen Norm siehe *Streinz*, in Festschrift Everling, Band 2, S. 1491.
[29] *Jenard*-Bericht, EG-Abl. Nr. C 59/1 (28).

EuGVÜ[30] auf das Verständnis der belgischen Gerichtsordnung.[31] Nach deren Art. 15 und 16 erhält der Dritte mit der Intervention die Stellung einer Prozesspartei, um die Interessen der Hauptparteien, welche die Interventionsklage erhebt, zu schützen und eine Verurteilung gegenüber dem Dritten zu ermöglichen. Die Gewährleistungsklage des Beklagten gegen den Dritten ist ein Unterfall der Interventionsklage, um sich bezüglich der Folgen des hauptsächlichen Rechtsstreits schadlos zu halten.[32] Die Interventions- oder Gewährleistungsklage kann in der Form einer Leistungs-, Feststellungs- oder Gestaltungsklage erhoben werden.[33] Jedoch muss gegen den Dritten ein Anspruch geltend gemacht werden, dessen Bestehen vom Ausgang des Verfahrens in der Hauptsache abhängt. Darunter sind Regressansprüche, aber nicht selbständige Schadenersatzansprüche des Beklagten gegenüber dem Dritten zu verstehen.[34] Laut dem französischen *Cour de Cassation* ist eine Klage, mit der ein solcher selbständiger Schadenersatzanspruch in einem schon anhängigen Verfahren geltend gemacht wird, eine eigenständige Hauptklage, die sich von dem ursprünglichen Verfahren unterscheidet.[35]

b) Einordnung der einzelnen nationalen Rechtsinstitute

Die internationale Zuständigkeit für die Interventionsklage nach französischem und englischem Recht (*intervention forcée mise en cause aux fins de condamnation*, *Part 20*-Klage) richtet sich unproblematisch nach Ziffer 2.[36]

---

[30] Der *Jenard*-Bericht zum EuGVÜ wird vom EuGH bei der Auslegung der EuGVO herangezogen vgl. EuGH Rs. 77/04, *GIE Réunion européenne*, Slg. 2005-I, 4509 Nr. 28. Nach Erwägungsgrund Nr. 19 der EuGVO ist eine Kontinuität in der Auslegung von EuGVÜ und EuGVO gewünscht, so dass die vom EuGH entwickelten Auslegungsmethoden und Auslegungsergebnisse auf die EuGVO übertragbar sind. Die Berichte zum EuGVÜ sind im Rahmen der historischen Auslegung zu berücksichtigen. Zu den einzelnen Auslegungsmethoden des EuGH siehe *Anweiler*, S. 74 ff.

[31] Das Verständnis der einzelnen Rechtsordnungen ist im Rahmen der rechtsvergleichenden Auslegung zu berücksichtigen, ohne die Ziele der Verordnung – vorhersehbare Gerichtsstände (Erwägungsgrund Nr. 11) und eine geordnete Rechtspflege (Erwägungsgrund Nr. 12) – zu vernachlässigen. Zur rechtsvergleichenden Methode des EuGH siehe *Schack*, Rn. 94.

[32] EuGH Rs. 77/04, *GIE Réunion européenne*, Slg. 2005-I, 4509 Nr. 28.

[33] *Kropholler*, EZPR, Art. 6 Rn. 28. Die Leistungsklage ist aber der Regelfall.

[34] *Kropholler*, EZPR, Art. 6 Rn. 31; Geimer/Schütze/*Geimer*, EZVR, Art. 6 Rn. 33; Nagel/*Gottwald*, IZPR, § 3 Rn. 98; Rauscher/*Leible*, EZPR, Band 1, Art. 6 Rn. 13.

[35] *Cour de Cassation*, Rev. crit. dr. internat. priv. 76 (1987), 577; Anm. *Gaudemet-Tallon*, Rev. crit. dr. internat. priv. 97 (1987), 580 (581). Die Entscheidung befasst sich mit der Klage eines in Frankreich auf Schadenersatz wegen eines Unfalls in Italien verklagten Fahrzeugführers gegen den Verursacher dieses Unfalls in Italien, mit der ein Regressanspruch, aber auch ein eigener Schadenersatzanspruch geltend gemacht wird.

[36] Aus der französischen Literatur *Gaudemet-Tallon*, Nr. 249; *Guinchard*, Nr. 154.21. Aus der englischen Literatur *Blackstone*, Nr. 16.37.

Schwieriger ist es, die Hauptintervention des französischen Rechts sowie die Streitverkündung *(intervention forcée mise en cause commun de jugement)* oder die französische Nebenintervention einzuordnen. Auch das englische Rechtsinstitut der Streitgenossenschaft *(joinder)*, mit dem ein Dritter mit der Folge der Rechtskrafterstreckung beteiligt wird, bereitet Probleme.

(1) Hauptintervention des französischen Rechts

Für Art. 6 Nr. 2 EuGVO ist es unerheblich, ob die Interventionsklage von einer der Hauptparteien oder von dem Dritten erhoben wird.[37] Sie erfasst deshalb auch die *intervention volontaire principale* des französischen Rechts.[38] Dies ergibt sich aus dem Verständnis der romanischen Rechtsordnungen, weil diese die *intervention volontaire principale* als eine Unterform der Interventionsklage verstehen, die als eigenständige Klage ausgeformt ist, in einem anhängigen Hauptverfahren erhoben wird und dem Dritten ermöglicht, als Verfahrenspartei beteiligt zu werden.[39] Auch der Wortlaut des Art. 6 Nr. 2 EuGVO spricht für diese Auslegung, weil er eine „Klage [...] vor dem Gericht des Hauptprozesses" verlangt, ohne die Person des Klägers auf die Hauptparteien zu begrenzen.[40] Der Bericht *Jenard* verweist für das Verständnis auf die Art. 15 und 16 der belgischen Gerichtsordnung, die ausdrücklich eine Intervention zum Schutze der Drittinteressen vorsehen.[41]

Die weite Anwendung des Art. 6 Nr. 2 EuGVO auf Klagen des Dritten gegen eine der Hauptparteien ist umstritten. Sie wird mit dem Argument kritisiert, dass sich die internationale Zuständigkeit aus Art. 24 EuGVO ergebe, weil der Dritte sich auf das Verfahren rügelos einlässt.[42] Diese Auffassung ist abzulehnen, weil sie den Wortlaut des Art. 24 EuGVO nicht berücksichtigt. Da sich der Beklagte rügelos einlassen muss, kommt es auf die Person der beklagten Hauptpartei und nicht des klagenden Dritten an.[43] Die internationale Zuständigkeit ergibt sich demnach gerade nicht aus Art. 24 EuGVO, wenn die mit der Interventionsklage beklagte Hauptpartei sich nicht auf die Interventionsklage einlässt. Art. 24 EuGVO ist aber auch aus einem anderen Grund nicht einschlägig.

---

[37] Geimer/Schütze/*Auer*, IRV, Art. 6 Rn. 36; Rauscher/*Leible*, EZPR, Art. 6 Brüssel-I VO Rn. 36; *Kropholler*, EZPR, Art. 6 Rn. 27; *Mansel*, in Hommelhoff (Hrsg.), Binnenmarkt, S. 161 (234 f.); *Winter*, S. 64; *Gaudemet-Tallon*, Nr. 249; *Layton*, Band 1, Rn. 15.142.

[38] *Guinchard*, Nr. 154.21; *Gaudemet-Tallon*, Nr. 249.

[39] Siehe Kapitel 3 C. IV.

[40] Geimer/Schütze/*Auer*, IRV, Art. 6 EuGVO Rn. 36; Rauscher/*Leible*, EZPR, Band 1, Art. 6 Rn. 36.

[41] *Jenard*-Bericht, EG-Abl. Nr. C 59/1 (28).

[42] *Mansel*, in Hommelhoff (Hrsg.), Europäischer Binnenmarkt, S. 161 (235); *Winter*, S. 64.

[43] *Mansel*, in Hommelhoff (Hrsg.), Europäischer Binnenmarkt, S. 161 (235).

Nach seinem Wortlaut ist ein Gericht nur dann zuständig, „sofern das Gericht eines Mitgliedstaates nicht bereits nach anderen Vorschriften dieser Verordnung zuständig ist".[44] Ergibt sich die Zuständigkeit aus Art. 6 Nr. 2 EuGVO, kommt es auf Art. 24 EuGVO deshalb nicht mehr an.

(2) Hauptintervention des deutschen Rechts

Die Zuständigkeit des Gerichts für Klagen, die im Rahmen einer Hauptintervention nach deutschem Recht erhoben werden, ergibt sich ebenfalls aus Art. 6 Nr. 2 EuGVO. Das Gericht entscheidet in dem Verfahren der Hauptintervention endgültig und abschließend über die Klagen des Dritten gegenüber den Hauptparteien.[45] Die Entscheidung ist nicht nur rechtskräftig, sondern entfaltet gegenüber den ursprünglichen Hauptparteien Vollstreckungswirkung. Zwischen dem Dritten und den Hauptparteien besteht ein vom ursprünglichen Rechtsstreit unabhängiges Prozessrechtsverhältnis, in dem alle Beteiligten Verfahrenspartei sind.[46] Die Hauptintervention unterscheidet sich damit von der Streitverkündung und der Nebenintervention.[47] Die Hauptintervention erlaubt es dem Dritten, anlässlich eines fremden Verfahrens Klagen gegen die Parteien zu erheben, die prozessual von dem anhängigen Rechtsstreit unabhängig sind. Sie ist deshalb mit einer Interventionsklage des Beklagten gegen den Dritten vergleichbar. Da die Hauptintervention nicht eine Art der Nebenintervention, sondern eine Klage ist, kann der Dritte sich nicht auf Art. 65 Abs. 1 EuGVO berufen, um die Gerichtspflichtigkeit des Beklagten zu rechtfertigen. Die internationale Zuständigkeit für seine Klagen kann sich auch nicht analog aus § 64 ZPO ergeben, weil die EuGVO in ihrem Anwendungsbereich vorrangig anzuwenden ist. Haben die Beklagten ihren Wohnsitz in einem Mitgliedstaat, kann eine Zuständigkeit für die Klagen einer Hauptintervention demnach nicht begründet werden, wenn diese Klagen nicht als Interventionsklagen im Sinne des Art. 6 Nr. 2 EuGVO angesehen werden.

Es erscheint aber zweifelhaft, ob Art. 6 Nr. 2 EuGVO in einem Verfahren vor deutschen Gerichten angewendet werden kann. Art. 65 EuGVO betont ausdrücklich, dass eine Zuständigkeit nach dieser Vorschrift vor deutschen Gerichten nicht geltend gemacht werden kann. Grundlage des Art. 65 EuGVO ist ein Vorbehalt der deutschen Regierung, der sich schon in Art. V des Protokolls zum EuGVÜ findet. Deutschland wollte damit verhindern, dass Interventionsklagen wie die *Part 20*-Klage oder die *intervention forcée mise en cause aux fins de*

---

[44] Zum Wortlaut des Art. 24, siehe *Layton,* Band 1, 15.138.
[45] Siehe Kapitel 3 A. III.
[46] Siehe Kapitel 3 A. III.
[47] Da der Hauptintervenient selbständige Klagen erhebt, handelt es sich bei der Hauptintervention nicht um eine Drittbeteiligung im engeren Sinne, siehe Rosenberg/Schwab/*Gottwald,* § 52 Rn. 1.

condamnation vor deutschen Gerichten erhoben werden können. Außerdem befürchtete die Regierung aufgrund der Nummer 2 gezwungen zu sein, eine Gewährleistungsklage auch in das deutsche Verfahrensrecht einzuführen. Ziel des deutschen Vorbehalts war es aber nicht, mögliche Klageformen des deutschen Verfahrensrechts die Zuständigkeit zu nehmen, so dass diese in einem deutschen Verfahren nicht mehr ausgeübt werden können. Die Systematik des deutschen Verfahrensrechts sollte erhalten, der Rechtsschutz für den Einzelnen aber nicht verkürzt werden. Art. 65 Abs. 1 EuGVO ist dementsprechend teleologisch zu reduzieren.[48] Aus diesem Grund erstreckt sich der Vorbehalt nicht auf die Interventionsklage im Rahmen einer Hauptintervention.[49]

*(3) Nebenintervention und Streitverkündung
des französischen Rechts*

Eine andere Frage ist, ob sich der Nebenintervenient oder der Streitverkünder nach französischem Recht auf die Zuständigkeit nach Art. 6 Nr. 2 EuGVO berufen können. Französische Juristen befürworten eine weite Auslegung der Norm und subsumieren unter Art. 6 Nr. 2 EuGVO die Streitverkündung und die freiwillige Beteiligung als Nebenintervenient.[50] Die Rechtsprechung des Europäischen Gerichtshofs gibt keine Antwort, weil sie die Begriffe Streitverkündung und Interventionsklage widersprüchlich verwendet.[51] Eine Vorlagefrage wurde beim Europäischen Gerichtshof zu diesem Problem noch nicht eingereicht.

Die Streitverkündung *(intervention forcée mise en cause au jugement commun)* sowie die Nebenintervention sind keine Interventionsklagen im Sinne des Art. 6 Nr. 2 EuGVO. Zwar werden sie in Form einer Klage ausgeübt, jedoch ist dies für die Einordnung nicht ausschlaggebend, da die Vorschrift autonom auszulegen ist. Da die romanischen Rechtsordnungen eine Verfahrensbeteiligung nur als Verfahrenspartei kennen, muss der Dritte in Form einer Klage intervenieren. Zu einer Interventionsklage bestehen aber wesentliche Unterschiede. Zum einen führt die Intervention nicht zu einer abschließenden Entscheidung

---

[48] Zur Hauptintervention des österreichischen Rechts vgl. Burgstaller/Neumayr/ *Burgstaller*, IZVR, Band 1 Kapitel 31, Art. 6 Rn. 16.

[49] Ein ähnliches Problem ist aus dem Schweizer internationalen Verfahrensrecht bekannt. Die Schweiz erklärte den Vorbehalt für Art. 6 Nr. 2 LugÜ, ohne zu berücksichtigen, dass die Verfahrensrechte der Kantone Waadt und Genf eine Interventionsklage kennen. Der Vorbehalt wurde deshalb teleologisch reduziert, so dass er auf Interventionsklagen in Verfahren vor Gerichten in den Kantonen Genf und Waadt nicht angewendet wird. Siehe hierzu in diesem Kapitel unter C.

[50] *Gaudemet-Tallon*, Nr. 249; *Guinchard*, Nr. 154.21 (jedoch ohne Begründung).

[51] Siehe die Terminologie in den Schlussanträgen des Generalanwalts am EuGH *Jacobs* vom 24.2.2005 in der Rechtssache C-77/04, *Groupement d'intérêt économique (GIE) v. Zurich Espana*, Slg. 2004-I, 4509.

über den Drittanspruch, sondern nur zu einer Rechtskrafterstreckung bezüglich der rechtlichen und tatsächlichen Feststellungen. Deshalb muss der Kläger gegen den Dritten einen Folgeprozess anhängig machen, um seinen Anspruch endgültig durchzusetzen. Anders als der Hauptintervenient kann der Dritte nur erreichen, dass bestimmte Rechts- und Tatsachenfragen behandelt werden, so dass sich seine Prozessführung im Folgeverfahren vereinfacht.[52]

Darüber hinaus bedarf es einer Zuständigkeitsnorm gar nicht. Die Streitverkündung und die Nebenintervention verlangen bei Prozessen mit Auslandsberührung nicht, dass das Gericht gegenüber dem Dritten zuständig ist.

Die Nebenintervention weicht noch in einer anderen Frage von der Interventionsklage ab. Der Dritte ist in seiner Prozessführung von der beklagten Hauptpartei abhängig, weil er nur zu deren Unterstützung am Verfahren teilnimmt. Er darf sich deshalb mit seinen Prozesshandlungen nicht in Widerspruch zu der unterstützten Hauptpartei setzen. Als Ausgleich steht ihm aber ausnahmsweise der Rechtsbehelf des Drittwiderstandes *(tierce opposition)* zur Verfügung. Damit ähnelt die französische Nebenintervention den Drittbeteiligungsinstituten des deutschen Rechts, die aber gerade nicht von Art. 6 Nr. 2 erfasst sind, wie sich im Umkehrschluss aus Art. 65 EuGVO entnehmen lässt.[53]

(4) Streitgenossenschaft des englischen Rechts

In der englischen Literatur finden sich keine Anhaltspunkte, dass Art. 6 Nr. 2 EuGVO den *joinder* erfasst.[54] Dies lässt sich mit der englischen Systematik erklären, die eine Beteiligung weiterer Personen regelmäßig als Unterfall der passiven Streitgenossenschaft behandelt und eine untergeordnete Verfahrensstellung des Dritten wie bei der französischen Nebenintervention oder dem deutschen Recht nicht kennt.[55] Grundsätzlich kann ein abweichendes systematisches Verständnis der nationalen Rechtsordnung die Auslegung der Nummer 2 nicht beeinflussen, weil die EuGVO autonom ausgelegt wird und das einheitliche europäische Zuständigkeitssystem nicht durch nationale Rechtsauffassungen beschränkt werden darf.[56] Für die Einordnung des *joinder* unter die Nummer 2 spricht, dass der Dritte im Verfahren nicht nur als Streithelfer, sondern als unabhängige Verfahrenspartei auftritt, der sich auch in Widerspruch zu den anderen Beklagten stellen darf. Prozessual wird er wie der Beklagte in der Hauptsache

---

[52] Auf die Vollstreckungswirkung stellt auch *Coester-Waltjen,* IPRax 1992, 290 ab.
[53] *Mansel,* in Hommelhoff (Hrsg.), Binnenmarkt, S. 161 (236).
[54] Siehe die Kommentierung bei *Blackstone,* Rn. 16.37 und *Layton,* Band 1, Rn. 15.138.
[55] Siehe Kapitel 3 C. II.
[56] *Schack,* Rn. 93; Rauscher/*A. Staudinger,* EZPR, Band 1, Einl. zur Brüssel-I VO Rn. 40.

behandelt. Außerdem soll die Norm nach französischer Rechtsauffassung weit ausgelegt werden.[57]

Jedoch besteht ein großer Unterschied zwischen der Interventionsklage nach der Nummer 2 und des *joinder* im Falle einer Drittbeteiligung. Wie schon mehrmals angesprochen führt die eine zu einer Entscheidung mit Vollstreckungswirkung gegenüber dem Dritten, während die andere die subjektive Rechtskraft auf den Dritten erstreckt. Sinn der Interventionsklage nach Nummer 2 ist es aber, eine Verurteilung des Dritten im Verfahren zu erreichen. Da dies nicht Folge des *joinder* ist, handelt es sich nicht um eine Interventionsklage im Sinne der Nummer 2. Da das *joinder* die englische Form der Streitgenossenschaft ist, könnte es aber unter Nummer 1 – den Mehrparteiengerichtsstand – zu subsumieren sein. Dieser Frage wird weiter unten nachgegangen.[58]

(5) Ergebnis

Unter Interventionsklage im Sinne des Art. 6 Nr. 2 EuGVO sind die Prozessinstitute des englischen und französischen Recht zu verstehen, die den Dritten gegen seinen Willen am Verfahren beteiligen und zu einer Entscheidung führen, die ihm gegenüber Vollstreckungswirkung entfaltet. Das sind die *intervention forcée mise en cause aux fins de condamnation* und die *Part 20*-Klage. Darüber hinaus fällt auch die Hauptintervention in den Anwendungsbereich des Interventionsklagegerichtsstands. Die Drittbeteiligungsinstitute, welche nicht zu einer abschließenden Entscheidung über den Drittanspruch mit Vollstreckungswirkung, sondern zu einer Bindung des Dritten an das Urteil führen, werden von Art. 6 Nr. 2 EuGVO nicht erfasst.

4. Voraussetzungen

a) Anhängigkeit des Hauptverfahrens

Die Interventionsklage ist eine eigenständige Klage, deren prozessuales Schicksal von der Klage im Hauptprozess unabhängig ist. Jedoch muss das Verfahren zwischen den Hauptparteien dann anhängig[59] sein, wenn die Interventionsklage erhoben wird.[60] Endet das Hauptverfahren zum Beispiel durch Klagerücknahme oder gerichtliche Entscheidung vor diesem Zeitpunkt, kommt eine Zuständigkeit nach Art. 6 Nr. 2 EuGVO nicht mehr in Betracht.[61] Diese Ein-

---

[57] *Gaudemet-Tallon*, Rn. 249.
[58] Siehe Kapitel 4 B. IV.
[59] Zum Begriff der Anhängigkeit nach der EuGVO, vgl. Nagel/*Gottwald*, IZPR, § 5 Rn. 205; *Kropholler*, EZPR, Art. 30 Rn. 1; *Schack*, Rn. 760a.
[60] Geimer/Schütze/*Auer*, IRV, Art. 6 EuGVO Rn. 29.
[61] *Huet*, J.D.I. 1995, 143 (147).

schränkung ergibt sich nicht aus dem Wortlaut der deutschen Fassung („Gericht des Hauptprozesses"), lässt sich aber mit der englischen Fassung begründen („in the court seized of the original proceedings"), nach der ein zeitlicher Zusammenhang zwischen der Interventionsklage und der Klage des Hauptverfahrens bestehen muss.[62] Auch der Normzweck rechtfertigt diese Auslegung. Der Gerichtsstand der Interventionsklage weicht von dem allgemeinen Gerichtsstand am Wohnsitz des Beklagten ab, um zu gewährleisten, dass ein Gericht über den gesamten Streitstoff entscheidet und so widersprechende Entscheidungen verhindert.[63] Dieser Normzweck kann nicht mehr erfüllt werden, wenn die Klage im Hauptverfahren schon endgültig entschieden wurde.[64] Auch die Ausgestaltungen nationaler Rechtsordnungen stützen diese Auffassung. So redet Art. 16 der belgischen Gerichtsordnung davon, dass der Dritte „in das Verfahren eintritt" oder „während des Verfahrens" geladen wird. Nach Art. 331 der französischen Prozessordnung ist Folge einer Intervention eine gemeinsame Entscheidung über die Klagen, die der Intervention und dem Hauptverfahren zugrunde liegen. Der Sinn einer Interventionsklage besteht darin, dass Rechts- und Tatsachenfragen übereinstimmend mit der Hauptklage entschieden werden.[65]

b) Gerichtsstand des Beklagten

(1) Besonderer oder ausschließlicher Gerichtsstand nach der EuGVO

Nach Art. 6 Nr. 2 EuGVO ist das Gericht des Hauptprozesses für die Interventionsklage zuständig. Unerheblich ist, ob es sich bei dem Gerichtsstand für den Hauptprozess um einen allgemeinen, besonderen oder ausschließlichen handelt. Entscheidend für Art. 6 Nr. 2 EuGVO ist das Interesse an einer ökonomischen und sachgerechten Prozessführung[66], dem die EuGVO mit der Wahlmöglichkeit des Klägers gerecht wird. Dabei sollen sich widersprechende Entscheidungen verhindert werden, so dass es auf den Zusammenhang zwischen den Klagen und nicht auf die angewendeten Zuständigkeitsregeln ankommt.[67] Da das Risiko sich widersprechender Entscheidungen und das Interesse an einer ökonomischen und sachgerechten Prozessführung auch vorliegen, wenn für den Hauptprozess ein ausschließlicher Gerichtsstand gegeben ist und die Zuständig-

---

[62] *Kaye,* S. 1713. In *Waterford Wedgwood plc v. David Nagli Ltd,* (1998) C.L.C. 1011, wird sogar verlangt, dass das Hauptverfahren aktiv betrieben wird.
[63] Erwägungsgründe Nr. 11 und 12 zur EuGVO.
[64] *Briggs,* Nr. 2.169.
[65] *Dalloz,* CPC, Art. 331 Nr. 1.
[66] EuGH Rs. 365/88, *Kongreß Agentur Hagen v. Zeehaghe BV,* Slg. 1990-I, 1845 Nr. 11.
[67] Schlussanträge des Generalanwalts am EuGH *Lenz* zur Rs. 365/88, *Kongreß Agentur Hagen v. Zeehaghe BV,* Slg. 1990-I, 1845 Nr. 11.

keitsregeln nach der EuGVO gleichwertig nebeneinander stehen,[68] kann die Zuständigkeit auch in diesem Fall auf Art. 6 Nr. 2 EuGVO gestützt werden. Das soll nicht gelten, wenn die Zuständigkeitsvereinbarung nicht den Anforderungen des Art. 23 EuGVO entspricht.[69] Diese Einschränkung bedarf keiner weiteren Erörterung, soweit der Hauptprozess in den Anwendungsbereich der EuGVO fällt und die Vereinbarung die Voraussetzungen des Art. 23 EuGVO erfüllen muss. Ob die Einschränkung auch gilt, wenn die Vereinbarung sich nach den Regelungen nationaler Verfahrensordnungen richtet, ist fraglich. Dahinter steht die Frage, ob es für Art. 6 Nr. 2 EuGVO ausreichend ist, wenn der Gerichtsstand des Hauptprozesses auf Zuständigkeitsregelungen gründet, die mit dem Zuständigkeitsregime der EuGVO nicht vereinbar sind.[70]

(2) Gerichtsstand nach nationalen Verfahrensordnungen

Ist das Gericht des Hauptprozesses aufgrund nationaler Verfahrensregelungen zuständig, kann die Frage nicht so einfach beantwortet werden, ob an diesem Gericht der Gerichtsstand für die Interventionsklage besteht. Nationale Zuständigkeitsregelungen sind unmittelbar anwendbar, wenn der sachliche oder räumliche Anwendungsbereich der EuGVO für den Hauptprozess nicht eröffnet sind. Mittelbar kommen sie kraft Verweisung nach Art. 4 EuGVO zur Anwendung, wenn der Beklagte des Erstprozesses seinen Sitz nicht im Hoheitsgebiet eines Mitgliedstaats hat. Dies wird als problematisch angesehen, insoweit exorbitante Gerichtsstände begründet werden.[71] Denn diese schaffen mithilfe international nicht allgemein anerkannter Zuständigkeitsmerkmale – wie das Vermögen in § 23 ZPO oder den Aufenthalt gemäß der *transit rule* – eine klägernahe Zuständigkeit, um den beklagtenfreundlichen Ausgangspunkt des Prinzips *actor sequitur forum rei* auszugleichen.[72] Es widerspricht aber dem Normzweck der Verordnung,[73] wenn der Gerichtsstand der Interventionsklage nur begründet werden kann, insoweit der sachliche Anwendungsbereich der EuGVO für den Hauptprozess eröffnet ist und der Hauptbeklagte seinen Wohnsitz im Hoheitsgebiet eines Mitgliedstaates hat. Denn die Gründe für einen besonderen Gerichtsstand der Interventionsklage – Prozessökonomie, sachnahes Gericht, Vermeiden sich wi-

---

[68] Explizit zum Verhältnis von Art. 2 und Art. 5 Nr. 1 EuGVO vgl. EuGH Rs. 365/88, *Kongreß Agentur Hagen v. Zeehaghe BV,* Slg. 1990-I, 1845 Nr. 11. Allgemein vgl. Rauscher/*Leible,* EZPR, Band 1, Art. 6 Rn. 17.

[69] *Layton,* Band 1, Nr. 15.144.

[70] Da diese Frage sich ebenso im Falle eines exorbitanten Gerichtsstandes für den Hauptprozess stellt, wird auf die Ausführungen hierzu verwiesen.

[71] *Kropholler,* EZPR, Art. 6 Rn. 30; MünchKommZPO-*Gottwald,* Art. 6 EuGVO Rn. 14; Rauscher/*Leible,* EZPR, Band 1, Art. 6 Rn. 18.

[72] *Schack,* Rn. 195.

[73] A.A. Rauscher/*Leible,* EZPR, Band 1, Art. 6 Rn. 18; MünchKommZPO-*Gottwald,* Art. 6 EuGVO Rn. 14.

dersprechender Entscheidungen – bestehen auch, wenn die Zuständigkeit des Gerichts des Hauptprozesses auf nationalen Regeln basiert. Sollte dann der Anwendungsbereich der EuGVO bezüglich der Interventionsklage eröffnet sein und der Interventionsbeklagte seinen Wohnsitz im Hoheitsgebiet eines Mitgliedstaates haben, wären nationale Zuständigkeitsregelungen auf die Interventionsklage nicht anwendbar, so dass eine Interventionsklage überhaupt nicht erhoben werden könnte.

Es stellt sich deshalb nur die Frage, ob exorbitante Gerichtsstände im Bereich der Interventionsklage verhindert werden müssen. Dabei ist zu berücksichtigen, dass die EuGVO die Geltung exorbitanter Gerichtsstände in Art. 4 Abs. 2 EuGVO selbst voraussetzt. Außerdem ergibt sich aus Erwägungsgrund Nr. 8 zur EuGVO, dass die gemeinsame Zuständigkeit nach Art. 6 Nr. 2 EuGVO grundsätzlich dann Anwendung findet, wenn der (Interventions-)beklagte seinen Wohnsitz in einem der Mitgliedstaaten hat. Von dieser Regel kann deshalb nur aus besonderen Gründen abgewichen werden. Auf der anderen Seite ist aber zu berücksichtigen, dass Art. 4 EuGVO nur die Geltung exorbitanter Gerichtsstände duldet, weil der Hauptbeklagte seinen Wohnsitz nicht im Hoheitsgebiet eines Mitgliedstaates hat. In diesem Fall richtet sich das Anerkennungs- und Vollstreckungsverfahren nicht nach den Art. 32 ff. EuGVO, weshalb es einer einheitlichen Zuständigkeitsordnung unter Ausschluss exorbitanter Gerichtsstände nicht bedarf. Da sich der Gerichtsstand in dem Hauptprozess auf die Zuständigkeit für das Interventionsverfahren mittelbar auswirkt, führt eine Hauptklage an einem exorbitanten Gerichtsstand dazu, dass auch der Interventionsbeklagte dort verklagt wird. Demnach wird die Entscheidung eines für die Hauptsache exorbitanten Gerichts in einem Anerkennungs- und Vollstreckungsverfahren nach Art. 32 EuGVO vollstreckt, obwohl die Einheitlichkeit der Zuständigkeitsregelungen nicht mehr gewährleistet ist, die Voraussetzung für dieses sehr klägerfreundliche Verfahren ist.[74] Dies bedeutet, dass eine Interventionsklage am exorbitanten Gerichtsstand für die Hauptklage nicht erhoben werden kann. Gegen diese Auslegung spricht aber, dass sie den Hauptbeklagten und Interventionskläger benachteiligt. Dieser muss sich an einem klägerfreundlichen exorbitanten Gerichtsstand verteidigen, ohne die Möglichkeit der Interventionsklage zu haben.[75] Da der Beklagte aber seinen Wohnsitz nicht im Hoheitsgebiet eines Mitgliedstaates hat, ist eine Auslegung der EuGVO nicht vorzugswürdig, die den Beklagten zu Lasten des Interventionsbeklagten mit Wohnsitz in einem Mitgliedstaat schützt. Aus diesen Gründen darf die Interventionsklage nach Art. 6 Nr. 2 EuGVO nicht erhoben werden, wenn das Gericht

---

[74] Nagel/*Gottwald*, IZPR, § 11 Rn. 62; Geimer/Schütze/*Geimer*, EZVR, Art. 35 Rn. 2; Burgstaller/Neumayr/*Burgstaller*, IZVR, Band 1 Kapitel 31, Art. 6 Rn. 9.
[75] *Winter*, S. 66.

der Hauptklage aufgrund einer exorbitanten Zuständigkeitsbestimmung für diese zuständig ist.

c) Gerichtsstand des Dritten

Nach englischem Rechtsverständnis ist eine *Part-20*-Klage nur vor einem Gericht möglich, das auch für eine Hauptklage gegen den Dritten zuständig wäre.[76] Deshalb stellt sich die Frage, ob die Verordnung auch einen Gerichtsstand des Dritten am Gericht des Hauptprozesses voraussetzt. Das trifft jedoch nicht zu, weil das Interesse des Dritten, an seinem Gerichtsstand verklagt zu werden, wegen des Normzwecks der Verordnung hinter dem Interesse des Klägers an einer ökonomischen Entscheidung des sachnächsten Gerichts und hinter dem Interesse an der Vermeidung sich widersprechender Entscheidungen zurücktreten muss.[77] Im Übrigen wäre die Regelung des Art. 6 Nr. 2 EuGVO auch überflüssig, wenn ein eigener Gerichtsstand des Dritten verlangt wird. Die Norm regelt nur die Zuständigkeit, nicht aber die Zulässigkeitsvoraussetzungen. Besteht schon eine Zuständigkeit, muss diese für die Interventionsklage nicht besonders begründet werden.

Da Art. 6 Nr. 2 EuGVO nicht nur die internationale, sondern auch die örtliche Zuständigkeit regelt, ist er aber nur anwendbar, wenn der Dritte seinen Wohnsitz nicht im Gerichtsstaat hat. Denn sonst bestände eine Zuständigkeit am allgemeinen Gerichtsstand nach Art. 2 EuGVO. Da dieser nur die internationale Zuständigkeit regelt, würde sich die örtliche nach den nationalen Zuständigkeitsnormen richten.

d) Zusammenhang zwischen Haupt- und Interventionsklage

Diese Interessenabwägung besteht unabhängig davon, wie eng der Zusammenhang zwischen der Hauptklage und der Interventionsklage ist. In der französischen Literatur wird sogar die Auffassung vertreten, der Interventionsklagegerichtsstand verlange überhaupt keinen engeren Zusammenhang *(lien de connexité)* zwischen den Klagen.[78] In seiner Entscheidung vom 26.5.2005 legte der EuGH die Norm dahingehend aus, dass ein Zusammenhang ausreichend ist, der die Feststellung erlaubt, die Interventionsklage werde nicht allein deshalb erhoben, um den Dritten seinem Gerichtsstand zu entziehen.[79] Der Zusammenhang

---

[76] Kapitel 3 C. I.

[77] Erwägungsgrund Nr. 11; EuGH Rs. C-365/88, *Kongreß Agentur Hagen v. Zeehaghe BV,* Slg. 1990-I, 1845 Nr. 11; Schlussbericht des Generalanwalts am EuGH Lenz zur Rs. 365/88, *Kongreß Agentur Hagen v. Zeehaghe BV,* Slg. 1990-I, 1845 (1854); *Jenard*-Bericht, EG-Abl. Nr. C 59/1 (27).

[78] *Gaudemet-Tallon,* Nr. 250; *Guinchard,* Nr. 15.421, der auf die Prozessökonomie und die Verfahrensbeschleunigung hinweist.

ist dem Begriff der Interventionsklage jedoch selbst immanent. Eine so enge Beziehung, wie sie Art. 6 Nr. 1 EuGVO für die Streitgenossenschaft verlangt, ist deshalb nicht erforderlich. Diese Auslegung legt der Wortlaut nahe, der im Gegensatz zu den anderen Vorschriften, die ebenfalls mehrere Klagen regeln, nicht von „Zusammenhang" spricht. Die Streitgenossenschaft (Art. 6 Nr. 1 EuGVO), die Widerklage (Art. 6 Nr. 3 EuGVO) und die Vorschrift über zusammenhängende Klagen (Art. 28 EuGVO) regeln das Zusammentreffen verschiedener Klagen. Im Gegensatz zur Interventionsklage müssen diese nicht zwingend sachlich zusammenhängen. Theoretisch ist es denkbar, dass in einem Verfahren mehrere Personen aus verschiedenen Gründen verklagt werden oder dass der Beklagte eine Widerklage erhebt, die sich nicht auf denselben Vertrag oder Sachverhalt stützt. Da eine Interventionsklage begrifflich voraussetzt, dass ein Anspruch geltend gemacht wird, dessen Bestehen von dem Ausgang des Verfahrens in der Hauptsache abhängt, muss ein besonderer Zusammenhang nicht ausdrücklich normiert werden.[80] Das Kriterium des Zusammenhangs begegnet jedoch bei der Auslegung der Missbrauchsklausel wieder.

e) Missbrauchsklausel

Das einzige Korrektiv, das die Interessen des Interventionsbeklagten schützt, findet sich im zweiten Halbsatz des Art. 6 Nr. 2 EuGVO, wonach das Gericht des Hauptprozesses nicht zuständig ist, wenn der Gerichtsstand missbräuchlich geschaffen wurde. Einigkeit besteht darin, dass der Interventionsbeklagte und nicht der Hauptbeklagte dem für ihn zuständigen Gericht missbräuchlich entzogen sein muss.[81] Der EuGH legte in seiner Entscheidung *Groupement d'intérêt économique (GIE) v. Zurich Espana u.a.*[82] die Klausel weiter dahingehend aus, dass die Interventionsklage nicht missbräuchlich erhoben worden sein darf. Dies verneint er, wenn ein Zusammenhang zwischen der Interventions- und der Hauptklage besteht. Diese Auslegung widerspricht dem Verständnis des für dieses Verfahren zuständigen Generalanwalts *Jacob*[83] und der nationalen Ge-

---

[79] EuGH Rs. 77/04, *Groupement d'intérêt économique (GIE) v. Zurich Espana*, Slg. 2005-I, 4509.

[80] MünchKommZPO-*Gottwald*, Art. 6 EuGVO Rn. 11; Rauscher/*Leible*, EZPR, Band 1, Art. 6 Rn. 19; *Guinchard*, Nr. 154.21.

[81] EuGH Rs. 77/04, *Groupement d'intérêt économique (GIE) v. Zurich Espana*, Slg. 2005-I, 4509 Nr. 29; *Kropholler*, EZPR, Art. 6 Rn. 32; Geimer/Schütze/*Auer*, IRV, Art. 6 EuGVO Rn. 43. Zwar ist immer nur vom Dritten die Rede, jedoch ist damit der Interventionsbeklagte gemeint. Damit sind auch die Fälle erfasst, in denen der Dritte Interventionskläger ist.

[82] EuGH Rs. C-77/04, *Groupement d'intérêt économique (GIE) v. Zurich Espana*, Slg. 2005-I, 4509 Nr. 29.

[83] Schlussanträge des Generalanwalts beim EuGH *Jacob* zur Rs. 77/04, *Groupement d'intérêt économique (GIE) gegen Zurich Espana*, Slg. 2005-I, 4509 Nr. 33 und 44.

richte[84] sowie der Rechtsordnungen, nach denen sich die Missbrauchsklausel auf die Hauptklage bezieht. Außerdem kann bezweifelt werden, dass die Überprüfung des Zusammenhangs zwischen Haupt- und Interventionsklage geeignet ist, eine missbräuchliche Verwendung des Interventionsklagegerichtsstands aufzudecken.[85] Die Auslegung des EuGH hat den Vorteil, dass sie eine Missbrauchsprüfung anhand des objektiven Kriteriums des Zusammenhangs ermöglicht. Damit wird sie dem Normzweck der EuGVO gerecht, vorhersehbare Zuständigkeitsvorschriften zu schaffen[86]. Die Missbrauchsklausel verliert aber bei dieser Auslegung jegliche Funktion, weil der Zusammenhang zwischen Interventions- und Hauptklage dem Begriff der Interventionsklage selbst immanent ist.[87] Denn der Gerichtsstand ist gegeben, weil eine Interventionsklage vorliegt, muss auch der Zusammenhang bejaht und ein Gerichtsstandsmissbrauch verneint werden.[88] Darüber hinaus ist nicht ersichtlich, in welcher Konstellation die Erhebung einer Interventionsklage missbräuchlich sein soll. Sie hat ja gerade den Zweck, dem Kläger einen Gerichtsstand zur Verfügung zu stellen, um den Beklagten seinem für ihn zuständigen Gericht zu entziehen, und vor einem anderen Gericht zu verklagen.[89]

Für die Auffassung, die Missbrauchsklausel beziehe sich auf die Hauptklage, sprechen aber auch andere Gründe. Erstens ist die Klausel subjektiv formuliert, so dass denkbar ist, dass der Verordnungsgeber trotz der praktischen Schwierigkeiten eine Missbrauchsprüfung anhand subjektiver Kriterien wollte. Das Bestreben des EuGH, ein objektives Kriterium einzuführen, findet deshalb keinen Anhaltspunkt im Wortlaut. Zweitens weckt zwar die deutsche Fassung Zweifel, welche Klage gemeint ist, jedoch ist die englische Fassung eindeutig.[90] Danach ist der Gerichtsstand der Interventionsklage gegeben am *court seized of the original proceedings, unless these were instituted solely with the object of removing him from the jurisdiction.*[91] Auch der Bericht von *Jenard*, der auf die Regelungen in den nationalen Rechtsordnungen verweist, hält das Gericht des

---

[84] *Hough v. P&O Containers Ltd.*, Q.B. (1999) S. 834 (841).
[85] *Gaudemet-Tallon*, Nr. 250.
[86] Erwägungsgrund Nr. 11.
[87] EuGH Rs. C-77/04, *Groupement d'intérêt économique (GIE) v. Zurich Espana*, Slg. 2005-I, 4509, Nr. 30; Rs. C-365/88; *Kongreß Agentur Hagen v. Zeehaghe BV,* Slg. 1990-I, 1845 Nr. 11.
[88] Anders wäre es, wenn der Begriff der Interventionsklage den erforderlichen Zusammenhang sehr viel enger versteht als die Missbrauchsklausel.
[89] *Kaye*, S. 1720 f.
[90] *Kaye*, S. 1720 f.; *Layton*, Band 1, Nr. 15.143. Zur Berücksichtigung der verschiedenen sprachlichen Fassungen bei der Auslegung, siehe Rauscher/*A. Staudinger,* EZPR, Band 1, Einl. zur Brüssel-I VO Rn. 37.
[91] Zur Auslegung durch die englischen Gerichte, vgl. *Hough v. P&O Containers Ltd.*, Q.B. (1999) S. 834 (841).

B. Gerichtspflichtigkeit nach der EuGVO   83

Hauptprozesses für nicht zuständig, wenn die Hauptklage missbräuchlich erhoben wurde.[92] Dies entspricht dem Verständnis in den einzelnen nationalen Rechtsordnungen.[93] Gegen die Auslegung des Europäischen Gerichtshofs spricht auch die Entscheidung[94] *Kongreß Agentur Hagen,* die die Zuständigkeiten der EuGVO als gleichwertig einstuft und deshalb keine besonderen Anforderungen an den Gerichtsstand der Hauptklage stellt. Da nach Art. 24 EuGVO auch das rügelose Einlassen des Hauptbeklagten die Zuständigkeit für die Hauptklage und damit mittelbar für die Interventionsklage begründen kann, bedarf es eines Korrektivs, welches die Interessen des Dritten wirksam schützt.[95] Dies wird durch die Auslegung des EuGH verhindert. Um diesem Dilemma zu entgehen, schlägt *Leible*[96] vor, die Missbrauchsprüfung auf die Fälle zu erweitern, in denen die Parteien des Hauptprozesses eine Gerichtsstandsvereinbarung allein dazu treffen oder sich rügelos auf das Verfahren nur deshalb einlassen, um eine Interventionsklage erheben zu können. Diese Auffassung findet jedoch keinen Anhaltspunkt im Wortlaut, der nur von einer Klage im Singular spricht, zeigt aber deutlich, dass das Verständnis des EuGH die eigentlichen Missbrauchsfälle nicht erfassen kann.

Ein Gerichtsstandsmissbrauch liegt demnach in zwei Fällen vor. Erstens, wenn die Hauptparteien eine Gerichtsstandsvereinbarung nur treffen, um gegen den Dritten vor dem prorogierten Gericht eine Interventionsklage zu erheben. Zweitens, wenn sie kollusiv zusammenwirken, indem sich der Hauptbeklagte rügelos auf ein Verfahren vor einem nicht zuständigen Gericht einlässt oder der Hauptkläger die Klage allein in der Hoffnung erhebt, der Beklagte werde eine Interventionsklage anstrengen.[97] Ein Gerichtsstandsmissbrauch ist aber zu verneinen, wenn die Klage nicht ausschließlich in der Absicht erhoben wurde, den Dritten dem für ihn zuständigen Gericht zu entziehen. Dies ist nicht der Fall, wenn der Kläger keinen Grund zu Klageerhebung hat, weil der Klagegegenstand zwischen den Hauptparteien nicht streitig ist.[98]

---

[92] *Jenard*-Bericht, EG-Abl. 1979, Nr. C 59/1 (27).

[93] Art. 181 der belgischen und französischen ZPO, Art. 74 der niederländischen ZPO, zur englischen Rechtsauffassung, vgl. *Hough v. P&O Containers Ltd.,* Q.B. (1999), 834 (841).

[94] EuGH Rs. 365/88, *Kongreß Agentur Hagen v. Zeehaghe BV,* Slg. 1990-I, 1845 Nr. 11.

[95] Dies umso mehr, da Art. 6 Nr. 2 EuGVO nicht voraussetzt, dass am Gericht der Interventionsklage auch eine Hauptklage anhängig gemacht werden kann, siehe unter c).

[96] Rauscher/*Leible,* EZPR, Band 1, Art. 6 Rn. 21.

[97] *Kropholler,* EZPR, Art. 6 Rn. 32.

[98] *Hough v. P&O Containers Ltd.,* Q.B. (1999), 834 (841); *Layton,* Band 1, Nr. 15.143.

84   Kap. 4: Gerichtspflichtigkeit in einem ausländischen Verfahren

5. *Durchführung der Drittbeteiligung*

a) Zuständigkeits- und Zulässigkeitsregeln

Die EuGVO beschränkt sich auf die Bestimmung der gerichtlichen Zuständigkeit. In seiner Entscheidung *Kongress Agentur Hagen*[99] entwickelt der EuGH seine Rechtsprechung weiter, nach der die EuGVO nicht der Verfahrensvereinheitlichung dient, sondern ein einheitliches Zuständigkeitsregime verfolgt. Lückenhafte Bestimmungen der Verordnung sind deshalb mithilfe der lex fori zu schließen.[100] Formalitäten, die wie die Rechtshängigkeit im Rahmen des Art. 21 EuGVO eng mit dem Verfahren verbunden sind, richten sich deshalb nach dem nationalen Recht.[101] In der oben genannten Entscheidung trennt der EuGH nunmehr zwischen Zuständigkeit und Zulässigkeit, wobei letztere sich grundsätzlich nach der lex fori richtet.[102] Ein anderes Verständnis, wonach die EuGVO das Verfahren einheitlich regelt und deshalb nationale Vorschriften nicht heranzuziehen sind, ist nicht mit der Ermächtigungsgrundlage in Art. 65 EV vereinbar, die nur die Verbesserung und Vereinfachung sowie Förderung der Vereinbarkeit der nationalen Regelungen bezweckt. Dies schließt eine Rechtsvereinheitlichung aus.[103] Ein solches Verständnis lässt sich auch nicht aus der Entscheidung des Europäischen Gerichtshofs *Deutsche Genossenschaftsbank*[104] herleiten, nach der die Zulässigkeit des Zwangsvollstreckungsverfahrens abschließend von dem EuGVÜ geregelt wird und nur die Durchführung dem nationalen Recht obliegt. Denn die Zulässigkeit der Zwangsvollstreckung wurde detailliert in Art. 32 EuGVO geregelt, um den freien Verkehr gerichtlicher Entscheidungen zu gewährleisten.

b) Anwendung nationaler Verfahrensregeln

Da die EuGVO nur im Rahmen ihres Anwendungsbereichs Vorrang genießt, sind nationale Vorschriften nicht anwendbar, die die gerichtliche Zuständigkeit und nicht nur die Zulässigkeit betreffen.[105] Die EuGVO ist aber aus zwei Gründen auch gegenüber nationalen Vorschriften vorrangig, die eine Interventions-

---

[99] EuGH Rs. 365/88, *Kongreß Agentur Hagen v. Zeehaghe BV,* Slg. 1990-I, 1845.
[100] EuGH Rs. 129/83, *Zelger v. Salinitri,* Slg. 1984-I, 2397 Nr. 14.
[101] EuGH Rs. 129/83, *Zelger v. Salinitri,* Slg. 1984-I, 2397 Nr. 15.
[102] EuGH Rs. 365/88, *Kongreß Agentur Hagen v. Zeehaghe BV,* Slg. 1990-I, 1845; Rauscher/*Leible,* EZPR, Band 1, Art. 6 Rn. 16; Geimer/Schütze/*Geimer,* EZVR, Art. 6 Rn. 44; MünchKommZPO-*Gottwald,* Art. 6 EuGVO Rn. 15.
[103] Calliess/Ruffert/*Brechmann,* Art. 65 Rn. 8.
[104] EuGH Rs. 148/84, *Deutsche Genossenschaftsbank v. SA Brasseries du pêcheur,* Slg. 1985-I, 1981.
[105] *Coester-Waltjen,* IPRax 1992, 290 (292).

klage aus Zweckmäßigkeits- und Zumutbarkeitserwägungen beschränken.[106] Erstens vereiteln sie den in Art. 6 Nr. 2 EuGVO enthaltenen Justizgewährungsanspruch.[107] Zweitens verletzen sie den europarechtlichen Grundsatz der praktischen Wirksamkeit einer europäischen Norm.[108]

c) Einordnung nationaler Verfahrensregeln

Nach englischem und französischem Recht ist eine Interventionsklage nur zulässig, wenn der Drittkläger Anspruchsinhaber ist und nicht durch entgegenstehende Rechtskraft einer Entscheidung an der Klageerhebung gehindert wird. Außerdem muss zwischen der Interventionsklage und der Klage in der Hauptsache ein sachlicher Zusammenhang gegeben sein. Überdies muss die Interventionsklage die Voraussetzungen einer Klageerhebung erfüllen.[109] All diese Anforderungen sind nicht von Zweckmäßigkeits- oder Zumutbarkeitserwägungen motiviert, sondern zeigen vielmehr, dass es sich bei der Interventionsklage um eine tatsächliche Klageerhebung handelt. Das englische Recht zählt darüber hinaus abschließend auf, aus welchen Gründen eine Interventionsklage von dem Hauptsacheverfahren abgetrennt und eigenständig verhandelt werden kann. Anders als bei den Regelungen über die englische Streitgenossenschaft, die jedoch von Art. 6 Nr. 1 EuGVO erfasst wird,[110] kann das Gericht das Verfahren gegen den Dritten nur abtrennen, wenn (1) kein ausreichender sachlicher Zusammenhang gegeben ist, (2) der Drittkläger nicht einen Anspruch gegen den Dritten geltend macht, der ihm gegenüber behauptet wird, oder (3) Fragen zur Entscheidung gestellt werden, die nicht ausreichend mit dem Hauptsacheverfahren verbunden sind.[111] Bei der Auslegung dieser Vorschriften müssen die englischen oder französischen Gerichte aber berücksichtigen, dass die Rechtsprechung des Europäischen Gerichtshofs verbietet, Zweckmäßigkeitserwägungen im Rahmen der Prüfung des sachlichen Zusammenhangs durchzuführen.

6. Vorbehalt nach Art. 65 EuGVO

Die Zuständigkeitsregelung des Art. 6 Nr. 2 EuGVO nimmt keine Rücksicht auf die Prozessordnungen jener Länder, in denen der Dritte nicht in Form einer

---

[106] Siehe ausdrücklich zur Ablehnung einer Interventionsklage wegen des Wohnsitzes des Interventionsbeklagten in einem anderen Vertragsstaat EuGH, Rs. 365/88, *Kongreß Agentur Hagen v. Zeehaghe BV,* Slg. 1990-I, 1845 Nr. 20.
[107] Geimer/Schütze/*Auer,* IRV, Art. 6 EuGVO Nr. 47.
[108] EuGH, Rs. 365/88, *Kongreß Agentur Hagen v. Zeehaghe BV,* Slg. 1990-I, 1845 Nr. 20; allgemein zum Grundsatz der praktischen Wirksamkeit im IZVR siehe *Schack,* Rn. 93; Rauscher/*A. Staudinger,* EZPR, Band 1, Einl. zur Brüssel-I VO Rn. 40.
[109] Siehe Kapitel 3 B. II. und C. I.
[110] Siehe Kapitel 4 B. IV.
[111] Siehe Kapitel 3 C. I.

Interventionsklage als Verfahrenspartei in den Hauptprozess einbezogen wird, sondern die eine Streitverkündung vorsehen, durch die der Dritte untergeordnete Verfahrensrechte als Streithelfer verliehen bekommt. Diese Länder halten an der Vorstellung fest, dass ein Prozess nur zwischen zwei Parteien geführt werden kann.[112] Eine Erweiterung des Prozesses auf den Interventionsbeklagten (oder Interventionskläger) als eine dritte Partei widerspricht diesem Verfahrensverständnis. Aus Art. 6 Nr. 2 EuGVO ergibt sich jedoch keine Pflicht, eine Interventionsklage in die nationale Verfahrensordnung einzuführen.[113] Die deutsche Regierung vertritt zwar die im Verfahren vor dem Europäischen Gerichtshof *Kongreß Agentur Hagen* zur Auslegung des EuGVÜ erklärte Auffassung, die Notwendigkeit eines Vorbehalts zeige, dass eine solche Verpflichtung grundsätzlich bestehe.[114] Jedoch wies der Gerichtshof in demselben Verfahren darauf hin, dass die EuGVO nicht der Rechtsvereinheitlichung diene, sondern nur die gerichtlichen Zuständigkeiten für die Klageformen bestimmt, die in den nationalen Rechtsordnungen vorgesehen sind.[115] Art. 6 Nr. 2 EuGVO entfaltet deshalb volle praktische Wirksamkeit, wenn er die Zuständigkeit für Interventionsklagen einheitlich regelt, die von den nationalen Rechtsordnungen zur Verfügung gestellt werden. Eine Verpflichtung ergibt sich auch nicht aus einem auf Art. 6 Nr. 2 EuGVO gründenden Justizgewährungsanspruch.[116] Zum einen stellte der EuGH ausdrücklich fest, dass sich Art. 6 Nr. 2 EuGVO auf die Bestimmung des zuständigen Gerichts beschränkt[117], zum anderen ist der Justizgewährungsanspruch erfüllt, wenn der Staat Gerichte zur Verfügung stellt, die prozessordnungsgemäß entscheiden.[118] Ein Anspruch auf bestimmte Klageformen besteht nicht, vielmehr ist ein umfassendes Zivilgerichtssystem zu gewährleisten.[119] Dem werden die deutsche, österreichische und ungarische Verfahrensordnung gerecht, indem sie mit der Streitverkündung ein Institut bereitstellen, mit denen der Dritte gegen seinen Willen am Verfahren mit der Folge beteiligt wird, dass er an die Urteilsfeststellungen des Hauptprozesses gebunden ist.

---

[112] Zum Zweiparteiengrundsatz vgl. Stein/Jonas/*Bork*, vor § 50 Rn. 18; Rosenberg/Schwab/*Gottwald*, § 40 Rn. 26; MünchKommZPO-*Brehm*, v. § 1 Rn. 204; *W. Lüke*, S. 430.

[113] So aber Geimer/Schütze/*Geimer*, EZVR, Art. 6 Rn. 43, mit dem Argument, Art. 6 Nr. 2 EuGVO begründe einen Justizgewährungsanspruch.

[114] EuGH, Rs. 365/88, *Kongreß Agentur Hagen v. Zeehaghe BV*, Slg. 1990-I, 1845 (1850).

[115] EuGH, Rs. 365/88, *Kongreß Agentur Hagen v. Zeehaghe BV*, Slg. 1990-I, 1845 Nr. 17.

[116] A.A. *Geimer*, WM 1979, 350 (361). Allgemein zum Justizgewährungsanspruch *Geimer/Schütze*, Urteilsanerkennung, Bd. 1/1, § 42 II.

[117] EuGH Rs. 365/88, *Kongreß Agentur Hagen v. Zeehaghe BV*, Slg. 1990-I, 1845 Nr. 18.

[118] Stein/Jonas/*Brehm*, vor § 1 Rn. 290.

[119] Stein/Jonas/*Brehm*, vor § 1 Rn. 288.

Wird vor den Gerichten der Länder, die den Vorbehalt nach Art. 65 Abs. 1 S. 1 EuGVO erklärten,[120] eine Interventionsklage erhoben, kann der Kläger sich nicht auf die Zuständigkeit nach Art. 6 Nr. 2 EuGVO berufen, so dass die Klage als unzulässig abzuweisen ist. Der Vorbehalt schränkt aber nicht die Gerichtspflichtigkeit der Personen ein, die ihren Wohnsitz in diesen Ländern haben. Eine Interventionsklage kann gegen sie in einem anderen Mitgliedstaat erhoben werden. Der Interventionskläger hat einen prozessualen Anspruch auf Zustellung der Interventionsklage.[121] Das Interventionsurteil muss gemäß Art. 32 EuGVO auch in den Mitgliedstaaten anerkannt und vollstreckt werden, die den Vorbehalt nach Art. 65 EuGVO erklärt haben.[122] Das hat zur Folge, dass mit Art. 6 Nr. 2 EuGVO die Gerichtspflichtigkeit der Personen mit Wohnsitz in den Ländern mit erklärtem Vorbehalt erweitert wird, ohne dass ihnen selbst die Möglichkeit einer Interventionsklage in ihrem Wohnsitzstaat zur Verfügung steht. Diesem Dilemma kann jedoch nicht auf europarechtlicher Ebene, sondern nur auf nationaler Ebene begegnet werden.[123]

7. Ergebnis

Art. 6 Nr. 2 EuGVO regelt die internationale, örtliche und sachliche Zuständigkeit der Interventions- und Gewährleistungsklage. Unter Interventionsklage wird eine Klage verstanden, mit der ein Dritter als Partei an einem Verfahren mit der Folge beteiligt wird, dass der Drittanspruch endgültig entschieden wird und das Urteil auch gegenüber dem Dritten Vollstreckungswirkung entfaltet. Die Interventionsklage kann dabei von einer der Hauptparteien oder von dem Dritten ausgehen. Wird sie von einer Hauptpartei erhoben und macht diese einen Anspruch gegen den Dritten geltend, dessen Bestehen vom Verfahrensausgang in der Hauptsache abhängt, handelt es sich um eine Gewährleistungsklage. Selbständige Schadenersatzansprüche gegen den Dritten können mit der Gewährleistungsklage nicht geltend gemacht werden. In den Anwendungsbereich der Vorschrift fallen deshalb die Interventionsklage (*intervention forcée mise en cause aux fins de condamnation* und die *Part 20*-Klage), die von einer der Hauptparteien erhoben wird, sowie die Hauptintervention (*intervention volon-*

---

[120] Den Vorbehalt haben Deutschland und Österreich erklärt. Ungarn gab bei seinem Beitritt zur EU eine entsprechende Erklärung ab, siehe Geimer/Schütze/*Geimer,* EZVR, Art. 1 Rn. 170; Geimer/Schütze/*Auer,* IRV, Art. 6 EuGVO Rn. 49.

[121] Geimer/Schütze/*Auer,* IRV, Art. 6 EuGVO Rn. 51.

[122] Geimer/Schütze/*Auer,* IRV, Art. 6 EuGVO Rn. 48; OLG Hamburg IPRax 1995, 391. Zur anerkennungsfeindlichen Praxis außerhalb des Anwendungsbereichs der EuGVO vgl. BGH NJW 1970, 387; OLG Karlsruhe NJW 1974, 1059, jeweils mangels Anerkennungszuständigkeit.

[123] Vorschläge für eine entsprechende Änderung der deutschen ZPO, vgl. *W. Lüke,* S. 435. Zur Kritik an der Erklärung des Vorbehalts siehe *Leipold,* Wege zur Konzentration, S. 14 f.

taire principale und *interpleader),* die von dem Dritten selbst ausgeht. Die Nebenintervention und Streitverkündung des französischen Rechts *(intervention volontaire accessoire, intervention forcée mise en cause commun de jugement)* sowie die englische Intervention in Form der Streitgenossenschaft *(joinder)* werden nicht erfasst.

Ein Gerichtsstand der Interventionsklage ist nur eröffnet, wenn das Hauptverfahren zum Zeitpunkt der Klageerhebung schon oder noch anhängig ist. Er liegt nicht vor, wenn der Hauptbeklagte keinen Wohnsitz in einem Mitgliedstaat besitzt und sich zusätzlich die Zuständigkeit ihm gegenüber auf einen exorbitanten Gerichtsstand stützt. In der Person des Dritten müssen jedoch keine besonderen Anforderungen erfüllt sein. Insbesondere muss er am Interventionsklagegerichtsstand nicht unmittelbar gerichtspflichtig sein. Zwischen der Hauptklage und der Interventionsklage wird kein besonderer Zusammenhang verlangt. Dieses Erfordernis findet sich jedoch in den nationalen Verfahrensordnungen. Jedoch darf die Interventionsklage nicht missbräuchlich erhoben sein. Dies ist unabhängig von einem sachlichen Zusammenhang der Klagen der Fall, wenn die Hauptklage mit der Absicht erhoben wurde, den Dritten seinem Gerichtsstand zu entziehen, z.B. wenn die Hauptparteien eine Gerichtsstandsvereinbarung treffen oder sich der Hauptbeklagte auf das Verfahren rügelos einlässt, um an diesem Gericht die Interventionsklage zu erheben, oder wenn das Hauptverfahren nur in der Hoffnung eingeleitet wird, der Beklagte erhebe die Interventionsklage. Die weiteren Voraussetzungen einer Interventionsklage richten sich nach der jeweiligen lex fori. Jedoch sind die nationalen Vorschriften nicht anwendbar, nach denen aus Zweckmäßigkeitserwägungen die Interventionsklage abgewiesen werden kann und die deshalb die praktische Wirksamkeit der EuGVO gefährden. Vor Gerichten der Länder, deren Verfahrensordnungen eine Interventionsklage nicht kennen und die den Vorbehalt nach Art. 65 EuGVO erklärt haben, kann eine Interventionsklage nicht erhoben werden.

III. Streitverkündung gemäß Artikel 65 EuGVO

Art. 65 EuGVO schließt nicht nur den Gerichtsstand der Interventionsklage für bestimmte Länder aus, sondern enthält auch Bestimmungen zur internationalen Streitverkündung.

1. Auslegung des Begriffs „Streitverkündung"

Was unter „Streitverkündung" zu verstehen ist, richtet sich nicht nach der lex fori des Gerichtsstaates[124], sondern ergibt sich wie bei dem Begriff der Inter-

---

[124] So *Mansel,* in Hommelhoff (Hrsg.), Binnenmarkt, S. 161 (192), der außerdem fordert, die Interventionsform müsse dem deutschen Verständnis vergleichbar sein.

ventionsklage aus autonomer Auslegung. Eine andere Ansicht vertritt *Mansel*.[125] Er stellt allein auf die lex fori und das Verständnis der deutschen und österreichischen Regelungen mit der Begründung ab, Art. 65 Abs. 1 S. 2 EuGVO verweise auf diese Regelungen. Diese Verweisung kann aber nicht zur Folge haben, dass der Anwendungsbereich allein von diesen Normen bestimmt wird. Denn das nationale Rechtsverständnis ist nur ein Indiz für die Auslegung, die auch die praktische Wirksamkeit der Verordnung gewährleisten muss.[126] Aus dem Wortlaut des Art. 65 EuGVO und seiner Gegenüberstellung mit der Interventionsklage gemäß Art. 6 Nr. 2 EuGVO ergibt sich, dass unter Streitverkündung nicht Klageerhebung, sondern Ladung einer Person zu verstehen ist. Diese wird dadurch derart in ein Verfahren einbezogen, dass die Entscheidung aus dem Prozess auch gegen sie Wirkungen entfaltet. Da die deutsche und österreichische Zivilprozessordnung ausdrücklich von Art. 65 EuGVO genannt wird und die Streitverkündung für die Drittbeteiligung nach diesen Rechtsordnungen kennzeichnend ist, kann zur Auslegung auf das deutsche und österreichische Verständnis zurückgegriffen werden. Danach bedeutet Streitverkündung die Information eines Dritten von einem anhängigen Rechtsstreit, durch die eine Drittbindung ohne Vollstreckungswirkung herbeigeführt wird.[127] Die Streitverkündung dient damit auch der Abwehr von Ansprüchen gegen den Streitverkünder und der alternativen Haftung von Streitverkündungsempfänger und Prozessgegner. Ihr Anwendungsbereich geht deshalb über den der Interventionsklage hinaus.

a) Nebenintervention

Anders als es der Wortlaut suggeriert, der ausdrücklich nur die Streitverkündung erwähnt, ist Art. 65 EuGVO auch auf die Nebenintervention anwendbar. Diese erfolgt zwar im Gegensatz zur Streitverkündung freiwillig und auf Initiative des Dritten, kann aber auch Folge einer Streitverkündung sein. Da die Streitverkündung bindende Wirkung hat, erhält der Streitverkündungsempfänger als Ausgleich die Möglichkeit, sich in dem Prozess als Streithelfer zu beteiligen. Er kann so das Verfahren beeinflussen, an dessen Ergebnis er aufgrund der Streitverkündungswirkung gebunden ist. Erfasst Art. 65 EuGVO nicht die Nebenintervention, ist es möglich, dass dem Dritten der Streit verkündet wird, ohne dass er dem Verfahren beitreten kann. Der Dritte wird damit stark belas-

---

[125] *Mansel*, in Hommelhoff (Hrsg.), Binnenmarkt, S. 161 (191 f.).

[126] Zur Rolle der nationalen Regelungen bei der Auslegung sowie zur autonomen Auslegung siehe *Schack*, Rn. 93; Rauscher/*A. Staudinger*, EZPR, Band 1, Einl. zur Brüssel-I VO Rn. 40.

[127] Zur Streitverkündung nach deutschem Verständnis siehe Kapitel 3 A. I. Zur Streitverkündung nach österreichischem Verständnis siehe *Rechberger/Simotta*, ZPO Rn. 223; Fasching/Konecny/*Schubert*, II/1, § 21 Rn. 3; *Kahl*, S. 121.

tet, weil er den Ausgang des Verfahrens nicht beeinflussen kann. Dieses Problem wird noch verstärkt, weil nicht gewährleistet ist, dass der Streitverkündende auch zum Vorteil des Dritten handelt. Aus diesem Grund sollte Art. 65 EuGVO auch die Nebenintervention erfassen.

Diese Meinung wird mit anderer Begründung auch von *Mansel* vertreten.[128] Streitverkündung und Nebenintervention führen zu einer Bindungswirkung ohne Vollstreckbarkeit gegenüber dem Dritten, weshalb sie in ihrer Rechtsfolge vergleichbar sind.[129] Er schränkt seine Ausführungen aber mit dem Hinweis auf Art. 18 EuGVÜ (= 24 EuGVO) ein, wonach das Gericht wegen rügelosen Einlassens zuständig wäre. Dabei verkennt er, dass Art. 24 EuGVO die Zuständigkeit regelt, die bei einer Streitverkündung nicht erforderlich ist. *Mansel* hält das Problem aber auch deshalb nicht für dringend, weil der Dritte sich freiwillig an dem Verfahren beteiligt und deshalb Problemkonstellationen seltener seien.[130] Es ist aber zu beachten, dass die Nebenintervention unabhängig von einer Streitverkündung in zwei Fällen problematisch werden kann, (1) wenn eine Hauptpartei eine Verfahrensbeteiligung des Dritten nicht wünscht und (2) wenn das Gericht die Nebenintervention im Interesse der Zweckmäßigkeit nicht erlaubt, z.B. weil der Intervenient seinen Wohnsitz in einem anderen Mitgliedstaat hat.

b) Streitverkündung des französischen Rechts

Der Anwendungsbereich des Art. 65 EuGVO ist über den Wortlaut hinaus auch auf Beteiligungsformen anwendbar, die nach einer Rechtsordnung ausgeübt wird, die in Art. 65 EuGVO nicht genannt wird. Der Wortlaut enthält keine Anhaltspunkte, dass nur Drittbeteiligungsformen von der Verordnung geregelt werden, die mit einer Interventionsklage vergleichbar sind. Anführen ließe sich, dass die Verordnung nur die gerichtliche Zuständigkeit einheitlich regelt, um das Anerkennungsverfahren vereinfachen zu können.[131] Eine gerichtliche Zuständigkeit für die Streitverkündung ist aber mangels unmittelbarer Gerichtspflichtigkeit des Dritten gerade nicht erforderlich, so dass die Streitverkündung während des Erstprozesses nicht Regelungsgegenstand der EuGVO ist. Auf der anderen Seite will die Verordnung sicherstellen, dass die in den Mitgliedstaaten ergangenen Entscheidungen anerkannt werden. Anerkennung bedeutet, die Wirkungen einer Entscheidung auf das Hoheitsgebiet des Anerkennungsstaates zu

---

[128] *Mansel,* in Hommelhoff (Hrsg.), Binnenmarkt, S. 161 (200).
[129] *Mansel,* in Hommelhoff (Hrsg.), Binnenmarkt, S. 161 (200).
[130] *Mansel,* in Hommelhoff (Hrsg.), Binnenmarkt, S. 161 (200).
[131] Erwägungsgrund Nr. 6. Wegen einheitlicher Zuständigkeitsvorschriften ist eine Prüfung der internationalen Zuständigkeit im Anerkennungsverfahren verboten (Art. 35 Abs. 1 EuGVO). Siehe aber die Ausnahme des Art. 35 Abs. 3 EuGVO.

B. Gerichtspflichtigkeit nach der EuGVO

erstrecken.[132] Da die Interventionswirkung in der deutschen Prozessordnung eine der Rechtskraft ähnliche Entscheidungswirkung ist[133] und in der österreichischen Prozessordnung zu einer Urteilsbindung des Dritten führt,[134] besteht der oben beschriebene Normzweck der Verordnung auch bezüglich der Streitverkündung und der Nebenintervention. Darüber hinaus ist bei der Auslegung die Rechtsprechung des Europäischen Gerichtshofs zum EuGVÜ zu berücksichtigen. Er weist in seinen Entscheidungen immer wieder darauf hin, es müsse sichergestellt werden, dass sich aus dem Übereinkommen für die Vertragsstaaten und die betroffenen Personen soweit wie möglich gleiche und einheitliche Rechte und Pflichten ergeben.[135] Nur auf diese Weise wird dem Gebot der praktischen Wirksamkeit und dem Diskriminierungsverbot[136] Rechnung getragen.[137] Denn fiele unter Art. 65 EuGVO nur die Streitverkündung der genannten Länder, könnte in Verfahren vor den Gerichten anderer Mitgliedstaaten nicht der Streit verkündet werden. Die Anerkennung der Interventionswirkung aufgrund einer Streitverkündung nach französischem Recht wäre dann nicht europarechtlich sichergestellt. *Mansel*[138] begründet die erweiterte Anwendung auf Beteiligungsinstitute anderer Prozessordnungen außerdem mit der positiven Funktion der Norm. Sie bezweckt nur, die Durchführung der Streitverkündung im Erstprozess und die Anerkennung ihrer Interventionswirkung im Folgeprozess sicherzustellen, zielt aber nicht darauf ab, Beteiligungsformen bestimmter Rechtsordnungen auszuschließen. Die ausdrückliche Erwähnung der deutschen und österreichischen Rechtsordnung lässt sich im Zusammenhang mit Satz 1 erklären. Ausdrücklich werden nur die Staaten erwähnt, die den Vorbehalt nach Art. 65 Abs. 1 S. 1 EuGVO erklärt haben. Die Streitverkündung einer nicht erwähnten Rechtsordnung wird aber nur erfasst, wenn sie die Merkmale einer Streitverkündung im Sinne der Verordnung aufweist.

---

[132] Zur Theorie der Wirkungserstreckung siehe Kapitel 4 A. II., sowie *Schack*, Rn. 791 m.w.N.

[133] Zur Interventionswirkung vgl. Stein/Jonas-*Bork*, § 68 Rn. 1 f. m.w.N.; MünchKommZPO-*Schultes*, § 68 Rn. 6; Rosenberg/Schwab/*Gottwald*, § 50 Rn. 60.

[134] Zur Diskussion in der österreichischen Literatur und Rechtsprechung um die Streitverkündungswirkung als Einredeausschluss, Vermutungsregel oder prozessuale Bindungswirkung vgl. Fasching/Konecny/*Schubert*, II/1, § 21 Rn. 2.

[135] Siehe zum Beispiel EuGH Rs. 9/87, *Arcado SPRL v. Haviland SA*, Slg. 1988-I, 1539 Nr. 10; Rs. 189/87, *Kalfelis v. Bankhaus Schröder u.a.*, Slg. 1988-I, 5565 Nr. 15.

[136] Zum Diskriminierungsverbot vgl. Calliess/Ruffert/*Kahl*, Art. 10 Rn. 40.

[137] *Mansel*, in Hommelhoff (Hrsg.), Binnenmarkt, S. 161 (196), bespricht diesen Aspekt bezüglich des EuGVÜ unter dem Stichwort „Gleichbehandlung bei der Auslegung von Staatsverträgen".

[138] *Mansel*, in Hommelhoff (Hrsg.), Binnenmarkt, S. 161 (196).

2. Sachlicher und räumlicher Anwendungsbereich der EuGVO

Art. 65 EuGVO kommt nur dann zur Anwendung, wenn für den Erstprozess der sachliche Anwendungsbereich nach Art. 1 EuGVO eröffnet ist. Nicht erforderlich ist, dass der Anwendungsbereich auch für den Streitgegenstand eines möglichen Folgeverfahrens oder für den der Streitverkündung zugrunde liegenden Anspruch eröffnet ist. Geht es um die Anerkennung der Interventionswirkung in einem Folgeprozess, versteht es sich von selbst, dass auch für diesen der Anwendungsbereich eröffnet sein muss. Befindet sich das Verfahren aber noch im Stadium des Erstprozesses, ist dies nicht erforderlich. Die Streitverkündung erfüllt auch im Erstprozess eine Funktion, weil mit diesem Institut der Dritte von dem Verfahren informiert wird und die Möglichkeit der Nebenintervention erhält. Ob es jemals zu einem Folgeprozess kommen und ob dieser in einem Mitgliedstaat anhängig wird, ist zu diesem Zeitpunkt noch ungewiss.[139] Die Streitverkündung im Erstprozess bereitet zwar die Bindungswirkung im Folgeprozess vor, ist aber auch ohne diesen denkbar und sinnvoll. Zum Beispiel kann sich ein Folgeprozess wegen erfolgreicher Streithilfe erübrigen. Wegen dieser eigenständigen Funktion ist es nur erforderlich, dass für den Erstprozess der sachliche Anwendungsbereich der EuGVO eröffnet ist.

Es muss auch der räumliche Anwendungsbereich eröffnet sein. Art. 65 Abs. 1 S. 2 EuGVO ist nur anwendbar, wenn der Streitverkündungsempfänger seinen Wohnsitz in einem anderen Mitgliedstaat als dem Gerichtsstaat hat. Damit wird die Regel über die unmittelbare Gerichtspflichtigkeit für die mittelbare Gerichtspflichtigkeit wiederholt, nach der die EuGVO die Zuständigkeit grundsätzlich nur bestimmt, wenn der Beklagte seinen Wohnsitz in einem Mitgliedstaat hat.

3. Keine unmittelbare Gerichtspflichtigkeit des Dritten

Unmittelbare Gerichtspflichtigkeit besteht grundsätzlich nur, wenn das Gericht für eine Entscheidung über einen Rechtsstreit zuständig ist. Mit der Streitverkündung wird der Dritte aber nur mittelbar gerichtspflichtig, weil ihn die Feststellungswirkungen des Urteils treffen. Es ist nach deutschem Prozessrechtsverständnis deshalb anerkannt, dass der Dritte nicht der unmittelbaren Gerichtsgewalt unterstehen muss, die durch Zuständigkeitsnormen begründet wird.[140] Eine sachliche Verbindung zum Gericht des Erstprozesses ist dennoch gewährleistet, weil eine Streitverkündung oder eine Nebenintervention nur wirksam ist, wenn ein Streitverkündungsgrund oder ein Beitrittsinteresse vorliegt. An die Stelle der Zuständigkeit tritt damit der sachliche Zusammenhang zwischen Erst-

---

[139] *Mansel*, in Hommelhoff (Hrsg.), Binnenmarkt, S. 161 (190).
[140] Wieczorek/Schütze/*Mansel*, § 72 Rn. 80.

prozess und Streitverkündung. Im Bereich der EuGVO gilt diesbezüglich nichts anderes, so dass das Gericht des Erstprozesses für eine gegen den Dritten gerichtete Klage international nicht zuständig sein muss.[141] Vereinzelt wird aber eine unmittelbare Gerichtspflichtigkeit gefordert, wenn die Streitverkündung grenzüberschreitend erfolgt.[142] Im Unterschied zur rein nationalen Streitverkündung besteht für den Dritten mit Zustellung der Streitverkündung ein mittelbarer Einlassungszwang vor einem Gericht, dass in einer für ihn fremden Sprache und in einer fremden Prozessordnung verhandelt.[143] Dadurch verschlechtert sich die Situation für den Dritten. Die Gründe, die für eine Streitverkündung unabhängig von seiner unmittelbaren Gerichtspflichtigkeit sprechen, sind in internationalen Konstellationen nicht tragend. Gegenüber dem Interesse des Streitverkünders an einer prozessökonomischen Entscheidung überwiegt das Interesse des Dritten, vor den Gerichten des Heimatlandes gerichtspflichtig zu werden.[144] Dieser Einwand mag zutreffen, wenn die Streitverkündung nicht in den Anwendungsbereich der EuGVO fällt. Ist diese aber anwendbar, berücksichtigt er nicht, dass Art. 65 EuGVO eine mittelbare Gerichtspflichtigkeit ohne internationale Zuständigkeit anerkennt[145] und die EuGVO in Art. 6 Nr. 2 eine ähnliche Rechtslage für Drittbeteiligungsinstitute vorsieht, die zu einer Vollstreckungswirkung gegenüber dem Dritten führen. Der Gerichtsstand der Interventionsklage, der mit dem sachlichen Zusammenhang zwischen dem Haupt- und dem Interventionsprozess begründet wird, ermöglicht sogar die unmittelbare Gerichtspflichtigkeit eines Dritten, wenn nach den allgemeinen Regeln diese gerade nicht besteht. Deshalb enthält die EuGVO eine eindeutige Entscheidung zu Gunsten der Prozessökonomie und der Sachnähe des Gerichts des Haupt- oder Erstprozesses, hinter die das Interesse des Dritten zurücktreten muss.[146]

4. Anwendbares Recht

Der Europäische Gerichtshof hat sich zu der Frage, welches Recht auf Drittbeteiligungsinstitute anwendbar ist, nur im Zusammenhang mit der Interventionsklage geäußert. In seiner Entscheidung *Kongreß Agentur Hagen* erläuterte er, dass sich die Durchführung der Drittbeteiligung nach den Regeln der lex fori richtet, soweit nicht die praktische Wirksamkeit der EuGVO beeinträchtigt wird. Dahinter steht die Überlegung, dass die EuGVO nicht der Rechtsverein-

---

[141] *Kropholler,* EZPR, Art. 6 Rn. 22; Wieczorek/Schütze/*Hausmann,* Art. 6 Rn. 19; Geimer/Schütze/*Auer,* Art. 6 Rn. 55; *Schack,* Rn. 367.
[142] *v. Hoffmann,* IPRax 1982, 217 (221).
[143] *Millecker,* ZZP 80 (1967), 288 (295).
[144] RGZ 55, 236; BGH NJW 1977, 1637, jedoch für den Fall der Widerklage.
[145] *Mansel,* in Bajons/Mayr/Zeiler (Hrsg.), Übereinkommen von Brüssel und Lugano, S. 177 (188).
[146] Zur Diskussion im Bereich der Interventionsklage siehe Kapitel 4 B. II. 4. c).

heitlichung dient, sondern nur ein einheitliches Regelungssystem der Entscheidungszuständigkeiten schaffen will.[147] Diese Argumente treffen ebenso auf die Streitverkündung zu, weshalb sich auch diese nach der lex fori richtet.

Von der Frage, nach welcher Rechtsordnung sich die Durchführung der Streitverkündung richtet, ist das Problem zu unterscheiden, welche Rechtsordnung darüber bestimmt, ob der Streitverkündungsgrund oder das Beitrittsinteresse vorliegt. Da es sich hierbei um eine Vorfrage handelt, wird sie nicht von dem Sachrecht der lex fori, sondern von dem Sachrecht beantwortet, auf welches das internationale Privatrecht der lex fori verweist.[148] Dabei ist unter lex fori die Rechtsordnung am Gericht des Erstprozesses und nicht des Folgeprozesses zu verstehen. An welchem Gericht der Folgeprozess anhängig wird, ist zu der Zeit der Streitverkündung noch nicht absehbar, zumal der Kläger des Folgeprozesses die Wahl zwischen mehreren Gerichtsständen haben kann.

5. Prüfung der Zulässigkeit der Streitverkündung

Wird der Streit während eines Verfahrens vor deutschen Gerichten verkündet und tritt der Dritte dem Verfahren nicht bei, unterliegt die Streitverkündung des deutschen Rechts grundsätzlich nicht der Überprüfung durch das Erstgericht. Von diesem Grundsatz soll nur abgewichen werden, wenn die Prüfung im Folgeprozess aus rechtlichen Gründen nicht durchgeführt werden kann, so dass der Dritte rechtlos gestellt würde. Ein solcher Fall ist zum Beispiel gegeben, wenn eine Zuständigkeitsvereinbarung getroffen wurde, die sonst in keinem Verfahrensstadium geprüft werden könnte.[149] Die Unzulässigkeit der Streitverkündung wird darüber hinaus im Erstverfahren nicht berücksichtigt, obwohl dem Gericht des Folgeprozesses das Institut der Streitverkündung oft fremd ist und der zusätzliche Zeit- und Kostenaufwand für den Dritten eine erhebliche Belastung bedeutet. Diese Vorgehensweise gefährdet überdies den internationalen Entscheidungseinklang, wenn die Wirksamkeit der Streitverkündung von den Gerichten unterschiedlich beurteilt wird. Dieses Problem wird jedoch weiter unten im Zusammenhang mit prozessualen Vereinbarungen über die Streitverkündung ausführlich dargestellt.[150]

---

[147] EuGH Rs. C-365/88, *Kongreß Agentur Hagen v. Zeehaghe BV*, Slg. 1990-I, 1845.

[148] Allgemein zur Vorfragenproblematik siehe v. Bar/*Mankowski*, IPR, Bd. 1, § 7 Rn. 182 ff.; Kegel/*Schurig*, § 9 S. 371 ff.; *Kropholler*, IPR, § 32.

[149] *v. Hoffmann*, RIW 1997, 89.

[150] Siehe Kapitel 8.

6. Ergebnis

Die EuGVO versteht unter Streitverkündung die Ladung oder den Beitritt einer Person mit der Folge, dass die Urteilswirkungen mit Ausnahme der Vollstreckungswirkung auf diese erstreckt werden. Der Anwendungsbereich der Norm beschränkt sich dabei nicht nur auf die Rechtsordnungen der genannten Länder. Als Streitverkündung wird deshalb die Streitverkündung und die Nebenintervention des deutschen und des französischen Rechts *(intervention forcée mise en cause commun de jugement* und *intervention volontaire accessoire)* verstanden. Jedoch muss der räumliche Anwendungsbereich hinsichtlich des Dritten eröffnet sein. Es wird aber nicht verlangt, dass er in dem Land unmittelbar gerichtspflichtig ist, vor dessen Gerichten der Streit verkündet wird. Der sachliche Anwendungsbereich der EuGVO nach Art. 1 EuGVO muss nur für die Hauptklage gegeben sein. Der Streitgegenstand eines möglichen Folgeprozesses gegen den Dritten oder der dem Streitverkündungsgrund zugrunde liegende Anspruch kann in den Katalog des Absatzes 2 der ausgeschlossenen Rechtsgebiete fallen. Die Voraussetzungen der Streitverkündung sowie die einzuhaltenden Formen und Fristen sind der jeweiligen lex fori zu entnehmen, soweit der Grundsatz der praktischen Wirksamkeit nicht verletzt ist. Dem Streitverkündungsgrund und dem Nebeninterventionsinteresse kann jedoch ein Rechtsverhältnis zugrunde liegen, auf das das materielle Recht Anwendung findet, das gemäß der Kollisionsnormen der lex fori berufen ist.

IV. Streitgenossenschaft gemäß Art. 6 Nr. 1 EuGVO

Das englische Recht kennt kein Prozessrechtsinstitut, das mit der Streitverkündung oder der Nebenintervention vergleichbar wäre.[151] Betreibt der Kläger die Beteiligung des Dritten an einem anhängigen Verfahren, kann er deshalb nicht den Streit verkünden. Er kann aber auch nicht Interventionsklage erheben, weil diese nur dem Beklagten zur Verfügung steht.[152] Der Kläger verklagt den Dritten deshalb nur als passiven Streitgenossen *(joinder)*. Da Art. 6 Nr. 1 EuGVO die Zuständigkeit für die passive Streitgenossenschaft regelt, stellt sich damit die Frage, welche Vorschrift der EuGVO das englische *joinder* erfasst. Um eine Antwort geben zu können, müssen die zu untersuchenden Fallgruppen herausgearbeitet werden.

---

[151] Siehe Kapitel 3 C. und E.
[152] Siehe Kapitel 3 C. I.

1. Fallgruppen der englischen Streitgenossenschaft

Die passive Streitgenossenschaft des englischen Rechts setzt nur voraus, dass eine gemeinsame Rechts- oder Tatsachenfrage streitig ist und der Anspruch des Dritten auf ein faires Verfahren gewahrt bleibt.[153] Sie ist in den unterschiedlichsten Fällen zulässig. Die Streitgenossenschaft des englischen Rechts erfasst die kumulative und die akzessorische Haftung. Innerhalb eines Produktionsprozesses führen zwei Deliktstäter den Schaden gemeinsam herbei, handeln aber unabhängig voneinander. Beide haften kumulativ und werden als Streitgenossen verklagt. Der akzessorisch haftende Bürge ist Streitgenosse des beklagten Hauptschuldners. Diese Gruppen sind jedoch nicht Gegenstand dieser Untersuchung, weil auch das deutsche Recht für diese Fälle die Streitgenossenschaft und nicht die Streitverkündung zur Verfügung stellt.[154] Die Arbeit beschränkt sich auf die Beteiligung Dritter in einem fremden Verfahren. Da der Streitgenossenschaft selbständige Klagen gegenüber den einzelnen Streitgenossen zugrunde liegen, soll diese hier nur dann interessieren, wenn der Anwendungsbereich der englischen Streitgenossenschaft sich mit dem der deutschen Streitverkündung überschneidet. Das trifft für die alternative Haftung des Beklagten oder eines Dritten zu. Ein Händler verkauft eine mangelhafte Sache. Er klagt gegen den Käufer auf Leistung des Kaufpreises, der die Zahlung verweigert und sich auf den Sachmangel beruft. Der Kläger will deshalb den Lieferanten an dem Verfahren beteiligen, um seinen eigenen Sachmängelgewährleistungsanspruch zu wahren. In einer anderen Fallgruppe macht der Kläger einen Schadenersatzanspruch wegen unerlaubter Handlung geltend, wobei Beklagter und Dritter die Rechtsgutverletzung alternativ begingen. Im Unterschied zum englischen Recht ist im deutschen Recht bei alternativer Haftung gemäß § 72 ZPO die Streitverkündung zulässig. Findet das Verfahren über eine Klage auf Kaufpreiszahlung oder Schadenersatz vor einem deutschen Gericht statt, kann der Kläger deshalb den Streit verkünden. In einem Verfahren vor einem englischen Gericht muss er den Dritten als Streitgenossen verklagen.

2. Qualifizierung als Streitgenossenschaft im Sinne der EuGVO

Die unterschiedliche Behandlung des Dritten als Streitgenossen oder als Streitverkündungsempfänger ist im Anwendungsbereich der EuGVO bedeutsam. Gemäß Art. 65 EuGVO kann der Streit auch gegenüber Dritten verkündet werden, die ihren Wohnsitz in einem Mitgliedstaat haben, dessen Recht die Streitverkündung nicht kennt. Ihre Voraussetzungen richten sich – wie oben dargestellt wurde – nach nationalem autonomem Recht.[155] Im Gegensatz dazu kann

---

[153] Siehe näher zu den Voraussetzungen Kapitel 3 C. II.
[154] MünchKommZPO-*Schultes*, § 59 Rn. 8 und 9.
[155] Siehe in diesem Kapitel unter III. 4.

eine Klage gegen einen Streitgenossen nur an dem Gericht erhoben werden, das gemäß Art. 6 Nr. 1 EuGVO international und örtlich zuständig ist. Die Vorschrift verlangt einen sachlichen Zusammenhang zwischen den Klagen der Streitgenossen, der nicht anhand des nationalen Verfahrensrechts, sondern autonom und unter Berücksichtigung europarechtlicher Interessen ausgelegt wird.[156]

Die deutsche Streitverkündung und die englische Streitgenossenschaft weisen im Fall der alternativen Haftung des Beklagten und des Dritten Gemeinsamkeiten auf.[157] Der Dritte wird gegen seinen Willen am Verfahren beteiligt, um widersprüchliche Entscheidungen zu verhindern. Die Entscheidung entfaltet ihm gegenüber keine Vollstreckungswirkung, sondern nur Bindungswirkung. Dennoch fällt die englische Streitgenossenschaft nicht in den Anwendungsbereich des Art. 65 EuGVO. Die Vorschrift ist zwar analog auch auf Streitverkündungen nach Rechtsordnungen anwendbar, die nicht in ihrem Wortlaut erwähnt sind.[158] Jedoch ist die englische Streitgenossenschaft nicht mit einer Streitverkündung vergleichbar. Der Streitgenosse muss durch Klageerhebung an dem Verfahren beteiligt werden und besitzt eine unabhängige Verfahrensstellung. Aus diesen Gründen diskutiert die englische Literatur nicht einmal, ob Art. 6 Nr. 1 EuGVO oder Art. 65 EuGVO nicht auch die Streitgenossenschaft erfasst.[159] Art. 6 Nr. 1 EuGVO setzt nur voraus, dass nach dem nationalen Recht eine wirksame Streitgenossenschaft vorliegt, differenziert aber nicht zwischen den einzelnen Fallgruppen der kumulativen, akzessorischen oder alternativen Haftung. Im Anwendungsbereich des Art. 65 EuGVO bestimmt darüber hinaus das jeweilige nationale Recht, ob eine Streitverkündung vorliegt. Das englische Recht hat sich eindeutig gegen solch ein Beteiligungsinstitut entschieden.

Es kann deshalb zusammengefasst werden, dass das *joinder* im Falle alternativer Schuldnerschaft grundsätzlich vom Anwendungsbereich des Art. 6 Nr. 1 EuGVO erfasst wird. Nach dieser Vorschrift muss das Verfahren am Wohnsitzgerichtsstand des Beklagten anhängig sein, der Streitgenosse nach nationalem Recht wirksam verklagt werden und ein Zusammenhang zwischen den Klagen bestehen.[160]

---

[156] EuGH Rs. 189/87, *Kalfelis v. Bankhaus Schröder u.a.,* Slg. 1988-I, 5565 Nr. 15; Rauscher/*Leible,* EZPR, Band 1, Art. 6 Rn. 8; *Kropholler,* EZPR, Art. 6 Rn. 10; *Layton,* Band 1, Nr. 15.126.
[157] Siehe Kapitel 3 E.
[158] Siehe in diesem Kapitel unter III. 1. b).
[159] *Blackstone,* Rn. 16.36; *Layton,* Band 1, Nr. 30.051.
[160] EuGH Rs. 189/87, *Kalfelis v. Bankhaus Schröder u.a.,* Slg. 1988-I, 5565; Rs. 51/97, *Réunion Européenne v. Spliethoff's Bevrachtingskantoor,* Slg. 1998-I, 6511; Rs. 539/03, *Roche v. Primus;* Rs. 98/06, *Freeport v. Arnoldsson; Blackstone,* Rn. 16.36.

3. Konnexität

Der Dritte kann aber nur an dem besonderen Gerichtsstand des Art. 6 Nr. 1 EuGVO verklagt werden, wenn die Klagen gegen die Streitgenossen sachlich zusammenhängen.

a) Allgemein

Literatur und Rechtsprechung sind sich nicht im Klaren darüber, was unter „sachlicher Zusammenhang" im Sinne des Art. 6 Nr. 1 EuGVO zu verstehen ist. Während Einigkeit darüber herrscht, wann ein solcher Zusammenhang zweifellos vorliegt, bestehen im Einzelfall große Unsicherheiten.[161] Art. 6 Nr. 1 EuGVO ist autonom auszulegen, weshalb auf nationale Bestimmungen zur Streitgenossenschaft nicht ohne Weiteres zurückgegriffen werden kann.[162] Auf die Unterscheidung des deutschen Rechts zwischen einfacher und notwendiger Streitgenossenschaft kommt es deshalb ebenso wenig an wie auf die Zweckmäßigkeitserwägungen des englischen Rechts.[163] Art. 6 Nr. 1 EuGVO begründet keine allgemeine Zuständigkeit wegen eines Sachzusammenhangs, die allein im Interesse der Zweckmäßigkeit besteht.[164] Vom grundsätzlichen Wohnsitzgerichtsstand des Art. 2 EuGVO darf nur in besonderen Fällen abgewichen werden. Eine Ausnahme ist dann gerechtfertigt, wenn die Klagen in einer so engen Beziehung zueinander stehen, dass eine gemeinsame Verhandlung und Entscheidung notwendig erscheint, um widersprechende Entscheidungen zu vermeiden (Art. 6 Nr. 1 EuGVO). Ein Widerspruch liegt nicht erst dann vor, wenn die Vollstreckungen sich gegenseitig ausschließen, so dass Überschneidungen rechtlicher oder tatsächlicher Fragen ausreichend sind.[165] Der Widerspruch muss aber bei derselben Rechts- und Sachlage bestehen. Da sich die Formulierung des Art. 6 Nr.1 EuGVO in Art. 28 Abs. 3 EuGVO wiederholt, legt der Europäische Gerichtshof Ziffer 1 mithilfe der Rechtsprechungsergebnisse zur entgegenstehenden Anhängigkeit aus.[166] Diese Methode ist zweifelhaft, weil Art. 28 Abs. 3 EuGVO einen anderen Regelungsgegenstand besitzt und sich aus dieser Norm deshalb nicht ergeben kann, wann die Zuständigkeitsinteressen des Dritten wegen des Interesses an einer einheitlichen Rechtsprechung zurücktreten

---

[161] *Schurig*, in Festschrift Musielak, S. 493 (510 f.). Vgl. zur Auslegung in der Rechtsprechung der einzelnen Mitgliedstaaten, *Otte*, S. 641 ff.
[162] EuGH Rs. 189/87, *Kalfelis v. Bankhaus Schröder u. a.*, Slg. 1988-I, 5565 Nr. 15.
[163] *Schack*, Rn. 359.
[164] *Otte*, S. 706 und 718.
[165] EuGH Rs. 539/03, *Roche v. Primus*; *Schurig*, in Festschrift Musielak, S. 493 (513).
[166] EuGH Rs. 189/87, *Kalfelis v. Bankhaus Schröder u. a.*, Slg. 1988-I, 5565 Nr. 11; *Kropholler*, EZPR, Art. 6 Rn. 9; Geimer/Schütze/*Geimer*, EZVR, Art. 6 Rn. 18; *Layton*, Band 1, Nr. 15.126.

müssen.[167] Einigkeit besteht aber darüber, dass die Klagen im Sinne des Art. 6 Nr. 1 EuGVO dann sachlich zusammenhängen, wenn sie im Wesentlichen denselben tatsächlichen Gegenstand und rechtlichen Grund teilen oder ihre Entscheidungen von einer gemeinsamen Vorfrage abhängen.[168]

Dennoch bestanden seit der Entscheidung *Réunion Européenne* des Europäischen Gerichtshofs vom 27.10.1998 große Unsicherheiten. In diesem Urteil stellte der Gerichtshof fest, dass ein Zusammenhang nicht vorliegt, wenn im Rahmen einer einzigen Schadenersatzklage gegen verschiedene Beklagte die Klagebegehren auf unterschiedliche Rechtsgrundlagen gestützt werden. In der Entscheidung berief sich der Kläger auf eine vertragliche und auf eine deliktische Anspruchsgrundlage.[169] Diese Entscheidung wurde stark kritisiert.[170] Jedoch wendete die Rechtsprechung sie wörtlich an.[171] So verneinte der Bundesgerichtshof eine Zuständigkeit, wenn der Beklagte an seinem Wohnsitzgerichtsstand verklagt wird und das Klagebegehren auf eine vertragliche und eine bereicherungsrechtliche Grundlage gestützt wird.[172] Am 11.10.2007 hatte der Europäische Gerichtshof erneut Gelegenheit, zu dieser Diskussion Stellung zu nehmen.[173] Er nutzte sie, um die Unklarheiten zu beseitigen, die seine Entscheidung *Réunion Européenne* hervorgerufen hatte. Er sagt ausdrücklich, dass Art. 6 Nr. 1 EuGVO nicht verlangt, dass die Klagen auf den gleichen Rechtsgrundlagen beruhen.[174] Vielmehr seien seine Äußerungen in der Sache *Réunion Européenne* zu dieser Vorschrift im Zusammenhang mit der Auslegung zu Art. 5 Nr. 3 EuGVO – dem Gerichtsstand der unerlaubten Handlung – zu sehen. Danach kann die Klage gegen den Streitgenossen nicht auf Art. 6 Nr. 1 EuGVO gestützt werden, wenn die Klage gegen den Beklagten am Gerichtsstand der unerlaubten Handlung und nicht an seinem Wohnsitzgerichtsstand nach Art. 2 Abs. 1 EuGVO anhängig ist.[175] Das heißt, dass ein Streitgenosse am Gerichts-

---

[167] *Schurig,* in Festschrift Musielak, S. 493 (510 f).

[168] *Kropholler,* EZPR, Art. 6 Rn. 10; Geimer/Schütze/*Geimer,* EZVR, Art. 6 Rn. 20; *Schack,* Rn. 359; *Layton,* Band 1, Nr. 15.127. *Otte,* S. 718, formuliert, dass ein Zusammenhang dann vorliegt, wenn entweder eine schuldrechtliche Sonderbeziehung zwischen den Streitgenossen oder ein tatsächlicher Beteiligungszusammenhang besteht.

[169] EuGH Rs. 51/97, *Réunion Européenne v. Spliethoff's Bevrachtingskantoor,* Slg. 1998-I, 6511 Nr. 50.

[170] Geimer/Schütze/*Auer,* IRV, Art. 6 EuGVO Rn. 21; *Kropholler,* EZPR, Art. 6 Rn. 9; Geimer/Schütze/*Geimer,* EZVR, Art. 6 Rn. 19; *Schurig,* in Festschrift für Musielak, S. 493 (513); *Layton,* Band 1, Nr. 15.127; *Gaudemet-Tallon,* Rev. crit. 2003, 132.

[171] In Deutschland: BGH WM 2001, 2402; in Frankreich: *Cour de Cassation* Rev. crit. 2003, 126; in England: *Watson v. First Choice* [2001] 2 Lloyd's Report 339 C.A.

[172] BGH WM 2001, 2402.

[173] EuGH Rs. 98/06, *Freeport v. Arnoldsson.*

[174] EuGH Rs. 98/06, *Freeport v. Arnoldsson,* Nr. 38 und 47.

[175] EuGH Rs. 98/06, *Freeport v. Arnoldsson,* Nr. 44. Auf diesen Zusammenhang hat schon *Schurig,* in Festschrift für Musielak, S. 463 (511), hingewiesen.

stand des Art. 6 Nr. 1 EuGVO verklagt werden kann, wenn für die Klage gegen den Hauptbeklagten der Wohnsitzgerichtsstand begründet ist.

b) Konnexität bei alternativer Schuldnerschaft

(1) Regressanspruch

Diese Auslegung des Art. 6 Nr. 1 EuGVO bedeutet für die oben dargestellten Fallgruppen Folgendes.[176] Verklagt ein Händler seinen Käufer vor einem englischen Gericht auf Zahlung des Kaufpreises und beruft sich dieser auf einen Sachmangel, kann der Kläger seinen Lieferanten als Streitgenossen *(joinder)* verklagen. Diese Möglichkeit steht dem Kläger auch offen, wenn der Dritte seinen Wohnsitz in einem anderen Mitgliedstaat hat. Zwar ist nach Art. 2 Abs. 1 EuGVO der Gerichtsstand grundsätzlich im Sitzstaat des Beklagten gegeben. Jedoch besteht der Gerichtsstand der Streitgenossenschaft nach Art. 6 Nr. 1 EuGVO. Die Klagen gegen den Beklagten und den Streitgenossen teilen die gemeinsame Vorfrage, ob die Sache mangelhaft ist. Dieser Zusammenhang ist für den Gerichtsstand ausreichend. Denn könnte der Händler den Lieferanten nicht als Streitgenossen verklagen, bestände das Risiko, dass er beide Klagen verliert, wenn die Gerichte widersprüchlich urteilen, obwohl er einen Prozess gewinnen müsste. Dieses Ergebnis entspricht nicht der materiellen Rechtslage, die dem Verkäufer einen Regressanspruch zuerkennt. Der Regressanspruch wird wertlos, wenn das Prozessrecht dem Verkäufer nicht ermöglicht, seinen Anspruchsgegner an dem Verfahren zu beteiligen. Ein Vergleich mit der Rechtslage in anderen Ländern rechtfertigt dieses Ergebnis. Vor einem deutschen Gericht könnte der klagende Händler dem Lieferanten den Streit verkünden. Hat der Streitverkündungsempfänger seinen Wohnsitz in einem anderen Mitgliedstaat, stellt Art. 65 Abs. Abs. 1 EuGVO sicher, dass die Streitverkündung nicht ausgeschlossen ist. Das europäische Recht beachtet deshalb die prozessrechtliche Umsetzung des materiellrechtlichen Regressanspruchs.

Die Auslegung des Art. 6 Nr. 1 EuGVO muss die Regelung der Streitverkündung berücksichtigen. Der Europäische Gerichtshof betonte mehrmals, „dass der Grundsatz der Rechtssicherheit innerhalb der Gemeinschaftsrechtsordnung und die mit der EuGVO verfolgten Ziele verlangen, dass sich aus dem Übereinkommen für die betreffenden Personen ergebende Rechte und Pflichten sichergestellt sein müssen, wie die einschlägigen Vorschriften in den Rechtsordnungen der

---

[176] Ebenso wird die Drittbeteiligung behandelt, die der Beklagte betreibt. Will der beklagte Bürge den Hauptschuldner an dem Verfahren beteiligen, kann er nach englischem Recht den Hauptschuldner als Streitgenossen verklagen (vgl. Kapitel 1 C. II.). Findet das Verfahren vor einem deutschen Gericht statt, kann der Bürge dem Hauptschuldner den Streit verkünden, um seinen Rückgriffsanspruch zu wahren (Münch-KommZPO-*Schultes*, § 72 Rn. 11).

Mitgliedstaaten auch beschaffen sein mögen".[177] Schützt das europäische Zivilverfahrensrecht den Inhaber eines Regressanspruchs, wenn das Erstverfahren in Deutschland anhängig ist, muss es auch einem englischen Kläger möglich sein, seinen materiellrechtlichen Anspruch prozessrechtlich zu wahren. Die Rechtslage darf sich nicht deshalb verschlechtern, weil der Regressberechtigte das Erstverfahren vor einem Gericht anhängig macht, dessen Rechtsordnung eine Streitverkündung nicht kennt. Aus diesem Grund liegt ein sachlicher Zusammenhang im Sinne des Art. 6 Nr. 1 EuGVO im Falle der englischen Streitgenossenschaft wegen eines Regressanspruchs vor.

(2) Alternative Schadensverursachung

Ist Gegenstand der Klage vor einem englischen Gericht ein Schadenersatzanspruch wegen unerlaubter Handlung, ist aber unklar, welche Person den Schaden verursacht hat, kann der Kläger den Dritten als Streitgenossen verklagen. Das trifft auch zu, wenn der Dritte seinen Wohnsitz nicht im Gerichtsstaat besitzt. Denn auch bei alternativer Schadensverursachung besteht ein sachlicher Zusammenhang im Sinne des Art. 6 Nr. 1 EuGVO.[178] Die Klagen teilen den tatsächlichen Gegenstand, weil der Kläger Ersatz seines erlittenen Schadens geltend macht. In diesem Zusammenhang bestehen auch gemeinsame Vorfragen.

Wie oben schon dargestellt, bestanden seit der Entscheidung des Europäischen Gerichtshofs *Réunion Européenne* Unsicherheiten, ob die Streitgenossenschaft zulässig ist, wenn die Anspruchsgrundlagen gegen die Streitgenossen unterschiedlicher Rechtsnatur sind.[179] Wäre der Anspruch gegen den Hauptbeklagten deliktischer und gegen den alternativ haftenden Streitgenossen vertraglicher Natur, könnte die Zuständigkeit nicht auf Art. 6 Nr. 1 EuGVO gestützt werden. Die Streitgenossenschaft wäre dann bei alternativer Schadensverursachung unzulässig. Wie oben gesehen, stellte der Europäische Gerichtshof mit der Entscheidung *Freeport* vom 11.10.2007 jedoch klar, dass er mit seiner Entscheidung *Réunion Européenne* nur die Frage verneinte, ob Art. 6 Nr. 1 EuGVO anwendbar sei, wenn sich die Zuständigkeit für die Klage gegen den Hauptbeklagten aus Art. 5 Nr. 3 EuGVO ergibt. Der Europäische Gerichtshof äußerte sich nicht zu der Auslegung des Art. 6 Nr. 1 EuGVO, wenn die Hauptklage am Wohnsitzgerichtsstand anhängig ist.

Die Streitgenossenschaft im Falle der alternativen Schadensverursachung wäre auch dann zulässig, wenn der Europäische Gerichtshof nicht die Gelegen-

---

[177] EuGH Rs. 288/82, *Ferdinand Duijustee v. Lodewijk Goderbauer,* Slg. 1983-I, 3663 Nr. 13; Rs. 432/93 *SISRO v. Ampersand Software BV,* Slg. 1995-I, 2269 Nr. 39.
[178] So auch Geimer/Schütze/*Auer,* IRV, Art. 6 EuGVO Rn. 23.
[179] So missverständlich der EuGH in der Rs. 51/97, *Réunion Européenne v. Spliethoff's Bevrachtingskantoor,* Slg. 1998-I, 6511 Nr. 50.

heit gehabt hätte, seine Entscheidung in der Sache *Réunion Européenne* klarzustellen. Das Vorliegen unterschiedlicher Rechtsgrundlagen ist kein geeignetes Kriterium, um den erforderlichen sachlichen Zusammenhang festzustellen. Es kann nicht begründen, warum bei der alternativen Schadensverursachung ein Zusammenhang im Sinne des Art. 6 Nr. 1 EuGVO nicht gegeben sein soll. Gemäß Art. 6 Nr. 1 EuGVO wird der allgemeine Gerichtsstand des beklagten Streitgenossen nach Art. 2 Abs. 1 EuGVO verdrängt. Die Zuständigkeitsinteressen müssen aber nur dann zurücktreten, wenn Interessen anderer Beteiligter vorrangig sind. Im Falle einer Streitgenossenschaft kann der Dritte außerhalb seines Wohnsitzgerichtsstands verklagt werden, um widersprechende Entscheidungen zu verhindern. Dieses Risiko allein genügt aber nicht, die Zuständigkeitsinteressen des Dritten zu verdrängen. Denn die Gefahr besteht regelmäßig dann, wenn eine tatsächliche oder rechtliche Frage vor verschiedenen Gerichten verhandelt wird. Im Falle der alternativen Schadensverursachung kommt jedoch ein weiterer Aspekt hinzu. Ist nur unklar, welcher der Beteiligten den Schaden verursacht hat, läuft der Kläger Gefahr, beide Prozesse zu verlieren, obwohl er einen gewinnen müsste. Werden die Verfahren getrennt verhandelt, besteht das Risiko, dass er seinen Anspruch gänzlich verliert. Die englische Streitgenossenschaft im Falle der alternativen Schuldnerschaft gewährleistet deshalb nicht allgemein die Einheit der Rechtsprechung, sondern bezweckt vor allem, die materielle Rechtslage prozessual abzusichern. In diesem Sinne kann der sachliche Zusammenhang nach Art. 6 Nr. 1 EuGVO bejaht werden. Ein weiteres Argument liefert die Rechtsvergleichung. Findet das Verfahren vor einem deutschen Gericht statt, könnte der Kläger nach § 72 ZPO in Verbindung mit Art. 65 Abs. 1 EuGVO den Streit verkünden. Die Situation stimmt deshalb mit der oben beschriebenen Streitgenossenschaft wegen eines Regressanspruchs überein. Schon dort wurde erläutert, dass die Auslegung des Art. 6 Nr. 1 EuGVO sicherstellen muss, dass das europäische Zivilprozessrecht gleiche Rechte und Pflichten kennt, unabhängig davon, wie das nationale Prozessrecht ausgestaltet ist.[180] Art. 65 EuGVO gewährleistet, dass der Kläger in einem deutschen Verfahren dem alternativen Schadensverursacher den Streit verkünden kann, um seinen Schadenersatzanspruch zu sichern. Auch wenn im englischen Recht die Fälle der alternativen Schadensverursachung von der Streitgenossenschaft erfasst werden, muss der Kläger seinen Schadenersatzanspruch prozessual absichern können. Aus diesen Gründen ist die Streitgenossenschaft auch für die Fälle der alternativen Schadensverursachung zulässig. Das trifft auch dann zu, wenn die Anspruchsgrundlagen gegenüber den Beteiligten keine gemeinsame Rechtsnatur besitzen.

---

[180] EuGH Rs. 288/82, *Ferdinand Duijustee v. Lodewijk Goderbauer*, Slg. 1983-I, 3663 Nr. 13; Rs. 432/93, *SISRO v. Ampersand Software BV*, Slg. 1995-I, 2269 Nr. 39.

*(3) Exkurs: Gesamtschuldnerschaft
bei gemeinsamer Schadensverursachung*

Sind Beklagter und Dritter jedoch zum Ersatz desselben Schadens als Gesamtschuldner verpflichtet, kann die Klage gegen den Streitgenossen nicht auf Art. 6 Nr. 1 EuGVO gestützt werden. Die überwiegende Meinung sieht das anders, ohne ihre Ansicht zu begründen.[181] Sie verweist nur darauf, dass die tatsächliche oder rechtliche Gleichartigkeit der Klagen genügt. Gleichzeitig werden aber Zweifel geäußert, ob die einfache Streitgenossenschaft dem sachlichen Zusammenhang im Sinne des Art. 6 Nr. 1 EuGVO gerecht wird.[182] Laut *Kropholler* soll die einfache Streitgenossenschaft in § 60 ZPO einen Anhaltspunkt für die Auslegung bieten.[183]

Wird der Schaden durch mehrere verursacht, soll die Gesamtschuldnerschaft den Gläubiger bevorzugen. Um seine Rechtsverfolgung zu erleichtern und zu sichern, haften ihm beide Schuldner auf das Ganze. Der Gläubiger muss deshalb nicht die einzelnen Tatbeiträge einklagen, sondern kann einen der Gesamtschuldner auf das Ganze in Anspruch nehmen.[184] Darüber hinaus verteilt die Gesamtschuldnerschaft die materiellrechtlichen Lasten. Um den Gläubiger vor dem Insolvenzrisiko zu schützen, wird ihm erlaubt, seinen Schuldner auszuwählen. Das Insolvenzrisiko wird infolgedessen im Innenverhältnis getragen.[185] Dieser Schutzzweck der Gesamtschuldnerschaft bei gemeinsamer Schadensverursachung rechtfertigt aber nicht, die Zuständigkeitsinteressen des Dritten zu missachten.[186] Der Gerichtsstand der Streitgenossenschaft besteht nur, wenn zwischen den Klagen ein Zusammenhang besteht, der das Risiko widersprechender Entscheidungen so erhöht, dass die Zuständigkeitsinteressen des Dritten

---

[181] BayOblG ZUM 2004, 672 (673); *Jenard*-Bericht Abl. EG 1979 C 59/1 (26); Geimer/Schütze/*Geimer,* EZVR, Art. 6 Rn. 20; Geimer/Schütze/*Auer,* IRV, Art. 6 EuGVO Rn. 23; Rauscher/*Leible,* EZPR, Band 1, Art. 6 Rn. 8a; *Schlosser,* Art. 6 EuGVO Rn. 4; *Schack,* Rn. 359; Burgstaller/Neumayr/*Burgstaller,* IZVR, Band 1 Kapitel 31, Art. 6 Rn. 6.

[182] Burgstaller/Neumayr/*Burgstaller,* IZVR, Band 1 Kapitel 31, Art. 6 Rn. 6. Geimer/Schütze/*Auer,* IRV, Art. 6 EuGVO Rn. 21 und 23, bezeichnet zwar die Gesamtschuldnerschaft als klarsten Fall der Streitgenossenschaft, besitzt aber nur in den Fällen der notwendigen Streitgenossenschaft keine Zweifel. Vgl. auch *Schlosser,* Art. 6 EuGVO Rn. 5.

[183] *Kropholler,* EZPR, Art. 6 Rn. 10. Auch Rauscher/*Leible,* Art. 6 Rn. 8, zieht die Streitgenossenschaft des deutschen Rechts zur Auslegung heran. Es bleibt aber unklar, ob er auf die einfache oder die notwendige Streitgenossenschaft abstellt.

[184] Staudinger/*Noack,* § 421 Rn. 2; MünchKommBGB-*Bydlinski,* § 421 Rn. 2; Bamberger/Roth/*Gehrlein,* § 421 Rn. 1; Palandt/*Grüneberg,* § 421 Rn. 1; Erman/*Ehmann,* § 421 Rn. 5; Prütting/Wegen/Weinreich/*Müller,* § 421 Rn. 1; *Otte,* S. 717.

[185] Erman/*Ehmann,* § 421 Rn. 9; *Otte,* S. 717.

[186] A.A. Geimer/Schütze/*Geimer,* EZVR, Art. 6 Rn. 20 (ohne Begründung).

zurücktreten müssen.[187] Die Vorschrift ist eng auszulegen, um den allgemeinen Grundsatz des Art. 2 Abs. 1 EuGVO nicht zu gefährden.[188] Im Falle der Gesamtschuldnerschaft trifft dies nicht zu. Der Schutz des Gläubigers vor dem Insolvenzrisiko eines der Schuldner besteht unabhängig davon, vor welchem Gericht er klagt. Ein erneuter Prozess ist nur erforderlich, wenn er das erste Verfahren verliert. In diesem Fall ist es sogar vorteilhaft für ihn, wenn das andere Gericht zu einem abweichenden Ergebnis kommt.[189] Aus diesem Grund bergen widersprechende Entscheidungen für die Beteiligten kein besonderes Risiko. Beruft sich der Geschädigte dennoch auf eine gemeinsame Zuständigkeit nach Art. 6 Nr. 1 EuGVO steht in der Regel nur sein Interesse im Vordergrund, den Streitgenossen seinem Gerichtsstand zu entziehen. Ein sachlicher Zusammenhang, der dies rechtfertigt, ist deshalb nicht gegeben. Dieser Gedanke findet sich auch bei der deutschen Streitverkündung wieder. Im Falle der Gesamtschuldnerschaft wird der Kläger auf die Streitgenossenschaft verwiesen, für die das deutsche Recht keinen besonderen Gerichtsstand vorsieht. Die Streitverkündung, welche die Zuständigkeitsinteressen des Dritten nicht berücksichtigt, ist deshalb bei einer Haftung mehrerer für einen Schaden als Gesamtschuldner nicht zulässig.[190]

4. Missbrauchskontrolle

Wie dargestellt wurde, können mehrere Personen gemäß des Wortlauts des Art. 6 Nr. 1 EuGVO zusammen verklagt werden, wenn die Klagen in enger Beziehung zueinander stehen (Konnexität). Die Vorschrift enthält damit abweichend von der Ziffer 2 keine Missbrauchsklausel. Dennoch wird vereinzelt geprüft, ob der Kläger sich nur auf Art. 6 Nr. 1 EuGVO beruft, um den Dritten seinem Gerichtsstand nach Art. 2 Abs. 1 EuGVO zu entziehen.[191] Die Missbrauchsklausel des Interventionsklagegerichtsstands soll dafür auf den Mehrparteiengerichtsstand analog angewendet werden. Da die Ziffer 1 aber ausdrücklich

---

[187] EuGH Rs. 189/87, *Kalfelis v. Bankhaus Schröder u.a.*, Slg. 1988-I, 5565; Rs. 51/97, *Réunion Européenne v. Spliethoff's Bevrachtingskantoor*, Slg. 1998-I, 6511; Rs. 539/03, *Roche v. Primus*; Rs. 98/06, *Freeport v. Arnoldsson*.

[188] EuGH Rs. 103/05, *Reisch Montage AG v. Kiesel Baumaschinen Handels GmbH*, Nr. 23.

[189] Dem nicht verklagten Gesamtschuldner steht u. U. die Intervention zu.

[190] Von dieser Fallgruppe ist die akzessorische Haftung des Bürgen zu unterscheiden. Klagt der Gläubiger vor einem deutschen Gericht, ist eine Streitverkündung gegenüber dem Bürgen ausgeschlossen. Er muss als Streitgenosse verklagt werden, siehe MünchKommZPO-*Schultes*, § 68 Rn. 15. Nach englischem Recht wird der Bürge als Streitgenosse verklagt. Die Zuständigkeit wird vom EuGH ohne Weiteres auf Art. 6 Nr. 1 EuGVO gestützt, vgl. Rs. 103/05, *Reisch Montage AG v. Kiesel Baumaschinen Handels GmbH*.

[191] *Kropholler*, EZPR, Art. 6 Rn. 15; Burgstaller/Neumayr/*Burgstaller*, IZVR, Band 1, Kapitel 31, Art. 6 Rn. 7.

einen Zusammenhang zwischen den einzelnen Klagen verlangt, ist eine weitere Missbrauchskontrolle überflüssig.[192] Die Gefahr eines Missbrauchs besteht nur, wenn der Anwendungsbereich der Ziffer 1 sehr weit verstanden wird. Nach der Rechtsprechung des Europäischen Gerichtshofs sind die Gerichtsstände des Art. 6 als Ausnahme des in Art. 2 Abs. 1 EuGVO normierten Grundsatzes eng auszulegen.[193] Der Europäische Gerichtshof bestätigte in seiner Entscheidung *Freeport* die Auffassung, dass Art. 6 Nr. 1 EuGVO keine besondere Missbrauchskontrolle verlangt.[194] Schon in der Entscheidung *Kalfelis* stellt der Europäische Gerichtshof fest, dass Art. 6 Nr. 1 EuGVO nur einen sachlichen Zusammenhang zwischen den Klagen voraussetzt.[195] Auf eine fundierte Begründung verzichtet der Gerichtshof. Betrachtet man das Zuständigkeitssystem des zweiten Kapitels der EuGVO, erklärt sich seine Auffassung. Gemäß Art. 2 Abs. 1 EuGVO sind Personen mit Sitz in einem Mitgliedstaat grundsätzlich vor den Gerichten dieses Staates zu verklagen. Damit sind die Zuständigkeitsinteressen des Beklagten im Prinzip vorrangig. Eine Ausnahme normiert Art. 6 Nr. 1 EuGVO. Danach kann die Klage an einem anderen Gericht zulässigerweise erhoben werden, um widersprechende Entscheidungen zu verhindern. Die Zuständigkeitsinteressen des Beklagten müssen zurücktreten, wenn eine gemeinsame Verhandlung und Entscheidung geboten ist. Das trifft z.B. in den oben dargestellten Fällen eines Regressanspruchs oder der alternativen Schadensverursachung zu, wenn die materiellrechtliche Rechtslage prozessual abgesichert werden soll. Da anhand des Kriteriums des sachlichen Zusammenhangs geprüft wird, ob eine gemeinsame Verhandlung im Einzelfall geboten ist, wird gewährleistet, dass die Zuständigkeitsinteressen nicht missbräuchlich vernachlässigt werden.

5. Ergebnis

Die englische Streitgenossenschaft erfasst materiellrechtliche Fallgruppen wie die Alternativhaftung, die im deutschen Recht prozessual mit der Streitverkündung geregelt werden. Obwohl sich in der EuGVO mit Art. 65 eine besondere Vorschrift für die Streitverkündung findet, fällt die englische Streitgenossenschaft wegen alternativer Haftung in den Anwendungsbereich des Art. 6 Nr. 1 EuGVO. Der Mehrparteiengerichtsstand nach Art. 6 Nr. 1 EuGVO erfasst damit Streitgenossenschaften nationaler Rechtsordnungen unabhängig davon, welche materielle Rechtslage ihr zugrunde liegen. Voraussetzung ist aber, dass die Kla-

---

[192] Geimer/Schütze/*Geimer,* EZVR, Art. 6 Rn. 23; Rauscher/*Leible,* EZPR, Band 1, Art. 6 Rn. 9.
[193] EuGH Rs. 103/05, *Reisch Montage AG v. Kiesel Baumaschinen Handels GmbH,* Nr. 23.
[194] EuGH Rs. 98/06, *Freeport v. Arnoldsson,* Nr. 54.
[195] EuGH Rs. 189/87, *Kalfelis v. Bankhaus Schröder u.a.,* Slg. 1988-I, 5565.

gen in einem sachlichen Zusammenhang zueinander stehen. Allgemein wird dieses Merkmal bejaht, wenn die Klagen eine gemeinsame Vorfrage teilen oder im Wesentlichen den tatsächlichen Gegenstand oder rechtlichen Grund gemeinsam haben. Diese Kriterien sind aber nicht ausreichend, weil im Rahmen des Art. 6 Nr. 1 EuGVO nach Auffassung des Europäischen Gerichtshofs keine besondere Missbrauchsprüfung durchgeführt wird. Allein die Voraussetzung des sachlichen Zusammenhangs gewährleistet, dass die Zuständigkeitsinteressen des Streitgenossen nur dann zurücktreten müssen, wenn eine gemeinsame Verhandlung und Entscheidung der Klagen geboten ist. Darüber hinaus muss die Auslegung die Rechtsprechung des Europäischen Gerichtshofs berücksichtigen, nach der die mit der EuGVO verfolgten Ziele verlangen, dass sich aus dem Übereinkommen gleiche Rechte und Pflichten für die betreffenden Personen ergeben. Da die englische Streitgenossenschaft und die deutsche Streitverkündung dieselben Fallgruppen erfassen, können die Grundsätze einer grenzüberschreitenden Streitverkündung im Rahmen des Art. 65 Abs. 1 EuGVO Anhaltspunkte für das Verständnis des Art. 6 Nr. 1 EuGVO bieten. Danach ist eine gemeinsame Verhandlung und Entscheidung mehrerer Klagen geboten, um eine materielle Rechtslage prozessual abzusichern. Aus diesem Grund besteht ein sachlicher Zusammenhang im Falle alternativer Haftung wegen eines Regressanspruchs oder wegen alternativer Schadensverursachung, der den Mehrparteiengerichtsstand begründet.

C. Gerichtspflichtigkeit nach dem Übereinkommen von Lugano

Die Drittbeteiligung richtet sich nach dem Übereinkommen von Lugano (LugÜ), wenn das Verfahren vor einem Schweizer Gericht stattfindet oder eine Entscheidung eines solchen Gerichts in Deutschland anerkannt werden soll. Dabei bestehen aus zwei Gründen dieselben schon im Rahmen der EuGVO behandelten Probleme. Zum einen sind die Drittbeteiligungsinstitute der Schweizer kantonalen Prozessrechte[196] mit den französischen oder deutschen Beteiligungsmöglichkeiten vergleichbar. Der Dritte hat die Möglichkeit, sich freiwillig an dem Verfahren als Haupt- oder Nebenintervenient zu beteiligen.[197] Gegen seinen Willen kann ihm in den deutschsprachigen Kantonen der Streit verkündet werden,[198] während einige französischsprachige Kantone eine Interventions-

---

[196] Das Schweizer Prozessrecht ist stark zersplittert, weil die Gerichtsorganisation bis 1999 in die kantonale Zuständigkeit fiel. Eine gesamteidgenössische Zivilprozessordnung ist aber in Arbeit. Der Vorschlag des Bundesrats wurde am 28.6.2006 vorgelegt, vgl. *Walter*, § 1 II.

[197] Zur Nebenintervention und Hauptintervention siehe *Guldener*, S. 306 f. und 316; *Habscheid*, Rn. 315 ff. und 322; *Vogel/Spühler*, Kapitel 5 Rn. 68–89.

[198] Art. 16 Vorschlag für einen Bundeszivilprozess.

C. Gerichtspflichtigkeit nach dem Übereinkommen von Lugano

klage wie in Frankreich kennen.[199] Aufgrund der Streitverkündung oder der Nebenintervention wird er an die Feststellungen des Urteils gebunden.[200] Die Interventionsklage führt zu einer Entscheidung, die gegenüber dem Dritten Vollstreckungswirkung entfaltet.[201]

Zum anderen stimmen die Vorschriften des LugÜ über die Beteiligung Dritter mit den oben dargestellten Vorschriften der EuGVO überein. Einzige Ausnahme ist Art. 6 Nr. 1 LugÜ. Das Übereinkommen von Lugano wurde von dem EuGVÜ motiviert, so dass es bewusst als paralleles Übereinkommen konzipiert wurde.[202] Um eine einheitliche Auslegung zu gewährleisten und damit ein Auseinanderdriften des Staatsvertrages durch eine unterschiedliche Auslegung und Anwendung zu verhindern, enthält das LugÜ mit dem Protokoll Nr. 2 ein besonderes Auslegungsprotokoll.[203] Die Übernahme des Vorlageverfahrens beim Europäischen Gerichtshof war der Schweiz aus Souveränitätsgründen nicht möglich.[204] Nach Art. 1 dieses Protokolls verpflichten sich die Vertragspartner den Grundsätzen gebührend Rechnung zu tragen, die in maßgeblichen Entscheidungen von Gerichten anderer Vertragsstaaten zu den Bestimmungen des Übereinkommens ergehen. Aus diesen Gründen entwickelten die Vertragsstaaten ein System, mit dessen Hilfe ihre letztinstanzlichen Gerichtsentscheidungen und die Entscheidungen des Europäischen Gerichtshofs ausgetauscht werden. Dieses Auslegungsprotokoll bezieht sich nicht nur auf die Auslegung des LugÜ, sondern bezieht die Entscheidungen des Europäischen Gerichtshofs zum EuGVÜ mit ein. Die bei Abschluss des LugÜ schon ergangenen Entscheidungen des Europäischen Gerichtshofs zum EuGVÜ sind nach Absatz 3 der Präambel dieses Protokolls bei der Auslegung durch Schweizer Gerichte zu berücksichtigen.[205] Da das LugÜ auf eine Rechtsvereinheitlichung in zentralen Bereichen des Zivilverfahrensrechts ausgerichtet ist, legt das Schweizer Bundesgericht auf diese Eigenheit des LugÜ bei seiner Auslegung seit jeher großen Wert und richtet seine Entscheidungen strikt an der Rechtsprechung des Europäischen Gerichtshofs zum EuGVÜ aus.[206] Daran hat sich auch seit Inkrafttreten der EuGVO nichts geändert. Auch in jüngeren Entscheidungen hält das Schweizer Bundesgericht weiter an dem Grundsatz der parallelen Auslegung fest.[207] Da das LugÜ abgesehen von geänderter Artikelfolge Parallelitäten zu der EuGVO

---

[199] Diese sind der Kanton Genf und Waadt.
[200] *Guldener*, S. 313; *Habscheid*, Rn. 327; *Dätwyler*, S. 15 ff.
[201] *Guldener*, S. 312; *Vogel/Spühler*, Kapitel 7 Rn. 19b.
[202] *Schack*, Rn. 109.
[203] *Mayr/Czernich*, Rn. 64; *I. Meier*, S. 14.
[204] *Walter* ZSR 2005 II, S. 301 (335).
[205] *Walter* ZSR 2005 II, S. 301 (335).
[206] Siehe zu dieser Rechtsprechung beispielhaft BGE 123 III 414 (421). Siehe auch *Donzallas*, ZSR 1999 I, 11 (13).
[207] BGE 129 III 626 ff. und *Greiner*, ZBJV 2005, 55 (72 ff.).

aufweist, kann auf deren Auslegung bei der Anwendung des LugÜ zurückgegriffen werden.[208]

Aus diesen Gründen ergeben sich im Ergebnis zwischen dem LügÜ und der EuGVO keine Unterschiede.[209] Abweichend von dem LugÜ verlangt die EuGVO schon gemäß ihres Wortlauts, dass zwischen den Klagen gegen die Streitgenossen ein enger Zusammenhang bestehen muss. Da dies jedoch schon zur Auslegung des EuGVÜ vom Europäischen Gerichtshof in der Rechtssache *Kalfelis* und *Réunion* herausgearbeitet wurde,[210] führt diese Änderung im Ergebnis nicht zu Abweichungen. Zu beachten ist aber, dass die Schweiz kein einheitliches Zivilprozessrecht kennt, sondern jeder Kanton das Verfahren vor seinen Gerichten eigenständig regelt. Im Bereich der Drittbeteiligung ergeben sich dabei große Unterschiede. Während die meisten deutschsprachigen Kantone dem System der Drittbeteiligung nach deutschem und österreichischem Recht folgen und nur eine Streitverkündung und Nebenintervention als Streithelfer und eine Urteilsbindung ohne Vollstreckungswirkung kennen, enthalten die Verfahrensordnungen einiger Kantone Bestimmungen aus dem romanischen Rechtskreis, weshalb ein Anspruch gegen den Dritten auch mithilfe der Interventionsklage geltend gemacht werden kann. Die kantonalen Vorschriften über die Zuständigkeit des Gerichts des Hauptprozesses für die Interventionsklage sind jedoch nach dem Schweizer Gesetz über das internationale Privatrecht nicht geeignet, eine internationale Zuständigkeit zu begründen.[211] Darüber hinaus hat die Schweiz einen Vorbehalt über die Geltung des Gerichtsstandes der Interventionsklage erklärt (Protokoll zum LugÜ Nr. 1 Art. V), weshalb diese jedenfalls in den Kantonen nicht erhoben werden kann, deren Verfahrensrechte eine Interventionsklage nicht kennen.[212] Der Streit kann jedoch in den Kantonen verkündet werden, deren Verfahrensrechte eine Streitverkündung zulassen. Aus Absatz 2 dieser Vorschrift ergibt sich jedoch auch, dass die Anerkennung einer Entscheidung nicht deshalb ausgeschlossen ist, weil in dem anerkennenden Kanton die Streitverkündung oder Interventionsklage unbekannt ist. Diesbezüglich gibt es keine Abweichungen zu einer Anerkennung eines französischen Garantieurteils in Deutschland oder der Interventionswirkung einer deutschen Streitverkündung

---

[208] *Kropholler*, Einl. Rn. 59, *I. Meier*, S. 14. Vgl. die Gegenüberstellung der Rechtsquellen in *Mayr/Czernich,* Rn. 72 f.

[209] Abweichungen zwischen LugÜ und EuGVO bestehen aber in anderen Bereichen wie z. B. bei den Zuständigkeitsvorschriften für Klagen aus Arbeitsverträgen, der Definition und Auslegung des Erfüllungsortes für Kauf- und Dienstleistungsverträge und für Klagen wegen unerlaubter Handlung, siehe näheres hierzu und weitere Beispiele *Kropholler,* EZPR, Einl. Rn. 61.

[210] EuGH Rs. 189/87, *Kalfelis v. Bankhaus Schröder u. a.,* Slg. 1988-I, 5565; EuGH Rs. 51/97, *Réunion européenne v. Spliethoffs Bevrachtingskantor,* Slg. 1998-I, 6511 Nr. 48 ff.

[211] *Schwander,* S. 80.

[212] *Schnyder/Liatowitsch,* S. 339 Rn. 974.

C. Gerichtspflichtigkeit nach dem Übereinkommen von Lugano

in Frankreich. Da der Vorbehalt nicht zwischen den deutschsprachigen und den romanischen Kantonen unterscheidet, führt dessen wörtliche Anwendung dazu, dass der Interventionskläger auch in den Kantonen, die eine Interventionsklage vorsehen, diese mangels Zuständigkeit nicht ausüben kann. Die kantonalen Zuständigkeitsvorschriften sind ungeeignet, eine internationale Zuständigkeit zu begründen,[213] während die Anwendung des Art. 6 Nr. 2 LugÜ wegen des Vorbehalts ausgeschlossen ist. Es wird deshalb vorgeschlagen bei der erhofften Revision des LugÜ den Vorbehalt insoweit zu ändern, dass er nur die Anwendung des Art. 6 Nr. 2 LugÜ in einem Verfahren in den deutschsprachigen Kantonen ausschließt. Jedoch vertritt die Schweizer Literatur die Auffassung, dass der Kläger sich auf eine Zuständigkeit nach Art. 6 Nr. 2 *de lege lata* in den romanischen Kantonen berufen kann.[214] Dies soll sich zum einen mithilfe eines Umkehrschlusses aus der Begründung des Bundesrates ergeben, nach der in den Kantonen, die die Interventionsklage nicht kennen, die Zuständigkeit nicht geltend gemacht werden kann.[215] Zum anderen wird vermutet, dass dem Bundesrat nicht bewusst war, dass ein Vorbehalt nur für die deutschsprachigen Kantone erklärt werden muss und eine einheitliche Schweizer Lösung nicht nur unnötig, sondern auch rechtlich problematisch ist.[216] Die Interventionsklage wird nämlich in der Schweizer Literatur als *appel en cause* bezeichnet.

Zusammenfassend lässt sich sagen, dass das Übereinkommen von Lugano in seinem Wortlaut und seiner Anwendung mit der EuGVO übereinstimmt, so dass auf die vorstehenden Ausführungen verwiesen werden kann.

---

[213] *Schwander*, S. 80.
[214] *Walter*, § 5 C II.
[215] *Schwander*, S. 81; BBl. 1990 II 298, Nr. 223.72.
[216] Ausführlich zu diesem Problem, siehe *Walter*, § 5 C II 8 b.

Kapitel 5

Anerkennung der Drittwirkung

A. Einführung

Der rechtsvergleichende Überblick am Anfang der Arbeit zeigt, dass sich die Frage nach den Folgen einer Drittbeteiligung in einem ausländischen Prozess auf vielfältige Weise in einem deutschen Verfahren auswirken kann. Drei Gruppen sind erkennbar, wobei die Einordnung davon abhängt, auf welche Urteilswirkungen sich die Beteiligten berufen und in welchem Verfahren die Drittwirkung geltend gemacht wird.

Die Drittwirkung des Urteils gründet auf einer freiwilligen oder unfreiwilligen Verfahrensbeteiligung des Dritten, ohne dass ein Anspruch gegen ihn oder von ihm geltend gemacht wird und ohne dass das Urteil ihm gegenüber Vollstreckungswirkung besitzt. Diese Urteilswirkung wird in einem weiteren Erkenntnisverfahren gegen den Dritten geltend gemacht, in dem dieselbe Rechts- oder Tatsachenfrage zur Entscheidung steht. Sie ist Folge einer Nebenintervention *(intervention volontaire accessoire)* oder Streitverkündung *(intervention forcée mise en cause commun de jugement)* in einem französischen Verfahren. Eine vergleichbare verfahrensrechtliche Situation besteht, wenn sich der Dritte oder eine der ursprünglichen Hauptparteien in einem Verfahren vor einem deutschen Gericht auf die Rechtskrafterstreckung eines ausländischen Urteils nach ausländischem Recht berufen. Das englische Recht leitet solch eine Rechtskrafterstreckung aus den Grundsätzen der Repräsentation oder des Prozessmissbrauchs ab. Da das englische Recht eine Streitverkündung als solche nicht kennt, stellt sich die Frage der Rechtskrafterstreckung auch, wenn der Dritte nach englischem Recht als Streitgenosse *(joinder)* an dem Verfahren beteiligt wird. In diese Kategorie fällt auch die Hauptintervention nach englischem Recht, da der Schuldner aus dem Verfahren ausscheidet und an das Verfahrensergebnis zwischen den Gläubigern gebunden ist. Davon zu unterscheiden ist die Vollstreckungswirkung eines ausländischen Urteils gegenüber einem Dritten. Die Anerkennungsproblematik stellt sich hierbei im Rahmen des Vollstreckbarerklärungsverfahrens. Ein solches Interventionsklageurteil ist im französischen Recht die *intervention forcée mise en cause aux fins de condamnation,* mit der ein Anspruch gegen den Dritten geltend gemacht und dieser unfreiwillig an dem Verfahren beteiligt wird. Nach dem englischen Recht ergeht ein Urteil über Ansprüche gegenüber dem Dritten aufgrund einer *Part 20*-Klage. Es ist jedoch auch möglich, mit einem Interventionsklageurteil über einen Anspruch des Dritten gegen eine der Hauptparteien zu entscheiden. Dies ist nach dem französischen Recht mit der Hauptintervention *(intervention volontaire principale)* möglich. Die Hauptintervention *(interpleader)* des englischen Rechts hat zur Folge, dass der Schuldner aus dem Verfahren ausscheidet, weshalb das Urteil ihm gegenüber Rechtskraft wirkt. Es handelt sich deshalb eher um eine Rechtskrafterstreckung als um ein Interventionsklageurteil.

Man kann zusammenfassen, dass die ausländische Entscheidung im Anerkennungsstaat vollstreckt werden soll oder eine Vorfrage in einem Folgeprozess beeinflusst. In einem weiteren Verfahren kann außerdem die Bindung des Dritten an das Urteil wegen subjektiver Rechtskrafterstreckung oder Interventionswirkung infrage stehen. Alle diese Probleme setzen die Anerkennung der ausländischen Entscheidung voraus.

I. Interessen der Beteiligten

Durch die Anerkennung einer Entscheidung sind die vielfältigen und widersprüchlichen Interessen der Gerichte, des Staates und der Verfahrensbeteiligten betroffen. Diese müssen durch die Anerkennung in Ausgleich gebracht werden. Ziel ist es, das Gerichtsverfahren verfahrensökonomisch auszugestalten und eine größtmögliche Arbeitsentlastung der Gerichte zu gewährleisten. Außerdem wird der internationale Entscheidungseinklang angestrebt, der durch sich widersprechende gerichtliche Entscheidungen gestört wäre. Wirtschaftliches Interesse des Staates ist es, durch eine großzügige Anerkennung den grenzüberschreitenden Handelsverkehr zu erleichtern und den Kredit seiner Bürger bei Auslandsgeschäften zu verbessern. Das europäische Anerkennungssystem geht darüber hinaus und will die größtmögliche Freizügigkeit der Entscheidungen unter den Mitgliedstaaten gewährleisten. Diese Gründe für eine großzügige Anerkennung der Drittbindung einer ausländischen Entscheidung stehen aber den Interessen des Staates entgegen, seine Bürger vor Entscheidungen ausländischer Gerichte zu schützen, die deutschen rechtsstaatlichen Anforderungen nicht genügen. Diese Einwände haben auf europäischer Ebene aber nur noch eine geringe Kraft, weil die praktische Wirksamkeit der EuGVO nicht durch nationalstaatliche Interessen oder Verfahrensordnungen beschränkt werden darf.[1]

Die staatlichen Interessen spiegeln sich in denen der Beteiligten wider. Der Dritte möchte die Anerkennung einer belastenden Entscheidung verhindern, wenn er von dem vorausgehenden Verfahren weder informiert, noch an ihm beteiligt war. Sollte die Entscheidung ihn jedoch begünstigen, möchte er sich je-

---

[1] Zur praktischen Wirksamkeit im europäischen Recht siehe *Streinz*, in Festschrift für Everling, Band 2, S. 1491; *Schack*, Rn. 93; Rauscher/*A. Staudinger*, EZPR, Band 1, Einl. zur Brüssel I-VO Rn. 40.

denfalls dann darauf berufen können, wenn er in dem Verfahren intervenierte, um nicht doppelte Mühen und Kosten für seine Verteidigung oder die Durchsetzung seines Anspruchs aufwenden zu müssen. Im Falle einer unfreiwilligen Beteiligung im Rahmen eines *vouching in* oder eines *impleader* will er eine Bindung an Entscheidungen verhindern, über deren Verfahren er nicht ordnungsgemäß informiert wurde, oder die von unzuständigen und nicht vorhersehbaren Gerichten erlassen wurden. Der Kläger des Erstverfahrens will vor allem ein obsiegendes Urteil ohne Einschränkungen auch im Anerkennungsstaat vollstrecken, um nicht in verschiedenen Ländern einzeln Rechtsschutz suchen zu müssen. Dies betrifft vor allem die Fälle einer gemeinsamen Klage wegen alternativer Streitgenossenschaft oder einer erfolgreichen Interventionsklage. Eine erneute Klage birgt für ihn das Risiko sich widersprechender Entscheidungen und kostet weitere Aufwendungen und Mühen, um seinen durch das ausländische Gericht schon zugesprochenen Anspruch auch realisieren zu können. Sollte gegen den Dritten kein eigenständiges Urteil ergehen, er aber an das Urteil wegen *vouching in* oder *intervention* gebunden sein, will der Kläger verhindern, dass dieser sich mit für das Erstverfahren präkludierten Einwendungen im Folgeverfahren verteidigt. Auch der Beklagte ist daran interessiert, sich widersprechende Entscheidungen zu verhindern, weshalb er die Anerkennung der Interventionswirkung anstrebt. Gegen den Dritten, der an das Urteil des Entscheidungsstaates wegen *vouching in* oder *intervention* gebunden ist, soll im Anerkennungsstaat keine erneute Klage erforderlich sein, über die das Gericht anders entscheidet. In diesem Falle liefe der Beklagte Gefahr, den Schaden, der aus materiellrechtlicher Sicht wegen Regressansprüchen oder Ansprüchen auf Schadloshaltung von dem Dritten zu tragen wäre, nicht auf diesen abwälzen zu können. Der Zweck der *intervention* oder des *vouching in,* dem Dritten eine Verfahrensbeteiligung unter gleichzeitiger Urteilsbindung zu ermöglichen, liefe damit ins Leere, obwohl §§ 72, 68 ZPO eine ähnliche Regelung vorsehen.

Die Interessen der Beteiligten können dahingehend zusammengefasst werden, dass die Anerkennung begünstigender Entscheidungen großzügig, diejenige belastender restriktiv gehandhabt werden sollte. Da eine Entscheidung eine Partei in der Regel nur begünstigen kann, wenn sie zugleich die andere belastet, können die Interessen nicht allgemein abgewogen werden. Aus diesem Grund verfolgen die deutschen autonomen, aber auch die europäischen Anerkennungsregelungen einen Kompromiss, um die komplexen Anerkennungsinteressen einzelfallbezogen auszugleichen. Danach wird den ausländischen Urteilswirkungen die Anerkennung nicht generell versagt. Grundsätzlich gehen die Vorschriften von einer Anerkennung aus, es sei denn, die Anerkennungshindernisse nach § 328 ZPO oder Art. 34 und 35 EuGVO sind gegeben.

II. Wirkungsgleichstellung oder Wirkungserstreckung

1. Problemstellung

Was unter Entscheidungsanerkennung zu verstehen ist, ergibt sich weder unmittelbar aus § 328 ZPO noch aus Art. 33 ff. EuGVO, die sich auf die Aufzählung der Anerkennungshindernisse beschränken. Da die Wirkungen eines ausländischen Urteils in objektiver und subjektiver Hinsicht von denen eines inländischen abweichen können, ist diese Frage entscheidend. Dies zeigt sich beispielhaft an einem Vergleich mit dem US-amerikanischen Recht. Danach wird die Rechtskraft durch die Grundsätze der *issue preclusion* geregelt, deren objektiver Umfang einerseits mit der Regelung des § 322 Abs. 1 ZPO übereinstimmt, andererseits aber weit darüber hinausgeht. So bindet ein Urteil die Beteiligten nicht nur an die rechtskräftig festgestellten Rechtsfolgen,[2] sondern auch an die festgestellten Tatsachen.[3] Auch geht der subjektive Umfang der US-amerikanischen Rechtskraftwirkung weiter. Zu der Frage, inwieweit ein Urteil gegenüber einem Dritten wirken kann, der weder an dem Verfahren beteiligt war, noch besonders von ihm informiert wurde, hat das US-amerikanische Recht sehr viel großzügigere prozessrechtliche Institute entwickelt.[4] Weiter kennt das US-amerikanische Recht das Institut des *impleader,* nach dem in einem Verfahren auch über Ansprüche gegen den Dritten entschieden werden kann. Auch ordnet das US-amerikanische Recht prozessuale Erscheinungen systematisch anders ein. So ist die Interventionswirkung nicht wie im deutschen Recht eine eigenständige von der Rechtskraft zu unterscheidende Urteilswirkung, sondern richtet sich nach den Grundsätzen der *issue preclusion*.[5]

2. Auffassung des autonomen deutschen Rechts

Zu dem Problem, inwieweit ausländische Urteilswirkungen anerkannt werden können, die über diejenigen des deutschen Rechts hinausgehen, haben Rechtsprechung und Literatur zwei entgegengesetzte Theorien entwickelt. Nach der Gleichstellungstheorie[6] wird das ausländische Urteil dem inländischen gleichgestellt. Es besitzt somit die gleichen Wirkungen wie ein inländisches Urteil. Die Gleichstellungstheorie, die unstreitig auf die Vollstreckbarkeit eines Urteils an-

---

[2] Siehe zum deutschen Recht MünchKommZPO-*Gottwald,* § 322 Rn. 86 und 92; Stein/Jonas/*Leipold,* 21. A., § 322 Rn. 79 und 84; Musielak/*Musielak,* § 322 Rn. 2 und 16; *Schwab,* Streitgegenstand, S. 148.
[3] Siehe zur *issue preclusion* des US-amerikanischen Rechts Kapitel 1 D. IV. 2. a).
[4] Siehe dazu ausführlich Kapitel 3 D. V.
[5] Siehe dazu ausführlich Kapitel 3 D. IV. 2. b).
[6] Soergel/*Kronke,* Art. 38 Anh. Rn. 141; *Schack,* Rn. 793; *Spiecker* gen. *Döhmann,* S. 61 ff.

gewendet wird,[7] berücksichtigt die beteiligten Interessen in mehreren Punkten nicht ausreichend. Kommen dem ausländischen Urteil immer nur die Urteilswirkungen nach dem Recht des Anerkennungsstaates zu, wird die internationale Gleichheit gestört, weil in jedem Zweitstaat eine abweichende Wirkung bestehen kann.[8] Bleiben die Wirkungen des ausländischen Urteils hinter denen eines inländischen Urteils zurück, werden die Parteien mit unvorhersehbaren Urteilsfolgen konfrontiert, auf die sie sich nicht einstellen konnten.[9] Im Einzelfall kann dabei auch der Anspruch auf rechtliches Gehör verletzt sein, wenn eine Partei aufgrund einer weiteren Präjudizialität mit tatsächlichen Einwendungen ausgeschlossen ist, obwohl sie im ausländischen Erstverfahren keine Veranlassung sehen musste, diese zu erheben. Besitzt das Urteil nach dem ausländischen Recht Wirkungen, die das deutsche Recht nicht vorsieht, streiten die Parteien im Ausland mit großem Aufwand, um dann nur die engere Wirkung des deutschen Rechts zu erzielen. Das bedeutet z. B. für den Interventionsbeklagten, dass er sich in den USA voll gegen eine Klage verteidigen muss, obwohl das Dritturteil in Deutschland nur Interventionswirkung entfaltet.

Im Gegensatz zur Gleichstellungstheorie schreibt die Wirkungserstreckungstheorie einem ausländischen Urteil im Anerkennungsstaat die gleichen Wirkungen wie im Entscheidungsstaat zu.[10] Anerkannt werden danach auch Wirkungen, die dem deutschen Recht unbekannt sind oder aber weit über diese hinausgehen. Dadurch kann es ebenso zur Verletzung wesentlicher Verfahrensprinzipien wie des Anspruchs auf rechtliches Gehör kommen, wenn zum Beispiel die sehr großzügige Bindungswirkung gegenüber Dritten nach US-amerikanischem Recht[11] anerkannt wird.

Sowohl die Gleichstellungs- als auch die Wirkungserstreckungstheorie werden heute nicht ohne Einschränkungen vertreten. Strittig ist aber, welcher Maßstab die Grenze ziehen soll. Während die einen die Wirkungserstreckung mit Hilfe des ordre public nur einschränken wollen, wenn es sich um dem deutschen Recht wesensfremde Urteilswirkungen handelt,[12] erstrecken die anderen die Urteilswirkungen bis an die Grenze der Wirkungen eines entsprechenden inlän-

---

[7] Stein/Jonas/*Roth*, § 328 Rn. 7.
[8] MünchKommZPO-*Gottwald*, § 328 Rn. 3; Stein/Jonas/*Roth*, § 328 Rn. 7; *Kropholler*, IPR, § 60 V 1 b.
[9] Stein/Jonas/*Roth*, § 328 Rn. 7; *Schack*, Rn. 794.
[10] BGHZ 118, 312 (318); OLG Hamm FamRZ 1993, 213 (214); Nagel/*Gottwald*, § 11 Rn. 111; *Geimer*, IZPR, Rn. 2776; Kegel/*Schurig*, IPR, § 22 V 1 a (S. 907); *Rauscher*, IPR, S. 453; *Martiny*, HdbIZVR, Band III/1, Kapitel 1 Rn. 367; Rosenberg/Schwab/*Gottwald*, § 156 Rn. 8; *Gottwald*, ZZP 103 (1990), 257 (260 ff.).
[11] Zur Bindungswirkung siehe Kapitel 3 D. V.
[12] Nagel/*Gottwald*, § 11 Rn. 114; Staudinger/*Spellenberg* (2005), IntVerfREhe § 328 ZPO Rn. 125; *Geimer*, IZPR, Rn. 2780; Musielak/*Musielak*, § 328 Rn. 34; *Riezler*, S. 520; *Kropholler*, IPR, § 60 V 1 b, S. 679.

A. Einführung

dischen Urteils (Kumulationstheorie).[13] Für letztere Position spricht der Aspekt der Rechtssicherheit, da die Anerkennung vorhersehbar ist.[14] Sie berücksichtigt aber weder die Interessen der Parteien, noch den internationalen Entscheidungseinklang,[15] weil sie den Parteien Urteilswirkungen abspricht, um die sie im Erststaat prozessiert haben, und schon vom Ausgangspunkt her zu unterschiedlichen Anerkennungsfolgen in den verschiedenen Zweitstaaten führt. Das Argument, die lex fori gestalte die maßgebliche Grenze, weil sich die ausländische Entscheidung in die deutsche Rechtsordnung einfügen müsse,[16] ist mit *Spellenberg*[17] abzulehnen. Er weist darauf hin, dass der ordre public, wie er sich in § 328 Abs. 1 Nr. 4 ZPO findet, diese Frage hinreichend beantwortet. Für die Anwendung des ordre public spricht ebenfalls, dass sich eine ausländische Rechtswirkung auch dann in die deutsche Rechtsordnung einfügt, wenn sie dem deutschen Recht unbekannt ist, oder wenn ihr Ziel auf anderem prozessualen Wege erreicht wird. Sollte eine Unvereinbarkeit schon zu bejahen sein, fragt es sich, warum § 328 Abs. 1 ZPO den ordre public ausdrücklich erwähnt. Setzt die Anerkennung voraus, dass die ausländische Urteilswirkung der inländischen vergleichbar ist, wäre der Vorbehalt des ordre public überflüssig. Ob eine ausländische Urteilswirkung unvereinbar mit dem deutschen Recht ist, ist deshalb nicht davon abhängig, ob sie mit deutschen Urteilswirkungen vergleichbar ist, sondern ob sie gegen den ordre public verstößt. Es ist deshalb zusammenzufassen, dass die Anerkennung ausländischer Urteile die Erstreckung ihrer Wirkungen bedeutet, solange diese mit wesentlichen Grundsätzen des deutschen Rechts übereinstimmen.

3. Auffassung des Europäischen Rechts

Zu der Frage, was Anerkennung nach Art. 33 ff. EuGVO bedeutet, werden für das europäische Recht dieselben Theorien diskutiert, die schon zum autonomen deutschen Recht beschrieben wurden. Dabei sind europarechtliche Besonderheiten zu berücksichtigen. So widerspricht die Gleichstellung der Wirkungen offensichtlich den europarechtlichen Zielen der Verordnung, nach denen ein freier Verkehr der Entscheidungen in Zivil- und Handelssachen gewährleistet

---

[13] OLG Nürnberg FamRZ 1996, 353; OLG Frankfurt IPRax 1986, 297; LG Hamburg IPRax 1992, 251 (254); Stein/Jonas/*Roth*, § 328 Rn. 8; *Martiny*, HdbIZVR, Band III/1, Kapitel 1 Rn. 369 f.; Soergel/*Kronke*, Art. 38 Anh. Rn. 141; *Schütze*, IZPR, Rn. 319; *Schack*, Rn. 796.
[14] *Schack*, Rn. 792.
[15] Staudinger/*Spellenberg* (2005), § 328 Rn. 125; Stein/Jonas/*Roth*, § 328 Rn. 7; Nagel/*Gottwald*, § 11 Rn. 113; *Fischer*, in Festschrift für Henckel, S. 199.
[16] *Martiny*, HdbIZVR, Band III/1, Kapitel 1 Rn. 370.
[17] Staudinger/*Spellenberg* (2005), § 328 Rn. 125.

werden soll, um das reibungslose Funktionieren des Binnenmarktes zu ermöglichen.[18]

Gegen eine unbegrenzte Wirkungserstreckung wird eingewendet, dass sie die Prozessrechtseinheit im Anerkennungsstaat gefährdet, weshalb die Überzeugungskraft des europäischen Anerkennungsrechts Schaden nehme.[19] Außerdem findet sie keine Stütze im Text der Verordnung. Zwar spricht der *Jenard*-Bericht zum EuGVÜ[20] von Wirkungserstreckung, jedoch zeigt der *Schlosser*-Bericht zur Revision des EuGVÜ[21], dass eine abschließende Regelung nicht gewollt war.[22] Aus diesen Gründen soll die Wirkungserstreckung ihre Obergrenze in den möglichen Urteilswirkungen des Anerkennungsstaates finden. Diese Argumentation ist fraglich. Zum einen übersieht sie, dass die EuGVO nicht die Prozessrechtseinheit in den einzelnen Mitgliedstaaten, sondern die Freizügigkeit der Entscheidungen im Auge hat. Diese wird jedoch beeinträchtigt, wenn die Entscheidungswirkungen des Rechts des Anerkennungsstaates begrenzt werden.[23] Zum anderen lassen der Wortlaut der zitierten Berichte von *Jenard* und *Schlosser* auch einen anderen, näherliegenden Schluss zu. Im *Jenard*-Bericht heißt es, dass durch die Anerkennung den Entscheidungen die Wirkungen beigelegt werden sollen, die ihnen in dem Staat zukommen, in dessen Hoheitsgebiet sie ergangen sind.[24] Der *Schlosser*-Bericht legt dar, dass die einzelnen mitgliedstaatlichen Verfahrensrechte die Wirkungen gerichtlicher Urteile sehr unterschiedlich bestimmen, dass die damit zusammenhängenden Probleme jedoch durch das EuGVÜ nicht in allgemeiner Weise gelöst werden sollten.[25] Da das EuGVÜ in seinem ersten Teil die Zuständigkeitsvorschriften vereinheitlicht und damit die Frage unterschiedlicher Zuständigkeiten in allgemeiner Weise löst, bedeutet *Schlossers* Bemerkung zu den Urteilswirkungen, dass das EuGVÜ diese nicht angleicht, sondern die verschiedenen mitgliedstaatlichen Regelungen erhalten bleiben. Der Bericht bedeutet aber nicht, wie gegen eine unbegrenzte Wirkungserstreckung vorgebracht wird, dass das EuGVÜ die Frage der Anerkennung nicht allgemein regelt. Er liefert vielmehr nur eine Begründung, warum das EuGVÜ die unterschiedlichen Urteilswirkungen nicht auf der sachrechtlichen Ebene harmonisiert.

---

[18] Erwägungsgrund Nr. 2 und Nr. 6.
[19] *Schack*, Rn. 796; *Schack*, IPRax 1989, 139 (142); *Droz*, Nr. 448.
[20] *Jenard*, Abl. EG 1976 C Nr. 59 ff.
[21] *Schlosser*, Abl. EG C 59/79 (191) Nr. 71 ff.
[22] *Schack*, Rn. 796.
[23] MünchKommZPO-*Gottwald*, § 328 Rn. 3 f.
[24] *Jenard*, Abl. EG 1976 C Nr. 59/43.
[25] *Schlosser*, Abl. EG C 59/79 (191) Nr. 71.

A. Einführung

Auch die Auffassung, die in Anlehnung an die Rechtsprechung des Europäischen Gerichtshofs zur Kernpunkttheorie[26] verlangt, es müsse eine eigene europarechtliche Rechtskraftkonzeption entwickelt werden,[27] ist für die Frage der Anerkennung subjektiver Urteilswirkungen nicht einschlägig. *Gottwald* entwickelte diesen Ansatz im Zusammenhang mit der Frage, inwieweit der *objektive* Umfang anerkannt werden muss. Hier steht aber die subjektive Rechtskraft in Frage. Außerdem lässt sich dem *Schlosser*-Bericht entnehmen, dass der Rat gerade nicht auf sachrechtlicher Ebene die möglichen Urteilswirkungen vereinheitlichen wollte. Weiterhin hat sich der Europäische Gerichtshof in der Entscheidung *Hoffmann*[28] eindeutig für die Wirkungserstreckung der unterschiedlichen Urteilswirkungen ausgesprochen und die Gelegenheit nicht genutzt, um eine europarechtliche Vorstellung von einer subjektiven Rechtskraftwirkung zu entwickeln.

Seit dieser Entscheidung wird zur EuGVO eine vollständige Wirkungserstreckung vertreten, die ihre Grenze nur im ordre public finden soll.[29] Im ersten Leitsatz der Entscheidung heißt es ausdrücklich, dass eine nach dem EuGVÜ anerkannte ausländische Entscheidung im ersuchten Staat grundsätzlich dieselben Wirkungen entfalten muss wie im Urteilsstaat. Der Gerichtshof weist darauf hin, dass das Übereinkommen soweit wie möglich die Freizügigkeit von Entscheidungen herstellen soll und deshalb das Übereinkommen in diesem Sinne auszulegen ist. Zur Bekräftigung zitiert der Gerichtshof den *Jenard*-Bericht, nach dem Entscheidungen durch die Anerkennung die Wirkungen beigelegt werden sollen, die ihnen in dem Staat zukommen, in dessen Hoheitsgebiet sie ergangen sind.[30] Damit unterscheidet sich die Anerkennung nach der EuGVO grundsätzlich von der Anerkennung nach autonomem deutschem Recht. Wie oben dargestellt, versteht das autonome deutsche Recht unter Anerkennung zwar auch Wirkungserstreckung, jedoch nur insoweit die anzuerkennenden Urteilswirkungen dem deutschen Recht nicht völlig unbekannt sind. Diese Beschränkung kennt die EuGVO nicht. Da Anerkennung nach der EuGVO Wirkungserstreckung bedeutet, sind sowohl die objektive als auch die subjektive materielle Rechtskraft sowie die Drittwirkungen grundsätzlich anerkennungsfähig. Die Anerkennung findet aber ihre Grenzen im ordre public des Anerkennungsstaates.

---

[26] Zur Kernpunkttheorie siehe Nagel/*Gottwald,* IZPR, § 5 Rn. 201; Rauscher/*Leible,* EZPR, Band 1, Art. 27 Rn. 8; Geimer/Schütze/*Geimer,* EZVR, Art. 27 Rn. 30.

[27] *Gottwald,* Symposium Schwab, 2000, S. 85, 95 ff.; *Böhm,* in Bajons (Hrsg.), Übereinkommen, S. 141, 155 ff.

[28] EuGH Rs. 145/86, *Hoffmann v. Krieg,* 1988-I, 645 Rn. 11.

[29] *Kropholler,* EZPR, vor Art. 33 Rn. 9; *Martiny,* HandbIZVR, Band III/2, Kapitel 2, Rn. 70; Nagel/*Gottwald,* IZPR, § 11 Rn. 23; Rauscher/*Leible,* EZPR, Band 1, Art. 33 Rn. 9.

[30] EuGH Rs. 145/86, *Hoffmann v. Krieg,* 1988-I, 645 Rn. 10.

III. Anerkennungsverfahren

Die Anerkennung ausländischer Entscheidungen wird im deutschen Recht von § 328 ZPO und im europäischen Recht von Art. 33 ff. EuGVO geregelt. Beide Anerkennungssysteme kennen im Grundsatz kein eigenständiges Anerkennungsverfahren,[31] so dass eine Entscheidung im Vollstreckbarerklärungsverfahren oder in einem Folgeprozess anzuerkennen ist, wenn keine Anerkennungshindernisse vorliegen. Anerkannt werden streitbeendende Entscheidungen sowie gerichtliche Entscheidungen, die in einem justizförmigen Verfahren ergehen und die den Rechtsstreit zwischen den Parteien rechtskräftig erledigen.[32] Das Anerkennungssystem der EuGVO weicht jedoch in zentralen Punkten von der Anerkennung nach § 328 ZPO ab. Die Anerkennung nach der EuGVO erfolgt, ohne dass im Antragsverfahren mögliche Anerkennungshindernisse berücksichtigt werden. Diese werden nur im Rahmen des Rechtsbehelfsverfahrens nach Art. 43 EuGVO geprüft, das von einer der Parteien im Anerkennungsstaat eingeleitet werden muss.[33] Außerdem darf nach der EuGVO die Zuständigkeit des Gerichts des Urteilsstaates nicht geprüft werden. Dieses Verbot findet sich ausdrücklich in Art. 35 Abs. 3 EuGVO.

B. Anerkennung nach dem deutschen autonomen Recht

Die Anerkennung richtet sich nach § 328 ZPO, soweit staatsvertragliche oder europäische Regelungen nicht vorrangig sind.[34] Dies bedeutet, dass § 328 ZPO die Anerkennung US-amerikanischer Entscheidungen regelt. Dabei wird diese Vorschrift durch §§ 722, 723 ZPO ergänzt. Danach kann einer Entscheidung nur Vollstreckungswirkung verliehen werden, wenn keine Anerkennungshindernisse nach § 328 ZPO vorliegen. Dies ist schon im Antragsverfahren zu prüfen. Wird die Anerkennung nicht im Vollstreckbarerklärungsverfahren, sondern in einem Folgeprozess mit dem Dritten maßgeblich, werden die Drittwirkungen ebenfalls nur berücksichtigt, wenn die Anerkennungshindernisse verneint werden.

---

[31] Vgl. *van Hoek*, C.M.L.R. 2001, 1011 (1016). Eine Ausnahme bildet die Anerkennung von Statusentscheidungen, die nach Art. 7 § 1 FamRÄndG einem besonderen Verfahren unterliegt, um durch eine einheitliche Anerkennung die Rechtssicherheit auf dem Gebiet des Familienrechts zu erhöhen.

[32] MünchKommZPO-*Gottwald*, § 328 Rn. 45; Baumbach/*Hartmann*, § 328 Rn. 8 ff.; Musielak/*Stadler*, § 328 Rn. 5.

[33] Dieses Verfahren führte zu einer wesentlichen Abweichung vom EuGVÜ, nach dem die Anerkennungsvoraussetzungen von Amts wegen zu prüfen waren, *Martiny*, HbIZVR, Band III/2, Kapitel 2 Rn. 218; MünchKommZPO-*Gottwald*, Art. 34 EuGVO Rn. 5. Ein Überprüfung im Rahmen eines Rechtsbehelfsverfahren bedeutet praktisch, dass die Voraussetzungen nur auf Rüge geprüft werden. Siehe zu dieser Diskussion *Kropholle*r, EZPR, vor Art. 33 Rn. 6.

[34] Baumbach/*Hartmann*, § 328 Rn. 5; Musielak/*Stadler*, § 328 Rn. 1.

I. Interventionsklageurteil

Die Anerkennung eines US-amerikanischen Interventionsklageurteils ist aus mehreren Gründen problematisch. Zum einen versteht das US-amerikanische Recht die Rechtskraft als eine materielle und nicht als eine prozessuale Entscheidungswirkung. Zum anderen geht das deutsche Verfahrensrecht streng von einem Zweiparteienprozess aus, so dass das Leitbild des § 328 ZPO eine Entscheidung zwischen zwei Parteien ist. Dem entspricht ein Interventionsklageurteil nicht, da es sich dabei um eine Entscheidung im Verhältnis zum Dritten handelt, die in Einheit mit der Entscheidung zwischen den ursprünglichen Hauptparteien ausgesprochen wird. Folge des Zweiparteiensystems im deutschen Zivilverfahrensrecht ist auch, dass die Anerkennungshindernisse des § 328 ZPO nur hinsichtlich eines Verfahrens zwischen zwei Parteien formuliert sind. Zu klären ist deshalb, ob die materiellrechtliche Urteilswirkung für Anerkennungszwecke prozessrechtlich zu qualifizieren ist, und ob die Anerkennung des Interventionsklageurteils von der Anerkennung des Haupturteils abhängig ist. Außerdem ist die Frage zu beantworten, ob die Anerkennung versagt werden muss, wenn die Anerkennungshindernisse hinsichtlich des Dritten vorliegen.

1. Qualifikation

Die Rechtskraftwirkung eines US-amerikanischen Interventionsklageurteils wird nach dem Recht des Entscheidungsstaates als eine materielle Wirkung eingeordnet. Hintergrund ist die materielle Rechtskrafttheorie, nach der das Urteil die materielle Rechtslage umgestaltet.[35] Dennoch handelt es sich nach Auffassung des deutschen Rechts um eine Entscheidungswirkung, die prozessrechtlich zu qualifizieren ist.[36] Ein materiellrechtliches Verständnis hätte zur Folge, dass über die Entscheidungswirkung die lex causae befinden würde, womit der Anerkennungsstaat seine Entscheidung preisgibt, welche Urteile anzuerkennen sind.[37]

Schwieriger ist die Frage zu beantworten, ob das Interventionsklageurteil eine Entscheidung im Sinne des § 328 ZPO ist, obwohl es sich um eine Entscheidung in einem Dreiparteienverfahren handelt. Der methodische Weg ist die funktionelle Qualifikation.[38] Für eine Vergleichbarkeit mit der Streitverkündung spricht, dass es den gleichen Prozesszweck wie diese erfüllt. Es dient der Geltendmachung von Regressansprüchen, soll widersprechende Entscheidungen der Gerichte vermeiden und die Prozessökonomie fördern.[39] Dennoch ist es funktio-

---

[35] Siehe die Darstellung unter Kapitel 3 D. IV. 2. zur Wirkung *merger* und *bar*.
[36] Dagegen mit Verweis auf andere Rechtsordnungen *Blomeyer,* S. 473.
[37] *Schack,* Rn. 926.
[38] Zur funktionellen Qualifikation von Begriffen des internationalen Zivilverfahrensrechts *Basedow,* in Schlosser (Hrsg.), Materielles Recht und Prozessrecht, S. 131.
[39] *Bernstein,* in Festschrift für Ferid, S. 75 (85).

nell mit einer Klage und nicht mit einer Streitverkündung nach deutschem Zivilprozessrecht vergleichbar. Mit der Interventionsklage erlangt der Dritte volle Parteistellung in dem Verfahren, weshalb er sich unabhängig von der Verteidigung des Drittklägers gegen die Erstklage verteidigen kann.[40] Der Rechtsstreit zwischen dem Drittkläger und dem Drittbeklagten wird mit dem Dritturteil endgültig erledigt. Anders als bei einer Streitverkündung oder einer Nebenintervention muss der streitige Anspruch nicht in einem Folgeverfahren geltend gemacht werden, in dem dann die Interventionswirkung zu berücksichtigen ist. Vielmehr entfaltet das Dritturteil nicht nur präjudizielle Bindungswirkung wie die Intervention, sondern auch gegenüber dem Dritten gewöhnliche Urteilswirkungen wie die Rechtskraft- und Vollstreckungswirkung.[41] Das Dritturteil ist aus diesem Grund mit einer verfahrensbeendenden Entscheidung des deutschen Rechts vergleichbar. Deshalb richtet sich seine Anerkennung unmittelbar nach § 328 ZPO.

2. Anerkennung der Hauptentscheidung

Das Interventionsklageurteil entfaltet gegenüber dem Dritten selbst Rechtskraft- und Vollstreckungswirkung, so dass diese Wirkungen nicht wie die Interventionswirkung aus dem Urteil über die Erstklage gegen den Beklagten und Drittkläger folgen. Die Rechtskraft wird daher unabhängig davon anerkannt, ob die Entscheidung über die Erstklage anzuerkennen ist. Anerkennung des Dritturteils und Anerkennung der Entscheidung über die Erstklage sind demnach voneinander zu trennen. Die Wirkungen des Dritturteils werden anerkennungsrechtlich nicht wie eine Interventionswirkung behandelt, deren Anerkennung voraussetzt, dass die Entscheidung selbst anerkennungsfähig ist.[42] Die Frage, ob die Anerkennung des Interventionsklageurteils von der Anerkennungsfähigkeit der Hauptsacheentscheidung abhängig ist, wird von der Rechtsprechung nicht näher problematisiert.[43]

Vor Inkrafttreten des EuGVÜ wurde die Anerkennung von Interventionsklageurteilen vor allem zum französischen Garantieklageurteil diskutiert. Auch in diesem Zusammenhang war zu klären, ob ein Garantieurteil eine selbständige anzuerkennende Rechtskraftwirkung oder aber eine von der Erstentscheidung abhängige Streitverkündungswirkung besitzt. Dieses Problem war umso größer, als das französische Recht eine Annexzuständigkeit des Gerichts der Erstklage

---

[40] Siehe Kapitel 3 D. I.
[41] Zöller/*Geimer*, § 328 Rn. 60; *Mansel,* in Hommelhoff (Hrsg.), Europäischer Binnenmarkt, S. 161 (184) bezeichnet in Abgrenzung zur Streitverkündungswirkung die Dritturteilswirkungen als Drittbindung mit Vollstreckbarkeit; *Koch,* ZVglRWiss 85 (1986) S. 11 (54).
[42] Nagel/*Gottwald*, IZPR, § 11 Rn. 127.
[43] RGZ 61, 390 (392); RGZ 55, 236 (238).

für Interventionsklagen vorsieht. Deshalb stellte sich die Frage, ob Garantieurteile anerkannt werden können, für die das französische Gericht nur wegen des Sachzusammenhangs zuständig war. *Geimer* vertritt die Auffassung, dass ein Garantieurteil mit einer Streitverkündung vergleichbar ist, weshalb ein Sachzusammenhang mit der Hauptsache für die Anerkennungszuständigkeit ausreichen soll.[44] Im Ergebnis bedeutet dies, dass das Interventionsklageurteil eine anerkennungsfähige Entscheidung in der Hauptsache voraussetzt. Da der Maßstab für die Bestimmung der hypothetischen internationalen Zuständigkeit nach § 328 ZPO die deutsche Zuständigkeitsordnung ist, konnte eine Zuständigkeit nicht mithilfe des französischen Rechts begründet werden. *Geimer* schlug deshalb vor, für die Anerkennungszuständigkeit bezüglich der Interventionsklage einen Sachzusammenhang mit dem Hauptprozess ausreichen zu lassen.[45] Ein französisches Garantieurteil ist nach seiner Meinung nicht nur nach dem verfolgten Zweck, sondern auch in seinen prozessualen Auswirkungen mit der Streitverkündung vergleichbar.[46] Da nach französischem Recht eine Annexzuständigkeit des für die Erstklage zuständigen Gerichts für die Garantieklage ausreicht, sei der Dritte potentiell unbeschränkt gerichtspflichtig. Scheinbar folgert *Geimer* daraus, dass die Voraussetzungen für die Anerkennung einer Interventionsklage denen einer Streitverkündung entsprechen. Obwohl sich *Geimer* dabei auf die Begründung der Anerkennungszuständigkeit beschränkt, bedeutet dies im Ergebnis, dass eine Interventionsklage eine anzuerkennende Entscheidung der Erstklage voraussetzt. Diese Auffassung wurde heftig kritisiert.[47] Hauptargumente sind dabei erstens die von *Geimer* nicht berücksichtigte Tatsache, dass sich der Dritte im Falle einer Interventionsklage nicht mehr in einem Folgeprozess gegen den geltend gemachten Regressanspruch wehren kann, für den eine Zuständigkeit gesondert gegeben sein muss. Denn das Dritturteil entscheidet über diesen Anspruch rechtskräftig und endgültig. Zweitens ist unklar, warum im Falle der Garantieklage das Spiegelbildprinzip nach § 328 Abs. 1 Nr. 1 ZPO durchbrochen werden soll, das den Dritten vor exorbitanten Gerichtsständen schützen möchte. Diese Diskussion ist mit der Einführung des Art. 6 Nr. 2 EuGVÜ (nunmehr Art. 6 Nr. 2 EuGVO), der einen einheitlichen Gerichtsstand der Interventionsklage bestimmt, für die Anerkennung eines französischen Garantieurteils obsolet geworden. Für die Anerkennung eines *impleader* des US-amerikanischen Rechts ist sie jedoch weiterhin aktuell.

---

[44] Zöller/*Geimer*, § 328 Rn. 60.
[45] Zöller/*Geimer*, § 328 Rn. 60.
[46] Zur Anerkennung ausländischer Streitverkündungswirkungen siehe in diesem Kapitel unter IV.
[47] MünchKommZPO-*Gottwald*, § 328 Rn. 163; Wieczorek/*Mansel*, § 68 Rn. 43; *Martiny*, HdbIZVR, Band III/1, Kapitel 1 Rn. 703 ff.; Nagel/*Gottwald*, § 11 Rn. 130; *Schack*, Rn. 924; *Götze*, S. 169.

Geimers abweichende Auffassung zur Anerkennung französischer Garantieurteile, die in ihren prozessualen Auswirkungen mit der Streitverkündung vergleichbar sein sollen, weil der Dritte potentiell unbeschränkt gerichtspflichtig sei, führt im Falle des *impleader* zu keiner anderen anerkennungsrechtlichen Einordnung. *Geimer* geht von einer Interventionsklage nach französischem Recht aus,[48] die sich in einem Punkt grundsätzlich von der US-amerikanischen Interventionsklage unterscheidet. Während nach französischem Recht die Interventionsklage an dem Gerichtsstand der Hauptklage zulässig ist, ohne dass gegenüber dem Dritten eine eigene Zuständigkeit besteht (Annexzuständigkeit),[49] setzt das US-amerikanische Recht eine eigene *personal jurisdiction* bezüglich des Dritten voraus.[50] Dieser Unterschied führt dazu, dass die Gerichtspflichtigkeit des Dritten auch im Hinblick auf eine Interventionsklage nicht unbeschränkt denkbar ist, weshalb die Auffassung *Geimers* zur französischen Garantieklage nicht auf den US-amerikanischen *impleader* übertragbar ist. Dieser prozessualen Konstellation lässt sich entnehmen, dass *Geimers* anerkennungsfreundliche Auffassung verhindern möchte, dass ein französisches Garantieurteil deshalb nicht anerkannt wird, weil eine Zuständigkeit gegenüber dem Dritten fehlt. Unklar ist, warum *Geimer* den Schutz, den das Spiegelbildprinzip bietet, für den mit einer Garantieklage verklagten Dritten aufgeben möchte, wenn dieser Grundsatz den Dritten gerade vor benachteiligenden Gerichtsständen schützen will.

Das Interventionsklageurteil ist deshalb unabhängig davon anzuerkennen, ob das Urteil zwischen den ursprünglichen Hauptparteien anerkennungsfähig ist. Aus diesem Grund werden die Anerkennungshindernisse nicht hinsichtlich des Prozessrechtsverhältnisses des ursprünglichen Klägers und des Beklagten, sondern nur des Interventionsklägers und des Interventionsbeklagten geprüft.

3. Anerkennungshindernisse

Das Interventionsklageurteil ist deshalb anzuerkennen, wenn gegenüber dem Dritten die Anerkennungszuständigkeit gegeben ist, der *impleader* ihm ordnungsgemäß zugestellt wurde und das Ergebnis der Anerkennung nicht gegen den ordre public verstößt. Im Übrigen muss die Gegenseitigkeit vorliegen.

a) Anerkennungszuständigkeit – § 328 Abs. 1 Nr. 1 ZPO

§ 328 Abs. 1 Nr. 1 ZPO schließt die Anerkennung aus, wenn das US-amerikanische Gericht, welches das Dritturteil erlassen hat, nach den deutschen Ge-

---

[48] Zöller/*Geimer*, § 328 Rn. 60.
[49] Kapitel 3 B. II.
[50] Kapitel 3 D. I.

setzen nicht international zuständig ist. Dabei reicht es aus, wenn die deutschen Zuständigkeitsnormen in die Rechtsordnung des US-amerikanischen Gesamtstaates verweisen.[51] Die interne Zuständigkeitsordnung spielt bei der Frage der Anerkennungszuständigkeit keine Rolle. Dieses sogenannte Spiegelbildprinzip gewährleistet, dass sich die Anerkennung nicht nach der US-amerikanischen, sondern nach der deutschen Zuständigkeitsordnung richtet, und schützt somit den Beklagten vor exorbitanten Gerichtsständen im Ausland.[52]

Das Dritturteil ist eine verfahrensbeendende Entscheidung, dessen verfahrenseröffnende Klage erst im Zusammenhang mit dem Verfahren über die Erstklage erhoben wird, und die in diesem Rahmen ergeht.[53] Dennoch ist die Anerkennung der Interventionsklage nicht davon abhängig, ob die Entscheidung über die Erstklage anerkannt wird. Deshalb ist die hypothetische internationale Zuständigkeit des Erstgerichts für die Erstklage nach dem Spiegelbildprinzip nicht relevant, so dass die internationale Zuständigkeit nur bezüglich des Dritten geprüft wird. Obwohl die Interventionsklage den gleichen prozessualen Zweck erfüllt wie die Streitverkündung – widersprechende Entscheidungen sollen vermieden, das Verfahren kosten- und zeitsparend gestaltet werden – wird die Zuständigkeit des Gerichts nicht nach den Grundsätzen für die Streitverkündung hergeleitet.[54] Danach wäre ein Gericht zuständig, wenn ein sachlicher Zusammenhang vorliegt.[55] Jedoch gehen die Wirkungen der Interventionsklage über diejenigen der Streitverkündung hinaus. Während die Streitverkündung nur zu einer Bindung an die Feststellung des Urteils führt, entfaltet ein Dritturteil Rechtskraft- und Vollstreckungswirkung gegenüber dem Dritten. Dies hat zur Folge, dass nicht mehr in einem weiteren Verfahren über den Regressanspruch verhandelt wird. Mutet man dem Dritten eine Zuständigkeit kraft Sachzusammenhangs in Anlehnung an die Regelung des Streitverkündungsgrundes zu, nimmt man ihm dadurch den Schutz, den das Spiegelbildprinzip gerade gewähren soll. Der Dritte sähe sich einer unübersichtlichen Zahl möglicher Gerichtsstände ausgesetzt, auf deren Begründung er keinerlei Einfluss hat, weil er am Verfahren über die Erstklage nicht beteiligt ist.[56] In Betracht kommen deshalb nur die Vorschriften, die Gerichtsstände für selbständige Klagen begründen. De-

---

[51] MünchKommZPO-*Gottwald*, § 328 Rn. 63 f.
[52] Allgemein zum Spiegelbildprinzip vgl. MünchKommZPO-*Gottwald*, § 328 Rn. 63 f.; Stein/Jonas/*Roth*, § 328 Rn. 73; Wieczorek/*Schütze*, § 328 Rn. 20; Nagel/*Gottwald*, IZPR, § 11 Rn. 152.
[53] Siehe Kapitel 3 D. I.
[54] MünchKommZPO-*Gottwald*, § 328 Rn. 163; Wieczorek/*Mansel*, § 68 Rn. 43; *Martiny*, HdbIZVR, Band III/1, Kapitel 1 Rn. 703 ff.; Nagel/*Gottwald*, § 11 Rn. 130; *Schack*, Rn. 924; *Götze*, S. 169.
[55] Zur abweichenden Meinung *Geimers* im Zusammenhang mit der französischen Garantieklage siehe die Darstellung unter Punkt 2 sowie Zöller/*Geimer*, § 328 Rn. 60.
[56] Da er Verfahrenspartei ist, kann er jedoch die Unzuständigkeit des Gerichts für die Klage in der Hauptsache geltend machen.

ren Voraussetzungen müssen aber im Hinblick auf die Interventionsklage vorliegen. Da die US-amerikanischen Prozessrechte keine besonderen Zuständigkeiten des Gerichts der Erstklage für Interventionsklagen kennen, sondern voraussetzen, dass gegenüber dem Dritten *personal jurisdiction* besteht, ist es nicht problematisch, dass das deutsche Recht ebenfalls keinen besonderen Gerichtsstand für die Interventionsklage vorsieht. Da auch das deutsche Prozessrecht exorbitante Gerichtsstände wie §§ 23 und 32 ZPO[57] kennt, werden Interventionsklagen, für die nach US-amerikanischem Recht, aber nicht nach deutschem Recht eine Zuständigkeit besteht, entgegen der allgemeinen Auffassung[58] wohl eher selten vorkommen.[59]

b) Ordnungsgemäße Zustellung – § 328 Abs. 1 Nr. 2 ZPO

Die Anerkennung eines Dritturteils ist ausgeschlossen, wenn dem beklagten Dritten das verfahrenseinleitende Dokument nicht ordnungsgemäß oder nicht rechtzeitig zugestellt worden ist. Diese Anforderung schützt den Anspruch des Dritten auf rechtliches Gehör im Stadium der Verfahrenseröffnung.[60] Aus dem Wortlaut der Norm ergibt sich, dass solche Verstöße nur auf Einrede zu beachten sind. Das verfahrenseinleitende Schriftstück ist im Falle des *impleader* die Interventionsklage *(third party complaint)*, die dem Dritten ordnungsgemäß und rechtzeitig zugestellt sein muss. Eine Zustellung ist nicht deshalb ausgeschlossen, weil die Interventionsklage ein dem deutschen Recht unbekanntes Rechtsinstitut ist. Das Haager Zustellungsübereinkommen (Haager ZustellungsÜ), nach dem sich die Zustellung richtet,[61] verlangt nur, dass es sich um die Zustellung eines gerichtlichen Schriftstücks handelt unabhängig davon, ob der verfolgte Prozesszweck dem deutschen Recht bekannt ist. Aus Art. 5 Abs. 1 und 3 Haager ZustellungsÜ iVm § 3 AusfG ergibt sich außerdem, dass die Interventionsklage in deutscher Übersetzung zugestellt wird, wenn sie der Dritte nicht freiwillig annimmt. An eine rechtzeitige und ordnungsgemäße Zustellung einer Interventionsklage werden aber keine anderen Anforderungen gestellt als an die Zustellung eines anderen verfahrenseinleitenden Schriftstücks wie z.B. einer unmittelbaren Klage an den Dritten.

---

[57] §§ 23 und 32 ZPO finden keine Anwendung, wenn die Zuständigkeit nach den Regelungen der EuGVO gegenüber einem Beklagten mit Wohnsitz in einem Mitgliedstaat bestimmt wird, MünchKommZPO-*Patzina*, § 23 Rn. 24 und § 32 Rn. 42.
[58] Z.B. *Götze*, S. 174 f.
[59] *Bernstein*, in Festschrift für Ferid, S. 75 (86).
[60] Stein/Jonas/*Roth*, § 328 Rn. 86.
[61] Das Haager Übereinkommen über die Zustellung gerichtlicher und außergerichtlicher Schriftstücke im Ausland in Zivil- oder Handelssachen vom 15.1.1965 ist für Deutschland im Verhältnis zu den Vereinigten Staaten am 26.6.1976 in Kraft getreten.

c) Ordre Public – § 328 Abs. 1 Nr. 4

Die Anerkennung kann auch nicht wegen des ordre public verweigert werden. Ein Verstoß lässt sich nicht damit begründen, dass die Interventionsklage dem deutschen Recht fremd wäre. Ein ordre public Verstoß setzt voraus, dass die Anerkennung eines Dritturteils für die deutsche Rechtsordnung schlechthin unerträglich ist.[62] Dies ist bei der Interventionsklage nicht der Fall. Erstens ist die Interventionsklage der deutschen Rechtsvorstellung nicht grundsätzlich unbekannt.[63] Zweitens ist eine Interventionsklage nur in Konstellationen möglich, in denen auch eine unmittelbare Klage gegen den Dritten möglich wäre, die das deutsche Recht zuließe. Außerdem können Dritte auch nach der deutschen Rechtsordnung an einem fremden Verfahren beteiligt werden. So gibt es nach deutschem Recht die Nebenintervention und die Streitverkündung sowie die Drittwiderklage.[64]

d) Gegenseitigkeit – § 328 Abs. 1 Nr. 5

Die Anerkennung ist auch nicht wegen fehlender Gegenseitigkeit gehindert. Abgesehen von der Berechtigung dieser Anerkennungsvoraussetzung[65] ist die Gegenseitigkeit nicht deshalb ausgeschlossen, weil es de facto keine Anerkennung deutscher Dritturteile geben kann. Denn dies liegt nicht am US-amerikanischen Unwillen, sondern am deutschen Prozessrecht, das den Erlass von Dritturteilen gar nicht vorsieht. Ausschlaggebend ist deshalb, ob deutsche Urteile anerkannt werden. Diese Frage muss mangels eines bilateralen Vertrags nach dem Recht der Teilstaaten beantwortet werden. Dies gilt auch für die Bundesgerichte, die über die Anerkennung nach dem Recht des Teilstaates bestimmen, in dem sie ihren Sitz haben.[66] Deshalb muss die Gegenseitigkeit im Einzelnen immer nach dem Recht des betreffenden Teilstaates geprüft werden.[67] Die Gegenseitigkeitsprüfung weist aber keine Besonderheiten bei der Anerkennung US-amerikanischer Dritturteile auf.

---

[62] BGHZ 48, 327; Zöller/*Geimer*, § 328 Rn. 179 ff.

[63] *Herrmann*, S. 171, jedoch ohne Begründung. Siehe die Ausführungen in diesem Kapitel unter B. IV. 2. b) und bei *Götze*, S. 177 ff.

[64] Zur Drittwiderklage siehe Rosenberg/Schwab/*Gottwald*, § 95 Rn. 27; Musielak/*Heinrich*, § 33 Rn. 21; Baumbach/*Hartmann*, § 253 Anh. Rn. 3.

[65] Siehe zur Kritik Stein/Jonas/*Roth*, 328 Rn. 116; MünchKommZPO-*Gottwald*, § 328 Rn. 113; Nagel/*Gottwald*, IZPR, § 11 Rn. 185.

[66] *Roth*, ZZP 112 (1999), 483 (487).

[67] Eine Übersicht über die Anerkennung deutscher Urteile nach dem Recht der Teilstaaten der Vereinigten Staaten findet sich in Stein/Jonas/*Roth*, § 328 Rn. 148; MünchKommZPO-*Gottwald*, § 328 Rn. 140.

II. Entscheidung im *interpleader*-Verfahren

Der Gläubigerstreit *(interpleader)* führt zu zwei Entscheidungen. Eine Entscheidung über die Zulässigkeit des *interpleader*, die anordnet, dass der Schuldner aus dem Rechtsstreit entlassen wird, und die Gläubiger zum Unterlassen weiterer Klagen verurteilt, sowie zu einer verfahrensbeendenden Entscheidung, die einem Gläubiger die Forderungsberechtigung zuspricht.[68] Beide Entscheidungen werfen unterschiedliche Fragen der Anerkennung auf. Unproblematisch ist es, die Entscheidung über die Forderungsberechtigung zu vollstrecken, weil die streitige Sache von Gesetzes wegen *(statutory interpleader)* oder auf Anordnung des Gerichts *(rule interpleader)* hinterlegt werden muss. Eine Vollstreckung im Ausland wird deshalb in der Regel nicht beantragt.

Schwieriger ist die Frage zu beantworten, ob die gerichtliche Verfügung *(injunction)*, weitere Klagen gegen den Schuldner zu unterlassen, den unterliegenden Gläubiger hindert, eine Klage gegen den Schuldner im Ausland zu erheben. Wird diese Entscheidung anerkannt, dann wäre die Klage wegen entgegenstehender Rechtskraft als unzulässig abzuweisen. Keine besonderen Probleme bereitet das *interpleader*-Verfahren, wenn der Schuldner aus dem Rechtsstreit nicht ausscheidet, sondern sich als Verfahrenspartei weiter beteiligt, weil er eigene Interessen in der Frage verfolgt, wer der rechtmäßige Gläubiger ist. Dann wirkt das Urteil auch ihm gegenüber Rechtskraft, weil er Partei des Verfahrens ist.[69] Scheidet er aber gegen Hinterlegung der streitigen Sache aus dem Rechtsstreit aus, was der Regelfall im *interpleader*-Verfahren ist, ist er nicht mehr Verfahrenspartei und wird somit nicht mehr von der subjektiven Rechtskraft des Urteils erfasst. Nur das gerichtliche Klageverbot hindert den Gläubiger daran, eine erneute Klage gegen den Schuldner zu erheben. Eine Klage im Ausland kann dadurch aber nur verhindert werden, wenn diese gerichtliche Verfügung ihre Wirkungen auch im Anerkennungsstaat entfaltet. Dies ist möglich, wenn es sich dabei um eine anerkennungsfähige Entscheidung handelt. Um diese Frage zu beantworten, muss das Klageverbot im Zusammenhang mit der Entscheidung über das Ausscheiden des Schuldners aus dem Verfahren untersucht werden.

Nach § 328 ZPO können nur verfahrensbeendende Entscheidungen anerkannt werden. Die Verfügung über das Ausscheiden einer Partei entscheidet aber nicht über die Sache und beendet deshalb den Rechtsstreit nicht. Gegen eine Anerkennung dieser Entscheidung spricht auch, dass es sich bei der *injunction* um ein Klageverbot handelt, das für sich genommen keine Sachqualität besitzt. Die Anerkennung von Verfügungen *(injunction)* US-amerikanischer Gerichte, Klagen zu unterlassen, wurde in der Literatur im Zusammenhang mit der *injunction restraining foreign proceedings* diskutiert.[70] Diese *injunction* wird nicht an-

---

[68] Siehe auch Kapitel 3 D. III.
[69] *Friedenthal/Kane/Miller*, § 16.11 S. 768.

B. Anerkennung nach dem deutschen autonomen Recht

erkannt, weil sie keine Sachentscheidung ist. Diese Argumentation griffe im Falle der *permanent injunction* aber zu kurz, da sie die Funktion dieser Entscheidung innerhalb des *interpleader*-Verfahrens nicht berücksichtigt. Der Schuldner kann auf Antrag nur aus dem Rechtsstreit ausscheiden, wenn er den gegen ihn geltend gemachten Anspruch nicht bestreitet und auf gesetzliche oder richterliche Anordnung die streitige Sache bei Gericht hinterlegt. Die erste Phase des *interpleader*-Verfahrens kann deshalb als Entscheidung über das Bestehen des Anspruchs und der Passivlegitimation verstanden werden, während sich die zweite Phase auf eine Entscheidung über die Aktivlegitimation beschränkt. Deshalb hat die Entscheidung des Gerichts über das Ausscheiden des Schuldners und die Unterlassungspflicht der Gläubiger die Funktion einer Sachentscheidung bezüglich der Schuldnerschaft.[71] Sie kann nicht als Zwischenurteil nach § 303 ZPO eingeordnet werden, weil es sich nicht um eine Entscheidung über Vorfragen handelt, die sich nicht auf den Streitgegenstand beziehen. Die Vorschrift des § 301 ZPO über ein Teilurteil ist ebenfalls nicht einschlägig, weil es sich bei der Frage der Schuldnerschaft nicht um den abgrenzbaren Teil eines Anspruchs handelt. Die Entscheidung des US-amerikanischen Gerichts im *interpleader*-Verfahren ist deshalb einem Endurteil vergleichbar. Eine Anerkennung der im *interpleader*-Verfahren ergangenen *permanent injunction* richtet sich somit nach § 328 ZPO. Bezüglich der zu erfüllenden Voraussetzungen bestehen keine Besonderheiten.

Eine andere Frage ist es, ob ein deutsches Gericht an die Entscheidung eines US-amerikanischen Gerichts gebunden ist, den *interpleader* nicht zuzulassen, und deshalb die Hauptintervention oder der Prätendentenstreit unzulässig sind. Eine solche Entscheidung bezieht sich nur auf den Fortgang des Verfahrens und nicht auf die streitige Sache selbst, so dass die Zulassungsentscheidung keine Sachentscheidung ist. § 328 ZPO ist auf rein prozessuale Entscheidungen, die im Laufe des ausländischen Verfahrens ergehen, nicht anwendbar.[72] Ein deutsches Gericht ist deshalb nicht an die Zulassungsentscheidung eines US-amerikanischen Gerichts gebunden, so dass ein Prätendentenstreit nach § 75 ZPO zulässig sein kann, auch wenn das *interpleader*-Verfahren nicht zugelassen wurde.

---

[70] MünchKommZPO-*Gottwald*, § 328 Rn. 46; Staudinger/*Spellenberg* (2005), § 328 Rn. 190; *Geimer*, IZPR, Rn. 1014 und 2792; *Rauscher*, IPRax 2004, 405. So auch iE *Martiny*, HdbIZVR, Band III/1, Kapitel 1, Rn. 477, der die Anerkennung aber versagt, weil nur die inländische Rechtsordnung darüber entscheiden kann, ob eine Klage vor ihren Gerichten erhoben werden kann. Zur Rechtslage im Anwendungsbereich der EuGVO vgl. EuGH Rs. 159/02, *Turner v. Grovit*, *Löhnig/Althammer*, ZZP Int. 2004, 23 (24).

[71] Die Funktion eines Zwischenurteils nach § 303 ZPO ist nicht erfüllt, weil es sich nicht um eine Entscheidung über Vorfragen handelt, die sich nicht auf den Streitgegenstand beziehen. Die Vorschrift des § 301 ZPO über ein Teilurteil kann nicht herangezogen werden, weil es sich bei der Frage der Schuldnerschaft nicht um einen abgrenzbaren Teil eines Anspruchs handelt.

[72] *Martiny*, HdbIZVR, Band III/1, Kapitel 1 Rn. 474.

III. Drittwirkung wegen Intervention

Als Folge einer *intervention* nach US-amerikanischem Recht wird der Dritte an das Urteil gebunden. Wie zum US-amerikanischen Recht dargestellt, ist die Urteilsbindung Folge der Verfahrensbeteiligung als selbständige Verfahrenspartei, die ihre Interessen wirksam im Prozess verteidigen kann. Die Bindungswirkung ergibt sich aus dem Institut der *issue preclusion*. Ebenso wie eine andere Verfahrenspartei kann sich der Dritte zu seinen Gunsten nur auf die Bindungswirkung in einem Folgeverfahren vor deutschen Gerichten berufen, wenn die *issue preclusion* als Entscheidungswirkung grundsätzlich anerkennungsfähig ist und ihre Wirkungen sich auch in Deutschland auf den Dritten erstrecken.

1. Issue preclusion

Die Anerkennung der Drittwirkung richtet sich unmittelbar nach § 328 ZPO. Da dieser Paragraph von „Anerkennung des Urteils" spricht, beschränkt er sich nach seinem Wortlaut nicht auf die Wirkung der Rechtskraft. Dagegen ließe sich zwar einwenden, dass sich aus der systematischen Einordnung der Anerkennungsvorschrift nach den Regelungen der Rechtskraft ergebe, dass auch § 328 ZPO nur die Anerkennung der Rechtskraft regeln will. Jedoch ist dieses Argument nicht tragfähig, da sich die systematische Stellung historisch erklären lässt. § 328 wurde erst mit der Novelle von 1898 in die ZPO eingeführt. Als Nachfolgeregelung der §§ 660 f. ZPO, die die Vollstreckung ausländischer Urteile regelten, hatte die Vorschrift vor allem die Rechtskraftwirkung im Auge. Jedoch wählt schon *Stein* in seiner 11. Auflage von 1913 die Formulierung, dass die ZPO die Anerkennung von Urteilswirkung*en* regelt, und nennt die Rechtskraftwirkung nur als Beispiel.[73]

Die Anerkennung erscheint problematisch, weil die Vorstellungen des US-amerikanischen Rechts zur Rechtskraft von denen des deutschen Rechts stark abweichen.[74] Zum einen vertritt es die materiellrechtliche Rechtskrafttheorie, nach der die Rechtskraft die Rechtslage umgestaltet,[75] zum anderen erstreckt sich die Rechtskraft auf alle subsumtionsrelevanten Tatsachen und alle aus der Subsumtion hervorgehenden Rechtsfolgen. Daraus ergeben sich zwei wesentliche Unterschiede zur deutschen Rechtskraftwirkung. Diese wird als prozessrechtliche Entscheidungswirkung verstanden und bezieht sich gemäß § 322 Abs. 1 ZPO grundsätzlich nur auf die rechtskräftig festgestellte Rechtsfolge.

---

[73] *Stein*, Die Zivilprozeßordnung für das deutsche Reich, 11. Auflage, 1. Band, § 328 I.
[74] Siehe die Darstellung zur *res judicata* in Kapitel 3 D. IV. 2. a).
[75] *Schack*, Rn. 926.

Diese Abweichungen können eine Anerkennung aber nicht hindern. Für Fragen der Anerkennung werden – wie oben gesehen – materiellrechtliche Rechtskraftwirkungen prozessrechtlich qualifiziert.[76] Nach der hier vertretenen Wirkungserstreckungslehre können auch über das deutsche Recht hinausgehende Urteilswirkungen anerkannt werden, wenn sie dem deutschen Recht ihrer Art nach vergleichbar sind.[77] Es kommt also nicht darauf an, dass eine ausländische Urteilswirkung mit einer deutschen vergleichbar ist, sondern dass sie der deutschen Rechtsordnung nicht völlig unbekannt oder wesensfremd ist. Dies wurde für eine Bindung an die tatsächlichen Feststellungen, wie sie aus der *issue preclusion* folgt, zuerst abgelehnt, weil diese weitgehende Bindung dem deutschen Recht unbekannt sei.[78] In der Literatur wird jedoch auch die Anerkennung der Bindung an entschiedene rechtliche Vorfragen und präjudizielle Rechtsverhältnisse diskutiert. Da diese Problemstellung mit der Bindung an tatsächliche Feststellungen im weitesten Sinne vergleichbar ist, können die Argumente herangezogen werden. Bindungen an entschiedene rechtliche Vorfragen oder präjudizielle Rechtsverhältnisse werden für anerkennungsfähig gehalten. Die Regelung der Feststellungsklage nach § 256 ZPO[79] und die Rechtskraftregelung in § 322 Abs. 2 ZPO für Prozessaufrechnungen[80] zeigen, dass diese Art der Bindung der deutschen Rechtsordnung nicht völlig wesensfremd ist. Für die Frage, ob auch Bindungen an tatsächliche Feststellungen anzuerkennen sind, lässt sich daraus zweierlei entnehmen. Erstens genügt es, wenn die Urteilswirkung der deutschen Rechtsordnung ihrer Art nach bekannt ist, so dass sich eine Bindung an rechtliche Vorfragen und präjudizielle Rechtsverhältnisse nicht direkt aus der Rechtskraftkonzeption des § 322 Abs. 1 ZPO ergeben muss. Zweitens zeigt sich, dass der Einwand nicht einschlägig ist, das deutsche Recht hätte kein Interesse an der Verfestigung von Fehlurteilen, die auf Folgeprozesse ausstrahlen.[81] Mag aus diesen Gründen die Rechtskraftwirkung nach dem deutschen Recht im Vergleich zwar sehr eng begrenzt sein, so handelt es sich dabei aber nicht um ein ausnahmsloses Prinzip, wie sich an der Zwischenfeststellungsklage und der Prozessaufrechnung zeigt. *Gottwald*[82] hat außerdem darauf hingewiesen, dass die Differenzierung zwischen Bindungen an tatsächliche Feststellungen und an rechtliche Vorfragen nicht praktikabel ist. Sie führe zu zufälligen Ergebnissen, je nach dem ob Tatsachenkomplexe als rechtliche Vorfragen oder tatsächliche Feststellungen aufgefasst werden. Liegen diese Problemstellungen jedoch so eng bei-

---

[76] Siehe in diesem Kapitel unter B. I. 1.
[77] *Martiny,* HdbIZVR, Band III/1, Kapitel 1 Rn. 381.
[78] Stein/Jonas/*Schumann,* 20. A., § 328 Anm. I 1 a; *Martiny,* HdbIZVR, Band III/1, Kapitel 1 Rn. 381.
[79] *G. Fischer,* in Festschrift für Henckel, S. 199 (208).
[80] *Gottwald,* ZZP 103 (1990), 257 (262).
[81] Stein/Jonas/*Roth,* § 328 Rn. 9.
[82] *Gottwald,* in Festschrift für Musielak, S. 183 (190).

einander, ist nicht zu begründen, warum die eine mit Hinweis auf § 322 ZPO anerkannt werden soll, die andere aber nicht. Ein weiterer Grund für die Anerkennung der Bindung an tatsächliche Feststellungen ist, dass dem deutschen Recht auch eine Bindung an tatsächliche Feststellungen bekannt ist. Dies wird von der Gegenansicht verneint,[83] ergibt sich jedoch aus §§ 72 und 68 ZPO. Danach kann der Intervenient und der Streitverkündungsempfänger im Folgeprozess nicht mehr einwenden, der Rechtsstreit sei unrichtig entschieden. Mögliche Bedenken, die gegen eine solche Anerkennung vorgebracht werden könnten, erscheinen auf den ersten Blick verständlich. Anders als der Nebenintervenient, der den Streitgegenstand eines Folgeprozesses erkennen kann und der nur im Verhältnis zur unterstützten Partei gebunden wird, ist im Rahmen der *issue preclusion* für die gebundene Partei kaum überschaubar, in welchen Prozessen die Tatsachenfeststellungen bedeutsam sind und wem gegenüber sie gebunden sein wird. Diese Problematik wird verstärkt, weil das US-amerikanische Recht eine weitgehende Drittbindung kennt.[84] Der Einwand ist aber aus zwei Gründen unberechtigt. Erstens ist die im Hintergrund stehende Frage, ob der Anspruch auf rechtliches Gehör verletzt ist, eine Frage des ordre public. Deshalb kann eine Anerkennung nicht grundsätzlich versagt werden; es muss vielmehr eine einzelfallbezogene ordre public-Prüfung erfolgen. Zweitens berücksichtigt dieser Einwand nicht die weiteren Voraussetzungen einer *issue preclusion* nach US-amerikanischem Recht. Diese tritt nämlich nur ein, wenn die Tatsache entscheidungserheblich für den Erstprozess war[85] und die Partei die Bedeutung für weitere Prozesse erkennen konnte.[86] Damit ist gewährleistet, dass die Partei sich sorgfältig gegen streitiges Vorbringen verteidigt. Sollte es dennoch zu Verletzungen des rechtlichen Gehörs kommen, können diese Fälle im Rahmen der ordre public-Prüfung berücksichtigt werden.

2. Issue preclusion *hinsichtlich des Dritten*

Die *issue preclusion* hinsichtlich des Dritten kann ebenso wie eine Entscheidungswirkung zwischen den ursprünglichen Hauptparteien nur anerkannt werden, wenn diese Wirkung dem deutschen Recht funktionell vergleichbar ist.

Ein Vergleich der *issue preclusion* mit der Interventionswirkung des deutschen Rechts zeigt, dass auch diesem die Bindungswirkung eines Intervenienten an das Urteil bekannt ist. Jedoch ordnen das US-amerikanische und das deutsche Recht die Urteilswirkungen systematisch unterschiedlich ein. Die *issue preclusion* im US-amerikanischen Prozessrecht ist eine Form der Rechtskraft.

---

[83] *Martiny*, HdbIZVR, Band III/1, Kapitel 1 Rn. 381 m.w.N.
[84] Zu der Frage der *non-mutual-preclusion* siehe Kapitel 3 D. VI.
[85] *Montana v. United States* 440 U.S. 147, 53 (1979).
[86] *Engelmann-Pilger*, S. 79 f. und die Darstellung in Kapitel 3 D. IV.

Nach deutscher Auffassung ist die Interventionswirkung keine Rechtskraftwirkung, weil sie in ihrem objektiven Umfang über diese hinausgeht. Denn sie erstreckt sich nicht nur auf die Entscheidung, sondern auch auf deren tatsächliche und rechtliche Grundlagen.[87] Das deutsche Recht ordnet die Interventionswirkung deshalb systematisch anders ein, weil es eine eingeschränktere Auffassung vom objektiven Umfang der Rechtskraft als das US-amerikanische Recht hat.

Issue preclusion und Interventionswirkung ist jedoch gemeinsam, dass sie eine endgültige Entscheidung voraussetzen[88] und dass beide Wirkungen die Beteiligten an die rechtlichen und tatsächlichen Feststellungen des Urteils binden. Die *issue preclusion* geht aber insoweit weiter, als in ihrem Fall die Bindungswirkung auch zu Lasten einer der Erstparteien eintritt, was nach deutschem Recht[89] nicht möglich ist. Im deutschen Recht wirkt die Intervention nur zu Gunsten der Hauptpartei und damit zu Lasten des Dritten.[90] Es kann deshalb festgehalten werden, dass die *issue preclusion* insoweit mit dem deutschen Recht vergleichbar ist, als die unterstützte Hauptpartei ihr Klagebegehren im Folgeprozess gegen den Dritten auf diese Urteilswirkung stützt. Denn eine solche Begünstigung wird auch im deutschen Recht mit der Intervention bezweckt. Der Dritte erhält die Möglichkeit, sich an dem fremden Verfahren zu beteiligen. Im Folgeverfahren soll ihm eine weitere Chance zur Verteidigung nicht gegeben werden.

Problematisch ist die Anerkennung jedoch, wenn sich der Intervenient im Folgeverfahren gegen die Klage der Hauptpartei mithilfe der Interventionswirkung verteidigt. In diesem Fall besteht die Interventionswirkung zu Lasten der Hauptpartei. Diese Frage ist im deutschen Recht äußerst umstritten.[91] Die Rechtsprechung lehnt eine Interventionswirkung zu Gunsten des Dritten einhellig ab, so dass die Interventionswirkung einer deutschen Entscheidung den Dritten nicht begünstigen kann.[92] Wie oben bereits dargestellt wurde, ist es für die Frage der Anerkennung aber nicht entscheidend, ob einer deutschen Entschei-

---

[87] Zur Einordnung der Interventionswirkung als Rechtskraft-, beschränkte Rechtskraft- oder selbständige Urteilswirkung, siehe Stein/Jonas/*Bork,* § 68 Rn. 1; Musielak/*Weth,* § 68 Rn. 3.

[88] Nach US-amerikanischem Prozessrecht muss die formelle Rechtskraft noch nicht eingetreten sein, so dass durchaus ein Rechtsmittel gegen die Entscheidung anhängig sein kann. Siehe *Engelmann-Pilger,* S. 31 f.

[89] MünchKommZPO-*Schultes,* § 68 Rn. 9.

[90] Zur Diskussion, ob die Interventionswirkung auch zu Lasten der unterstützten Hauptpartei wirken kann, siehe Stein/Jonas/*Bork,* § 68 Rn. 18; MünchKommZPO-*Schultes,* § 68 Rn. 9 ff. m.w.N.; Rosenberg/Schwab/*Gottwald,* § 50 Rn. 59.

[91] Stein/Jonas/*Bork,* § 68 Rn. 18; MünchKommZPO-*Schultes,* § 68 Rn. 9 ff. m.w.N.; Rosenberg/Schwab/*Gottwald,* § 50 Rn. 59.

[92] RGZ 153, 271 (274); BGH JZ 1987, 1033; JZ 1987, 1035; NJW 1997, 2385 (2386).

dung diese Wirkung zukommt, sondern ob sie dem deutschen Recht gänzlich unbekannt und wesensfremd ist.[93] Dies ist zu verneinen. Zum einen ist die einseitige Interventionswirkung zu Lasten des Intervenienten abgeschwächt, weil der Richter die Feststellung des Erstverfahrens nur insgesamt einschließlich der für die Hauptpartei ungünstigen Bewertungen übernehmen kann.[94] Im Einzelfall können auch ungünstige Feststellungen der Entscheidung im Folgeverfahren zugrunde gelegt werden. Zum anderen zeigen die Argumente, dass eine Interventionswirkung zu Gunsten des Dritten dem deutschen Recht nicht wesensfremd ist. Für eine eingeschränkte Wirkung sprächen der Wortlaut, die Absicht des historischen Gesetzgebers sowie der Zweck der Intervention, das Risiko eines doppelten Prozessverlustes zu verhindern.[95] Der Normzweck wird ebenfalls als Argument für eine erweiterte Wirkung auch zu Gunsten des Dritten angeführt. Abgestellt wird dabei aber auf das öffentliche Interesse, widersprüchliche Entscheidungen zu verhindern.[96] Große Teile der Literatur befürworten eine erweiterte Interventionswirkung. Die Argumente der Rechtsprechung deuten nicht darauf hin, dass eine Wirkung zu Gunsten des Dritten systemwidrig sei. Deshalb ist festzuhalten, dass eine Wirkung auch zu Gunsten des Intervenienten dem deutschen Recht nicht wesensfremd ist. Die Anerkennung der *issue preclusion* kann aus diesem Grund nicht versagt werden.

Issue preclusion und Interventionswirkung unterscheiden sich noch in einem anderen Punkt. Nach deutschem Recht kann der Intervenient im Folgeverfahren die Einrede mangelhafter Prozessführung nach § 68 ZPO erheben. Diese Verteidigungsmöglichkeit sieht das US-amerikanische Verfahrensrecht nicht vor. Jedoch kann auch diese Differenz eine Anerkennung nicht hindern. Im Rahmen der Anerkennung ist nämlich auch zu fragen, ob das ausländische Recht dasselbe Ergebnis auf einem anderen prozessualen Weg erreicht.[97] Die unterschiedlichen Verteidigungsmöglichkeiten im Folgeverfahren lassen sich mit der anderen verfahrensrechtlichen Stellung des Intervenienten im US-amerikanischen Verfahren erklären. Da sich nach US-amerikanischem Recht nur vollwertige Verfahrensparteien an dem Prozess beteiligen können, ist der freiwillig oder aufgrund eines *vouching in* beitretende Dritte eigenständige Verfahrenspartei. Er kann eigene Interessen im Prozess verfolgen, ist in seinem Vorbringen nicht an die Verhandlungsführung einer der Hauptparteien gebunden und kann deshalb Einwendungen oder Rechtsmittel auch gegen den Willen einer der Hauptpar-

---

[93] Siehe in diesem Kapitel unter A. II.
[94] RGZ 153, 271; BGH NJW-RR 1989, 767; MünchKommZPO-*Schultes*, § 68 Rn. 13; Rosenberg/Schwab/*Gottwald*, § 50 Rn. 59.
[95] RGZ 153, 271 (274); BGH JZ 1987, 1033; JZ 1987, 1035; NJW 1997, 2385 (2386); MünchKommZPO-*Schultes*, § 68 Rn. 10.
[96] Stein/Jonas/*Bork*, § 68 Rn. 12; Rosenberg/Schwab/*Gottwald*, § 50 Rn. 59; *Blomeyer*, § 113 II 4; *Lüke*, S. 336 ff.
[97] Siehe in diesem Kapitel unter A. II. 2.

teien einlegen. Im Ergebnis ist der Intervenient von der Verhandlungsführung der Hauptparteien unabhängig. Dies wird noch dadurch verstärkt, dass *issue preclusion* nur besteht, wenn der Dritte eine *full and fair opportunity to litigate* hatte. Anders ist die Situation des Intervenienten nach deutschem Recht, der nur als Streithelfer zur Unterstützung einer der Hauptparteien auftritt und sich nicht in Widerspruch zu dieser setzen darf. Die im Vergleich zur *issue preclusion* erweiterte Verteidigungsmöglichkeit im Folgeverfahren soll ihn davor schützen, an Feststellungen gebunden zu sein, gegen die er sich aufgrund seiner schlechteren Stellung im Erstverfahren nicht verteidigen konnte.

Zusammenfassend kann deshalb festgestellt werden, dass die *issue preclusion* nach dem verfolgten Zweck, den Voraussetzungen und dem subjektiven und objektiven Bindungsumfang mit der Interventionswirkung des deutschen Rechts vergleichbar ist. Damit ist die *issue preclusion* im Verhältnis zum intervenierenden Dritten eine anerkennungsfähige Urteilswirkung.

3. Anerkennungsvoraussetzungen

Die Anerkennung nach § 328 ZPO kann aber nur bejaht werden, wenn keine Anerkennungshindernisse gegeben sind. Problematisch sind dabei im Einzelnen die Anerkennungszuständigkeit, die Gegenseitigkeitsprüfung und der ordre public. Da die anzuerkennende *issue preclusion* hinsichtlich des Dritten eine Wirkung der Entscheidung zwischen den Hauptparteien ist, die sich auf den Intervenienten erstreckt, stellt sich zuerst die Frage, ob die Anerkennungshindernisse nur bezüglich des Dritten oder auch im Verhältnis der ursprünglichen Hauptparteien geprüft werden.

a) Anerkennung der Hauptentscheidung

Das US-amerikanische Recht unterscheidet nicht zwischen Interventionswirkung gegenüber dem Dritten und Rechtskraftwirkung zwischen den ursprünglichen Hauptparteien. Beide Entscheidungswirkungen sind Formen der *issue preclusion* des Urteils zwischen den ursprünglichen Hauptparteien. Im Gegensatz dazu unterscheidet das deutsche Recht zwischen Rechtskraft- und Interventionswirkung. Jedoch setzt die Interventionswirkung eines deutschen Urteils ebenfalls eine wirksame, rechtskräftige Entscheidung voraus, weil sie eine Urteilswirkung ist. Eine US-amerikanische Entscheidung, die nicht anerkennungsfähig ist, wird deshalb nach deutscher Vorstellung als „Nichtentscheidung" behandelt und kann im Inland überhaupt keine Wirkungen, also auch keine Drittwirkung entfalten. Aus diesem Grund kann die Drittwirkung nur anerkannt werden, wenn die Entscheidung zwischen den Hauptparteien anerkennungsfähig ist.

Dieses Ergebnis unterscheidet sich von der Anerkennung eines Interventionsklageurteils, die unabhängig von der Entscheidung zwischen den Hauptparteien erfolgt. Die *issue preclusion* des Interventionsklageurteils ist eine Entscheidungswirkung gegenüber dem Dritten, so dass es auf die Entscheidungswirkungen zwischen den ursprünglichen Hauptparteien nicht ankommt. Diese Argumentation lässt sich aber auf die Erstreckung der *issue preclusion* auf den Intervenienten nicht übertragen. Der Unterschied besteht darin, dass das Interventionsklageurteil eine eigenständige Entscheidung ist, die in einem einheitlichen Ausspruch mit der Entscheidung über die Hauptsache ergeht. Die Interventionswirkung ist dagegen eine Form der *issue preclusion,* die aus der Entscheidung in der Hauptsache folgt.

Eine andere Auffassung vertritt *Geimer,*[98] der die Prüfung der Anerkennungsvoraussetzungen hinsichtlich der Entscheidung zwischen den ursprünglichen Parteien nur auf die Anerkennungszuständigkeit und den ordre public beschränken will. Aufgrund dieses eingeschränkten Prüfungsmaßstabs wäre eine Drittwirkung unabhängig davon anzuerkennen, ob die Anerkennung der Rechtskraftwirkung zwischen den ursprünglichen Hauptparteien wegen fehlender Gegenseitigkeit, entgegenstehender Rechtskraft oder Rechtshängigkeit zu versagen ist. *Geimer* begründet seine Ansicht nicht. Für die Vereinfachung der Anerkennungsprüfung spricht, dass sich die Prüfung des § 328 Abs. 1 Nr. 2 ZPO, der das rechtliche Gehör bei Verfahrenseröffnung regelt, folgenlos bleibt. Im Falle des *vouching in* kann nur der Beklagte den Streit verkünden, womit er sich auf das Verfahren einlässt. Sollte der Beklagte im Falle einer *intervention* überhaupt nicht verhandeln, kommt es mangels ausreichender Interessenvertretung des Intervenienten nicht zu einer Drittwirkung.[99] Die unterschiedlichen Prüfungsmaßstäbe wirken sich deshalb praktisch nicht aus. Da nach *Geimer* aber auch die entgegenstehende Rechtshängigkeit und Rechtskraft sowie die Gegenseitigkeit nicht geprüft werden sollen und er eine Prüfung dieser Kriterien an anderer Stelle zum Beispiel im Hinblick auf den Dritten nicht in Betracht zieht,[100] ist diese Meinung dennoch abzulehnen. Auf das Erfordernis der Gegenseitigkeit könnte vielleicht noch verzichtet werden, weil es ausschließlich staatliche Interessen verfolgt und deshalb rechtspolitisch umstritten ist.[101] Dennoch würde eine solche Auslegung gegen den Wortlaut des § 328 ZPO verstoßen, der die Anerkennung der ausländischen Rechtskraft von der Gegenseitigkeit abhängig macht.[102] Die entgegenstehende Rechtshängigkeit und Rechtskraft dienen aber

---

[98] *Geimer,* IZPR, Rn. 2820; Zöller/*Geimer,* § 328 Rn. 59.

[99] Findet eine Verhandlung nicht statt, weil der Beklagte sich nicht einlässt, sind die Interessen des Dritten nicht ordnungsgemäß vertreten, so dass das Urteil keine Drittwirkung entfaltet. Siehe Kapitel 3 D. IV. 2.

[100] Jedenfalls lassen sich keine Anhaltspunkte aus seinen Äußerungen entnehmen. Vgl. *Geimer,* IZPR, Rn. 2820; Geimer/Schütze/*Geimer,* Urteilsanerkennung, Bd. I/2, § 227 f.; Zöller-*Geimer,* § 328 Rn. 59.

[101] MünchKommZPO-*Gottwald,* § 328 Rn. 113; Nagel/*Gottwald,* IZPR, § 11 Rn. 185; Stein/Jonas/*Roth,* § 328 Rn. 116.

[102] Zur Wortlautgrenze bei der Auslegung von Rechtsnormen siehe *Larenz,* S. 324.

der Rechtssicherheit und dem Rechtsfrieden, weshalb sie im Partei- und Gerichtsinteresse[103] liegt. Die Anerkennung einer ausländischen Rechtskraftwirkung, die keine Rücksicht darauf nimmt, ob der Streitgegenstand im Inland anhängig ist oder schon rechtskräftig entschieden wurde, läuft diesen Partei- und Gerichtsinteressen zuwider und ist deshalb abzulehnen.

b) Anerkennungsvoraussetzungen im Hinblick auf den Dritten

Nachdem geklärt wurde, dass alle Anerkennungsvoraussetzungen bezüglich der Entscheidung zwischen den ursprünglichen Parteien erfüllt sein müssen, also dass die Rechtskraftwirkung gegenüber den Hauptparteien nach § 328 ZPO anerkannt werden muss, stellt sich nun die Frage, ob die Anerkennungsvoraussetzungen auch im Hinblick auf den Intervenienten gegeben sein müssen. Im Falle einer tatsächlichen Intervention sind keine Gründe erkennbar, weshalb die Erstreckung der *issue preclusion* auf den Intervenienten nicht anerkannt werden soll. Das Interesse des Klägers, eine Ausweitung des Prozessstoffes und damit eine Erhöhung des Prozessrisikos gegen seinen Willen nicht hinnehmen zu müssen, ist nicht schützenswert, weil er vor einem Gericht klagt, dessen Verfahrensordnung eine Intervention großzügig zulässt.[104] Auch die Interessen des Dritten stehen nicht entgegen, weil er dem Verfahren freiwillig beitritt. Dieses Problem stellt sich jedoch nochmals bei der Anerkennung der *issue preclusion* wegen *vouching in*.

IV. Drittwirkung wegen *vouching in*

Schwieriger ist die Frage zu beantworten, ob eine Drittwirkung der US-amerikanischen Entscheidung anzuerkennen ist, wenn im Fall der Streitverkündung der Dritte dem Verfahren nicht beitritt. Zu klären ist dabei, ob die Anerkennungshindernisse bezüglich des Dritten geprüft werden müssen.

1. Meinungsstand

Die Auffassungen zu diesem Streitpunkt gehen weit auseinander und sind schwer überschaubar. Die Diskussion entzündet sich dabei vor allem an der Frage der Anerkennungszuständigkeit und des rechtlichen Gehörs. Anders formuliert: Kann die Streitverkündungswirkung anerkannt werden, wenn gegenüber dem Dritten keine internationale Anerkennungszuständigkeit besteht oder er nicht ordnungsgemäß von dem Verfahren in Kenntnis gesetzt wurde? Die Ant-

---

[103] Zu den Partei- und Gerichtsinteressen bei der Anerkennung siehe Kapitel 5 A. I.
[104] Zu den unterschiedlichen Interventionsgründen nach US-amerikanischem und deutschem Recht siehe *W. Lüke*, S. 37 ff. und 88 ff.

wort ergibt sich je nachdem, ob die Anerkennungsvoraussetzungen des § 328 ZPO auch gegenüber dem Dritten vorliegen müssen. Dies wird von *Geimer* verneint, der die Prüfung der Anerkennungsvoraussetzungen auf die internationale Zuständigkeit und den ordre public beschränkt.[105] Es soll ausreichen, wenn die Zuständigkeit im Verhältnis zum Beklagten gegeben ist. Daraus ergibt sich, dass er keine spezielle Prüfung in Hinblick auf den Dritten fordert. Eine Ausnahme soll es aber für den Anspruch auf rechtliches Gehör des Dritten geben, dessen Verletzung der Dritte im Rahmen des ordre public geltend machen kann.[106] *Geimer* fordert, den Prüfungsumfang auf die internationale Zuständigkeit und den ordre public zu beschränken, weil die Anerkennungsvoraussetzungen primär auf die Rechtskraft- und Gestaltungswirkung ausgerichtet seien.[107] Abweichend von *Geimer* wird überwiegend verlangt, der für die Streitverkündung typischen Dreierkonstellation auch auf der Ebene der Anerkennung gerecht zu werden.[108] Deshalb soll die Prüfung, ob die Entscheidung zwischen den ursprünglichen Parteien anerkennungsfähig ist, durch drittbezogene Punkte ersetzt werden. Jedoch endet an diesem Punkt schon die Gemeinsamkeit. Während *Wilhelmi* verlangt, dass der ausländische Gerichtsstand auch gegenüber dem Dritten gegeben sein muss,[109] stimmt *Milleker* mit *Geimer* darin überein, dass auch gegenüber dem Dritten keine Anerkennungszuständigkeit des ausländischen Gerichts nach § 328 Abs. 1 Nr. 1 ZPO erforderlich ist.[110] Eine Begründung dieser Auffassung liefert *Schack,* der darauf hinweist, dass der Erstprozess auf die Zuständigkeitsinteressen des Streitverkündungsempfängers keine Rücksicht nimmt, so dass eine Anerkennungszuständigkeit nicht zu fordern ist.[111] *Koch* weist zustimmend daraufhin, dass der Dritte in dem Folgeprozess noch die – wenn auch eingeschränkte – Möglichkeit hat, sich zu verteidigen, weshalb seine Zuständigkeitsinteressen nicht den Ausschlag geben.[112] Im Grundsatz stimmt auch *Mansel* damit überein, dass bezüglich des Dritten keine Anerkennungszuständigkeit nach den §§ 12 ff. ZPO gegeben sein muss. Da er aber § 72 ZPO als Zuständigkeitsnorm für Streitverkündungen auffasst, ist seiner Meinung nach eine Streitver-

---

[105] Geimer/Schütze/*Geimer,* Urteilsanerkennung, Band 1/2, § 228.
[106] Geimer/Schütze/*Geimer,* Urteilsanerkennung, Band 1/1, § 133 VIII 2, § 140 II 4.
[107] *Geimer,* IZPR, Rn. 2820.
[108] *Wilhelmi,* Niemeyers Zeitschrift f. Intern. Recht 1933–34, 105 (137); *Martiny,* HbIZVR, Band III/1, Kapitel 1 Rn. 397 und 400; MünchKommZPO-*Gottwald,* § 328 Rn. 162; *Schack,* IZVR, Rn. 923.
[109] *Wilhelmi,* Niemeyers Zeitschrift f. Intern. Recht 1933–34, 105 (135).
[110] *Milleker,* ZZP 80 (1967), 288 (308); so auch MünchKommZPO-*Gottwald,* § 328 Rn. 162.
[111] *Schack,* Rn. 923. Im Ergebnis so auch MünchKommZPO-*Gottwald,* § 328 Rn. 162. Die Begründung *Millekers,* ZZP 80 (1967), 288 (302), eine Anerkennungszuständigkeit zu fordern, sei überflüssig, weil sich der Dritte auf das Verfahren eingelassen habe, kann sich nur auf eine Interventionswirkung wegen erfolgten Beitritts beziehen.
[112] *Koch,* ZVglRWiss 85 (1986), 11 (57 f.).

kündungswirkung nur dann anzuerkennen, wenn ein Streitverkündungsgrund nach den deutschen Vorschriften gegeben ist,[113] der spiegelbildlich im Rahmen der Ziffer 1 zu prüfen ist.

Übereinstimmung besteht aber an dem Punkt, dass der Anspruch auf rechtliches Gehör des Dritten zu wahren ist. *Milleker* möchte dies erreichen, indem er § 328 Abs. 1 Nr. 2 ZPO auf den Dritten anwendet, so dass ihm die Streitverkündungsschrift ordnungsgemäß zugestellt werden muss. Er begründet seine Auffassung damit, dass die Ziffer 2 Schutznormcharakter besitzt und die Streitverkündung einer Klage ähnelt.[114] Mit dem ähnlichen Argument, Beklagter und Streitverkündungsempfänger seien in ihrer Schutzbedürftigkeit vergleichbar, stimmt *Martiny* dieser Auffassung zu.[115] Während *Schack* zwar dem Anspruch auf rechtliches Gehör zentrale Bedeutung beimisst, ihn aber nicht konkret im Gesetz verankert,[116] schlägt *Geimer* vor, im Rahmen des allgemeinen ordre public gemäß der Ziffer 4 zu prüfen, ob das rechtliche Gehör des Dritten gewahrt wurde.[117]

Zu der Frage, ob das Gegenseitigkeitserfordernis auch hinsichtlich der Interventionswirkung gegeben sein muss, äußern sich die wenigsten.[118] Am ausführlichsten bezieht *Martiny* Stellung, der dieses zusätzliche Erfordernis verlangt, ohne dass erkennbar ist, ob es bezüglich der Rechtskraft des Urteils oder der Interventionswirkung bestehen soll. Er begründet seine Auffassung mit der engen Verwandtschaft zwischen Interventionswirkung und Rechtskraftwirkung und mit der Notwendigkeit, die Urteilswirkungen zwischen den ursprünglichen Parteien und gegenüber dem Dritten gleich zu behandeln.[119] Anders äußert sich *Koch,* der zwar auch die Stellung der Parteien mit der des Dritten vergleicht, aber zu einem anderen Ergebnis gelangt. Da die Interventionswirkung nur in einem weiteren Prozess zur Geltung kommen kann und gerade nicht wie ein Urteil in die Vollstreckungswirkung mündet, sei die Gegenseitigkeit nicht erforderlich.[120]

Als Zwischenergebnis kann festgehalten werden, dass die Diskussion vor allem das Problem lösen will, wie die Zuständigkeitsinteressen und der Anspruch auf rechtliches Gehör des Dritten bei einer grenzüberschreitenden Streitverkün-

---

[113] *Mansel,* in Heldrich (Hrsg.), Herausforderungen des internationalen Zivilverfahrensrechts, S. 63 (76).
[114] *Milleker,* ZZP 80 (1967), 288 (305); so auch *Wilhelmi,* Niemeyers Zeitschrift f. Intern. Recht 1933–34, 105 (137).
[115] *Martiny,* HbIZVR, Band III/1, Kapitel 1 Rn. 401.
[116] *Schack,* Rn. 923.
[117] Geimer/Schütze/*Geimer,* Urteilsanerkennung, Band 1/1, § 133 VIII 2, § 140 II 4.
[118] *Wilhelmi,* Niemeyers Zeitschrift für Intern. Recht 1933–34, 105 (137); *Martiny,* HbIZVR, Band 1, Kapitel 1 Rn. 397 und 400; *Koch,* ZVglRWiss 85 (1986), 11 (57 f.).
[119] *Martiny,* HbIZVR, Band III/1, Kapitel 1 Rn. 397 und 400.
[120] *Koch,* ZVglRWiss 85 (1986), 11 (57 f.).

dung gewahrt werden können. Als Lösung wird eine Prüfung der Anerkennungsvoraussetzungen bezüglich des Dritten vorgeschlagen, die der Situation einer grenzüberschreitenden Streitverkündung angepasst wird.

2. Analoge Anwendung des § 328 ZPO

Methodisch handelt es sich bei den oben dargestellten Lösungsvorschlägen um die analoge Anwendung der Anerkennungsvoraussetzungen.[121] Diese Lösung kann nur zufriedenstellend sein, wenn eine Analogie überhaupt zulässig ist. Demnach muss § 328 ZPO analogiefähig sein, was voraussetzt, dass die Vorschrift planwidrig unvollständig ist und die Klage mit der Streitverkündung in den für die rechtliche Bewertung gemäß § 328 ZPO maßgeblichen Hinsichten übereinstimmt.[122]

a) Regelungslücke

§ 328 ZPO ist auf eine Verfahrenssituation ausgerichtet, in der sich Kläger und Beklagter gegenüberstehen. Dies zeigt sich an Nummer 2, die ausdrücklich den Beklagten, aber keine andere denkbare Verfahrensrolle erwähnt. Gleichzeitig regelt sie im Rahmen des verfahrensrechtlichen ordre public die Zustellung des verfahrenseinleitenden Schriftstücks. Auch die geregelten Anerkennungsvoraussetzungen lassen darauf schließen, dass § 328 ZPO die Anerkennung der Rechtskraft- und Gestaltungswirkung im Blick hat. Die Anerkennungszuständigkeit soll vordergründig die Zuständigkeitsinteressen des Staates und desjenigen schützen, über dessen Verpflichtung oder Anspruch rechtskräftig und endgültig entschieden wurde. Das Erfordernis der Gegenseitigkeit dient vor allem dazu, die Gleichheit der Rechtsordnungen zu gewährleisten. Diese Interessen sind in einer Verfahrenssituation besonders schützenswert, in der das ausländische Urteil in eine Vollstreckung oder in die Umgestaltung einer Rechtslage mündet, wie sie nur die Rechtskraft- oder Gestaltungswirkung hervorrufen kann. In diesem Fall gibt es für die Verfahrensbeteiligten keine Möglichkeit mehr, im Inland erneut Einwendungen vorzubringen. Der Wortlaut des § 328 ZPO schließt damit die Person des Dritten nicht mit ein. Der Gesetzgeber hat seine Zuständigkeitsinteressen und seinen Anspruch auf rechtliches Gehör nicht berücksichtigt.

---

[121] Eine Ausnahme davon stellt der weiter unten zu diskutierende Ansatz *Geimers* dar, der die Voraussetzungen nur bezüglich der ursprünglichen Parteien prüft und besondere Interessen des Dritten im Rahmen der ordre public Prüfung berücksichtigt.

[122] Allgemein zur Analogie vgl. *Larenz,* S. 381.

B. Anerkennung nach dem deutschen autonomen Recht

b) Planwidrigkeit der Regelungslücke

Die historische Auslegung ergibt jedoch, dass es sich dabei nicht um eine planwidrige Regelungslücke handelt. Wie bereits oben zur Anerkennung der Wirkungen einer *intervention* herausgearbeitet wurde,[123] regelt § 328 ZPO von Anfang an nicht nur die Anerkennung der Rechtskraftwirkung, sondern auch der Interventionswirkung. Damit steht die Vorschrift im Gegensatz zu ihrer Vorgängerregelung (§§ 660 ff. ZPO), die nur die Vollstreckung ausländischer Urteile behandelte.[124] Das Reichsgericht vertrat zwar 1903 ausdrücklich die Auffassung, dass die Interventionswirkung von § 328 ZPO nicht erfasst wäre, es lieferte aber keine Begründung dafür.[125] Diese Rechtsauffassung des Reichsgerichts widerspricht dem damaligen systematischen Verständnis von Rechtskraft und Interventionswirkung, nach dem die Interventionswirkung keine eigenständige Urteilswirkung, sondern Bestandteil der Rechtskraftwirkung ist.[126] Die Rechtskraft selbst wurde in die formelle und die materielle Rechtskraft unterteilt, wobei letztere dem materiellen Recht zugeordnet und nur in Ausnahmefällen in der ZPO geregelt wurde.[127] Eine solche Ausnahme war die Interventions- und Streitverkündungswirkung nach § 66 ZPO.[128] Nach diesem Verständnis ist auch § 328 ZPO eine besondere Regelung der Rechtskraftwirkung eines ausländischen Urteils, weil damit in der ZPO geregelt ist, wann die materiellrechtlichen Wirkungen eines ausländischen Urteils anzuerkennen sind. Vor Einführung dieser Norm richteten sich die Wirkungen ausländischer Urteile nach im Einzelfall anzuwendendem materiellem Recht, das mithilfe von Kollisionsnormen ermittelt wurde.[129] Die §§ 660, 661 ZPO regelten als besondere prozessuale Ausgestaltung der materiellrechtlichen Rechtskraft nur die Anerkennung im Rahmen der Vollstreckbarkeit ausländischer Urteile.[130]

Dieses Verständnis der Rechtskraft als materiellrechtliche Wirkung erklärt auch, warum § 328 ZPO ursprünglich in den Regelungskomplex der Kollisionsnormen aufgenommen und nicht als verfahrensrechtliche Vorschrift ausgestaltet werden sollte. Der erste Entwurf eines Bürgerlichen Gesetzbuches für das Deutsche Reich enthielt in dem Kapitel über die räumliche Herrschaft der Rechts-

---

[123] Kapitel 5 B. III. 1.
[124] *Stein*, Zivilprozeßordnung, 11. Auflage, § 328 I.
[125] RG vom 3. Juli 1903 RGZ 55, 236 (240).
[126] RG vom 30.3.1906 Seufferts Archiv 61 Nr. 208; *Stein*, Die Zivilprozeßordnung für das deutsche Reich, 11. Auflage, § 68 I: beschränkte Rechtskraft, *Mendelssohn Bartholdy*, Rechtskraft S. 396: unbeschränkte Rechtskraft; a. A. *Rosenberg* Lehrbuch des deutschen Zivilprozessrechts, 2. Auflage, § 45 IV 1 e γ.
[127] *Wilmowsky*, Zivilprozeßordnung, § 293, 1.
[128] Siehe *Wilmowsky*, Zivilprozeßordnung, § 293, 1, der § 65 a.F. als Ausnahme dieses Grundsatzes benennt.
[129] *Gaupp,* Civilprozeßordnung, § 661 VIII 2.
[130] *Gaupp,* Civilprozeßordnung, § 660 Fn. 8.

normen in § 25 eine Regelung der Anerkennung von Urteilswirkungen.[131] Diese Regelung wurde schon während der Beratungen zum zweiten Entwurf eines Bürgerlichen Gesetzbuches aus dem Entwurf gestrichen, um sie geändert in die ZPO einzufügen.[132]

Absatz 1 des § 25 des ersten Entwurfs enthielt folgenden Wortlaut:

„Die Wirkungen eines Urtheils werden nach den Gesetzen des Staates beurtheilt, welchem das Prozessgericht angehört. Wirkungen gegen Dritte sind jedoch insoweit ausgeschlossen, als sie mit dem Urtheile eines deutschen Gerichtes nicht verbunden sein würden."

An dieser Norm lässt sich dreierlei feststellen. Erstens erwähnt der Entwurf Urteilswirkungen im Plural und bezieht sich deshalb gerade nicht nur allein auf die Rechtskraftwirkung. Zweitens nennt er die Beteiligung eines Dritten ausdrücklich und schließt den besonderen Fall von der Anerkennung aus, dass ein ausländisches Urteil einen Dritten umfassender als eine inländische Entscheidung bindet. Im Umkehrschluss daraus ergibt sich, dass § 25 alle Drittwirkungen anerkennen will, wenn sie im Umfang mit den inländischen vergleichbar sind.

Im zweiten Absatz werden die Anerkennungsvoraussetzungen aufgezählt, nach denen

„die Anerkennung des Urtheils eines ausländischen Gerichtes [...] ausgeschlossen [ist], wenn 1. das Urtheil nach dem für das ausländische Gericht geltenden Gesetze die Rechtskraft noch nicht erlangt hat; 2. wenn die Gerichte des Staates, welchem das ausländische Gericht angehört, nach den Deutschen Gesetzen nicht zuständig sind; 3. wenn der unterlegene Beklagte ein Deutscher ist und sich auf den Prozess nicht eingelassen hat, sofern die den Prozess einleitende Ladung oder Verfügung ihm weder in dem Staate des Prozessgerichts in Person noch durch die Gewährung Deutscher Rechtshülfe zugestellt ist; 4. wenn die Anerkennung des Urtheiles gegen die guten Sitten oder die öffentliche Ordnung verstoßen würde; 5. wenn Erlassung des Urtheiles zum Nachtheile einer Deutschen Partei von einer den Vorschriften des § 8, des § 10 Abs. 1 bis 3 und der §§ 13, 14 sowie des § 16, soweit der letztere auf die Vorschriften der §§ 10, 13 Bezug nimmt, abgewiesen ist; 6. wenn die Gegenseitigkeit nicht verbürgt ist."

Da Absatz 2 keine besonderen Regelungen bezüglich des Dritten enthält, ergibt sich im Zusammenhang mit der Erwähnung der Drittwirkung in Absatz 1, dass die Anerkennung der Drittwirkung nicht davon abhängt, ob Zuständigkeitsinteressen des Dritten oder sein Anspruch auf rechtliches Gehör vom ausländischen Recht gewahrt wurden.

---

[131] *von Reatz*, Die zweite Lesung des Entwurfs eines Bürgerlichen Gesetzbuches für das Deutsche Reich unter Gegenüberstellung der ersten Lesung, Band 2, Heft 1, S. 487.

[132] Prot. 409 I, *Spahn* (Bearb.), Protokolle der Kommission für die zweite Lesung des Entwurfs des Bürgerlichen Gesetzbuchs, Band VI, S. 89.

B. Anerkennung nach dem deutschen autonomen Recht

Aufgrund der Beratungen der Kommission wurde die im Entwurf vorgesehene Einschränkung der Anerkennung einer Drittwirkung in Absatz 1 gestrichen. Zur Begründung wurde angeführt, dass der Entwurf nicht berücksichtigt, ob auf die Drittwirkung deutsches oder ausländisches Recht anzuwenden ist.[133] Die von der Kommission geforderte Unterscheidung ergibt sich aus dem oben dargestellten, damaligen Verständnis der Drittwirkung als Bestandteil der materiellrechtlich einzuordnenden Rechtskraft. Diese richtete sich nach dem Recht, das auf das Rechtsverhältnis gemäß der Kollisionsnormen anzuwenden war. Für den Fall, dass deutsches Recht auf die Drittwirkung anwendbar ist, erübrigt sich die Begrenzung des § 25 schon logisch. Sollte ausländisches Recht auf die Drittwirkung anzuwenden sein, so ist nach Auffassung der Kommission nicht ersichtlich, weshalb die Drittwirkung abgelehnt werden soll, nur weil das Urteil nach deutschem Recht möglicherweise nur zwischen den Parteien wirkt.[134] Die Begründung der Kommission zeigt, dass die Anerkennung der Drittwirkung nicht grundsätzlich infrage gestellt wurde. Sie hielt die vorgeschlagene Regelung nur für ungeeignet, die Anerkennung einer ausländischen Drittwirkung zu klären, die einen weiteren Umfang als eine inländische hat.[135] Keinen Anstoß nahm die Kommission daran, dass die Anerkennungsvoraussetzungen nicht die Zuständigkeitsinteressen und den Anspruch auf rechtliches Gehör des Dritten berücksichtigen.

Aus den Gesetzgebungsmaterialien ergibt sich, dass § 328 ZPO die Verfahrensinteressen des Dritten nicht berücksichtigt. Jedoch schweigt das Gesetz absichtlich, weil nach damaligem Verständnis die Anerkennung der Interventionswirkung als Bestandteil der Rechtskraftwirkung selbstverständlich von der Vorschrift umfasst war. Legt man der Vorschrift das systematische Verständnis ihrer Entstehungszeit zugrunde, so umfasst sie auch die Anerkennung der Interventionswirkung. Da nach damaligem Interesse die Drittinteressen systematisch richtig im Rahmen der ordre public-Prüfung zu berücksichtigen waren, werden die Drittinteressen nicht mehr im Rahmen der einzelnen Anerkennungsvoraussetzungen erwogen. Aus diesen Gründen besteht keine planwidrige Regelungslücke. Dieses Ergebnis wird auch nicht durch die weitere Geschichte der Vorschrift infrage gestellt. Die Rechtsprechung musste sich wiederholt mit der Anerkennung französischer Interventionsklageurteile befassen. Auch in der Literatur wurde die Problematik mehrmals erläutert. Es kann deshalb davon ausgegangen werden, dass dem Gesetzgeber das Problem bekannt war. Dennoch wurde § 328 ZPO diesbezüglich nicht geändert.

---

[133] Prot. 409 I, *Spahn* (Bearb.), Protokolle der Kommission für die zweite Lesung des Entwurfs des Bürgerlichen Gesetzbuchs, Band VI, S. 87.
[134] Prot. 409 I, *Spahn* (Bearb.), Protokolle der Kommission für die zweite Lesung des Entwurfs des Bürgerlichen Gesetzbuchs, Band VI, S. 87.
[135] Zur Anerkennung einer über den Umfang des deutschen Rechts hinausgehenden Drittwirkung siehe in diesem Kapitel unter B. V.

c) Vergleichbare Interessenlage

Obwohl eine analoge Anwendung des § 328 ZPO auf die Anerkennung einer Streitverkündungswirkung schon mangels planwidriger Regelungslücke unzulässig ist, soll im Weiteren diskutiert werden, ob diese Analogie auch wegen fehlender Vergleichbarkeit ausscheidet. Eine analoge Anwendung setzt nicht nur eine planwidrige Regelungslücke voraus,[136] sie verlangt außerdem, dass der geregelte Tatbestand (grenzüberschreitende Klage) mit dem zu regelnden Tatbestand (grenzüberschreitende Streitverkündung) weder gleich noch absolut ungleich ist. Erforderlich ist, dass die Tatbestände in den für die rechtliche Bewertung maßgebenden Hinsichten übereinstimmen.[137] Maßgeblich dafür sind der gesetzliche Grundgedanke und der verfolgte Gesetzeszweck.

(1) § 328 Abs. 1 Nr. 1 ZPO

§ 328 Abs. 1 Nr. 1 ZPO drückt einerseits den Grundsatz der Gleichheit staatlicher Gerichte aus und gewährleistet, dass die internationale Anerkennungszuständigkeit genauso weit wie die Entscheidungszuständigkeit geht.[138] Andererseits dient sie dem Beklagtenschutz, weil eine Anerkennung nur dann möglich ist, wenn das Prozessgericht auf international akzeptierte Grundsätze der internationalen Zuständigkeit Rücksicht nimmt.[139] Die Vorschrift enthält damit ein Grundkriterium für ein faires Verfahren, indem sie dem Beklagten nicht zumutet, sich vor einem Gericht zu verteidigen, das keine ausreichende Nähe zum Streitgegenstand aufweist.[140] § 328 ZPO kann nach überwiegender Meinung nicht analog auf den Dritten angewendet werden, weil die §§ 72 ff. ZPO einen Gerichtsstand gegenüber dem Streitverkündungsempfänger gerade nicht voraussetzen und deshalb seine Zuständigkeitsinteressen nicht berücksichtigen.[141]

Ein darüber hinausgehender Schutz der Zuständigkeitsinteressen des Dritten gegenüber Streitverkündungen aus dem Ausland kann nicht begründet werden. Eine andere Auffassung vertritt *Mansel*.[142] Er versteht die analoge Anwendung der Nummer 1 als spiegelbildliche Prüfung des § 72 ZPO, so dass eine US-amerikanische Streitverkündung nur anerkannt werden kann, wenn ein Streitverkündungsgrund nach den deutschen Vorschriften vorliegt.[143] Mit dem Wortlaut

---

[136] *Larenz*, S. 354 ff.
[137] *Larenz*, S. 366.
[138] Stein/Jonas/*Roth*, § 328 Rn. 73.
[139] Stein/Jonas/*Roth*, § 328 Rn. 73. Kritisch zu diesem Normzweck vgl. *Geimer*, in Festschrift für Nakamura, S. 169 (173).
[140] MünchKommZPO-*Gottwald*, § 328 ZPO Rn. 63.
[141] MünchKommZPO-*Gottwald* § 328 Rn. 162; *Schack*, Rn. 923; *Koch*, ZVglRWiss 85 (1986), 11 (57 f.).
[142] Wieczorek/*Mansel*, § 68 Rn. 35.

des § 328 ZPO sei die spiegelbildliche Prüfung des Streitverkündungsgrundes vereinbar, weil § 72 ZPO eine Zuständigkeitsnorm für Streitverkündungen sei.[144] Die hinreichende Nähe zum Gerichtsstand, die durch die Anerkennungszuständigkeit gewährleistet werden soll, wird im Rahmen der Streitverkündung mithilfe des Streitverkündungsgrundes sichergestellt.[145]

Diese Ansicht ist abzulehnen, weil das Erfordernis eines Streitverkündungsgrundes keine Zuständigkeitsnorm kraft Sachzusammenhangs darstellt. Zuständigkeitsnormen regeln die Kompetenz eines Gerichts, über einen Rechtsstreit zu urteilen, so dass der Gerichtsstand eine Zulässigkeitsvoraussetzung für ein Sachurteil ist. Eine Zuständigkeit kraft Sachzusammenhangs ist darüber hinaus eine Vorschrift, die den zu entscheidenden Streit an das Prozessgericht erster Instanz verweist[146] und nur in den einzelnen gesetzlich vorgesehenen Fällen gegeben ist.[147] Da das deutsche Kompetenzsystem auf die geltend gemachte Anspruchsgrundlage abstellt, wird darüber hinaus eine Globalzuständigkeit für alle sachlich zusammenhängenden Fragen abgelehnt.[148] *Schröder*, auf dessen Abhandlung *Mansel* als Begründung verweist, bejaht im Gegensatz dazu eine Zuständigkeit kraft Sachzusammenhangs zwischen dem im Erstverfahren anhängigen Rechtsstreit und der Streitverkündung, die in dem Erfordernis des Streitverkündungsgrundes ihren Ausdruck findet.[149] Seine Auffassung beruht u. a. darauf, dass dem Prozessgericht der dem Streitverkündungsgrund zugrunde liegende Anspruch zur Entscheidung vorliegt.[150] Damit übergeht er jedoch einen wesentlichen Unterschied zwischen Klageerhebung und Streitverkündung. Während eine Klageerhebung den geltend gemachten Anspruch zur gerichtlichen Entscheidung stellt und in ein den Rechtsstreit abschließendes Sachurteil mündet, ermöglicht die Streitverkündung die Beteiligung des Dritten am Verfahren und führt zur Streitverkündungswirkung. Der dem Streitverkündungsgrund zugrunde liegende Anspruch wird aber nicht zur Entscheidung des Prozessgerichts des Erstprozesses gestellt, so dass die Streitverkündung nicht in ein Sachurteil über den Rechtsstreit zwischen Streitverkünder und Streitverkündungsempfänger mündet. Da demnach dieser Rechtsstreit von dem Gericht des Erstprozesses nicht entschieden wird, bedarf es auch nicht seiner besonderen Zuständigkeit kraft Sachzusammenhangs.

---

[143] Vgl. auch im Ergebnis Burgstaller/Neumayr/*Burgstaller*, IZVR, Band 1, Kapitel 31, Art. 33 Rn. 4.
[144] *Mansel*, in Heldrich (Hrsg.), Herausforderungen des internationalen Zivilverfahrensrechts, S. 63 (76).
[145] Wieczorek/*Mansel*, § 68 Rn. 35.
[146] Stein/Jonas/*Schumann*, 21. Auflage, § 1 Rn. 9.
[147] Stein/Jonas/*Schumann*, 21. Auflage, vor § 12 Rn. 24.
[148] Stein/Jonas/*Schumann*, 21. Auflage, § 1 Rn. 10.
[149] *Schröder*, S. 582.
[150] *Schröder*, S. 574 und 582.

144　Kap. 5: Anerkennung der Drittwirkung

Eine analoge Anwendung der Vorschrift über die Anerkennungszuständigkeit (§ 328 Abs. 1 Nr. 1 ZPO) kommt aber auch nicht insoweit infrage, dass anstelle einer spiegelbildlich zu prüfenden Anerkennungszuständigkeit ein Streitverkündungsgrund nach deutschen Vorschriften gegeben sein muss. Wie oben dargestellt, kann das Erfordernis der Anerkennungszuständigkeit nur analog auf den Streitverkündungsgrund angewendet werden, wenn die Vorschriften sich bezüglich ihres Normzwecks und ihres Grundgedankens ähneln. Die Anerkennungszuständigkeit verfolgt den Beklagtenschutz, während die Streitverkündung ein prozessualer Behelf ist, der in erster Linie den Interessen des Streitverkünders dient.[151] Sie soll verhindern, dass der Streitverkünder mehrere Prozesse führen muss und dabei Gefahr läuft, alle zu verlieren, obwohl er einen gewinnen müsste.[152] Die Zuständigkeitsinteressen des Dritten spielen im Rahmen der Streitverkündung keine Rolle. Der Bundesgerichtshof ist vielmehr ausdrücklich der Meinung, dass die Interessen des Dritten, für den der Gerichtsstand des Erstprozesses weder vorhersehbar noch beeinflussbar ist, ausreichend durch die Einrede schlechter Prozessführung und die Beschränkung des § 67 ZPO gewahrt sind.[153] In ständiger Rechtsprechung legt der Bundesgerichtshof darüber hinaus das Erfordernis des Streitverkündungsgrundes zu Lasten des Dritten weit aus, weil die Streitverkündung vor allem die Interessen des Verkünders berücksichtigt.[154] Dies zeigt sich auch daran, dass die Streitverkündung nicht zu Lasten des Streitverkünders wirken kann.[155] Streitverkündungsgrund und Anerkennungszuständigkeit schützen deshalb unterschiedliche Personengruppen. Während der Streitverkündungsgrund im Interesse desjenigen besteht, der die Prozesshandlung durchführt, also den Streit verkündet, schützt die Anerkennungszuständigkeit denjenigen, gegen den die Prozesshandlung gerichtet ist, also den Beklagten. Damit verfolgen die Normen einen gänzlich anderen Zweck.

Als Ergebnis kann zusammengefasst werden, dass gegenüber dem Dritten keine Anerkennungszuständigkeit gegeben sein muss. Eine gegenteilige Auffassung kann sich nicht auf § 72 ZPO stützen, weil diese Vorschrift keine Zuständigkeitsnorm ist. Eine analoge Anwendung des § 328 ZPO insoweit, als dass der Streitverkündungsgrund spiegelbildlich nach den deutschen Vorschriften gegeben sein muss, ist ausgeschlossen, da mit der Anerkennungszuständigkeit und dem Streitverkündungsgrund unterschiedliche Zwecke verfolgt werden.

---

[151] BGHZ 100, 257 (262).
[152] BGHZ 116, 95 (100).
[153] BGHZ 100, 257 (262/263); BGHZ 116, 95 (100).
[154] BGHZ 100, 257 (262); BGHZ 116, 95 (100); BGH NJW 1953, 420 (421); NJW 1976, 39; OLG München NJW 1986, 263 (264) mit Anm. *Vollkommer,* NJW 1986, 264; OLG Köln NJW-RR 1991, 1535.
[155] BGHZ 100, 257 (262).

(2) § 328 Abs. 1 Nr. 2 ZPO

Die Nummer 2 stellt einen systematisch verselbständigten Fall des ordre public dar, indem sie das rechtliche Gehör des Beklagten im Stadium der Verfahrenseröffnung wahrt. Durch das Erfordernis einer ordnungsgemäßen und rechtzeitigen Zustellung des verfahrenseinleitenden Schriftstücks soll es dem Beklagten ermöglicht werden, sich gegen den geltend gemachten Anspruch zu verteidigen. In diesem Zusammenhang decken sich die Interessen eines Beklagten mit denen des Streitverkündungsempfängers. Auch dieser möchte nicht von der Streitverkündungswirkung getroffen werden, ohne dass er von dem Verfahren Kenntnis hatte und so Einfluss auf dessen Gang nehmen konnte. Zwischen Streitverkündung und Klage besteht aber der grundlegende Unterschied, dass erstere nicht verfahrenseinleitend wirkt. Denn die Ansprüche gegen den Dritten sind nicht Gegenstand des Verfahrens. Dies ändert aber nichts daran, dass sich die Interessen des Beklagten und des Streitverkündungsempfängers an der Wahrung ihres Anspruchs auf rechtliches Gehör ähneln.

Deshalb wird eine analoge Anwendung teilweise bejaht. Eine Zustellung des Schriftsatzes, mit dem zur Verteidigungsübernahme aufgefordert wird, wird jedoch nicht verlangt.[156] Das Gesetz spricht zwar von „Zustellung", weil es von der Anerkennung der Rechtskraft- und Gestaltungswirkung ausgeht und nach deutschem Verfahrensrecht auch die Streitverkündung zugestellt wird. Es soll jedoch genügen, dass die Verfahrensvorschriften des Prozessgerichts eingehalten werden.

Eine analoge Anwendung der Nummer 2 in Bezug auf den Streitverkündungsempfänger ist aber auch überflüssig. Sollte die Streitverkündungswirkung im Ergebnis den Anspruch auf rechtliches Gehör des Streitverkündungsempfängers verletzen, kann die Wirkungsanerkennung nach Nummer 4 versagt werden.[157] Dieses Vorgehen, welches das rechtliche Gehör des Dritten nicht einschränkt, ist aus systematischen Gründen vorzuziehen. Nummer 2 soll nur Verstöße gegen den ordre public im Stadium der Verfahrenseröffnung umfassen.[158] Da diese Verstöße gleichzeitig den allgemeinen verfahrensrechtlichen ordre public verletzen, ist die Nummer 2 ein verselbständigter Fall des verfahrensrechtlichen ordre public,[159] der wie der materiellrechtliche in der Nummer 4 geregelt ist.[160] Alle Verletzungen, die nicht im Zusammenhang mit der Verfahrenseröff-

---

[156] OLG Koblenz IPRax 1988, 97 (98); *Schack,* Rn. 846 und 923; *Mansel,* in Heldrich (Hrsg.), Herausforderungen des internationalen Zivilverfahrensrechts, S. 63 (80); Zöller/*Geimer,* § 328 Rn. 134; *Götze,* S. 149 f.; *Koch,* ZVglRWiss 85 (1986), 11 (57); *Milleker,* ZZP 80 (1967), 288 (305).
[157] *Geimer,* IZPR, Rn. 2939 und 2947.
[158] *Pirrung,* D I 2 b; Stein/Jonas/*Roth,* § 328 Rn. 86.
[159] Stein/Jonas/*Roth,* § 328 Rn. 86; *Kühne,* S. 174.
[160] Stein/Jonas/*Roth,* § 328 Rn. 105.

nung stehen, fallen deshalb unter diese Regelung. Die formell fehlerhafte Streitverkündung stellt eine Verletzung des Anspruchs auf rechtliches Gehör des Dritten dar. Es handelt sich dabei um einen Verfahrensfehler während des Verlaufs und nicht bei der Eröffnung des Verfahrens. Aus diesem Grund wird die Anerkennung der Streitverkündungswirkung gemäß Nummer 4 versagt.[161]

(3) § 328 Abs. 1 Nr. 3 ZPO

Ein weiteres Hindernis für die Anerkennung von Urteilswirkungen ist es nach Nummer 3, wenn das anzuerkennende Urteil mit einer früher erlassenen Entscheidung unvereinbar ist. Damit sollen Urteilskollisionen verhindert werden.[162] *Götze* arbeitet heraus, dass eine Urteilskollision, die sich speziell auf die Drittwirkung bezieht, nur in einem besonderen Fall denkbar ist.[163] (1) Es sind drei Staaten beteiligt: Der Anerkennungs- und der Urteilsstaat sowie ein dritter Staat, vor dessen Gerichten ein Verfahren durchgeführt wurde, an dem sich auch ein Dritter beteiligte. (2) Sowohl die lex fori des zuerst geführten drittstaatlichen Prozesses, als auch die lex fori des Staates, dessen Urteil anhand von § 328 ZPO geprüft wird, sehen eine Streitverkündungswirkung vor. In beiden Prozessen sind streitverkündender Beklagter und Streitverkündungsempfänger jeweils identisch. Jedoch kommt es im früheren drittstaatlichen Prozess zur Klageabweisung, während das Gericht im zweiten Prozess den geltend gemachten Anspruch zuerkennt.[164]

Die Anerkennung weist die Besonderheit auf, dass die Urteilsfeststellungen, an die der Dritte gebunden ist, mit den präjudiziellen Feststellungen einer anderen Entscheidung nicht vereinbar ist und deshalb nicht anerkannt werden kann. Da Urteile nicht nur bei identischem Streitgegenstand, sondern auch bei einer Kollision ihrer präjudiziellen Feststellungen unvereinbar sind, ist eine analoge Anwendung hinsichtlich des Dritten nicht erforderlich. Zwar ist dies nicht völlig zweifelsfrei, weil das Erfordernis der Unvereinbarkeit ein Sonderfall des ordre public darstellt und deshalb eng auszulegen ist.[165] Es besteht jedoch Einigkeit, dass Parteien keine Gelegenheit haben dürfen, verschiedene Urteile gegeneinander auszuspielen.[166] Für eine weite Auslegung der Nummer 3 spricht auch,

---

[161] Zöller/*Geimer*, § 328 Rn. 59 (ohne Begründung) und *Geimer*, IZPR, Rn. 2820, der wegen der Ausrichtung der Norm auf die Anerkennung der Rechtskraft- und Gestaltungswirkung grundsätzlich nur die Nummer 1 und 4 heranziehen möchte. *Taupitz*, ZZP 102 (1989), 288 (313), der trotz Verstoß gegen den ordre public nach Nummer 4 die Zustellung der Streitverkündung anhand von Nummer 2 prüft.
[162] Stein/Jonas/*Roth*, § 328 Rn. 94.
[163] *Götze*, S. 155 f.
[164] *Götze*, S. 156 f.
[165] Stein/Jonas/*Roth*, § 328 Rn. 96 f.
[166] *Schack*, Rn. 858.

dass im Rahmen des Art. 34 Nr. 3 EuGVO unvereinbare präjudizielle Entscheidungen genügen, um die Anerkennung zu versagen.[167]

Sollte die Nummer 3 entgegen der hier vertretenen Auffassung eng ausgelegt werden, ist eine Analogie im Übrigen unproblematisch, weil das Gerichts- und Parteiinteresse, Urteilskollisionen zu vermeiden, auch bezüglich Drittwirkungen gegeben ist. Eine vergleichbare Interessenlage liegt damit vor. Eine Ausnahme besteht aber in dem – wohl nur theoretisch – denkbaren Fall,[168] dass die drittwirkende ausländische Entscheidung mit einem inländischen Urteil kollidiert. Nach Nummer 3 genießt eine inländische Entscheidung entgegen dem sonst geltenden Prioritätsprinzip grundsätzlich Vorrang. Als eine nicht systemkonforme Ausnahme, die nur eng ausgelegt werden darf, ist sie nicht analogiefähig.[169]

(4) § 328 Abs. 1 Nr. 5 ZPO

Eine vergleichbare Interessenlage liegt auch im Falle der Nummer 5 nicht vor, so dass die Gegenseitigkeit nicht hinsichtlich der Drittwirkung gegeben sein muss. Das Gegenseitigkeitserfordernis bezieht sich nur auf die gegenseitige Anerkennung der Rechtskraftwirkung. Wie oben gezeigt wurde, stellt § 328 ZPO keine Voraussetzungen hinsichtlich des Dritten auf, weil die Voraussetzungen sich auf die Anerkennung der Rechtskraftwirkung beziehen. Eine analoge Anwendung scheidet aber ebenso aus, weil die Unterschiede zwischen Rechtskraft- und Streitverkündungswirkung von solcher Art sind, dass sie sich in den für das Gegenseitigkeitserfordernis maßgeblichen Hinsichten nicht ähneln.

Die Nummer 5 soll wie allgemein jede Anerkennungsregel einerseits den Parteien Schutz gewähren, andererseits aber den internationalen Rechtsverkehr nicht unnötig erschweren.[170] Im Besonderen beabsichtigte der Gesetzgeber mit dieser Norm, eine Mindestqualität ausländischer Entscheidungen zu garantieren und den Urteilsstaat zu einem geordneten Zivilrechtsverkehr anzuhalten.[171] Vor allem sollen die Vollstreckungsaussichten deutscher Urteile verbessert werden.[172] Rechtskraft- und Streitverkündungswirkung sind mit Einschränkungen vergleichbar, jedoch ergibt sich daraus nicht, dass sie in jedem Fall gleich zu

---

[167] MünchKommZPO-*Gottwald*, § 328 Rn. 93, unter Hinweis auf die Auslegung des Art. 27 Nr. 3 und 5 EuGVÜ; *Martiny*, HdbIZVR, Band III/2, Kapitel 1 Rn. 139 zu Art. 27 EuGVÜ.
[168] *Götze*, S. 155 f.
[169] MünchKommZPO-*Gottwald*, § 328 Rn. 95.
[170] *Martiny*, HdbIZVR, Band III/1, Kapitel 1 Rn. 195.
[171] Stein/Jonas/*Roth*, § 328 Rn. 116.
[172] Wieczorek/*Schütze*, § 328 Rn. 49.

behandeln sind.[173] Eine analoge Anwendung dient nicht dem Ziel, die Vollstreckungsaussichten deutscher Urteile zu verbessern, weil eine Streitverkündungswirkung nicht in die Vollstreckungswirkung mündet, sondern sich nur in einem Folgeprozess entfaltet. Darüber hinaus ist die Vorschrift auch ungeeignet, Qualitätsanforderungen an ausländische Entscheidungen durchzusetzen, weil die Anerkennung der deutschen Streitverkündung durch den Urteilsstaat nicht die Verfahrensstellung des Dritten vor einem Gericht des Urteilsstaates beeinflusst.[174]

Eine analoge Anwendung ist aber noch aus einem anderen Grund nicht möglich. Sinn der Analogie ist es, planwidrige Regelungslücken mithilfe der zugrunde liegenden Regelungsabsicht und Gesetzesteleologie zu füllen, um eine Rechtsverweigerung zu verhindern. Sie steht deshalb im Interesse des Rechtssuchenden. Die analoge Anwendung der Nummer 5 führt aber dazu, dass eine Vorschrift angewendet wird, die ausschließlich staatliche Interessen verfolgt und den Parteiinteressen zuwiderläuft. Der deutsche Streitverkünder im Ausland kann seinen Anspruch im Folgeprozess vor den einheimischen Gerichten nicht durchsetzen, weil der Staat des Erstprozesses deutsche Drittwirkungen nicht anerkennt, weshalb die Gegenseitigkeit nicht verbürgt ist. Dieses Ergebnis ist noch widersprüchlicher, wenn der Streitverkündungsempfänger kein Deutscher ist. Eine analoge Anwendung würde demnach die Rechtsverfolgung des Streitverkünders erschweren und nicht in seinem Interesse stehen.

d) Ergebnis

Die Anerkennungshindernisse des § 328 Abs. 1 Nr. 1 bis 3 ZPO werden grundsätzlich nicht hinsichtlich des Dritten geprüft. Zum einen fehlt es an einer planwidrigen Regelungslücke, zum anderen besteht zwischen dem Streitverkündungsempfänger und dem Beklagten keine vergleichbare Interessenlage. Das rechtliche Gehör des Dritten spielt aber im Rahmen des ordre public eine Rolle.

3. *Ordre public-Prüfung* – *§ 328 Abs. 1 Nr. 4 ZPO*

Eine weitere Voraussetzung für eine Anerkennung ist, dass diese nicht zu einem Ergebnis führt, das mit wesentlichen Grundsätzen des deutschen Rechts offensichtlich unvereinbar ist (§ 328 Abs. 1 Nr. 4 ZPO). Da es grundsätzlich verboten ist, das anzuerkennende Urteil seiner Sache nach inhaltlich zu überprüfen *(révision au fond),* kann der ordre public-Verstoß nicht bei jeder Rechtsver-

---

[173] A.A. *Martiny,* HdbIZVR, Band III/1, Kapitel 1 Rn. 398 und 400.
[174] Insoweit wird die Norm schon im Rahmen der Anerkennung einer Rechtskraftwirkung kritisiert. Näher dazu vgl. MünchKommZPO-*Gottwald,* § 328 Rn. 113; Nagel/*Gottwald,* IZPR, § 11 Rn. 185; Stein/Jonas/*Roth,* § 328 Rn. 116.

B. Anerkennung nach dem deutschen autonomen Recht

letzung, sondern nur in krassen Ausnahmefällen versagt werden.[175] Ausschlaggebend ist dabei, ob das Ergebnis zu den Grundgedanken der deutschen Regelung und den in ihnen enthaltenen Gerechtigkeitsvorstellungen in so starkem Widerspruch steht, dass es nach den inländischen Vorstellungen untragbar erscheint.[176] Dieser Widerspruch kann sich nicht nur aus dem Urteilsinhalt (materieller ordre public), sondern auch aus dem vorangegangenen Verfahren ergeben (verfahrensrechtlicher ordre public), da zu den Bestandteilen der wesentlichen Grundsätze des deutschen Rechts auch die grundgesetzlich abgesicherten prozessualen Positionen gehören.[177] Der ordre public wird aber auch durch die Menschenrechte der EMRK bestimmt. Diese sind als primäres Gemeinschaftsrecht Inhalt der auch europäisch geprägten deutschen Rechtsordnung.[178] Der ordre public umfasst deshalb u. a. den Anspruch auf rechtliches Gehör, der gemäß Art. 103 Abs. 1 GG Verfassungsrang genießt, und den Anspruch auf ein faires Verfahren, der aus Art. 2 Abs. 1 GG i.V.m. Art. 6 EMRK abgeleitet wird. Diese Vorschriften gewährleisten, dass der Verfahrensbeteiligte oder materiell Betroffene nicht nur bloßes Objekt des Verfahrens ist, sondern sich aktiv daran beteiligen kann.[179]

Diese grundgesetzlich abgesicherten Verfahrensrechte besitzt auch der Dritte.[180] Im Rahmen der Anerkennung einer Streitverkündungswirkung ist deshalb regelmäßig zu fragen, ob der Anspruch auf rechtliches Gehör des Dritten gewahrt wurde.[181] Da Unterschiede zwischen den Verfahrensordnungen hinzunehmen sind, ist der verfahrensrechtliche ordre public nicht schon deshalb verletzt, weil das ausländische Verfahrensrecht sich von dem inländischen unterscheidet.[182] Erforderlich ist vielmehr, dass das konkret durchgeführte Verfahren von den Grundprinzipien des deutschen Verfahrensrechts so abweicht, dass es rechtsstaatlichen Anforderungen nicht mehr genügt. Maßgeblich sind also nicht die deutschen Verfahrenssätze, sondern die dahinter stehenden grundlegenden

---

[175] Stein/Jonas/*Roth,* § 328 Rn. 100.
[176] BGHZ 138, 331 (334); 134, 79 (91); BGH NJW 2002, 969 (961).
[177] Siehe ausführlich zum ordre public Stein/Jonas/*Roth,* § 328 Rn. 105; *Spickhoff,* S. 83 ff., jedoch zu Art. 6 EGBGB.
[178] *Spickhoff,* in Leible/Ruffert (Hrsg.), Völkerrecht und IPR, S. 275 (292). Siehe zum Verhältnis ordre public und EMRK Stein/Jonas/*Brehm,* vor § 1 Rn. 283 und 296; Stein/Jonas/*Leipold,* vor § 128 Rn. 65; *Georganti,* S. 110, 113.
[179] BVerfG 1, 429; 6, 12; 7, 53 (56 f.); 7, 275 (279); 39, 156 (168); *Koch,* KritV 1989, 323 (338).
[180] Allgemein zum Problem des persönlichen Anwendungsbereichs des Art. 103 Abs. 1 GG im Zusammenhang mit der Verfahrensbeteiligung Dritter siehe *Schaefer,* S. 21 ff.
[181] Wie oben dargestellt, wird diese Frage im Rahmen des ordre public nach Nummer 4 und nicht nach Nummer 2 behandelt.
[182] BGHZ 141, 286 (297); 118, 312 (320 f.); MünchKommZPO-*Gottwald,* § 328 Rn. 110; Stein/Jonas/*Roth,* § 328 Rn. 105.

Verfahrensprinzipien.[183] Da nach Nummer 4 der ordre public-Verstoß aus dem Urteilsergebnis folgt, kann die Anerkennung einer Streitverkündungswirkung nur versagt werden, wenn der Verstoß für die Streitverkündung erheblich war.[184] Dies ist der Fall, wenn der verfahrensrechtliche ordre public hinsichtlich des Dritten verletzt wird oder gegen den materiellrechtlichen und verfahrensrechtlichen ordre public bezüglich des Beklagten verstoßen wird und dieser Verstoß sich in den Urteilsfeststellungen niederschlägt, an die der Dritte gebunden ist. Aus diesem Grund kann der Streitverkündungswirkung eines *vouching in* nicht deshalb die Anerkennung versagt werden, weil nach US-amerikanischem Recht dem Dritten die Streitverkündung nicht gerichtlich zugestellt werden muss, sondern eine Informationsschrift des Streitverkündenden genügt.[185] Hintergrund des Zustellungserfordernisses nach § 73 ZPO ist einerseits, dem Dritten Gelegenheit zu geben, von dem Inhalt des Schriftstücks Kenntnis zu erhalten und seine Rechtsverfolgung danach auszurichten.[186] Andererseits soll der urkundliche Nachweis über Ort und Zeitpunkt der Übergabe geführt werden,[187] da sich nach § 74 Abs. 3 und § 73 S. 3 ZPO der Beginn der Interventionswirkung nach dem Zeitpunkt der Zustellung richtet. Der nach Art. 103 Abs. 1 GG geschützte Anspruch auf rechtliches Gehör und der aus Art. 2 Abs. 1 GG i.V.m. Art. 6 EMRK abgeleitete Anspruch auf ein faires Verfahren verlangen eine Regelung, nach der es dem Dritten auf zumutbare Weise möglich ist, von dem Rechtsstreit Kenntnis zu erlangen und sich so am Verfahren ungehindert zu beteiligen.[188] Ob der Zeitpunkt der Zustellung urkundlich nachweisbar ist, ist jedoch für die Wahrung des Anspruchs auf rechtliches Gehör unerheblich. Nach US-amerikanischem Verfahrensrecht wird der Streitverkündungsempfänger durch die streitverkündende Partei von dem Verfahren formlos informiert.[189] Sollte er somit Kenntnis von dem Verfahren erlangt haben und in diesem intervenieren können, ist sein Anspruch auf rechtliches Gehör gewahrt.[190] Ein ordre public-Verstoß kommt deshalb nicht in Frage.

Anders verhält es sich aber, wenn der Dritte von dem Rechtsstreit überhaupt keine Kenntnis erlangt hat. Wegen des Rechtsstaatsprinzips dürfen keine drittwirkenden Entscheidungen getroffen werden, ohne dass der Dritte die Möglichkeit zur Äußerung hatte.[191] Kann der Betroffene nicht aktiv am Verfahren teil-

---

[183] BGHZ 141, 286 (297); 118, 312 (320 f.); MünchKommZPO-*Gottwald*, § 328 Rn. 110; Stein/Jonas/*Roth*, § 328 Rn. 105.
[184] So auch *Götze*, S. 158.
[185] Siehe Kapitel 3 D. IV.
[186] MünchKommZPO-*Häublein*, § 166 Rn. 5; Baumbach/*Hartmann*, § 73 Rn. 2, § 166 Rn. 2.
[187] MünchKommZPO-*Häublein*, § 166 Rn. 5; Baumbach/*Hartmann*, § 166 Rn. 2.
[188] Stein/Jonas/*Brehm*, vor § 1 Rn. 296.
[189] *Herrmann*, S. 169.
[190] *Koch*, in Habscheid (Hrsg.), Justizkonflikt, S. 123 (128).

nehmen, wird er zu dessen Objekt degradiert.[192] Der Wortlaut der Nummer 4, nach dem das Ergebnis der Anerkennung gegen den ordre public verstoßen muss, verschleiert, dass erhebliche Verstöße gegen die Rechtsstaatlichkeit oder die Fairness des Verfahrens bei der Anerkennung beanstandet werden können.[193] Im Gegensatz zu dem materiellen ordre public, der nur durch das Ergebnis verletzt werden kann, muss die Möglichkeit eines fehlerhaften Ergebnisses genügen, um einen Verstoß gegen den verfahrensrechtlichen ordre public zu bejahen.[194] Es ist daher ausreichend, dass das Verfahren einen anderen Ausgang gefunden haben könnte, wenn der Dritte informiert worden wäre. Deshalb verlangt *Geimer,* dass der Dritte konkret darlegt, was er bei Wahrung des rechtlichen Gehörs vorgetragen hätte und was das Gericht bei seiner Entscheidung in Betracht hätte ziehen müssen.[195]

Letztlich ist aber zu bedenken, dass die Wirkungsanerkennung nur auf Rüge des Dritten versagt werden kann. Sollte dieser die Streitverkündungswirkung gegen sich gelten lassen wollen, obwohl ein rechtsstaatliches Verfahren nicht durchgeführt wurde, besteht kein Spielraum, die Anerkennung zu versagen. Diese Situation ist vor allem bei US-amerikanischen Streitverkündungen denkbar, weil nach dem US-amerikanischen Verfahrensrecht die Streitverkündung auch zu Gunsten des Dritten wirken kann.[196]

V. Drittwirkung ohne Verfahrensbeteiligung

Wie im vorangegangenen Kapitel dargestellt wurde, birgt die Erstreckung der *issue preclusion* auf einen Dritten, der zur Verteidigungsübernahme aufgefordert wurde, anerkennungsrechtliche Schwierigkeiten. Noch problematischer ist jedoch die Erstreckung der *issue preclusion* auf einen Dritten, der sich weder am Verfahren beteiligt hat, noch über dieses informiert wurde. Das US-amerikanische Recht behandelt unter bestimmten Voraussetzungen einen Dritten so, als ob er sich am Verfahren beteiligt hätte. Es unterscheidet jedoch, ob sich eine der Verfahrensparteien auch auf den Dritten belastende Urteilswirkungen berufen kann *(mutual preclusion)* oder ob nur die Hauptparteien zu Gunsten des Dritten an die Entscheidung gebunden sind *(non-mutual preclusion).*

---

[191] BGHZ 118, 312 (321).
[192] BGHZ 118, 312 (321).
[193] *Gottwald,* ZZP 103 (1990), 257 (279).
[194] *Martiny,* HdbIZVR, Band III/1, Kapitel 1 Rn. 1026; *Gottwald,* ZZP 103 (1990), 257 (279); weiter Staudinger/*Spellenberg* (2005), § 328 Rn. 562, der Verstöße gegen das rechtliche Gehör unabhängig vom konkreten Prozessverlauf wertet und deshalb generell die Verletzung des ordre public bejahen möchte. Sonst werde der Betroffene zu einem Verfahrensobjekt degradiert.
[195] *Geimer,* IZPR, Rn. 2958.
[196] Siehe Kapitel 3 D. IV.

1. Urteilswirkungen zu Lasten und zu Gunsten des Dritten
(mutual preclusion)

Die Rechtskraftwirkung erstreckt sich nach US-amerikanischem Recht auf einen Dritten aus den folgenden Gründen: wegen Rechtsnachfolge des Dritten, Repräsentation, Obliegenheitsverletzung und Kontrolle fremder Prozessführung.[197] Ob diese Rechtskrafterstreckungen nach deutschem Recht anerkannt werden können, ist nach den oben dargestellten Grundsätzen zur Anerkennung der drittwirkenden *issue preclusion* davon abhängig, ob dieses Rechtsinstitut mit dem deutschen Recht vergleichbar ist und ob der ordre public nach § 328 Abs. 1 Nr. 4 ZPO gewahrt ist.

a) Vergleichbare Urteilswirkungen

(1) Rechtsnachfolge

Nach US-amerikanischem Recht erstreckt sich die Rechtskraft eines Urteils nach den Grenzen der *issue preclusion* und *claim preclusion* auch auf den Rechtsnachfolger von *real property* und *personal property*[198].[199] Tritt die Nachfolge nach Erlass des *final judgment* ein, erfolgt sie unbeschränkt.[200] Der gute Glaube des Erwerbers wird vom US-amerikanischen Recht nur bei einer Rechtsnachfolge *pendente lite* berücksichtigt, wenn der Prozessgegner des Veräußerers sowohl von der Veräußerung als auch von der Gutgläubigkeit des Erwerbers Kenntnis hatte.[201]

Im deutschen Recht regelt § 325 ZPO, unter welchen Voraussetzungen sich die subjektive Rechtskraft auf den Rechtsnachfolger erstreckt.[202] Findet die Rechtsnachfolge nach Eintritt der Rechtshängigkeit statt, wird der Dritte von der subjektiven Rechtskraftwirkung erfasst. Tritt die Rechtsnachfolge nach Abschluss eines Prozesses ein, ergibt sich die Rechtskraftbindung aus der materiellrechtlichen Rechtsnachfolge.[203] Im Vergleich zu der US-amerikanischen Re-

---

[197] Siehe auch die Darstellung in Kapitel 3 D. V.

[198] *Real property* umfasst Immobilien, deren Bestandteile und beschränkt dingliche Rechte. Unter *personal property* wird das Eigentum und die beschränkt dinglichen Rechte an Mobilien, eigentumsähnliche Rechte, Immaterialgüterrechte (Patente, Urheberrechte) und *contract obligations* verstanden. Siehe *R. Krause,* S. 64 f. mit Beispielen aus der US-amerikanischen Rechtsprechung.

[199] Restatement of the Law Judgments 2d Section § 43 und § 55 (2) (a).

[200] Restatement of the Law Judgments 2d Section § 43.

[201] Restatement of the Law Judgments 2d Section § 44. Zu den Schwierigkeiten eindeutige Aussagen über die Rechtsnachfolge *pendente lite* zu bestimmen, siehe *R. Krause,* S. 64.

[202] Ausführlich zur Rechtsnachfolge nach deutschem Recht siehe MünchKomm-ZPO-*Gottwald* § 325 Rn. 13 ff.; Stein/Jonas/*Leipold,* § 325 Rn. 19.

[203] MünchKommZPO-*Gottwald,* § 325 Rn. 13.

gelung ergeben sich zwei Unterschiede. Erstens führen die allgemeinen Regelungen der *issue preclusion* dazu, dass nach US-amerikanischem Recht auch subsumtionsrelevante Tatsachen an der Rechtskrafterstreckung teilnehmen.[204] Zweitens bleibt der Gutglaubensschutz des US-amerikanischen Rechts hinter dem des deutschen Rechts zurück. Gleichwohl wird der gute Glaube im deutschen Recht nicht geschützt, um den Anspruch auf rechtliches Gehör zu wahren, sondern um materielles und prozessuales Recht in Einklang zu bringen.[205] Strukturell ist die Erstreckung der subjektiven Rechtskraft auf den Rechtsnachfolger nach dem US-amerikanischen und dem deutschen Recht aber vergleichbar. Die Kumulationstheorie verlangt nicht, dass aus- und inländisches Rechtsinstitut in ihren Voraussetzungen und Folgen übereinstimmen. Sie setzt nur voraus, dass das ausländische Institut der deutschen Rechtsordnung nicht völlig unbekannt ist. Da auch das deutsche Recht eine Erstreckung der subjektiven Rechtskraft wegen Rechtsnachfolge vorsieht, kann festgehalten werden, dass eine Anerkennung somit grundsätzlich in Frage kommt.

(2) Repräsentation

Nach US-amerikanischem Recht erstreckt sich die Rechtskraft auch nach den Grundsätzen der Repräsentation auf den Dritten. Dieser Fallgruppe liegt der Gedanke zugrunde, dass die verfahrensrechtlichen Interessen des Dritten bereits durch eine der verfahrensbeteiligten Parteien vertreten wurden, so dass ihm keine formale Verfahrensbeteiligung mehr eingeräumt werden muss.[206] Werden Prozesse für Dritte von einer Partei kraft Amtes *(trustee)*, einem Nachlassverwalter *(administrator)*, Testamentsvollstrecker *(executor)*, Betreuer *(guardian)* oder einem Inkassozessionar geführt, muss der Dritte nach US-amerikanischem Recht die Rechtskraft für und gegen sich gelten lassen.[207] Voraussetzung ist aber, dass die Partei kraft Amtes den Prozess mit *due diligence and reasonable prudence* führt.[208] Auch dem deutschen Recht ist eine Prozessführung über ein fremdes Recht nicht unbekannt. In der älteren Literatur wurde diese Fallkonstellation sogar unter dem Begriff der Repräsentation diskutiert.[209] Hierher gehören

---

[204] *R. Krause*, S. 64.

[205] MünchKommZPO-*Gottwald*, § 325 Rn. 95; *Jauernig*, ZZP 101 (1988), 361, 376.

[206] *R. Krause*, S. 75.

[207] Restatement of the Law Judgments 2d Section § 41 vor (b). Dieser Grundsatz wurde erstmals in *Chicago, Rock Island & Pac. Ry. Co. v. Schendel*, 270 U.S. 611, 621 (1926) formuliert.

[208] Restatement of the Law Judgments 2d Section § 41 (1) (e).

[209] Stein/Jonas/*Schönke*, 17. Auflage, § 325 VI 1. Der Begriff wurde in der deutschen Literatur aber fallengelassen, weil er verschiedene rechtstechnische Gestaltungen erfasst, für die eine Rechtskrafterstreckung aus unterschiedlichsten Gründen angenommen wird (Stein/Jonas/*Leipold*, 325 Rn. 51).

u. a. die Fälle des Nachlass- und des Insolvenzverwalters,[210] aber auch der Inkassozession[211]. Denn der Zessionar treibt die Forderung wie bei einer gewillkürten Prozessstandschaft im Fremdinteresse bei, auch wenn er rechtlich im eigenen Namen handelt. Die Bindung des Dritten ist im Falle der Testamentsvollstreckung sogar gesetzlich in § 327 ZPO geregelt.

Das deutsche Recht kennt darüber hinaus die Bindung des rechtstragenden Dritten, wenn der Prozess von einer Partei kraft besonderer Prozessführungsbefugnis über fremdes Recht geführt wurde. Dahinter steht der Gedanke, dass die gegnerische Prozesspartei sich auf einen Prozess mit dem Prozessführungsbefugten Nichtrechtsträger einlassen muss, so dass ihm ein erneuter Prozess nicht zuzumuten ist.[212] Außerdem hat der Rechtsträger dem Rechtsfremden selbst Prozessführungsbefugnis eingeräumt. Jedoch ist der Verfahrensunbeteiligte nur unter der Voraussetzung an das Verfahrensergebnis gebunden, dass seine Interessen in dem Prozess gewahrt wurden. Handelt der Prozessführungsbefugte in eigenem Interesse, das neben dem des Rechtsträgers steht, scheidet eine Bindung aus.[213] Aus diesem Grund mutet das Gesetz dem Prozessgegner eine mehrfache Prozessführung zu. Beispielhaft dafür sind die Fälle der Prozessführung durch einen Teilhaber einer Bruchteilsgemeinschaft (§ 744 Abs. 2 BGB) oder eines in Zugewinngemeinschaft oder Gütergemeinschaft lebenden Ehegatten (§ 1368 BGB).

Da auch das deutsche Recht eine Rechtskrafterstreckung bei einer Prozessführung durch eine Partei kraft Amtes oder eines Prozessführungsbefugten auf den nicht beteiligten Interessenträger kennt, ist die Anerkennung der Rechtskrafterstreckung nach US-amerikanischem Recht wegen Prozessführung durch eine Partei kraft Amtes oder Vertreters grundsätzlich anzuerkennen.

(3) Virtual representation

Außer dem Grundsatz der *representation* kennt das US-amerikanische Recht die Drittwirkung eines Urteils aufgrund der *virtual representation*. Darunter werden Fälle subsumiert, bei denen sich der verfahrensunbeteiligte Dritte die Prozessführung einer Partei wegen des Gedankens der prozessualen Stellvertretung zurechnen lassen muss.[214] Da die Lehre von der *virtual representation* ei-

---

[210] MünchKommZPO-*Gottwald*, § 325 Rn. 24 und 48. Zum hier nicht relevanten Streit, ob es sich dabei um Parteien kraft Amtes oder Zwangsvertreter handelt siehe Stein/Jonas/*Leipold*, § 325 Rn. 55.
[211] MünchKommZPO-*Gottwald*, § 325 Rn. 56; Stein/Jonas/*Leipold*, § 325 Rn. 53.
[212] MünchKommZPO-*Gottwald*, § 325 Rn. 55; Stein/Jonas/*Leipold*, § 325 Rn. 63.
[213] MünchKommZPO-*Gottwald*, § 325 Rn. 47; Stein/Jonas/*Leipold*, § 325 Rn. 63.
[214] Siehe ergänzend dazu die Darstellung in Kapitel 3 D. V. 2. Siehe zu den Voraussetzungen die Rechtsprechungshinweise bei *R. Krause*, S. 80.

nen sehr weiten Anwendungsbereich hat und in den verschiedensten Fallkonstellationen von der Rechtsprechung weiter entwickelt wird, lässt sich nicht allgemein sagen, dass eine Drittbindung wegen *virtual representation* der deutschen Rechtsordnung bekannt oder wesensfremd ist. Vielmehr sind die einzelnen Fallgruppen daraufhin gesondert zu überprüfen.[215]

(a) *Virtual representation* durch Interessenvereinigungen

Interessenvereinigungen und Verbänden ist es nach dem US-amerikanischen Recht auf großzügige Weise möglich, für ihre Mitglieder vor Gericht aufzutreten, auch wenn es sich bei ihnen nur um einen formlosen Zusammenschluss zur Verfolgung bestimmter Zwecke handelt.[216] In den USA herrscht die rechtspolitische Auffassung, dass gruppengetragene Rechtsverfolgung verfahrensökonomisch sinnvoll ist und Zusammenschlüsse eine wirksame Rechtsverfolgung erst finanziell ermöglichen.[217] Aus diesen Gründen räumt rule 17b FRCP auch reinen Interessenvereinigungen Parteifähigkeit, Prozessführungs- und Klagebefugnis ein, die weder Rechtsträger, noch rechtsfähig sind. Diese Regelung wird durch rule 17a FRCP ergänzt, wonach jede Klage nur im Namen der *real party in interest* geführt werden darf. Laut der Rechtsprechung will diese Regel gewährleisten, dass der Beklagte sich tatsächlich nur einmal gegen die Klage verteidigen muss.[218] Nur bei endgültiger Streitentscheidung ist die weite Parteifähigkeit und Klagebefugnis für Interessenvereinigungen verfahrensökonomisch sinnvoll und dem Beklagten zuzumuten. Es ist also der Interessenvereinigung erlaubt, als *real party in interest* im Prozess aufzutreten, weil sie alle Interessen ihrer Mitglieder vertritt. Diese Interessenvertretung bildet dann die Grundlage für eine Rechtskrafterstreckung auf die Mitglieder,[219] die aber erst erfolgt, wenn tatsächlich eine *full and fair consideration of claim* im Prozess gewährleistet ist. Dies ist laut Rechtsprechung gegeben, wenn Anhaltspunkte vorliegen, dass die Mitglieder zumindest mittelbar Einfluss auf die Prozessführung ausübten oder sich freiwillig dem Prozessergebnis unterwarfen.[220] Darüber hinaus kann sich in Einzelfällen die Rechtskraft selbst dann erstrecken, wenn keine Anhaltspunkte vorliegen, dass die Mitglieder den Prozessverlauf beeinflussten oder sich dem Ergebnis freiwillig unterwarfen. Dies ist aber nur gefestigte Rechtsprechung für den Fall, dass eine Gewerkschaft für ihre Mitglieder den

---

[215] Die einzelnen Fallgruppen sind *R. Krause*, S. 80 ff. entnommen.
[216] *R. Krause*, S. 85.
[217] *Massachusetts Ass'n of Indep. In. Agents and Brokers, Inc. v. Coom'r od Ins.*, 367 N.E. 2d 796, 802 (1977).
[218] *Massachusetts Ass'n of Indep. In. Agents and Brokers, Inc. v. Coom'r od Ins.*, 367 N.E. 2d 796, 802 (1977).
[219] *R. Krause*, S. 87.
[220] Siehe die Rechtsprechungsnachweise in *R. Krause*, S. 88 f.

Prozess führt.[221] Abgesehen davon ist eine Rechtskrafterstreckung nur gerechtfertigt, wenn es Zweck der Vereinigung ist, die Mitgliederinteressen wahrzunehmen, und die Interessen des betroffenen Mitglieds ausreichend zur Geltung gekommen sind.[222]

Diese Form der Interessenvertretung im Prozess ist dem deutschen Recht nicht bekannt. Die Wirkungserstreckungstheorie setzt jedoch nur voraus, dass die Urteilswirkung dem deutschen Recht nicht wesensfremd ist. Dies ist aber hier nicht der Fall. Es ist auch nach deutschem Recht möglich, sich freiwillig dem Ergebnis eines fremden Prozesses zu unterwerfen. Es handelt sich dabei zwar nicht um Rechtskrafterstreckung, weil diese vertraglich nicht zu vereinbaren ist.[223] Gleichwohl kann vertraglich bestimmt werden, dass sich die Forderung inhaltlich nach dem rechtskräftig festgestellten Prozessergebnis richten soll.[224] Darüber hinaus ist es nach dem deutschen Verfahrensrecht möglich, dass ein Verein im eigenen Namen die Rechte seiner Mitglieder vor Gericht als gewillkürter Prozessstandschafter geltend machen kann.[225] Im Falle gewillkürter Prozessstandschaft wirkt das erstrittene Urteil Rechtskraft gegenüber den Rechtsträgern, weil die Prozessführung auf ihrem Willen beruht.[226] Auch in Fällen, in denen die Prozessführungsbefugnis allein nicht zu einer Rechtskraftwirkung führen kann (Klage eines Miteigentümers[227]), kommt es zur Rechtskrafterstreckung, wenn der Rechtsträger der Prozessführung zustimmt.[228] Die gewillkürte Prozessstandschaft setzt voraus, dass der Prozessstandschafter mit Ermächtigung des Rechtsträgers den Prozess führt. Ihre Erteilung richtet sich nach bürgerlich-rechtlichen Grundsätzen und ist auch stillschweigend möglich.[229] Trotz des Grundsatzes, dass eine Generalermächtigung für alle Rechtsstreitigkeiten einer bestimmten Art unwirksam ist,[230] soll der Beitritt in einen Verein mit satzungsmäßiger Ermächtigung ausreichend sein.[231] Eine weitere Voraussetzung ist, dass der Verein in eigenem schutzwürdigem Interesse handelt. Dies wird bejaht, wenn die Rechtsverfolgung zu den satzungsmäßigen Aufgaben des Verbandes gehört.[232] Darüber hinaus können die Beteiligten Mus-

---

[221] Siehe die Nachweise in *R. Krause,* S. 89.
[222] *R. Krause,* S. 89.
[223] MünchKommZPO-*Gottwald,* § 325 Rn. 90; *Wagner,* Prozessverträge, S. 720.
[224] Stein/Jonas/*Leipold,* § 325 Rn. 9.
[225] Allgemein zur gewillkürten Prozessstandschaft siehe MünchKommZPO-*Gottwald,* § 325 Rn. 55.
[226] BGHZ 78, 7; 123, 135 f.; MünchKommZPO-*Gottwald,* § 325 Rn. 55; Stein/Jonas/*Leipold,* § 325 Rn. 62.
[227] MünchKommZPO-*Gottwald,* § 325 Rn. 84.
[228] BGH NJW 1985, 2825; Stein/Jonas/*Leipold,* § 325 Rn. 63.
[229] BGHZ 94, 122; BGH NJW 2000, 739; BGH NJW 1989, 1933 m.w.N.; Zöller/*Vollkommer,* vor § 50 Rn. 45.
[230] LG Kassel NJW-RR 1991, 529; LG Berlin NJW-RR 1993, 1234.
[231] BGHZ 48, 12 (15 f.); einschränkend BGHZ 89, 3 f.

terprozessabreden treffen, nach denen für tatsächlich oder rechtlich gleich gelagerte Fälle das Ergebnis des Musterprozesses maßgeblich sein soll.[233] Da Verträge jedoch nicht zu Lasten Dritter geschlossen werden können, kann der Prozessgegner nicht zu seinen Lasten an das Ergebnis gebunden werden, ohne dass er an dem Abschluss der Musterprozessabrede beteiligt ist. Am ehesten ist die US-amerikanische Regelung mit der Prozessführung nach dem Unterlassungsklagegesetz vergleichbar. Nach § 3 dieses Gesetzes können qualifizierte Stellen und Verbände einen Prozess gegen verbraucherschutzgesetzwidrige Praktiken führen. Auf die Entscheidung können sich nach § 11 UklaG auch Personen berufen, die nicht Verbandsmitglieder sind. Da die Klageführer einen eigenen Anspruch gemäß § 2 UklaG geltend machen, handelt es sich dabei nicht um den Fall einer Prozessstandschaft.

Ähnlichkeiten zwischen dem deutschen und dem US-amerikanischen Recht bestehen auch in arbeitsgerichtlichen Verfahren. Nach der US-amerikanischen Rechtsprechung wirkt das von der Gewerkschaft erstrittene Urteil auch Rechtskraft gegenüber den Gewerkschaftsmitgliedern.[234] Ebenso hält das Bundesarbeitsgericht Arbeitnehmer unter Umständen an arbeitsgerichtliche Beschlüsse, an denen sie nicht unmittelbar beteiligt waren, „präjudiziell gebunden".[235] Das betrifft z. B. Entscheidungen zwischen zwei Unternehmen, ob sie einen gemeinsamen Betrieb bilden,[236] sowie einen Beschluss zwischen Betriebspartnern über den Inhalt einer Betriebsvereinbarung, auf die der Arbeitnehmer in einem späteren Verfahren seine Ansprüche stützen möchte.[237] Hinter dem Begriff „präjudizielle Bindung", wie ihn das Bundesarbeitsgericht verwendet, steht eine Rechtskrafterstreckung, die mit *Leipold* am besten mit dem Gedanken der Repräsentation der Arbeitnehmer durch den Betriebsrat erklärt werden kann.[238]

Festzuhalten ist demnach, dass das deutsche Recht keine Rechtskrafterstreckung aufgrund *virtual representation* durch eine Interessenvereinigung kennt. Jedoch kann das Urteil ebenfalls Rechtskraft wirken, wenn eine gewillkürte Prozessstandschaft gegeben ist. Abgesehen davon kann das Prozessergebnis aufgrund einer Vereinbarung den Inhalt einer Forderung bestimmen, wenn die beiden Prozessgegner bei dem Vertragsschluss mitwirkten. Nach US-amerikanischem Recht ist eine Rechtskrafterstreckung nur bei mittelbarer Einflussnahme oder freiwilliger Unterwerfung des Mitglieds möglich. Da die Ermächtigung des gewillkürten Prozessstandschafters auch stillschweigend abgegeben und eine

---

[232] BGH MDR 1956, 154; NJW 1983, 1559.
[233] MünchKommZPO-*Gottwald*, § 325 Rn. 93; Zöller/*Vollkommer*, § 325 Rn. 43 b.
[234] *Massachusetts Ass'n of Indep. In. Agents and Brokers, Inc. v. Coom'r od Ins.*, 367 N.E. 2d 796, 802 (1977).
[235] *Konzen*, in Festschrift für Zeuner, S. 400 ff.
[236] BAG AP § 18 BetrVG 1972 Nr. 8.
[237] BAGE 69, 367.
[238] Stein/Jonas/*Leipold*, § 325 Rn. 103.

vertragliche Vereinbarung auch konkludent getroffen werden kann, werden in vielen Fällen der *virtual representation* durch eine Interessenvereinigung die Voraussetzungen für eine gewillkürte Prozessstandschaft oder eine vertragliche Unterwerfung unter das Prozessergebnis nach deutschem Recht gegeben sein. Nur im arbeitsgerichtlichen Verfahren hat der Gedanke der Repräsentation auch in den Fällen Eingang gefunden, in denen die Voraussetzungen für eine gewillkürte Prozessstandschaft oder Vereinbarung nicht gegeben sind. Aus diesen Gründen kann die Drittwirkung eines US-amerikanischen Urteils wegen *virtual representation* durch eine Interessenvereinigung im Grundsatz anerkannt werden.

(b) *Virtual representation* aufgrund
    gesellschaftsrechtlicher Ausgestaltung

Nach US-amerikanischem Recht kann die Rechtskrafterstreckung auch mit dem Gedanken des Rechtsmissbrauchs gerechtfertigt werden. Obwohl der Dritte nicht Verfahrenspartei war und auch keine der Parteien unterstützte, wirkt das Urteil ihm gegenüber Rechtskraft, wenn die Berufung auf den inter partes-Grundsatz rechtsmissbräuchlich ist. Das wird z.B. dann bejaht, wenn der Kläger des ersten Verfahrens eine Gesellschaft ist und im zweiten Verfahren der Mehrheits- oder Alleingesellschafter dieser Gesellschaft dasselbe Recht verfolgt.[239] In diesen Fällen wird die gesellschaftsrechtliche Rechtsform mit dem Ziel missbraucht, die Rechtskraftwirkung zu vermeiden.

Auch im deutschen Recht lässt sich § 129 Abs. 1 HGB entnehmen, dass ein Gesellschafter einer OHG keine Einwendungen mehr erheben kann, die der Gesellschaft durch die Rechtskraft abgeschnitten sind.[240] Der Gesellschafter kann sich aber auch auf eine Entscheidung zu Gunsten der Gesellschaft berufen.[241] Umstritten ist jedoch, ob es sich dabei um eine Rechtskrafterstreckung oder um eine Präklusionsnorm handelt.[242] § 129 Abs. 1 HGB weicht von dem in § 425 Abs. 2 BGB aufgestellten Grundsatz ab, nach dem ein rechtskräftiges Urteil nur für und gegen den Gesamtschuldner wirkt, der an dem Verfahren beteiligt war.[243] Dennoch zeigt diese Ausnahme, dass es dem deutschen Recht nicht we-

---

[239] *Robinson v. National Cash Register Co.* 808 F. 2d 1119 (5th Cir. 1987); *Kreager v. General Elec. Co.* 808 F.2d 1119 (1987).

[240] RGZ 34, 365; 49, 343; 124, 46; BGHZ 64, 155 (156); 73, 217 (224 f.); 139, 214 (218).

[241] MünchKommZPO-*Gottwald*, § 325 Rn. 69; Baumbach/*Hopt*, § 128 Rn. 43.

[242] So Rosenberg/Schwab/*Gottwald*, § 155 Rn. 24; Staub/*Habersack*, Rn. 11; *K. Schmidt*, § 49 VI 1; *Blomeyer*, ZZP 75 (1962), 24; MünchKommHGB-*K. Schmidt* § 129 Rn. 13 m.w.N.

[243] Zwar handelt es sich bei der gemeinsamen Haftung von Gesellschaft und Gesellschafter nicht um eine echte Gesamtschuld, jedoch ist § 425 grundsätzlich auf dieses Verhältnis anzuwenden, Baumbach/*Hopt*, § 128 HGB Rn. 19.

sensfremd ist, dass ein verfahrensunbeteiligter Dritter infolge rechtlicher Abhängigkeit, die aus seiner akzessorischen Haftung folgt, an die Entscheidung gebunden ist. Für dieses Ergebnis ist es irrelevant, ob das deutsche Recht die Urteilsbindung des akzessorisch Haftenden in Form einer Rechtskrafterstreckung oder einer Präklusionsnorm erreicht. Denn der Gesellschafter ist in beiden Fällen im Ergebnis daran gehindert, die Klage zu erheben. Außerdem wirkt nach US-amerikanischem Recht die Rechtskraft nach den Grundsätzen der *issue preclusion* wie eine Präklusionsnorm. Daher kann in diesen Fällen die Drittwirkung des US-amerikanischen Urteils im Grundsatz anerkannt werden.

(4) Freiwillige Unterwerfung am Beispiel der Bürgenhaftung

Die Haftung des Bürgen als Beispiel für akzessorische Ansprüche ist im US-amerikanischen Recht nicht eine Frage der Anerkennung einer Drittwirkung im engeren Sinne. Das Urteil gegen den Hauptschuldner wird auf den Bürgen nicht deshalb erstreckt, weil die Ansprüche voneinander materiellrechtlich abhängig sind. Vielmehr bestimmt der Inhalt des Bürgschaftsvertrags den Umfang der *issue preclusion* eines Urteils gegen den Hauptschuldner.[244] Den Bürgen trifft die *issue preclusion*, wenn er sich verpflichtet hat, die Forderung gegen den Schuldner in dem Umfang und in der Weise zu begleichen, wie sie das Gericht festsetzt (sog. *injunction* oder *judgment's bound*).[245] In den Fällen, in denen sich der Bürge nicht vertraglich dem Prozessergebnis unterwirft, wird er von der *issue preclusion* erfasst, wenn er von dem Verfahren Kenntnis und eine Gelegenheit zur Verteidigung *(opportunity to defend)* hatte.[246] Dies wird in der Regel mithilfe des oben dargestellten *vouching in* erreicht. In den anderen Fällen wirkt das Urteil nicht Rechtskraft gegen den Bürgen.[247] Es kann jedoch als widerlegliche Vermutung für die Haftung des Bürgen im Verfahren verwendet werden.[248]

Diese Rechtslage ist mit derjenigen des deutschen Rechts vergleichbar. Auch in der deutschen Rechtsordnung genügt eine materiellrechtliche Abhängigkeit der Ansprüche nicht, damit das Urteil grundsätzlich Rechtskraft gegenüber dem Dritten wirkt.[249] Wie im US-amerikanischen Recht kann der Bürge im Wege

---

[244] 74 Am.Jur.2d Suretyship § 152 (1974).
[245] 74 Am.Jur.2d Suretyship § 153 (1974).
[246] Siehe die Rechtsprechungshinweise in *R. Krause*, S. 240 Fn. 25.
[247] Ein Ausnahmefall ist die Entscheidung *Massachusetts Bonding & Ins. Co. v. Central Finance Corp.*, 237 P.2d, 1079 (1951), in der die Rechtskraft auf den Bürgen erstreckt wurde, weil die Bürgschaft die Funktion eines gläubigerschützenden Mindestkapitals übernahm.
[248] *Engineering Co. v. R.W. Roberts Constr. Co.*, 457 So. 2d, 1080, 1082 (1981).
[249] Ausführlich dazu MünchKommZPO-*Gottwald*, § 325 Rn. 68; Stein/Jonas/*Leipold*, § 325 Rn. 84 ff.; a.A. *Bettermann*, S. 88. Der Streit ist nicht erheblich, weil

der Prozessbürgschaft den Rechtsstreit auch als für sich verbindlich anerkennen oder einen Vertrag mit dem Inhalt abschließen, dass für die Forderung gebürgt wird, wie sie rechtskräftig festgestellt ist.[250] Sollte dies nicht dem Bürgschaftsvertrag zu entnehmen sein, kann das Urteil nach § 768 Abs. 1 S. 1 BGB für den Bürgen, nicht aber gegen ihn wirken.[251] Aus § 768 Abs. 1 S. 1 BGB lässt sich weder eine Bindung zu Lasten des Bürgen, noch eine Wirkung gegenüber dem Hauptschuldner im Falle eines Verfahrens mit dem Bürgen entnehmen.[252] Umstritten ist, ob es sich dabei um eine Rechtskrafterstreckung handelt,[253] die im Wege der Auslegung zu ermitteln ist, oder nur um eine Regelung, die dem Bürgen aus materiellrechtlichen Gründen der Akzessorietät weitere Einreden an die Hand gibt[254]. Dieser Streit braucht hier aber nicht weiter interessieren, weil nach US-amerikanischem Recht die *issue preclusion* nur als Einrede ausgestaltet ist.[255] An dieser Stelle wird nur erörtert, ob die rechtlichen Lösungen im US-amerikanischen und deutschen Recht vergleichbar sind. Festzustellen ist daher, dass in beiden Rechtsordnungen das Urteil zu Gunsten und zu Lasten wirkt, wenn der Bürge sich freiwillig dem Ergebnis des Rechtsstreits unterworfen hat. Sollte dies nicht der Fall sein, kann das Urteil nach deutschem Recht nur zu Gunsten des Bürgen wirken. Auch das US-amerikanische Recht kennt keine weitergehende Drittwirkung, sondern nur die Möglichkeit einer widerleglichen Vermutung. Ob diese von einem deutschen Gericht zu berücksichtigen ist, ist eine Frage des internationalen Beweisrechts und nicht der Drittwirkung eines Urteils.[256]

b) Nicht vergleichbare Urteilswirkungen

Die Feststellung, dass in bestimmten Fallgruppen die Drittwirkung eines US-amerikanischen Urteils der deutschen Rechtsordnung nicht wesensfremd ist, kann nicht darüber hinwegtäuschen, dass die Drittwirkungen US-amerikanischer Entscheidungen in der Mehrzahl der Fallgruppen dem deutschen Recht so unbekannt sind, dass ihre Anerkennung schon deshalb ausscheidet.

---

auch nach US-amerikanischem Recht die reine materiellrechtliche Abhängigkeit nicht ausreicht, um eine Drittwirkung zu begründen, siehe *R. Krause,* S. 238.

[250] Stein/Jonas/*Leipold,* § 325 Rn. 97.
[251] BGHZ 24, 97 (99); 76, 222 (239); 107, 92 (96); Stein/Jonas/*Leipold,* § 325 Rn. 96; MünchKommZPO-*Gottwald,* § 325 Rn. 60; a. A. Baumbach/*Hartmann,* § 325 Rn. 24.
[252] MünchKommZPO-*Gottwald,* § 325 Rn. 72 und 77.
[253] BGH NJW 1970, 279; Zöller/*Vollkommer,* § 325 Rn. 34; Baumbach/*Hartmann,* § 325 Rn. 24.
[254] *Schack,* NJW 1988, 865 (870).
[255] Restatement of the Law Judgments 2d Section § 27 (c).
[256] Zum internationalen Beweisrecht siehe ausführlich *Coester-Waltjen,* Internationales Beweisrecht, 1983.

B. Anerkennung nach dem deutschen autonomen Recht 161

(1) Virtual representation *wegen Interessenparallelität*

Die US-amerikanische Rechtsprechung erstreckt die Rechtskraft auf einen Dritten auch dann, wenn dessen Interesse mit dem einer Partei derart identisch ist, dass ein Sieg der Partei das Vermögen des Dritten erhöht. Darüber hinaus muss die hinreichende Vertretung der Drittinteressen im Verfahren gewährleistet gewesen sein. Der Gedanke der Vermögenserhöhung wird vor allem im Zusammenhang der Besonderheiten des ehelichen Güterrechts fruchtbar gemacht. In einigen Staaten[257] leben Ehegatten im ehegüterrechtlichen *community property system*. Danach bleibt voreheliches Vermögen im Eigentum des jeweiligen Ehegatten, während in der Ehe erworbenes Vermögen beiden Ehegatten je zur Hälfte gehört.[258] In dem Fall, dass beiden Ehegatten ein Schadenersatzanspruch wegen Verkehrsunfall zusteht, führt der Schadenersatzanspruch des einen mittelbar zur Vermögenserhöhung des anderen, da dieser zur Hälfte an dem zu Ehezeiten erworbenen Vermögen beteiligt ist. Aus diesem Grund wirkt das Urteil gegen oder für den einen Ehegatten Rechtskraft auch gegenüber dem anderen Ehegatten, der an dem Prozess nicht beteiligt war.

Diese Regelung ist dem deutschen Recht unbekannt. Sie ist nicht mit der Gütergemeinschaft vergleichbar. Nach § 1422 S. 1 BGB wird die Rechtskraft bei einer Notprozessführung oder einem selbständigen Erwerbsgeschäft in Ansehung des Gesamtguts erstreckt. Dieser Fall ist jedoch von dem des *community property system* rechtlich völlig verschieden, da das Gesamtgut eine Vermögensmasse (das gemeinschaftliche Vermögen) und nicht nur hälftiges Miteigentum darstellt. Die Gütergemeinschaft ist eine Gesamthandsgemeinschaft, weshalb der andere Ehegatte als notwendiger Streitgenosse nach § 62 ZPO in einem Verfahren beizuziehen ist. Damit kommt es auch im Falle der Gütergemeinschaft zu einer Bindung des Ehegatten an das Urteil. Die notwendige Streitgenossenschaft ist jedoch mit der Rechtskrafterstreckung im Falle des *community property system* nicht vergleichbar. Zum einen beteiligt sich der Dritte tatsächlich als Streitgenosse am Verfahren, so dass die Urteilsbindung nicht durch gleichartige Interessen, sondern durch eine tatsächliche Verfahrensbeteiligung des Dritten gerechtfertigt ist. Zum anderen behandelt § 62 ZPO einen anderen Fall. Gegenstand sind hier nicht eigene Ansprüche des jeweiligen Ehegatten, die sich mittelbar auf das Vermögen des anderen auswirken können, sondern Verfahren, die das Gesamtgut als Streitgegenstand besitzen. Ebenso wenig ist die Zugewinngemeinschaft mit dem amerikanischen Güterrecht vergleichbar. Zwar besteht zu Lebzeiten Gütertrennung; eine Rechtskrafterstreckung wird in den Fällen der §§ 1368 und 1369 Abs. 3 BGB aber gleichfalls verneint. Am ehesten besitzt das US-amerikanische güterrechtliche System Gemeinsamkeiten mit dem Miteigentum. Aus § 1011 i.V.m. § 432 BGB ergibt sich

---

[257] Siehe die Auflistung bei *R. Krause*, S. 93 Fn. 116.
[258] *Hay*, S. 117.

aber, dass auch hier ein Urteil nicht Rechtskraft gegenüber den anderen Miteigentümern wirkt. Aus diesem Grund können nach deutschem Recht Miteigentümer nur als notwendige Streitgenossen verklagt werden.[259] Diese gesetzliche Regelung lässt erkennen, dass gemeinsames Miteigentum keine Rechtskrafterstreckung begründen kann. Es kann deshalb zusammengefasst werden, dass die Wirkungserstreckung eines Urteils gegen einen an einem Vermögen Beteiligten auf einen Mitanteilsnehmer dem deutschen Recht völlig unbekannt ist.

Mit dem Grundsatz der *virtual representation* wird auch die Rechtskraft eines Urteils gegen eine Tochtergesellschaft auf eine Muttergesellschaft erstreckt, die beherrschenden Einfluss ausübt.[260] Jedoch ist eine reine Interessenübereinstimmung allein nicht ausreichend, so dass ein Urteil gegen die Muttergesellschaft mangels Kontrollmöglichkeit nicht Rechtskraft gegen die Tochtergesellschaft wirkt.[261] Das deutsche Recht hält demgegenüber die bloße Konzernverbundenheit nicht für ausreichend, eine Rechtskrafterstreckung zu bejahen.[262] Im Übrigen ist – wie unten gezeigt wird – der Gedanke einer Rechtskrafterstreckung wegen Kontrolle fremder Prozessführung dem deutschen Recht fremd.[263]

(2) Obliegenheit zum Verfahrensbeitritt

Eine Rechtskrafterstreckung auf verfahrensunbeteiligte Dritte wird nicht nur mit dem Repräsentationsprinzip begründet, sondern auch mit einer Obliegenheit zum Verfahrensbeitritt, der der Dritte nicht nachkam. Obwohl diskutiert,[264] lehnt es die US-amerikanische Rechtsprechung ab, aus der Möglichkeit der *intervention* und des *vouching in* eine Obliegenheit zum Verfahrensbeitritt abzuleiten.[265] Die gegenteilige Auffassung brächte das System der *permissive intervention* und des *mandatory joinder* durcheinander, wonach eine Parteierweiterung grundsätzlich von einer Parteiinitiative ausgehen muss. Eine weite Rechtskrafterstreckung störe diese Wertung.[266] Die US-amerikanische Gesetzgebung durchbricht diesen Grundsatz aber in der folgenden Fallgruppe, der dem Arbeitsrecht zugeordnet wird. Klagt der Vertreter einer Minderheit auf Einstellung, weil er bei einem Auswahlverfahren diskriminiert wurde, wirkt das Urteil gemäß § 108 Civil Rights Act auch Rechtskraft gegenüber den nicht beteiligten

---

[259] Rosenberg/Schwab/*Gottwald*, § 49 Rn. 25.
[260] *Astron Indus. Assoc., Inc. v. Chrysler Motors Corp.*, 405 F.2d, 958 (5th Cir. 1968).
[261] *General Foods Corp. v. Mass. Dep't of Pub. Health*, 648 F.2d 785, 789 (1st Cir. 1981).
[262] MünchKommZPO-*Gottwald*, § 325 Rn. 58.
[263] Siehe in diesem Kapitel unter (3).
[264] *Penn-Central Merger v. N&W Inclusion Cases*, 389 U.S. 486 (1968).
[265] *Martin v. Wilks*, 109 S.Ct. 2180 (1989).
[266] Kritik und Einordnung dieser Entscheidung siehe *R. Krause*, S. 168 ff.

Mitgliedern der Mehrheit, wenn diese den Inhalt des zu erwartenden Urteils kannten, ihnen eine Verfahrensbeteiligung möglich war oder ihre Interessen auf andere Weise ausreichend im Prozess vertreten wurden.

Dahinter steht der Gedanke, dass es rechtsmissbräuchlich ist, sich auf die Freiwilligkeit der *intervention* und auf den inter partes-Grundsatz zu berufen, wenn der Dritte dem Verfahren besonders nahe steht, er an seinem Ausgang besonders interessiert ist und ihm eine *intervention* offen steht. Außerdem muss eine Gesamtschau sein Verhalten als widersprüchlich erscheinen lassen.[267] Aufgrund dieses Gedankens einer Rechtskrafterstreckung wegen Rechtsmissbrauchs hat die US-amerikanische Rechtsprechung vereinzelt eine Rechtskrafterstreckung bejaht, obwohl sie grundsätzlich an der oben beschriebenen Wertung des *mandatory joinder* und der *permissive intervention* festhalten will.[268]

Eine Rechtskrafterstreckung wegen rechtsmissbräuchlichen Verhaltens im Prozess, das die Urteilsbindung bei Diskriminierungsverfahren begründet, ist dem deutschen Recht unbekannt. Einzuordnen wäre diese Problematik unter die Frage des Rechtsschutzbedürfnisses, was aber anerkanntermaßen nur unter besonderen Umständen verneint werden darf.[269] Hintergrund dessen ist, dass das deutsche Recht den Anspruch auf rechtliches Gehör als einen subjektiven Anspruch des Einzelnen ausgestaltet, der verfassungsrechtlich nach Art. 103 Abs. 1 GG geschützt ist. Das vergleichbare Prinzip des *due process*[270] des US-amerikanischen Rechts hat zwar auch Verfassungsrang, wird aber eher interessen- als personenbezogen ausgelegt. Deshalb ist es auch gewahrt, wenn das Interesse adäquat vertreten wurde, ohne dass der Interessenträger am Verfahren beteiligt war. Darüber hinaus besteht nach deutschem Recht kein Bedürfnis, in arbeitsrechtlichen Verfahren gegen Diskriminierungen die Rechtskraft zu erstrecken. Denn der Vertreter der diskriminierten Gruppe besitzt nur einen Schadenersatzanspruch, kann aber nicht verlangen, eingestellt zu werden. Aus diesem Grund kann die Situation nicht entstehen, dass der Arbeitgeber aufgrund zweier sich widersprechender Urteile verpflichtet ist, zwei Bewerber einzustellen, obwohl nur ein Arbeitsplatz zur Verfügung steht.

(3) Kontrolle fremder Prozessführung

Nach US-amerikanischem Recht wirkt ein Urteil auch dann gegen einen Dritten Rechtskraft, wenn dieser ohne Intervenient zu sein, eine Partei unterstützt.

---

[267] *R. Krause,* S. 180.
[268] *Lynch v. Merrel-Nat'l Labs,* 646 F.Supp. 856 (1986); *Treasure Salvors, Inc. v. Unidentified Wrecked and Abandoned Sailing Vessel,* 459 F.Supp. 507 (1978).
[269] Rosenberg/Schwab/*Gottwald,* § 89 Rn. 29 ff.; Zöller/*Greger,* vor § 253 Rn. 18; Baumbach/*Hartmann,* Grz. v § 253 Rn. 33.
[270] Siehe Kapitel 3 D.

Der Dritte wird dann einer Partei in Fragen der *issue preclusion* gleichgestellt, weil er deren Prozessführung kontrollierte.[271] Ob eine Kontrolle fremder Prozessführung gegeben ist, wird anhand verschiedener Kriterien wie Interessenkongruenz und *full and fair opportunity to litigate the issues* ermittelt. Berücksichtigt wird dabei auch, ob der Dritte den Rechtsstreit finanzierte, den Rechtsanwalt vermittelte oder von demselben Anwalt prozessual vertreten wurde. Auch eine Beteiligung an einem Vorverfahren *(consolidated pretrail proceedings)* kann eine *full and fair opportunity* begründen.[272] Diese Ansicht führt für das deutsche Recht zu weit. Dass jemand einen Prozess unterstützt, heißt noch nicht, dass er auch wirklich nach seinem Willen geführt wird. Der Prozessgegner kann sich dagegen wehren, indem er dem Dritten den Streit verkündet. Zwar bindet das deutsche Recht den Intervenienten an das Prozessergebnis, weil dieser seine Interessen vor Gericht wahrnehmen konnte. Jedoch hat der Intervenient im Gegenzug eine prozessrechtlich abgesicherte Position im Prozess. Etwas anderes ergibt sich auch nicht aus § 129 Abs. 1 HGB, nach dem einem Gesellschafter Einreden abgeschnitten sind, wenn sie der Gesellschaft nicht mehr zustehen. Die Regelung steht vor dem Hintergrund der akzessorischen Haftung persönlich haftender Gesellschafter und nicht einer Prozesskontrolle durch diese Gesellschafter. Die Drittwirkung wegen Kontrolle eines fremden Prozesses ist deshalb dem deutschen Recht unbekannt. Sie erklärt sich aber vor dem Hintergrund der Justizorganisation in den USA. Da es viele verschiedene Gerichtszweige gibt, deren Zuständigkeiten untereinander nicht eindeutig geregelt sind, dient die Lehre von der *issue preclusion* auch dazu, die Funktionsfähigkeit der Justiz zu sichern und sie vor einer Vielzahl von Verfahren zu schützen.[273]

c) Ordre public-Prüfung – § 328 Abs. 1 Nr. 4 ZPO

Die Frage des ordre public-Verstoßes stellt sich nur bei den Drittwirkungen des US-amerikanischen Rechts, die der deutschen Rechtsordnung nicht wesensfremd sind, so dass eine Anerkennung nach der Theorie der Wirkungserstreckung grundsätzlich infrage kommt. Es handelt sich nach der oben dargestellten Untersuchung um die Drittwirkung wegen Rechtsnachfolge, aufgrund des Grundsatzes der *representation* durch eine Partei kraft Amtes, aufgrund des Grundsatzes der *virtual representation* durch eine Interessenvereinigung, wegen missbräuchlicher Ausnutzung der gesellschaftsrechtlichen Rechtsformen und im Falle akzessorischer Haftung. Ein ordre public-Verstoß ist nur zu bejahen, wenn die Anerkennung dieser Drittwirkung „mit den Grundgedanken der deutschen

---

[271] *Montana v. United States,* 440 U.S. 147, 154 (1979); Restatement of the Law Judgments 2d Section § 39.
[272] *R. Krause,* S. 213.
[273] *R. Krause,* S. 266.

B. Anerkennung nach dem deutschen autonomen Recht

Regelungen und den in ihnen enthaltenen Gerechtigkeitsvorschriften in so starkem Widerspruch steht, dass sie nach inländischen Vorstellungen untragbar erscheint".[274] Der verfahrensrechtliche ordre public[275] ist nur verletzt, wenn die im Erstverfahren vorgesehenen Rechtsmittel erschöpft sind, und das vorangegangene Verfahren in einem solchen Maße von den Grundprinzipien des deutschen Verfahrensrechts abweicht, dass rechtsstaatliche Anforderungen nicht mehr gewahrt werden.[276] Da bei US-amerikanischen Entscheidungen keine Vermutung für eine ordre public-Widrigkeit besteht,[277] muss die ausländische Vorschrift mit der deutschen verglichen werden. Dabei ist das Gesamtsystem und die Struktur der ausländischen Rechtsordnung zu beachten.[278] Den hier zu untersuchenden Drittwirkungen des US-amerikanischen Rechts ist gemeinsam, dass der Dritte, der von den Urteilswirkungen erfasst sein soll, regelmäßig nicht am Verfahren formal beteiligt war. Deshalb steht vor allem ein Verstoß gegen den Anspruch des Dritten auf rechtliches Gehör infrage. In Art. 103 Abs. 1 GG verfassungsrechtlich abgesichert ist die Gewährung rechtlichen Gehörs ein wesentlicher Grundsatz des deutschen Verfahrensrechts,[279] der aber keine bestimmte Art der Verfahrensteilnahme verlangt. Der Dritte muss deshalb nicht formal am Verfahren als Intervenient oder Partei beteiligt sein. Vor dem Hintergrund des Rechtsstaatsprinzips und der Menschenwürde fordert der Anspruch auf rechtliches Gehör, dass der Dritte eine ungehinderte und zumutbare Gelegenheit hatte, sich am Verfahren zu beteiligen.[280]

Nach diesen Kriterien ist ein Verstoß gegen den ordre public wegen Verletzung des Anspruchs auf rechtliches Gehör in allen oben genannten Fällen zu verneinen. Grundsätzlich sichert § 325 ZPO den Anspruch auf rechtliches Gehör, indem er anordnet, dass ein Urteil nur Rechtskraft zwischen denjenigen wirken soll, die am Verfahren beteiligt sind. Das sind die Parteien. Diesen Personenkreis erweitern §§ 68 und 74 ZPO auf den Nebenintervenienten und den Streitverkündungsempfänger. Allen diesen Personen ist gemeinsam, dass sie eine verfahrensrechtlich abgesicherte prozessuale Position besitzen, mit der ihr Anspruch auf rechtliches Gehör gewährleistet ist. Daraus ergibt sich aber nicht,

---

[274] BGHZ 138, 331 (334) zum Termineinwand; BGHZ 134, 79 (91) zum Zwangsvergleich; BGH NJW 2002, 960 (961) zur im Ausland erteilten Restschuldbefreiung.

[275] Obwohl es dem Wortlaut nicht eindeutig zu entnehmen ist, kann der ordre public nicht nur wegen des Entscheidungsinhalts, sondern auch wegen des vorangegangenen Verfahrens verletzt sein (Stein/Jonas/*Roth*, § 328 Rn. 105).

[276] BGHZ 141, 286 (297); 118, 312 (320 f.); 48, 327 (331); 73, 378.

[277] Stein/Jonas/*Roth*, § 328 Rn. 105; a.A. *Schütze*, in Festschrift für Jayme, S. 849 (856).

[278] *Martiny*, HdbIZVR, Band III/1, Kapitel 1 Rn. 1097.

[279] BGHZ 141, 286 (297). Siehe die Rechtsprechungsnachweise bei *Martiny*, HdbIZVR, Band III/1 Kapitel 1 Rn. 1097; Stein/Jonas/*Roth*, § 328 Rn. 114.

[280] BGHZ 141, 286 (297); Stein/Jonas/*Roth*, § 328 Rn. 114; *Martiny*, HdbIZVR, Band III/1, Kapitel 1 Rn. 1097.

dass der Anspruch auf rechtliches Gehör desjenigen verletzt ist, der nicht über eine derart abgesicherte Position verfügt. Denn eine Verletzung des rechtlichen Gehörs im Rahmen einer ordre public-Prüfung ist nur in besonderen Ausnahmefällen anzunehmen, wenn das Erstverfahren gegen grundlegende Anforderungen an die prozessuale Gerechtigkeit verstößt.[281] Dies ist im vorliegenden Fall nicht gegeben. Denn wie dargestellt wurde, kennt das deutsche Recht Ausnahmen, die denen im US-amerikanischen Recht ähneln. Ein ordre public-Verstoß ist aber auch aus einem weiteren Grund zu verneinen. Der Dritte kann sich nur auf eine Verletzung seines Anspruchs auf rechtliches Gehör berufen, wenn diese für den Urteilsinhalt kausal war.[282] Die Erweiterung der *issue preclusion* auf den Dritten nach US-amerikanischem Recht setzt aber voraus, dass der Dritte eine *full and fair opportunity* hatte, seine Interessen in den Prozess einzubringen. Aus diesem Grund ist es kaum denkbar, dass der Dritte – wäre er Partei – Tatsachen vorgetragen hätte, die zu einem anderen Prozessergebnis geführt hätten.

2. Einseitige Urteilswirkung zu Gunsten des Dritten (non-mutual preclusion)

Das US-amerikanische Recht kennt eine weitere Urteilswirkung gegenüber dem Dritten. Gemäß der *non-mutual preclusion* kann sich der Dritte auf die in einem Verfahren festgestellten Rechtsfolgen oder Tatsachen auch dann zu seinen Gunsten berufen, wenn er an dem Verfahren nicht beteiligt war. Der Begriff *non-mutual preclusion* kann übersetzt werden mit „nicht gegenseitige Präklusionswirkung". *Mutuality* (Gegenseitigkeit) ist nicht gegeben, weil sich nur der Dritte einseitig auf die Feststellungen berufen kann, ohne dass das Urteil zu seinen Lasten wirkt.[283] Spiegelbildlich wird damit eine Prozesspartei zu ihren Lasten an das Ergebnis eines Verfahrens gebunden, in dessen Verlauf sie nicht mit dem Dritten prozessierte. Des Instituts der *non-mutual preclusion* kann sich der Dritte im Wege einer Klage *(offensive use)* oder als Verteidigungsmittel *(defensive use)* bedienen.[284] Auch das Institut der *non-mutual preclusion* wurde von der US-amerikanischen Rechtsprechung entwickelt. *Offensive use* wird in Verfahren um Masseschäden zugelassen, in denen nur ein Teil der Geschädigten klagte. Bei einem Obsiegen der Klage können sich andere unbeteiligte Geschädigte im Wege der *non-mutual preclusion* auf dieses günstige Ergebnis berufen.[285]

---

[281] *Geimer*, IZPR, Rn. 2946.

[282] Zöller/*Geimer*, § 328 Rn. 230.

[283] *R. Krause*, S. 247, zur Entwicklung der *non-mutual preclusion* in der US-amerikanischen Rechtsprechung.

[284] *Parklane Hosiery Co. v. Shore* 439 U.S. 322 (1979) als Beispiel für den *offensive use*. Vgl. auch *Bruszewski v. United States* 181 F.2d, 419 (1950).

Anwendung findet die einseitige Drittwirkung in Form des *defensive use* in Fällen der Schuldnerverdoppelung *(vicarious liability)*, wenn sich die Haftung des einen Schuldners aus der Haftung des Anderen ableitet, der Gläubiger aber nicht prozessual bevorzugt werden soll.[286] Da sich mit den Anspruchsgegnern auch die Klagemöglichkeiten verdoppeln, soll die *non-mutual preclusion* verhindern, dass der Gläubiger mehrere prozessuale Chancen erhält.[287] Der nicht beteiligte Gesamtschuldner kann sich deshalb im Wege des *defensive use* auf die Klageabweisung im Verfahren gegen den anderen Gesamtschuldner berufen. Die Form des *defensive use* spielt auch eine Rolle, wenn der Dritte wie z.B. der Bürge nur akzessorisch haften soll.[288] Wurde eine Klage des Gläubigers gegen den Schuldner abgewiesen, soll sich auch der am Verfahren nicht beteiligte Bürge darauf berufen können. Stünde ihm diese Einrede nicht zu, wäre der Schuldner, gegen den die Klage des Gläubigers gerade nicht erfolgreich war, dem Bürgen gegenüber regresspflichtig. Er stünde damit schlechter, als wenn seine Schuld nicht durch eine Bürgschaft gesichert wäre.

a) Vergleichbarkeit

Auch die *non-mutual preclusion* kann nach der Wirkungserstreckungstheorie nur anerkannt werden, wenn es sich dabei um eine Urteilswirkung handelt, die dem deutschen Recht nicht wesensfremd ist. Ein wesentliches Verfahrensprinzip des deutschen Zivilprozesses ist der in § 325 Abs. 1 ZPO festgehaltene Grundsatz der Beschränkung der Rechtskraft auf die Parteien.[289] Das Urteil ist das Ergebnis eines konkreten, zwischen bestimmten Personen ausgefochtenen Streits, das ein außerprozessual bestehendes Recht nicht einfach nur nachzeichnet, sondern in Mitverantwortung der Parteien zustande kommt.[290] Da mit verfahrensfremden Personen dieses Urteil nicht erstritten wurde, kommt eine Drittwirkung nur aufgrund einer besonderen Legitimation infrage.[291]

(1) Interventionswirkung

Das deutsche Recht kennt eine einseitige Entscheidungswirkung. Die Interventionswirkung bindet nur den Intervenienten oder den nicht beigetretenen

---

[285] *United States v. United Air Lines Inc.* 216 F.Supp. 709 (1962); *Hardy v. Johns-Manville Sales Corp.* 681 F.2d, 334 (1982), in der eine *non-mutual preclusion* aber aus anderen Gründen abgelehnt wurde.
[286] Restatement of the Law Judgments 2d Section § 51 (a).
[287] *Towns v. Yellow Cab Co.*, 382 N.E.2d 1217, 1221 (1978).
[288] *R. Krause*, S. 258 f.
[289] Stein/Jonas/*Leipold*, § 325 Rn. 1; MünchKommZPO-*Gottwald* § 325 Rn. 1; Wieczorek/Schütze/*Büscher*, § 325 Rn. 1.
[290] Stein/Jonas/*Leipold*, § 325 Rn. 2.
[291] *Jauernig*, ZZP 101 (1988), 361 (372 ff.).

Streitverkündungsempfänger. Diese Wirkung besteht aber nur zu Lasten und nicht wie die *non-mutual preclusion* zu Gunsten des Dritten.[292] Im Zusammenhang mit der Anerkennung der US-amerikanischen *preclusion* wird darauf hingewiesen, dass die Interventionswirkung nach deutschem Recht auch zu Gunsten des Dritten bestehen sollte.[293] Diese Argumentation, die für eine beidseitige Bindung des Dritten und des Intervenienten herangezogen wird, spielt jedoch für die Anerkennung der *non-mutual preclusion* keine Rolle, weil niemand die Auffassung vertritt, dass die Interventionswirkung nur zu Gunsten des Dritten bestehen soll. Dies würde auch in völligem Widerspruch zu der Regelung der Streitverkündung und der Nebenintervention stehen.

(2) Einrede entgegenstehender Rechtskraft des Versicherers

Eine einseitige Bindung besteht auch gemäß § 3 Nr. 8 PflVG im Versicherungsrecht. Wird die Klage des Geschädigten gegen den Versicherungsnehmer abgewiesen, kann sich der Versicherer gegen eine anschließend erhobene Klage mit dem Rechtskrafteinwand verteidigen. Da der Versicherer im ersten Verfahren nicht beteiligt war und die Einrede entgegenstehender Rechtskraft erhebt, handelt es sich nach der US-amerikanischen Terminologie um einen *defensive use*. Jedoch ist § 3 Nr. 8 PflVG nicht geeignet, um die Anerkennung einer einseitig drittbegünstigenden Urteilswirkung zu begründen. Da § 425 Abs. 2 BGB für die Gesamtschuldnerschaft grundsätzlich regelt, dass Urteile nicht Rechtskraft für (oder gegen) einen verfahrensunbeteiligten Gesamtschuldner wirken, sondern auch in dieser Konstellation die subjektive Rechtskraft nach § 325 ZPO nur die Verfahrensparteien umfasst, handelt es sich bei der versicherungsrechtlichen Rechtskrafterstreckung um eine absolute Ausnahme. Betrachtet man die Fallkonstellationen, so leuchtet die Abweichung ein. Schädigen mehrere eine Person, so haften sie ihr gegenüber als Gesamtschuldner. Bei einem Verkehrsunfall sind Fahrer und Halter dem Verunfallten zum Schadenersatz verpflichtet. In diesen Fällen ist jeder Gesamtschuldner an der Entstehung des Schadens beteiligt. Der Fahrer verursacht den Unfall, der Halter hält das Auto, dessen Betriebsgefahr sich realisiert hat. Aus diesen Gründen besitzt der Geschädigte einen Schadenersatzanspruch gegen Fahrer und Halter. Der Fall der KfZ-Haftpflichtversicherung ist dagegen anders gelagert. Der Versicherer ist in keinster Weise an der Entstehung des Schadens beteiligt. Seine Haftung als Gesamt-

---

[292] BGH NJW 1997, 2387 (2388); Musielak/*Weth*, § 68 Rn. 5; Zöller/*Vollkommer*, § 68 Rn. 6. Ein anderer wichtiger Unterschied ist, dass die Interventionswirkung nur gegenüber demjenigen wirkt, der am Verfahren beteiligt war oder der zur Beteiligung förmlich aufgefordert wurde.

[293] Zu dieser Diskussion im Rahmen der Anerkennung siehe *Gottwald,* in Festschrift für Musielak, S. 183 (192); *W. Lüke,* S. 336 ff., 341 ff. Allgemein zu einer Interventionswirkung zu Gunsten des Dritten siehe *Blomeyer,* § 113 II 4; Stein/Jonas/ *Bork,* § 68 Rn. 12.

schuldner ist eine gesetzliche Entscheidung, um den Geschädigten materiellrechtlich zu bevorzugen. Wäre die Regelung des § 425 Abs. 2 BGB anwendbar, könnte der Geschädigte auch prozessrechtlich mehrmals sein Glück versuchen. Dies verhindert § 3 Nr. 8 PflVG, weil der Geschädigte zwar materiellrechtlich begünstigt werden soll, indem ihm zwei Schuldner zur Verfügung stehen. Jedoch soll ihm nicht die Möglichkeit eingeräumt werden, mehrmals seinen Anspruch prozessual geltend zu machen.[294] Diese versicherungsrechtliche Regelung ist damit eine Ausnahme von dem Grundsatz des § 425 Abs. 2 BGB, wonach Urteile gegen oder für einen Gesamtschuldner nicht im Verhältnis zu den anderen Gesamtschuldnern wirken. Eine einseitige Urteilsbindung eines nicht verfahrensbeteiligten Gesamtschuldners widerspricht deshalb grundsätzlich dem deutschen Recht.

(3) Einrede entgegenstehender Rechtskraft des akzessorisch Haftenden

Ein Bürge, Hypotheken- oder Pfandschuldner kann sich auf eine in dem Verfahren gegen den Hauptschuldner rechtskräftig abgewiesene Klage berufen. Diese Erstreckung der Rechtskraft findet ihre Legitimation in der materiellrechtlichen Verknüpfung der Verpflichtung des persönlichen Schuldners und des akzessorisch Haftenden.[295] Diese findet in den Vorschriften zum Bürgschafts-, Hypotheken- und Pfandrecht ihren Ausdruck, die eine völlige Akzessorietät anstreben.[296] Die Anerkennung eines ausländischen klageabweisenden Urteils gegen den persönlichen Schuldner zu Gunsten des akzessorisch Haftenden weicht zwar vom inter partes-Grundsatz ab, fügt sich aber im Ergebnis in die deutsche Rechtsordnung ein.

(4) Offensive Use

Der andere Fall, dass der Dritte die ihn begünstigende Drittwirkung offensiv als Kläger nützt *(offensive use),* findet sich im deutschen Recht nicht. Für die Gesamtgläubigerschaft bestimmt § 432 Abs. 2 BGB ausdrücklich, dass Urteile immer nur gegenüber dem verfahrensbeteiligten Gläubiger wirken. Im Fall mehrerer Geschädigter bleibt nur die Streitverkündung oder Intervention, so dass eine Erstreckung der Urteilswirkungen von der Initiative der Parteien abhängt.

(5) Ergebnis

Demnach gilt im deutschen Recht der in § 325 ZPO im Zusammenhang mit § 432 Abs. 2 BGB und § 425 Abs. 2 BGB niedergelegte Grundsatz, dass ein

---

[294] *Schack,* NJW 1988, 865 (868).
[295] Stein/Jonas/*Leipold,* § 325 Rn. 92.
[296] Stein/Jonas/*Leipold,* § 325 Rn. 95.

Urteil nicht einseitig drittbegünstigend wirken kann. Da sich im inter partes-Grundsatz auch die Gleichheit der Parteien und die gleiche Verteilung der Streitrisiken widerspiegeln, ist eine *non-mutual preclusion* dem deutschen Recht wesensfremd.[297] Dies ist einleuchtend für die Fälle, in denen mehrere Geschädigte auftreten, wenn also auf Klägerseite von der *non-mutual preclusion* Gebrauch gemacht werden soll *(offensive use)*. Beruft sich jedoch die Beklagtenseite zu ihrer Verteidigung auf diese Urteilswirkung, finden sich im deutschen Recht u. a. bei der akzessorischen Haftung und der gesamtschuldnerischen Haftung des Versicherers und des Versicherungsnehmers gegenüber dem Geschädigten selbst Ausnahmen vom inter partes-Grundsatz. Während die Ausnahme im KfZ-Haftpflichtversicherungsrecht wie gezeigt nicht verallgemeinerungsfähig ist, gibt das deutsche materielle Recht dem akzessorisch Haftenden selbst die Einrede entgegenstehender Rechtskraft des Urteils gegen den Hauptschuldner an die Hand. In diesen Fällen ist eine überraschende Erhöhung der Streitrisiken außerdem ausgeschlossen, weil dem Kläger des ersten und zweiten Verfahrens alle möglichen Beklagten bekannt sind. Darüber hinaus erhöht sich in diesen Fällen auch nicht das Streitrisiko. Anders als bei dem *offensive use* mehrerer Geschädigter, denen jeweils ein eigener voller Anspruch und nicht nur ein Teil zusteht, sind im Fall der gesamtschuldnerischen Haftung beide Schuldner auf den einen Anspruch verpflichtet. Dieser verdoppelt sich aber nicht deshalb, weil dem Gläubiger im Wege der Gesamtschuldnerschaft zwei Schuldner zur Verfügung stehen. Die Leistungspflicht desjenigen, der akzessorisch haftet, besteht immer nur in der Höhe, in der der vorrangige Schuldner verpflichtet ist. Das bedeutet, dass im zweiten Prozess dasselbe Streitrisiko besteht, wie im ersten Verfahren. Einziger Unterschied ist, dass die Beklagtenpartei wechselt.

In der US-amerikanischen Terminologie ausgedrückt bedeutet dies, dass das deutsche Recht eine *non-mutual preclusion* als *defensive use* in besonderen Ausnahmefällen kennt; ein *offensive use* jedoch dem deutschen Recht wesensfremd ist. Deshalb scheidet die Anerkennung einer einseitigen drittbegünstigenden Rechtskrafterstreckung zur Klagebegründung aus. Dient sie der Verteidigung ist ihre Anerkennung aber möglich, wenn der im zweiten Prozess verklagte Dritte für den Erstbeklagten akzessorisch haftet.

b) Ordre public-Prüfung – § 328 Abs. 1 Nr. 4 ZPO

Die Anerkennung dieser *non-mutual preclusion* ist aber zu versagen, wenn sie zu einem Ergebnis führt, das mit dem ordre public nicht vereinbar ist. Da bei der *non-mutual preclusion* sich der verfahrensunbeteiligte Dritte auf die Drittwirkung beruft, steht die Wahrung seines Anspruchs auf rechtliches Gehör nicht infrage. Vielmehr ist der Anspruch auf rechtliches Gehör der Parteien des

---

[297] *Gottwald,* in Festschrift für Musielak, S. 183 (193).

Erstprozesses nach Art. 103 Abs. 1 GG problematisch. Da die Klage des Gläubigers abgewiesen wird, kann er keine Ausführungen zu dem Rechtsverhältnis mit dem akzessorisch Haftenden mehr machen. Darüber hinaus kann die Anerkennung das Recht auf ein faires Verfahren verletzen, das aus dem Rechtsstaatsprinzip in Verbindung mit Art. 2 Abs. 1 GG abgeleitet wird.[298] Indem über den Anspruch des Klägers gegen andere mögliche Anspruchsgegner endgültig in dem einen Verfahren entschieden wird, werden ihm prozessuale Möglichkeiten abgeschnitten. Ebenso kommt eine Verletzung des Grundsatzes der Parteiengleichheit infrage.[299] Der akzessorisch Haftende, der am Erstverfahren nicht teilnahm, kann sich auf die Klageabweisung berufen, obwohl er das Prozessrisiko nicht tragen musste. Spiegelbildlich wird das Prozessrisiko des klagenden Gläubigers erhöht, weil über seinen Anspruch nicht nur gegen einen, sondern gegen alle Anspruchsgegner entschieden wird. Diese Einwände genügen aber nicht, um einen ordre public-Verstoß zu begründen. Dieser setzt voraus, dass die Anerkennung zu einem Ergebnis führt, dass rechtsstaatlichen Anforderungen nicht mehr genügt. Da das deutsche Recht dem Dritten selbst die Einrede entgegenstehender Rechtskraft zugesteht, kann nicht begründet werden, warum die US-amerikanische Verfahrensregelung dem deutschen ordre public widersprechen soll. Darüber hinaus treffen die Einwände auch sachlich nicht zu. Der klagende Gläubiger prozessierte schon gegen den persönlichen Schuldner, so dass in dem Verfahren gegen den akzessorisch Haftenden derselbe Anspruch infrage steht. Da die *non-mutual preclusion* sich nur auf Rechts- und Tatsachenfragen bezieht, die in dem ersten Verfahren verhandelt wurden, wird das rechtliche Gehör des Klägers ausreichend gewahrt.[300] Die Rechtskrafterstreckung bezieht sich außerdem nur auf eine Personengruppe, die für den Kläger erkennbar war. Wer für den Hauptschuldner akzessorisch als Bürge oder Hypothekenschuldner haftet, ist ihm bekannt. Er kann diese Person deshalb als Streitgenossen *(joinder)* im Erstverfahren ebenfalls verklagen.[301]

c) Ergebnis

Den Auffassungen, die grundsätzlich die Anerkennung der *non-mutual preclusion* verneinen, ist nicht zuzustimmen. Vielmehr ist die Anerkennung einsei-

---

[298] BVerfGE 101, 397 (405); 89, 120 (129); 78, 123 (126).
[299] BVerfGE 52, (156); v. Mangoldt/Klein/Starck/*G. Nolte,* Art. 103 Rn. 94.
[300] Dem Hinweis von *Gottwald,* in Festschrift für Musielak, S. 183 (193), dem Schädiger müsste im zweiten Verfahren möglich sein, eine zweite Beweisführung durchzuführen, ist zuzustimmen. Die hier vorliegende Konstellation des *defensive use* wird von *Gottwald* aber nicht berücksichtigt, weil er vor allem den *offensive use* der *non-mutual preclusion* im Bereich der Masseschäden behandelt.
[301] Ein *vouching in* oder eine Interventionsklage steht ihm nicht zur Verfügung. Während die eine nicht auf Fälle alternativer Schuldnerschaft angewendet wird, steht die andere nur dem Beklagten zur Verfügung (siehe das Ergebnis zu Kapitel 3 unter E.).

tig drittbegünstigender Urteilswirkungen differenziert zu betrachten. Eine *non-mutual preclusion,* auf die sich der Kläger beruft *(offensive use)* ist nicht anerkennungsfähig, weil eine vergleichbare Urteilswirkung im deutschen Recht nicht existiert. Anders steht es, wenn sich der Beklagte zu seiner Verteidigung auf einseitig ihn begünstigende Urteilswirkungen beruft *(defensive use)*. Diese sind dem deutschen Recht aber nur dem Wesen nach bekannt, wenn der materiellrechtliche Hintergrund der Dreierkonstellation eine akzessorische Haftung des Dritten ist. Da diesbezüglich kein ordre public-Verstoß ersichtlich ist, kann die *non-mutual preclusion* in diesem Einzelfall anerkannt werden.

VI. Ergebnis

Urteilswirkungen ausländischer Entscheidungen werden nach dem autonomen deutschen Recht gemäß § 328 ZPO anerkannt. Die Anerkennung erfolgt kraft Gesetzes und bedarf keines besonderen Verfahrens. Urteilsanerkennung wird dabei als eine Erstreckung der Wirkungen nach dem Verfahrensrecht des Urteilsstaates auf den Anerkennungsstaat verstanden, so lange die Entscheidung mit den wesentlichen Grundsätzen des deutschen Rechts übereinstimmt (Wirkungserstreckung). Deshalb sind Wirkungen fremder Rechtsinstitute anerkennungsfähig, wenn sie mit dem deutschen Recht funktionell vergleichbar sind.

Ein Dritturteil aufgrund einer Interventionsklage *(impleader)* ist dem deutschen Recht zwar nicht bekannt, jedoch ist es funktionell mit einer Streitverkündung und der Rechtskraft eines Endurteils vergleichbar. Die Interventionsklage regelt dieselben Sachverhaltskonstellationen und verfolgt denselben Zweck wie die Streitverkündung. Prozessual führt sie aber nicht nur zur Ladung des Dritten, sondern besitzt dieselben Wirkungen wie eine selbständige Klageerhebung. Da das Dritturteil eine verfahrensbeendende Entscheidung ist, ist es mit einem Endurteil des deutschen Rechts funktionell vergleichbar. Das Dritturteil ergeht zwar in demselben Ausspruch wie dasjenige zwischen den ursprünglichen Hauptparteien, jedoch besitzt es selbst Rechtskraft- und Vollstreckungswirkung. Seine Anerkennung setzt deshalb nicht voraus, dass die Entscheidung zwischen den Hauptparteien anzuerkennen ist. Da mit der Interventionsklage der Anspruch gegen den Dritten zur endgültigen Entscheidung gestellt wird, müssen die Anerkennungsvoraussetzungen des § 328 ZPO hinsichtlich des Dritten vorliegen. Für die Anerkennungszuständigkeit nach der Nummer 1 genügt es aber nicht, wenn der Dritte nach den Vorschriften über die Streitverkündung mittelbar gerichtspflichtig ist. Die Anerkennungszuständigkeit muss sich vielmehr aus den Zuständigkeitsregelungen für eine Klageerhebung ergeben.

Das Urteil im Rahmen einer Hauptintervention *(interpleader)* ist ebenfalls grundsätzlich anzuerkennen. Die Gläubiger können ihren Anspruch gegenüber dem aus dem Verfahren ausgeschiedenen Beklagten nicht in einem weiteren

B. Anerkennung nach dem deutschen autonomen Recht 173

Verfahren klageweise geltend machen. Hintergrund ist nicht eine subjektive Rechtskrafterstreckung auf den Schuldner, der zum Zeitpunkt der Entscheidung nicht mehr am Verfahren beteiligt ist, sondern der Erlass einer *injunction,* mit der die Gläubiger verurteilt werden, weitere Klagen zu unterlassen. Obwohl eine *injunction* eine rein prozessuale Entscheidung ist und deshalb nicht anerkennungsfähig ist, wird das Klageverbot in Verbindung mit einem *interpleader*-Verfahren nach § 328 ZPO anerkannt. Hintergrund ist die Funktion des Klageverbots in diesem Verfahren. Indem das Gericht über das Ausscheiden des Schuldners entscheidet, trifft es ein Urteil über die Passivlegitimation. Das Klageverbot beinhaltet eine Entscheidung über die Aktivlegitimation. Zusammengenommen sind diese Entscheidungen funktionell mit einem Endurteil zu vergleichen. Im Gegensatz dazu ist eine Entscheidung, die das *interpleader*-Verfahren nicht zulässt, eine rein prozessuale Entscheidung. Sie ist deshalb nicht anerkennungsfähig und hat keinerlei Auswirkungen auf eine Hauptintervention nach dem deutschen Verfahrensrecht.

Die Bindungen des Dritten aufgrund der *issue preclusion* im Falle der Intervention *(intervention)* oder Streitverkündung *(vouching in)* sind ebenfalls anzuerkennen, weil § 328 ZPO nicht nur die Anerkennung der Rechtskraft, sondern auch die Anerkennung anderer Urteilswirkungen regelt. Funktionell ist die *issue preclusion* im Falle der *intervention* und des *vouching in* mit der Rechtskraft- und Interventionswirkung vergleichbar. Ihre Anerkennung setzt aber voraus, dass die Entscheidung zwischen den Hauptparteien anzuerkennen ist, weil die *issue preclusion* eine Wirkung dieser Entscheidung ist. Die Anerkennungsvoraussetzungen des § 328 ZPO werden aber weder direkt noch analog hinsichtlich des Dritten geprüft. Zum einen fehlt eine planwidrige Regelungslücke, weil dem Gesetzgeber die Problematik drittwirkender ausländischer Urteile bekannt war. Zum anderen mangelt es teilweise an einer vergleichbaren Interessenlage wie bei der Anerkennungszuständigkeit, die anders als der Streitverkündungsgrund zum Schutz des Beklagten vorausgesetzt wird. Die Vorschrift ist teilweise, wie Nummer 3 zeigt, aber auch nicht analogiefähig, weil sie inländische Urteile einseitig bevorzugt und deshalb eine systemwidrige Ausnahme darstellt. Einzig der ordre public-Vorbehalt muss hinsichtlich des Dritten geprüft werden, weil dieser grundgesetzlich abgesicherte Verfahrensrechte besitzt.

Auch wenn der Dritte weder formal am Verfahren beteiligt noch informiert wurde, ist die Drittwirkung einer Entscheidung aufgrund der *issue preclusion* vereinzelt anzuerkennen. Diese sogenannte *mutual preclusion* besteht aus einer Vielzahl unterschiedlicher Fallgruppen, die jede für sich daraufhin untersucht werden müssen, ob sie dem deutschen Recht so wesensfremd sind, dass eine Anerkennung grundsätzlich ausscheidet. Das trifft zu für die Fallgruppen der unterstellten Repräsentation des Dritten durch eine Hauptpartei wegen hypothetischer Vermögenserhöhung oder Interessenparallelität, der Kontrolle des Prozesses durch den Dritten sowie der Obliegenheit des Dritten zum Verfahrensbeitritt. Das deutsche Recht kennt keine Möglichkeit, die Rechtskraft eines Urteils nur deshalb auf den Dritten zu erstrecken, weil dieser mittelbar von dem Prozessergebnis profitiert oder weil seine Interessen sich mit denen einer Verfahrenspartei decken. Ebenso wenig zwingt das deutsche Verfahrensrecht den Dritten, unabhängig vom Willen einer der Hauptparteien dem Verfahren beizutreten. Genauso wenig genügt es, dass der Dritte auf die Verfahrensführung einer der Hauptparteien Einfluss nimmt oder diese unterstützt. Wegen des Anspruchs auf rechtliches Gehör muss der Dritte eine prozessrechtlich abgesicherte Position in dem Verfahren besitzen. Nach deutschem Verständnis genügt es nicht, dass die Interessen des Dritten in dem Verfahren vollumfänglich berücksichtigt werden. Hintergrund dieser unterschiedlichen Auffassungen des deutschen und des US-amerikanischen Prozessrechts ist eine unterschiedliche Auffassung des rechtlichen Gehörs. Während das US-amerikanische Recht den Grundsatz des *due process* interessenbezogen auslegt, stellt das deutsche Recht auf die jeweilige Person ab, deren rechtliches Gehör infrage steht.

Jedoch wird in einzelnen Fallgruppen die Drittwirkung des Urteils wegen *mutual preclusion* anerkannt. Dabei handelt es sich um die *mutual preclusion* im Falle der Rechtsnachfolge, der Repräsentation durch eine Partei kraft Amtes oder durch einen Vertreter, der unterstellten Repräsentation *(virtual representation)* durch eine Interessenvertretung, sowie im Falle der freiwilligen Unterwerfung unter das Prozessergebnis als Bürge oder aufgrund einer gesellschaftsrechtlichen Ausgestaltung. Für diese Fallkonstellationen kennt auch das deutsche Recht eine Urteilsbindung des Dritten. Für die Rechtsnachfolge ordnet dies die Prozessordnung mit § 325 ZPO selbst an. Ebenso findet sich für die Partei kraft Amtes mit § 327 ZPO eine Vorschrift. Auch die Erstreckung der *issue preclusion* wegen Vertretung durch eine Interessenvereinigung ist für das deutsche Recht nicht ungewöhnlich, kann sich der Dritte doch freiwillig vertraglich dem Verfahrensergebnis unterwerfen. Dies ist auch durch Vereinssatzung möglich und wird vom Bundesarbeitsgericht in bestimmten arbeitsrechtlichen Streitigkeiten sogar unterstellt. Ebenso kann sich der Bürge im Bürgschaftsvertrag freiwillig der Entscheidung zwischen Gläubiger und Hauptschuldner unterwerfen. Darüber hinaus kann er sich nach § 768 Abs. 1 S. 1 BGB auf ein klageabweisendes Urteil gegenüber dem Schuldner berufen. § 129 Abs. 1 HGB zeigt, dass auch nach deutschem Gesellschaftsrecht der Gesellschafter keine Einwendungen erheben kann, die der Gesellschaft nicht mehr zustehen. In diesen Fällen ist ein ordre public-Verstoß ausgeschlossen, weil das deutsche Recht selbst eine Drittwirkung vorsieht und die Interessen des Dritten im US-amerikanischen Recht berücksichtigt werden, weil dieses verlangt, dass der Dritte im Verfahren eine *full and fair opportunity to litigate* besitzt.

Das US-amerikanische Recht ermöglicht es dem Dritten großzügig, sich einseitig auf Wirkungen eines fremden Urteils zu berufen. Diese sogenannte *non-mutual preclusion* kann der Dritte zur Begründung eines eigenen Klagebegehrens *(offensive use)* oder zur Verteidigung gegen eine Klage *(defensive use)* nutzen. Wie die Streitverkündungs- und Interventionswirkung zeigt, kennt das deutsche Recht grundsätzlich einseitige Urteilswirkungen. Diese können jedoch in keinem Fall von dem Dritten einseitig zur Klagebegründung herangezogen werden. Anders verhält es sich für den Fall der Verteidigung. Für die Fälle akzessorischer Haftung ist § 768 Abs. 1 BGB ein Beispiel dafür, dass sich der akzessorisch Haftende einseitig auf die Klageabweisung gegenüber dem Hauptschuldner berufen kann. Auch das Pflichtversicherungsgesetz ermöglicht es dem KfZ-Haftpflichtversicherer sich auf ein klageabweisendes Urteil gegenüber dem Versicherungsnehmer zu berufen. Während somit in den Fällen der akzessorischen Haftung grundsätzlich ein ordre public-Verstoß nicht ersichtlich ist, muss dieser für andere Fälle der Gesamtschuldnerschaft angenommen werden. Zwar kennt das deutsche Recht wegen § 3 Nr. 8 PflVG selbst Fälle einer Gesamtschuldnerschaft, in denen sich der Dritte einseitig auf fremde Urteilswirkungen zu seinen Gunsten berufen kann. Jedoch besteht der Grundsatz des § 425 Abs. 2 BGB, nach dem ein Urteil nur gegenüber dem verfahrensbeteiligten Gesamtschuldner wirkt. Die Regelung des Pflichtversicherungsgesetzes erklärt sich aus der versicherungsrechtlichen Besonderheit für KfZ-Versicherungen, dass der Geschädigte gegen den Versicherer einen Direktanspruch wegen des schädigenden Ereignisses besitzt. Diesbezüglich stellt die Vorschrift eine absolute Ausnahme dar und kann nicht verallgemeinert werden.

C. Anerkennung nach der EuGVO

I. Anerkennung eines Interventionsklageurteils

Wie im Länderüberblick dargestellt, kann die freiwillige oder unfreiwillige Verfahrensbeteiligung eines Dritten zu einem Urteil führen, das gegenüber dem Dritten nicht nur Rechtskraft wirkt, sondern auch Vollstreckungswirkung besitzt. Folge einer Interventionsklage des französischen Rechts *(intervention forcée mise en cause aux fins de condamnation)* und des englischen Rechts *(Part 20-Klage)* ist ein Urteil, das über den Anspruch gegenüber dem Dritten entscheidet. In diesem Punkt stimmen diese Klagearten mit der Hauptintervention nach französischem Recht *(intervention volontaire principale)* überein, auf deren Grundlage über den vom Dritten geltend gemachten Anspruch entschieden wird. Da der Schuldner aus dem Verfahren nicht ausscheidet, wirkt das Urteil ihm gegenüber unmittelbar Rechtskraft.[302] Sollen diese Urteile gegenüber dem Dritten

---

[302] Eine andere Rechtslage besteht bei der Hauptintervention nach englischem Recht *(interpleader)*. Der Schuldner scheidet nach Intervention des Gläubigers aus dem Verfahren aus. Da er den Anspruch jedoch nicht bestreitet, wird er von der Rechtskraft des Urteils erfasst. Die Anerkennung dieser Rechtskrafterstreckung wird in diesem Kapitel unter C. IV. diskutiert.

oder zu Gunsten des Dritten in einem anderen Staat vollstreckt werden, muss ihnen von diesem Staat die Vollstreckbarkeit verliehen werden. Das Urteil muss deshalb anerkannt werden.

1. Anerkennungsvoraussetzungen

An die Anerkennung von Urteilen zu Lasten oder zu Gunsten Dritter werden keine besonderen Anforderungen gestellt. Insbesondere wird für eine Anerkennung im Verhältnis zum Dritten nicht vorausgesetzt, dass das Urteil zwischen den ursprünglichen Parteien anerkannt werden kann. Diese Auffassung wird zum Teil für eine Anerkennung nach dem deutschen autonomen Recht vertreten.[303] Sie ist aber für eine Anerkennung nach der EuGVO abzulehnen. Zum einen begründet die Interventionsklage nach französischer Rechtsauffassung keine direkte rechtliche Verbindung zwischen Hauptkläger und Drittbeklagtem.[304] Diesem Verständnis wird eine Anerkennung des Interventionsklageurteils gerecht, die unabhängig von der Hauptentscheidung erfolgt. Da europäische Verordnungen jedoch autonom ausgelegt werden, kann die französische Rechtsauffassung nur ein Anhaltspunkt sein.[305] Jedoch lässt sich den Zielen der Verordnung entnehmen, dass die Anerkennungsvoraussetzungen bezüglich des Dritten zu prüfen sind. Ein Garantieurteil wäre schwieriger zu vollstrecken, als wenn die Ansprüche in getrennten Verfahren verfolgt würden.[306] Damit verschärft diese Auffassung das von der EuGVO vorgesehene Anerkennungssystem und widerspricht den Zielen der EuGVO, die Freizügigkeit der Entscheidungen zu garantieren und das Anerkennungssystem zu vereinfachen.[307] Nur eine getrennte Prüfung der Anerkennungsvoraussetzungen allein für das Dritturteil berücksichtigt die Tatsache, dass das Urteil auch zwischen dem Hauptbeklagten und dem Dritten in einem anderen Prozess unabhängig von dem Verfahren zwischen den Hauptparteien ergehen kann.

Darüber hinaus wird dieses Ergebnis auch von Art. 65 Abs. 2 EuGVO gestützt, der die Anerkennung des Interventionsklageurteils in den Staaten bestimmt, die nur das Institut der Streitverkündung kennen und den Vorbehalt nach Absatz 1 erklärt haben. Dessen Wortlaut deutet darauf hin, dass das Urteil im Verhältnis zum Dritten unabhängig von dem Urteil gegenüber den ursprünglichen Parteien zu sehen ist, auch wenn beide Urteile als einheitlicher Aus-

---

[303] Zöller/*Geimer*, § 328 Rn. 60.
[304] *Guinchard*, Nr. 312.53; *Cadiet*, CPC, Art. 335.
[305] Siehe zur Auslegung der EuGVO EuGH, Rs. 9/87, *Arcado SPRL v. Haviland SA,* Slg. 1988-I, 1539, Nr. 10; Rs. 189/87, *Kalfelis v. Bankhaus Schröder,* Slg. 1988-I, 5565; *Kropholler,* EZPR, Einl. Rn. 42 ff.; Geimer/Schütze/*Geimer,* EZVR, Einl. A.1 Rn. 125 ff.; *Linke,* Rn. 131 ff.
[306] *Mansel,* in Hommelhoff (Hrsg.), Binnenmarkt, S. 161 (251).
[307] Erwägungsgrund Nr. 2 und 6.

spruch in einem Verfahren ergehen. Denn ein Urteil, das sowohl Ansprüche zwischen Hauptkläger und -beklagtem, als auch zwischen Hauptbeklagtem und Drittem endgültig entscheidet, besteht denklogisch aus zwei Teilen. Ein französisches Gericht entscheidet im Falle einer Hauptintervention *(intervention volontaire principale)* über den Anspruch des Klägers gegen den Beklagten und über den Anspruch, den der Dritte gegenüber den Hauptparteien geltend macht. Im Falle der Garantieklage (ein Unterfall der *intervention forcée mise en cause aux fins de condamnation*) entscheidet das französische Gericht über den Anspruch des Hauptklägers sowie über den Anspruch, den der Hauptbeklagte gegenüber dem Dritten geltend macht. Auch die Entscheidung eines englischen Gerichts über eine Klage nach Part 20 CPR enthält beide Bestandteile. Auf diese Zweiteilung nimmt die EuGVO in Art. 65 Rücksicht, in dessen Absatz 2 es heißt: „... Entscheidungen, die in den anderen Mitgliedstaaten aufgrund des Artikels 6 Nr. 2 EuGVO ergangen sind, werden in Deutschland und Österreich nach Kapitel III anerkannt und vollstreckt". Das bedeutet, dass die Anerkennungsvoraussetzungen von Entscheidungen, die aufgrund des Art. 6 Nr. 2 und des Art. 11 ergangen sind, allein nach den allgemeinen Regelungen für eine Anerkennung nach Kapitel III bestimmt werden. Damit spaltet die Vorschrift den einheitlichen Ausspruch des ausländischen Gerichts in zwei Entscheidungsteile auf: in den Entscheidungsteil, der am Interventionsgerichtsstand ergeht, und in den Teil, dem keine Garantieklage vorausgeht.[308]

Die Anerkennung eines Drittulteils unterliegt damit denselben Voraussetzungen wie die eines in einem normalen Verfahren ergangenen Urteils.[309] Die Anerkennungspflicht für die Gerichte der Mitgliedstaaten, deren Rechtsordnungen eine Garantieklage selbst vorsehen, ergibt sich aus Art. 33 EuGVO, nach dem jede Entscheidung eines Mitgliedstaates anzuerkennen ist. Für die Gerichte Deutschlands und Österreichs wird diese Anerkennungspflicht noch durch Art. 65 Abs. 2 EuGVO betont. Damit liegt die EuGVO auf derselben Linie, wie sie die deutsche Rechtsprechung zur Anerkennung eines französischen Garantieurteils seit dem Reichsgericht verfolgt.[310] Folge dessen ist, dass die Anerkennungsvoraussetzungen der Art. 34 und 35 EuGVO nur im Hinblick auf den Dritten, seinen Prozessgegner im Hauptprozess und den in ihrem Verhältnis entschiedenen Prozessstoff zu prüfen sind. Ob sie auch bezüglich des Urteils zwischen den beiden Hauptparteien vorliegen, ist unerheblich.[311]

---

[308] *Mansel,* in Hommelhoff (Hrsg.), Binnenmarkt, S. 161 (249), zu Art. V der Protokolle zum EuGVÜ.

[309] *Mansel,* in Hommelhoff (Hrsg.), Binnenmarkt, S. 161 (248).

[310] RGZ 10, 290 (292); RGZ 61, 390 (393), jeweils zur verjährungsunterbrechenden Wirkung einer Interventionsklage. Weitergeführt durch BGH NJW 1970, 387 (388); OLG Karlsruhe NJW 1974, 1059 (1060).

[311] *Kropholler,* EZPR, Art. 6 Rn. 21; Wieczorek/Schütze/*Mansel,* § 68 Rn. 46.

2. Keine Überprüfung der Anerkennungszuständigkeit

Nach dem Anerkennungssystem der EuGVO ist es dem Anerkennungsstaat verboten, die Zuständigkeit der Gerichte des Ursprungsmitgliedstaates nachzuprüfen (Art. 35 Abs. 1 EuGVO). Das Gericht des Anerkennungsstaates ist deshalb an die Zuständigkeitsentscheidung des Gerichts des Urteilsstaates gebunden. Da Art. 65 EuGVO ausdrücklich bestimmt, dass sich die Anerkennung eines Dritturteils nach den allgemeinen Vorschriften richtet, ist es auch nicht möglich eine Anerkennungszuständigkeit für die Interventionsklage zu prüfen. Damit ergibt sich ein wesentlicher Unterschied zur Anerkennung nach internationalen Anerkennungsübereinkommen[312] und nach dem autonomen deutschen Recht. Dieses verlangt, dass eine Anerkennungszuständigkeit für die Interventionsklage vorliegt.[313] Die Anerkennungszuständigkeit kann auch nicht im Rahmen der Missbrauchsgrenze des Art. 6 Nr. 2 EuGVO geprüft werden. Zwar soll diese verhindern, dass die Garantieklage nur erhoben wird, um den Dritten dem für ihn zuständigen Gericht zu entziehen. Dennoch ist sie als Teil einer Zuständigkeitsvorschrift ausgestaltet, so dass sich Art. 35 Abs. 3 i.V.m. Abs. 1 EuGVO auch darauf bezieht. Aus diesem Grund kann das Gericht des Anerkennungsstaates nicht nachprüfen, ob die Garantieklage aus rechtsmissbräuchlichen Gründen erhoben wurde. Es ist auch in dieser Frage an die Feststellungen des Entscheidungsgerichts gebunden.

Von dem Verbot, die Anerkennungszuständigkeit zu überprüfen, besteht jedoch nach Art. 35 Abs. 1 EuGVO eine Ausnahme. Danach ist das Gericht des Anerkennungsstaates an die Entscheidung des Gerichts des Urteilsstaates über bestimmte ausschließliche Zuständigkeiten sowie über Zuständigkeiten in Versicherungssachen und Verbrauchersachen nicht gebunden. Dieser Ausnahmekatalog ist für die Frage nach der Anerkennung einer Interventionsklage nur interessant, sofern es sich um eine Versicherungssache handelt. Denn nur der Abschnitt über die Versicherungssachen enthält Vorschriften zur Drittbeteiligung. Sollte die Zuständigkeit des Hauptverfahrens sich auf einen Verbrauchergerichtsstand stützen, ergibt sich die Zuständigkeit für die Interventionsklage aus Art. 6 Nr. 2 EuGVO. Wegen des Wortlauts des Art. 35 Abs. 1 EuGVO, der ausdrücklich nur die Zuständigkeitsvorschriften nach den Kapiteln 3, 4 und 6 für prüfungsfähig erklärt, und wegen seines abschließenden Charakters ist das Gericht des Anerkennungsstaates an die Entscheidung über den Interventionsklagegerichtsstand nach Art. 6 Nr. 2 EuGVO in Verbrauchersachen gebunden. Dasselbe gilt für Hauptverfahren, deren Gerichtsstände sich aus einer ausschließlichen Zuständigkeit nach Kapitel 6 der EuGVO stützen, und in denen ein Dritter

---

[312] *Gaudemet-Tallon*, S. 379.
[313] Zur Rechtslage nach den autonomen deutschen Regelungen siehe in diesem Kapitel unter B. I. 3. a).

durch Klageerhebung beteiligt wird. Die Anforderungen an die Prüfung der Anerkennungszuständigkeit sowie die Folgen für die Anerkennung eines Dritturteils werden weiter unten im Zusammenhang mit der Drittbeteiligung in Verfahren über Versicherungssachen näher dargestellt.[314]

3. Rechtliches Gehör bei Verfahrenseröffnung

Die Anerkennung einer Entscheidung eines anderen Mitgliedstaates ist nach Art. 34 Nr. 2 EuGVO ausgeschlossen, wenn dem Beklagten das verfahrenseinleitende Schriftstück nicht rechtzeitig und in einer Weise zugestellt wurde, dass er sich verteidigen konnte. Anders als nach dem EuGVÜ wird nicht mehr verlangt, dass die Zuständigkeit ordnungsgemäß erfolgte. Deshalb ist eine Prüfung der Feinheiten des Zustellungsrechts, das sich nach der Zustellungsverordnung[315] richtet, nicht mehr erforderlich.[316] Diese Vorschrift geht nicht ausdrücklich auf ein Verfahren mit drei verschiedenen Parteien ein, sondern spricht allgemein von dem Beklagten. Sie ist jedoch so auszulegen, dass im Falle der Anerkennung der hier behandelten Urteile, die einen Dreiparteienprozess abschließen, als Beklagter auch der Drittbeklagte zu verstehen ist. Wie oben dargestellt, wird das Urteil in zwei Entscheidungsteile aufgespalten: zum einen die Entscheidung, die das Rechtsverhältnis zwischen Hauptkläger und Hauptbeklagtem entscheidet, und zum anderen die Entscheidung, die am Interventionsgerichtsstand ergeht und über das Rechtsverhältnis zwischen Hauptbeklagtem und Drittbeklagtem urteilt. Für die Frage der Anerkennung dieses zweiten Entscheidungsteils ist das Verfahren wie ein ganz normales streitiges Verfahren zu behandeln.[317] Die Prüfung, ob das verfahrenseinleitende Schriftstück dem Drittbeklagten rechtzeitig und in einer Weise zugestellt wurde, die es ihm erlaubt, sich zu verteidigen, unterliegt den Voraussetzungen, welche die EuGVO an die Einleitung eines Zweiparteienprozesses stellt.[318]

---

[314] Siehe Kapitel 7 A. II.

[315] ZustellungsVO (EG) Nr. 1348/2000.

[316] *Gaudemet-Tallon*, S. 334, *Kropholler*, EZPR, Art. 34 Rn. 33; a. A. Rauscher/*Leible*, EZPR, Band 1, Art. 34 Rn. 31. Zur Kritik an Art. 27 Nr. 2 LugÜ/EuGVÜ siehe Nagel/*Gottwald*, IZPR, § 11 Rn. 34. Zur Auslegung des Begriffs „ordnungsgemäße Zustellung", siehe Nagel/*Gottwald*, IZPR § 11 Rn. 38 zu Art. 27 Nr. 2 LugÜ, Rauscher/ *Leible*, EZPR, Band 1, § 34 Rn. 31.

[317] Siehe die Rechtsprechung zur Anerkennung eines französischen Garantieurteils, nach der das Urteil wie ein Endurteil anerkannt wird, das ein streitiges Verfahren beendet, RGZ 10, 290 (292); RGZ 61, 390 (393). Diese Rechtsprechung wird weitergeführt durch BGH NJW 1970, 387 (388); OLG Karlsruhe NJW 1974, 1059 (1060).

[318] Siehe zu der Auslegung des Art. 34 Nr. 2 EuGVO im Allgemeinen: Münch-KommZPO-*Gottwald*, Art. 34 EuGVO Rn. 21 und 22 f.; Nagel/*Gottwald*, IZPR, § 11 Rn. 34 ff.; Rauscher/*Leible*, EZPR, Band 1, Art. 34 Rn. 23 ff.; *Kropholler*, EZPR, Art. 34 Rn. 29 und 33; *Layton*, Band 1, Nr. 26.032 und 26.037; *Gaudemet-Tallon*, Nr. 410.

II. Anerkennung der Drittwirkung ohne Vollstreckungswirkung

Wichtigstes Objekt des Anerkennungsverfahrens ist wie im deutschen Recht die Anerkennung der materiellen Rechtskraft. Dabei gilt der oben dargestellte Grundsatz der Wirkungserstreckung, so dass die Grenzen der subjektiven Rechtskraft dem Recht des Urteilsstaates zu entnehmen sind. Im Falle der Drittbeteiligung sind dabei drei verschiedene Arten der Drittwirkung zu unterscheiden. Sie teilen jedoch die Gemeinsamkeit, dass der Dritte an die Feststellungen eines Urteils zwischen zwei anderen Parteien gebunden ist, ohne dass die Entscheidung ihm gegenüber Vollstreckungswirkung entfaltet.

Die erste Variante ist die Interventionswirkung, wie sie das französische Recht für den freiwilligen Beitritt *(intervention volontaire accessoire)* vorsieht. Der Dritte, der sich freiwillig am Verfahren zwischen den Hauptparteien beteiligt, wird an das in diesem Verfahren ergehende Urteil gebunden. Dem stehen bestimmte Beteiligungsrechte gegenüber, die er zur Unterstützung einer der Hauptparteien ausüben kann, weshalb er sich nicht in Widerspruch zu den Prozesshandlungen der unterstützten Partei setzen darf.[319] Im Gegensatz zur französischen Streitverkündung, durch die dem Dritten die Verfahrensstellung einer selbständigen Partei eingeräumt wird, kann er bei der Nebenintervention nur Verfahrenshandlungen vornehmen, die das Vorbringen der unterstützten Hauptpartei stärken.

Die zweite Form der Drittwirkung stellt die Wirkung einer Streitverkündung nach französischem Recht *(intervention forcée mise en cause commun de jugement)* dar. Anders als die oben dargestellte Interventionsklage *(intervention forcée mise en cause aux fins de condamnation)* führt diese Form der *intervention forcée* nicht zu einer Entscheidung über einen gegenüber dem Dritten geltend gemachten Anspruch, sondern zur Urteilsbindung. Der Dritte wird an dem Verfahren als Hauptpartei beteiligt, weshalb er seine Beteiligungsrechte unabhängig von dem Streitverkündenden ausüben kann. Das französische Recht ordnet deshalb eine Erstreckung der subjektiven Rechtskraft auf den Dritten an. Die französische Streitverkündung unterscheidet sich damit von der deutschen darin, dass der Dritte als vollwertige Partei und nicht nur als Streithelfer beteiligt wird. Ein weiterer Unterschied besteht darin, dass die Interventionswirkung nicht als eigenständige Urteilswirkung, sondern als Bestandteil der Rechtskraft verstanden wird.

Die dritte Spielart von Urteilswirkungen, die in einem folgenden Erkenntnisverfahren relevant werden können, kennt das englische Recht. Dieses erstreckt die subjektive Rechtskraft auch auf Dritte, die sich an dem Verfahren nicht beteiligt haben, oder denen der Streit nicht verkündet wurde. Als Gründe für diese

---

[319] Siehe näheres unter Kapitel 3 B. III.

Rechtskrafterstreckung werden u. a. die Grundsätze der Repräsentation und des Prozessmissbrauchs angeführt. Wesentliches Merkmal ist es, dass der Dritte nicht formal am Verfahren beteiligt war. In diese Gruppe der Rechtskrafterstreckung fällt auch die Bindung des Schuldners an ein Urteil, das in einem *interpleader*-Verfahren ergeht. Der Schuldner, der aus dem Verfahren ausscheidet, wird an das Urteil zwischen den behaupteten Gläubigern gebunden.[320]

1. Drittwirkung wegen Nebenintervention oder Streitverkündung

a) Prozessrechtliche Qualifikation und Wirkungserstreckung

Die Interventionswirkung ist wie die Rechtskraft eine Urteilswirkung. Abweichend von der deutschen Rechtsauffassung, nach der die Interventionswirkung von der Rechtskraft zu unterscheiden und wie diese als ein prozessrechtliches Institut einzuordnen ist,[321] findet sich in anderen mitgliedstaatlichen Rechtsordnungen die Ansicht, die Interventionswirkung sei Teil der Rechtskraft, die wiederum dem materiellen Recht zuzuordnen ist. Im französischen Recht ist die Rechtskraft in Art. 1351 CC geregelt und ist gemäß Art. 1350 CPC als gesetzliche Vermutung ausgestaltet; im englischen Recht wird die Rechtskraft wie eine Beweisregel verstanden.[322] Würde diese materiellrechtliche Qualifikation der Interventionswirkung für Fragen der Anerkennung übernommen, richtet sich diese nicht nach dem internationalen Verfahrensrecht, sondern nach dem internationalen Privatrecht.

Dieser Lösungsweg ist jedoch aus mehreren Gründen abzulehnen. Im autonomen deutschen internationalen Zivilverfahrensrecht ist anerkannt, dass die nach ausländischen Rechtsordnungen materiellrechtlich verstandene Rechtskraft prozessrechtlich qualifiziert werden muss.[323] Das systematische Verständnis des Urteilsstaates wird nicht übernommen, damit dieser nicht über die Anerkennung entscheidet.[324] Auch aus europarechtlichen Gründen ist die Einordnung der Rechtskraft und der Interventionswirkung nach den mitgliedstaatlichen Rechtsordnungen als materiellrechtliches Institut irrelevant. Art. 65 EuGVO ordnet

---

[320] Zur Drittbeteiligung nach dem englischen Recht siehe Kapitel 3 C. und die Zusammenfassung in Kapitel 3 E.

[321] Zur Diskussion im deutschen Recht über die Natur der Interventionswirkung siehe MünchKommZPO-*Schultes* § 68 Rn. 1; Rosenberg/Schwab/*Gottwald*, § 50 Rn. 66; *W. Lüke*, S. 35 f.

[322] Zum französischen Recht siehe Dalloz/*Wiederkehr*, Art. 1351 CPC; zum englischen Recht siehe C. IV.

[323] Siehe Kapitel 5 B. I. 1.; *Schack*, Rn. 926; *Spiecker gen. Döhmann*, S. 57; *Martiny*, HdbIZVR, Band III/1, Kapitel 1 Rn. 279; *Habscheid*, in Festschrift für Fragistas, S. 529 (533).

[324] *Schack*, Rn. 24 und 926.

ausdrücklich an, dass die Streitverkündungswirkung nach den allgemeinen Vorschriften anzuerkennen ist. Auf eine etwaige materiellrechtliche Einordnung nimmt die EuGVO keine Rücksicht. Sie behandelt die Bindungswirkung grundsätzlich wie ein prozessrechtliches Institut. Diese Einordnung rechtfertigen schon die Auslegungsmethoden des europäischen Rechts, nach denen eine Verordnung europarechtlich autonom interpretiert werden muss, um die spezifischen europäischen Interessen zu berücksichtigen.[325] Das Ziel der Verordnung, die Freizügigkeit von Entscheidungen in den Mitgliedstaaten zu erleichtern, verlangt eine prozessrechtliche Einordnung. Würde die Bindungswirkung materiellrechtlich verstanden, käme eine Erstreckung auf den Anerkennungsstaat nur insoweit in Betracht, als das internationale Privatrecht des Anerkennungsstaats auf das materielle Recht des Urteilsstaats als anzuwendendes Recht verweist und letzteres die Verweisung annimmt. Da die Kollisionsnormen der Mitgliedstaaten nur teilweise vereinheitlicht sind,[326] wäre eine Berücksichtigung der Bindungswirkung von den jeweilig anzuwendenden Kollisionsnormen abhängig. Ein solches System würde das Ziel, die Freizügigkeit der Entscheidungen zu erleichtern, für die Fälle der Drittbeteiligung konterkarieren.

Die EuGVO ordnet demnach selbst an, dass alle Wirkungen der mitgliedstaatlichen Entscheidungen nach ihren Regelungen anerkannt werden sollen. Dies ergibt sich aus dem für die EuGVO geltenden und oben dargestellten Grundsatz der Wirkungserstreckung, nach dem die Wirkungen des ausländischen Urteils im Wege der Anerkennung auf einen anderen Staat erstreckt werden.[327] Aus diesem Grundsatz ergibt sich ein weiteres Prinzip für die Anerkennung. Nicht das ausländische prozessrechtliche Beteiligungsinstitut wird anerkannt, sondern die auf ihm beruhenden Entscheidungswirkungen. Das bedeutet, dass sich die Interventionswirkung im Falle einer ausländischen Streitverkündung nicht aus §§ 74, 68 ZPO ergibt, die mithilfe der Substitution des ausländischen Beteiligungsinstituts anwendbar wären. Stattdessen erstreckt sich die nach dem Recht des Urteilsstaates zuerkannte Interventionswirkung auf den Anerkennungsstaat.[328]

---

[325] So auch *Mansel,* in Hommelhoff (Hrsg.), Binnenmarkt, S. 161 (210), zur vertragsautonomen Auslegung des inhaltsgleichen Art. V der Protokolle zum EuGVÜ.
[326] Rom I (Verordnung (EG) Nr. 593/2008 des Europäischen Parlaments und des Rates vom 17. Juni 2008 über das auf vertragliche Schuldverhältnisse anzuwendende Recht) und Rom II (Verordnung (EG) Nr. 864/2007 des Europäischen Parlaments und des Rates vom 11. Juni 2007 über das auf außervertragliche Schuldverhältnisse anzuwendende Recht) vereinheitlichen die Kollisionsnormen für vertragliche und außervertragliche Schuldverhältnisse. Rom I ist ab dem 17.12.2009, Rom II ab dem 11.1.2009 in Geltung.
[327] Siehe in diesem Kapitel unter A. II. 3.
[328] *Gaudemet-Tallon,* Nr. 251 und 360.

b) Sachlicher und persönlicher Anwendungsbereich

Die Rechtsordnungen der meisten Mitgliedstaaten kennen ein Beteiligungsinstitut der freiwilligen oder unfreiwilligen Intervention.[329] Das österreichische Recht sieht ein der deutschen Streitverkündung vergleichbares Institut vor.[330] Die Nebenintervention nach dem österreichischen und auch nach dem französischen Recht ähnelt wiederum derjenigen des deutschen Rechts.[331] In der französischen Rechtsordnung findet sich darüber hinaus mit der *intervention forcée mise en cause commun de jugement* ein Institut, das eine Bindungswirkung wie die deutsche Streitverkündung kennt, aber im Vergleich zu ihr dem Dritten als eigenständige Partei weitergehende Verfahrensrechte einräumt.

Die Anerkennung der Interventionswirkung, die aus dem jeweiligen Beteiligungsinstitut folgt, richtet sich nach den Anerkennungsvorschriften der EuGVO. Diese sind uneingeschränkt auf alle Interventionswirkungen aufgrund freiwilligen oder unfreiwilligen Beitritts anzuwenden, unabhängig davon, in welchem Mitgliedstaat das Verfahren anhängig war. Art. 65 EuGVO bestimmt dies ausdrücklich für die Anerkennung einer Streitverkündung nach deutschem, österreichischem und nunmehr auch ungarischem Recht. Diese Aufzählung bedeutet aber nicht, dass andere Interventionswirkungen wie z.B. die der französischen Streitverkündung oder der Nebenintervention nicht anerkannt werden. Denn aus Art. 65 EuGVO kann nicht im Umkehrschluss folgen, dass der Grundsatz der Wirkungserstreckung für Interventionswirkungen außer Kraft gesetzt ist, die sich nicht in seiner Aufzählung finden. Dies lässt sich seinem Wortlaut nicht entnehmen. Absatz 2 ordnet an, dass eine Entscheidung, die am Interventionsklagegerichtsstand ergeht, auch in den Ländern anzuerkennen ist, die eine Interventionsklage in ihrer Rechtsordnung selbst nicht kennen (Deutschland, Österreich und Ungarn), und stellt anschließend klar, dass die Wirkungen der Streitverkündung nach den Rechten dieser Länder auch anerkennungsfähig sind. Die Aufzählung dieser drei Länder soll deshalb nur klarstellen, dass Wirkungen von Drittbeteiligungsinstituten nach den allgemeinen Vorschriften anzuerkennen sind, auch wenn sie der Rechtsordnung des Anerkennungsstaats unbekannt sind.[332]

---

[329] Siehe den Überblick in Kapitel 3 E. Eine Ausnahme stellt das englische Recht dar, wonach eine Verfahrensbeteiligung zur Unterstützung einer der Hauptparteien nur als *joinder* möglich ist, siehe Kapitel 3 C. II. Der rechtsvergleichende Überblick bei *Habscheid*, Recht in Ost und West, S. 651 ist überholt, seitdem die CPR in Kraft sind.
[330] Vgl. Fasching/*Schubert*, § 21 Rn. 1.
[331] Zum österreichischen Recht vgl. Fasching/*Schubert*, § 19 Rn. 1, zum französischen Recht vgl. Kapitel 3 B. III.
[332] So auch im Ergebnis *Mansel*, in Hommelhoff (Hrsg.), Binnenmarkt, S. 161 (212 f.).

Ein anderes Argument ergibt sich aus dem Zusammenspiel von Zuständigkeitsvorschriften und Anerkennungsregeln. Eine Entscheidung eines Mitgliedstaates ist auch dann anzuerkennen, wenn sie an einem Gerichtsstand ergeht, der nicht auf den Zuständigkeitsvorschriften der EuGVO beruht. Für die Anerkennung ist nur entscheidend, dass es sich um ein Urteil eines Mitgliedstaates handelt.[333] Es ist deshalb unerheblich, bei welchem Gericht das Verfahren anhängig war, an dem der Dritte durch eine Streitverkündung oder Nebenintervention beteiligt wurde. Maßgeblich ist, dass dieses Verfahren vor einem mitgliedstaatlichen Gericht durchgeführt wurde.

Nach der Auffassung *Mansels*[334] wird Art. 65 EuGVO nicht auf die Streitverkündung des französischen Rechts angewendet. Im Falle der Streitverkündung sei die Entscheidung mit einem Feststellungsurteil über Drittansprüche vergleichbar, weshalb die Entscheidung zwischen den Hauptparteien gegenüber dem Dritten Vollstreckungswirkung entfalte. Die Wirkungen dieses Feststellungsurteils seien wie Entscheidungswirkungen nach den allgemeinen Bestimmungen anzuerkennen. Diese Ansicht entspricht jedoch nicht der französischen Rechtslage und ist deshalb abzulehnen. In der französischen Literatur ist es unbestritten, dass aus der Streitverkündung *(intervention forcée mise en cause commun de jugement)* keine Vollstreckungswirkung, sondern nur eine Erstreckung der Rechtskraft folgt.[335] Mangels Vollstreckungswirkung ist dieses Institut eher mit der deutschen Streitverkündung als der französischen Interventionsklage vergleichbar.

Genauso wenig wie Art. 65 EuGVO den sachlichen Anwendungsbereich der Anerkennungsregelungen beschränkt, kann er den persönlichen Anwendungsbereich einengen. Zwar erwähnt diese Vorschrift nur Streitverkündungen gegenüber Dritten, die ihren Wohnsitz in einem Mitgliedstaat haben. Dennoch zeigen Art. 4 und 23 EuGVO, dass es für die EuGVO unerheblich ist, ob derjenige, gegen den sich die Prozesshandlung richtet, seinen Wohnsitz in einem Mitgliedstaat hat. Zum einen kann eine solche Person nach den Zuständigkeitsregelungen des nationalen Rechts verklagt werden, zum anderen genügt es für eine Gerichtsstandsvereinbarung, dass für eine der Parteien der Sitz in einem Mitgliedstaat begründet ist.

---

[333] Nagel/*Gottwald*, IZPR, § 11 Rn. 14.
[334] *Mansel,* in Hommelhoff (Hrsg.), Binnenmarkt, S. 161 (184).
[335] *Guinchard,* Nr. 312.41: „L'intervention forcée peut aussi être formée pour étendre au tiers l'autorité de la chose jugée […]. On parle alors d'appel en déclaration de jugement commun". *Cadiet,* Art. 3 Nr. 8: „… et en aucun cas il ne peut constituer un titre exécutoire contre ce dernier …"

c) Anerkennungsvoraussetzungen

Da die Interventionswirkung eine Urteilswirkung ist, richtet sich ihre Anerkennung nach den allgemeinen Vorschriften der Art. 33 ff. EuGVO. Es gilt deshalb auch hier, dass die Anerkennung automatisch ohne nähere Prüfung erfolgt und die in Art. 34 und 35 EuGVO abschließend aufgezählten Anerkennungshindernisse nur im Rechtsbehelfsverfahren geprüft werden. Da im Falle der Interventionswirkung drei Personen beteiligt sind, fragt es sich, hinsichtlich welches Beteiligten die Hindernisse vorliegen müssen, um die Anerkennung zu verhindern. Ein ähnliches Problem stellte sich schon bei der oben behandelten Anerkennung eines Interventionsklageurteils. Es bestehen jedoch Unterschiede. Das Urteil, das Grundlage der Interventionswirkung ist, enthält nur einen Ausspruch zu dem Rechtsstreit zwischen den Hauptparteien. Es entscheidet nicht über das Drittinteresse, das zwar eine wirksame Streitverkündung oder Nebenintervention verlangt, jedoch nicht Gegenstand des Verfahrens ist.

Laut *Mansel* spiegelt sich die Abhängigkeit des Streithelfers von der unterstützten Hauptpartei in der Anerkennungsprüfung wider. Er fordert deshalb, dass die Entscheidung zwischen den Hauptparteien selbst anerkennungsfähig sein muss.[336] Diese Erklärung trifft möglicherweise auf die Anerkennung der Interventionswirkung wegen einer Nebenintervention zu. Sie kann aber keine Antwort darauf geben, warum die Anerkennung einer Interventionswirkung aufgrund einer französischen Streitverkündung *(intervention forcée mise en cause commun de jugement)* diejenige der Entscheidung zwischen den Hauptparteien voraussetzt. Denn durch die Streitverkündung werden dem Dritten Verfahrensrechte verliehen, die er selbständig und unabhängig von den Prozesshandlungen der Hauptpartei ausüben kann.[337] Im Falle einer französischen Streitverkündung ist deshalb der Streitverkündungsempfänger nicht von dem Streitverkünder abhängig. Die Interventionswirkung ist auch hier eine Wirkung der Entscheidung zwischen den Hauptparteien, so dass deren Anerkennung erforderlich ist.[338] Anders als bei der Interventionsklage lässt sich das Verfahren nicht in zwei Bestandteile (gegen den Beklagten und den Streitverkündungsempfänger) zerlegen. Ebenso wenig besteht das Urteil, aus dem die Interventionswirkung folgt, aus zwei Entscheidungsteilen in einem einheitlichen Ausspruch. Die Interventions-

---

[336] *Mansel,* in Hommelhoff (Hrsg.), Binnenmarkt, S. 161 (217).

[337] Dies erklärt sich damit, dass *Mansel,* in Hommelhoff (Hrsg.), Binnenmarkt, S. 161 (184), die Interventionswirkung aufgrund einer *intervention forcée mise en cause commun de jugement* für die Frage der Anerkennung nicht der Interventionswirkung aus einer Streitverkündung, sondern einem Dritturteil mit Vollstreckungswirkung gleichstellt. Folgt man seiner Meinung, besteht ein erhöhter Argumentationsbedarf, warum die Anerkennung der Interventionswirkung von einer anerkennungsfähigen Hauptentscheidung abhängig sein soll.

[338] *Kropholler,* EZPR, Art. 6 Rn. 25, ausdrücklich aber nur zur Streitverkündung nach spanischem Recht.

wirkung ist deshalb eine Wirkung, die aus der Entscheidung zwischen den Hauptparteien folgt. Aus diesem Grund kann die Interventionswirkung grundsätzlich nur anerkannt werden, wenn auch der Anerkennung der Entscheidung zwischen den Hauptparteien keine Hindernisse entgegenstehen.

Da der Dritte gegen seinen Willen an dem Verfahren beteiligt wird, stellt sich die Frage, ob nicht auch seine Interessen eines besonderen Schutzes im Anerkennungsverfahren bedürfen. Zum einen kann der Dritte durch eine Streitverkündung vor das Gericht eines jeden Mitgliedstaats geladen werden, da die Streitverkündung keine besondere Zuständigkeit voraussetzt. Zum anderen besitzt auch der Dritte einen Anspruch auf rechtliches Gehör, der durch das Grundgesetz (Art. 103 Abs. 2) und die Europäische Menschenrechtskonvention (Art. 6) geschützt ist. Allerdings sind die in Art. 34 und 35 EuGVO aufgeführten Anerkennungshindernisse abschließend aufgezählt. Sie können nicht ohne weiteres erweitert werden, ohne das Ziel der Verordnung zu gefährden, die Freizügigkeit der Entscheidungen zu gewährleisten.[339]

Außerdem muss berücksichtigt werden, dass das zur Anerkennung gestellte Urteil nicht endgültig über das Rechtsverhältnis zwischen dem Dritten und der unterstützten Hauptpartei entscheidet. Dies bleibt einem weiteren Verfahren vorbehalten, in dem der Dritte seine Rechte endgültig verteidigen kann, sich aber auch die Interventionswirkung auswirkt. Die Rechtsverfolgung des Dritten ist im Folgeverfahren deshalb um die im Erstverfahren festgestellten Tatsachen- und Rechtsfragen beschnitten. Deshalb lohnt sich der Vergleich mit einer Klageerhebung. Verklagt der Streitverkünder den Dritten, wäre ein Urteil gegen ihn nur anzuerkennen, wenn keine Anerkennungshindernisse in der Person des Dritten vorlägen. Wie gesehen führt auch die Interventionswirkung zu endgültigen Entscheidungen über Tatsachen- und Rechtsfragen und ist damit der Rechtskraft ähnlich. Viele Rechtsordnungen unterscheiden systematisch nicht zwischen Interventionswirkung und Rechtskraft. Da beide Urteilswirkungen endgültige Entscheidungen über die Rechte des Dritten beinhalten, ist kein Grund ersichtlich, weshalb der Anspruch auf rechtliches Gehör im Falle einer Verfahrensbeteiligung als Hauptpartei infolge einer Klageerhebung durch die Anerkennungsvorschriften geschützt ist, bei einer Verfahrensbeteiligung aufgrund einer Streitverkündung der verfassungsrechtliche Schutz aber versagt werden soll.[340]

Hinzu kommt noch ein weiteres Argument. Der Anspruch des Dritten auf rechtliches Gehör kann nicht einfach im Anerkennungsverfahren übergangen werden. Die Verordnung ist ein Rechtsakt der Europäischen Union, bei deren Auslegung der Europäische Gerichtshof die Europäische Menschenrechtskonvention als allgemeinen Rechtsgrundsatz und Auslegungshilfe berücksichtigt.[341]

---

[339] *Kropholler,* EZPR, Art. 34 Rn. 5.
[340] *Mansel,* in Hommelhoff (Hrsg.), Binnenmarkt, S. 161 (218).

Aus Art. 6 Abs. 1 EMRK folgt der Anspruch auf rechtliches Gehör und ein faires Verfahren.[342] Das Ziel der Verordnung, zur Förderung des Binnenmarktes die Freizügigkeit der gerichtlichen Entscheidungen zu erleichtern, darf deshalb nicht zu Lasten dieser Rechte verfolgt werden. Aus diesen Gründen sind die Anerkennungshindernisse auch hinsichtlich des Dritten zu prüfen. Wie im Weiteren zu sehen sein wird, hat dies aber nur praktische Bedeutung für den ordre public.

(1) Ordre public – Art. 34 Nr. 1 EuGVO

Eine Entscheidung wird weiterhin nicht anerkannt, wenn ihre Anerkennung – nicht die Entscheidung selbst[343] – der öffentlichen Ordnung des Anerkennungsstaats offensichtlich widersprechen würde (Art. 34 Nr. 1 EuGVO). Obwohl die EuGVO anders als das EuGVÜ ausdrücklich im Wortlaut erwähnt, dass nur *offensichtliche* Widersprüche einen Verstoß gegen den ordre public darstellen, ergibt sich im Ergebnis gegenüber dem EuGVÜ nichts anderes. War doch schon unter dem EuGVÜ anerkannt, dass ein ordre public-Verstoß nur in absoluten Ausnahmefällen eine Anerkennung hindern kann.[344] Dieser Ausnahmecharakter wird auch durch die Diskussion um den ordre public-Vorbehalt unterstrichen. Er wird als überflüssig gewertet,[345] weshalb ein völliger Verzicht vorgeschlagen wird.[346]

Die EuGVO versteht unter öffentlicher Ordnung diejenige des Anerkennungsstaates. Folglich handelt es sich dabei nicht um einen Begriff, der in den Mitgliedstaaten inhaltsgleich und im Wege der autonomen Auslegung[347] zu füllen

---

[341] Zur Europäischen Menschenrechtskonvention als Rechtserkenntnisquelle für die Unionsgrundrechte und zu ihrer Bedeutung als interpretatorische Entfaltung der Grundrechte siehe EuGH Rs. 97–99/87, *Dow Chemical Iberia u. a. v. Kommission*, Slg. 1989-I, 3165 Rn. 14 ff.; Rs. C-112/00 *Schmidberger v. Republik Österreich*, Slg. 2003-I, 5659 Rn. 71; Calliess/Ruffert/*Kingreen*, Art. 52 GRCh Rn. 37.

[342] *Anweiler,* S. 74 ff.

[343] *Rauscher/Leible,* EZPR, Band 1, Art. 34 Rn. 8.

[344] So der *Jenard*-Bericht zu Art. 26 EuGVÜ und die ständige Rechtsprechung des EuGH, siehe EuGH Rs. 145/86, *Hoffmann v. Krieg*, Rn. 21; Rs. 78/95, *Hendrikman v. Magenta Druck & Verlag*, Rn. 23; Rs C-7/98, *Krombach v. Bamberski* 2000-I, 1935 Rn. 21; Rs. 38/98, *Renault v. Maxicar*, Rn. 26. Siehe auch die Nachweise bei *Kropholler*, EZPR, Art. 34 Rn. 4; Rauscher/*Leible*, EZPR, Band 1, Art. 34 Rn. 9 und Fn. 33.

[345] *Leipold,* in Festschrift für Stoll, S. 625 (646); *Raum/Lindner,* NJW 1999, 465 (470).

[346] Begründung der Kommission zur EuGVO in KOM (1997) 609, und Mitteilung der Kommission an den Rat und das Europäische Parlament KOM (1997) 609 Nr. 20, in dem ausdrücklich darauf hingewiesen wird, dass der aus dem Begriff der öffentlichen Ordnung abgeleitete Versagungsgrund überprüft werden muss, weil er sich zur Zeit in einer Schieflage im Verhältnis zum europäischen Integrationsprozess und zu den behandelten Zivil- und Handelssachen befindet.

[347] Zu der besonderen Auslegungsmethode im Europarecht vgl. *Anweiler,* S. 74 ff.

ist. Vielmehr wird der einzelstaatliche ordre public durch die Vorstellungen des jeweiligen Mitgliedstaats bestimmt. Diese legen fest, welche Anforderungen eine ausländische Entscheidung für die Anerkennung zu erfüllen hat,[348] wobei die besonderen Intentionen des Europäischen Zivilverfahrensrechts zu berücksichtigen sind. Der Europäische Gerichtshof besitzt damit kein Auslegungsmonopol für die inhaltliche Füllung des Begriffs. Er überprüft aber, ob die einzelstaatlichen Auffassungen sich innerhalb der gezogenen Grenzen bewegen.[349] In der Entscheidung *Krombach* legte der Europäische Gerichtshof die zu beachtenden Grenzen fest. Die Anerkennung kann wegen eines ordre public-Verstoßes nur versagt werden, wenn die Anerkennung der ausländischen Entscheidung zu einem nicht hinnehmbaren Gegensatz zur Rechtsordnung des Anerkennungsstaats führt. Lediglich abweichende Rechtsvorschriften oder eine von den tatsächlichen und rechtlichen Feststellungen abweichende Prüfung des Anerkennungsgerichts reichen nicht aus.[350] In derselben Entscheidung betont der Europäische Gerichtshof, dass die Union die Grundrechte als allgemeine Grundsätze des Gemeinschaftsrechts achtet, wie sie in der am 4. November 1950 in Rom unterzeichneten Europäischen Konvention zum Schutze der Menschenrechte und Grundfreiheiten gewährleistet sind und wie sie sich aus den gemeinsamen Verfassungsüberlieferungen der Mitgliedstaaten ergeben.[351] Darüber hinaus hat die Union wegen des Art. 6 Abs. 2 i.V.m. Art. 1 Abs. 3 EU auch die Europäische Menschenrechtskonvention zu achten.[352] Die Anwendung dieser Rechtsquellen zeigt, dass die Ansprüche auf ein faires Verfahren und auf rechtliches Gehör, wie sie Art. 103 Abs. 1 GG und Art. 6 EMRK festschreiben, als wesentliche Grundsätze zu betrachten sind.[353] Im Rahmen der EuGVO wird der ordre public deshalb auch mithilfe der Europäischen Menschenrechtskonvention konkretisiert, wie sie durch die Rechtsprechung des Europäischen Menschengerichtshofs ihren Ausdruck findet. Deshalb besteht eine erhöhte Begründungslast für das Gericht des Anerkennungsstaats, wenn es die Anerkennung wegen seines nationalen ordre public verweigern möchte, der im internationalen ordre public keine Stütze findet.[354]

---

[348] Rauscher/*Leible,* EZPR, Band 1, Art. 34 Rn. 5.

[349] EuGH Rs C-7/98 *Krombach v. Bamberski,* Slg. 2000-I 1935 Rn. 23; Rs. 38/98, *Renault v. Maxicar,* Rn. 28; BGHZ 75, 167 (171). Noch offengelassen in BGHZ 123, 268 (278).

[350] EuGH Rs C-7/98, *Krombach v. Bamberski,* Slg. 2000-I, 1935 Rn. 36.

[351] EuGH Rs C-7/98, *Krombach v. Bamberski,* Slg. 2000-I, 1935 Rn. 27.

[352] Zur Einbeziehung der EMRK in die Auslegung des ordre public Vorbehalts nach der EuGVO siehe *Hess,* in Festschrift für Jayme, S. 339 (349); *van Hoek,* C.M.L.Rev. 2001, 1011 (1016 ff.).

[353] Zu Art. 6 EMRK siehe die Rechtsprechung des EuGH in Rs. 222/84, *Johnston v. Chief Constabler,* Slg. 1986-I, 1651 Rn. 18; Rs. 185/95, *P Baustahlgewerbe v. Kommission,* Slg. 1998-I, 8417 Rn. 20; Rs. 174/98 und 189/98, *P Niederlande und Van der Wal v. Kommission,* Slg. 2000-I, 1 Rn. 17; Rs. 7/98, *Krombach v. Bamberski,* Slg. 2000-I, 1935 Rn. 26.

Im Fall der Streitverkündung oder des Beitritts des Dritten kommt ein ordre public-Verstoß in Betracht, wenn der verfahrensrechtliche ordre public hinsichtlich des Dritten verletzt wird oder gegen den materiellrechtlichen und verfahrensrechtlichen ordre public bezüglich des Beklagten verstoßen wird und dieser Verstoß sich in den Urteilsfeststellungen niederschlägt, an die der Dritte gebunden ist. Der ordre public wird demnach einerseits eigenständig hinsichtlich des Dritten geprüft,[355] andererseits muss er aber auch im Bezug auf die Hauptparteien gewahrt sein. In dieser Prüfung kommt zum Ausdruck, dass die Interventionswirkung eine Wirkung der Entscheidung ist, die zwischen den Hauptparteien ergeht und deshalb nur anerkannt werden kann, wenn die Entscheidung für sich anerkennungsfähig ist. Wie bereits oben zur Anerkennung nach dem deutschen autonomen Recht herausgearbeitet wurde, stellt sich bei dieser Prüfung die Frage, ob das rechtliche Gehör des Dritten gewahrt wurde und es sich um ein faires Verfahren handelt. Das kann jedoch nicht schon deshalb verneint werden, weil verfahrensrechtliche Vorschriften voneinander abweichen.[356] Die Antwort hängt vielmehr davon ab, ob das ausländische Verfahrensrecht in einem solchen Maße von verfassungsrechtlichen Grundprinzipien abweicht, dass nach der deutschen Rechtsordnung das Urteil nicht mehr in einem geordneten rechtsstaatlichen Verfahren ergangen ist.[357] Dabei muss der gesamte Verfahrensgang im Entscheidungsstaat, das konkret durchgeführte Verfahren sowie der Auslandsbezug hinreichend berücksichtigt werden.[358] Das bedeutet, dass die fremde Verfahrensregelung unter Berücksichtigung des Systems und der Struktur des gesamten ausländischen Verfahrensrechts gemessen wird. Ein ordre public-Verstoß kann auf einer Verletzung des Anspruchs auf rechtliches Gehör z.B. dann beruhen, wenn der Dritte im konkreten Verfahrensablauf nicht als Subjekt des Verfahrens behandelt wurde und er auf das Verfahren keinen Einfluss nehmen konnte. Das trifft zu, wenn ihm keine Gelegenheit zur Äußerung eingeräumt wurde.

Charakteristisch für Streitverkündung und Nebenintervention nach französischem Recht ist, dass sie durch förmliche Zustellung eines Schriftsatzes wirksam werden. Dem Dritten kann der Streit vor jedem Gericht verkündet werden, ohne dass er dort seinen Gerichtsstand hat. Tritt der Dritte dem Rechtsstreit nicht bei, wird er nach französischem Recht von der Rechtskraftwirkung erfasst. Diese wirkt auch zu Lasten des Dritten. Jedoch konnte er sich als eigenständige Verfahrenspartei im Verfahren vollumfänglich verteidigen. Die Einrede mangelhafter Prozessführung steht ihm deshalb nach französischem Recht nicht

---

[354] *Jayme,* Nationaler ordre public, S. 32.
[355] *Mansel,* in Hommelhoff (Hrsg.), Binnenmarkt, S. 161 (218).
[356] Siehe zu den Unterschieden Kapitel 3 E.
[357] *Kropholler,* EZPR, Art. 34 Rn. 13. Rechtsprechungsnachweise bei Rauscher/*Leible,* EZPR, Band 1, Art. 34 Fn. 44.
[358] Rauscher/*Leible,* EZPR, Band 1, Art. 35 Rn. 10.

zu. Er kann aber gegen die Entscheidung den Rechtsbehelf der *tierce opposition* einlegen.[359] Die hier aufgezählten Punkte können einen ordre public-Verstoß allein genommen nicht begründen. Entweder enthält das deutsche Interventionsrecht eine ähnliche Regelung, weshalb ein Verstoß gegen die öffentliche Ordnung abzulehnen ist, oder die französischen Regelungen weichen von den deutschen ab, wahren aber den Anspruch des Dritten auf rechtliches Gehör. Der Streitverkündungsempfänger hat die Möglichkeit, auf das Verfahren Einfluss zu nehmen. Da er sich mit eigenen Verfahrensrechten daran beteiligen kann, wird der Prozess zwischen den Hauptparteien nicht über seinen Kopf hinweg geführt. Aus diesem Grund ist ein ordre public-Verstoß nur vorstellbar, wenn der französische Richter seine eigene Verfahrensordnung im Einzelfall krass missachtet.

Die Streitverkündung muss auch in den Ländern anerkannt werden, die solch ein Institut gar nicht kennen.[360] Die Anerkennung kann nicht mit der Begründung versagt werden, die Interventionswirkung sei ihrer Art und ihrem Umfang nach mit der Rechtsordnung nicht vereinbar.[361] Solch eine Argumentation führt nicht zum Ziel. Zum einen verstößt diese Form der Beteiligung nicht gegen Art. 6 EMRK, weil der Streitverkündungsempfänger nicht zum Objekt des Verfahrens degradiert wird, sondern Beteiligungsrechte erhält. Zum anderen bestimmt Art. 65 Abs. 2 EuGVO ausdrücklich, dass die Wirkungen der Streitverkündung in allen Mitgliedstaaten anerkannt werden müssen.

(2) Rechtliches Gehör bei Verfahrenseröffnung –
  Art. 34 Nr. 2 EuGVO

Auch bei der Anerkennung einer Interventionswirkung fragt sich, ob sie wegen Verletzung des rechtlichen Gehörs bei Verfahrenseröffnung versagt werden kann. Interveniert der Dritte freiwillig in dem Verfahren, stellt sich dieses Problem jedoch nicht. Art. 34 Nr. 2 EuGVO regelt die Verletzung des rechtlichen Gehörs bei Verfahrenseröffnung und bestimmt sie als Anerkennungshindernis. Die Norm verlangt, dass dem Beklagten das verfahrenseinleitende Schriftstück rechtzeitig und in einer Weise zugestellt wird, die es ihm erlaubt, sich zu verteidigen. Verfahrenseinleitend ist dabei jedes Schriftstück, das den Beklagten in die Lage versetzt, seine Rechte im Erkenntnisverfahren vor dem Erstgericht geltend zu machen.[362] Anders als im Falle der Interventionsklage ist der Streitverkündungsempfänger nicht Beklagter, weil gegen ihn kein Anspruch im anhängigen Verfahren geltend gemacht wird. Aus diesem Grund kann das Verfahren

---

[359] *Guinchard*, Nr. 312.33.
[360] Nach französischem Recht führt eine Streitverkündung zur Beteiligung als Verfahrenspartei (siehe Kapitel 3 B. I.).
[361] *Mansel*, in Hommelhoff (Hrsg.), Binnenmarkt, S. 161 (225).
[362] Rauscher/*Leible*, EZPR, Band 1, Art. 35 Rn. 28.

nicht in zwei Teile aufgespalten werden, die jeweils als selbständige Verfahren behandelt werden. Die Streitverkündung leitet deshalb nicht wie die Interventionsklage ein Verfahren gegen den Dritten ein. Dennoch führt sie dazu, dass der Dritte von der Interventionswirkung erfasst wird.

Deshalb fordert *Mansel,* dass die Streitverkündungsschrift der Verfahrenseinleitung gleichgesetzt wird, womit die Vorschrift analog auf den Streitverkündungsempfänger oder Intervenienten angewendet werden kann.[363] Im Mittelpunkt steht deshalb die Frage, ob die Nummer 2 einer Analogie offensteht. *Mansel* führt an, dass der Interventionswirkung Streitverkündung oder Intervention zugrunde liegen, und dass sie der Rechtskraftbindung ähnlich sei. Diese Ansicht ist aus zwei Gründen abzulehnen. Erstens enthält Art. 34 EuGVO eine abschließende Aufzählung der Anerkennungshindernisse. Eine Analogie ist deshalb nur in einem besonderen Ausnahmefall möglich, der für die Streitverkündung gerade nicht gegeben ist. Zweitens ist die Streitverkündung mit einer Verfahrenseinleitung gerade nicht vergleichbar. Anders als die Interventionsklage führt sie den Dritten nicht als Beklagten in das Verfahren ein. Ansprüche gegen den Dritten sind nicht Verfahrensgegenstand, so dass eine Erweiterung der Streitgegenstände nicht stattfindet. Der Dritte beteiligt sich am Verfahren nur zur Unterstützung einer der Hauptbeklagten. Er handelt nicht vordergründig, um sich selbst gegen geltend gemachte Ansprüche zu verteidigen. Seine eigentliche Verteidigung findet erst im Rahmen eines Folgeverfahrens statt. Anders als im Falle der Interventionsklage wird das anhängige Verfahren nicht um einen Anspruch gegen eine weitere Partei erweitert. Vielmehr erhält eine der Hauptparteien die Möglichkeit, sich auf besondere Art und Weise mithilfe eines Dritten zu verteidigen. Aus diesem Grund ist die Interessenlage zwischen Streitverkündung und Klageerhebung nicht vergleichbar. Die Auffassung *Mansels* läuft der Systematik des europarechtlichen Anerkennungssystems zuwider und missachtet den maßgeblichen Unterschied zwischen Interventionsklage und Streitverkündung. Sie ist deshalb abzulehnen.

Eine analoge Anwendung ist auch nicht notwendig, um das rechtliche Gehör des Dritten zu schützen. Art. 34 Nr. 2 EuGVO bezieht sich nur auf das rechtliche Gehör bei Verfahrenseröffnung. Dieser verfahrensrechtliche Anspruch des Dritten wird aber umfänglich vom ordre public in Nummer 4 erfasst. Eine Analogie des Art. 34 Nr. 2 EuGVO ist deshalb abzulehnen. Daher spielt die Vorschrift nur insoweit eine Rolle, als das rechtliche Gehör der beklagten Hauptpartei bei Verfahrenseröffnung verletzt sein kann. Bezüglich des Dritten wird diese Vorschrift aber nicht geprüft.

---

[363] *Mansel,* in Hommelhoff (Hrsg.), Binnenmarkt, S. 161 (219), jedoch schränkt *Mansel* die analoge Anwendung des Art. 35 Nr. 2 EuGVO ein, wenn der Dritte z. B. durch die Verspätungseinrede nach § 68 ZPO die Möglichkeit hat, seinen Anspruch auf rechtliches Gehör im Folgeprozess noch geltend zu machen.

(3) Unvereinbarkeit der Entscheidungen – Art. 34 Nr. 3 EuGVO

Die Anerkennung muss auch versagt werden, wenn die anzuerkennende Entscheidung mit einer anderen unvereinbar ist, die zwischen den Parteien im Anerkennungsstaat ergangen ist (Art. 34 Nr. 3 EuGVO). Damit genießt die zeitlich zuerst ergangene Entscheidung grundsätzlich Vorrang *(last in time-rule)*. Dieses System unterscheidet sich von dem des EuGVÜ, nach dem die inländische Entscheidung maßgeblich ist (Art. 27 Nr. 3 EuGVÜ). Speziell für die Anerkennung der Interventionswirkung hat sich damit aber im Vergleich zur Anerkennung unter dem EuGVÜ nichts Grundsätzliches geändert.

Um diese Vorschrift auf die Interventionswirkung anwenden zu können, müssen zwei Probleme gelöst werden. Erstens stellt sich dem deutschen Juristen die Frage, ob eine Interventionswirkung überhaupt erfasst ist. Denn die Interventionswirkung bezieht sich nicht wie die Rechtskraft auf eine unmittelbare Entscheidung über einen Anspruch zwischen der Hauptpartei und dem Dritten. Zweitens muss geklärt werden, was im Falle der Interventionswirkung unter der Voraussetzung verstanden werden soll, dass die Entscheidungen zwischen denselben Parteien ergangen sein müssen. Denn der Dritte wird durch die Streitverkündung oder Intervention nicht vollwertige Partei. Entweder er beteiligt sich überhaupt nicht am Verfahren oder er tritt nur mit eingeschränkten Verfahrensrechten und nur zur Unterstützung einer der Hauptparteien bei. Dieses Problem stellt sich bei der Anerkennung der französischen Streitverkündung nicht, weil der Dritte selbständige Verfahrenspartei ist.

Die Frage, ob der Anwendungsbereich der Vorschrift auch die Interventionswirkung erfasst, stellt sich nur dem deutschen Juristen. Denn das deutsche Recht sieht die Intervention als ein aliud der Rechtskraft an.[364] In allen anderen hier untersuchten Rechtsordnungen ist die Interventionswirkung Teil der Rechtskraft.[365] Jedoch können auch rechtskraftähnliche Bindungswirkungen zu inhaltlich widersprechenden Entscheidungen führen, wenn die tatsächlichen oder rechtlichen Feststellungen durch ein anderes Gericht abweichend getroffen werden. Entscheidend ist deshalb nicht, ob der Widerspruch durch eine Rechtskraftwirkung, sondern ob er durch inhaltlich kollidierende Bindungswirkungen entsteht.[366]

Legt man die Vorschrift nur nach ihrem Wortlaut aus, erfasst sie die Interventionswirkung nicht. Wörtlich verlangt Art. 34 Nr. 3 EuGVO, dass die unvereinbaren Entscheidungen zwischen denselben Parteien ergangen sind. Steht eine

---

[364] Zum deutschen Recht vgl. Rosenberg/Schwab/*Gottwald*, § 50 Rn. 66, zum englischen Recht siehe Kapitel 3 C. II., zum französischen Recht siehe Kapitel 3 B. I. und III., zum österreichischen Recht siehe Fasching/*Schubert*, § 21 Rn. 2.

[365] Siehe Kapitel 3 E.

[366] *Mansel*, in Hommelhoff (Hrsg.), Binnenmarkt, S. 161 (220).

ausländische Entscheidung, die Grundlage der Interventionswirkung ist, im Widerspruch mit einer inländischen Entscheidung, ist diese Voraussetzung nicht erfüllt, da nicht dieselben Parteien am Verfahren beteiligt sind. Denn der Dritte wird durch eine Intervention nicht vollwertige Verfahrenspartei.[367] Auch aus einem anderen Grund kann der Anwendungsbereich der Vorschrift nicht ohne Weiteres auf die Interventionswirkung erstreckt werden. Die Intervention oder Streitverkündung führt immer nur zu einer Bindungsanordnung an rechtliche oder tatsächliche Feststellungen, mündet aber nicht selbst in eine Entscheidung. Die Grundlage der Intervention besteht deshalb nicht in einer Entscheidung zwischen Verfahrensparteien. Der Hinweis *Mansels*[368], Bindungsanordnungen seien per se von der Vorschrift erfasst, beschreibt daher das Problem nicht ausreichend.

Die gezeigten Schwierigkeiten rechtfertigen es aber nicht, eine etwaige Kollision der Interventionswirkung mit einer Bindungswirkung einer anderen Entscheidung zu übergehen. Ohne Weiteres kann im Anerkennungsstaat gegen den Dritten eine Entscheidung ergehen, die mit dem Ergebnis des Verfahrens im Urteilsstaat unvereinbar ist. Zweifellos erwähnt der Wortlaut der Vorschrift die besondere Konstellation der Interventionswirkung nicht, so dass die Kollisionsregelung nur analog angewendet werden kann. Gegen dieses methodische Vorgehen sprechen aber zwei Bedenken. Zum einen kann vermutet werden, dass der Verordnungsgeber die Interventionswirkung bewusst nicht regelte. Er erwähnt sie ausdrücklich in Art. 65 EuGVO. Dies zeigt, dass ihm die hier besprochenen Probleme bekannt waren. Zum anderen ist Art. 34 EuGVO eine abschließende Vorschrift,[369] deren Anwendungsbereich im Wege der Analogie nicht einfach erweitert werden darf. Eine analoge Anwendung kann aber nicht mit dem Hinweis abgelehnt werden, sie erweitere die Anerkennungshindernisse und wirke damit dem Ziel der Verordnung entgegen, die Freizügigkeit zu erleichtern. Nach Erwägungsgrund Nr. 1 und 2 dient die Verordnung vor allem dem Raum der Freiheit, der Sicherheit und des Rechts sowie dem gemeinsamen Binnenmarkt. Da ungeklärte Entscheidungskollisionen das reibungslose Funktionieren des Binnenmarktes ebenfalls erschweren, können Anerkennungshindernisse unter Umständen analog angewendet werden. Das Problem wird deshalb nur im Sinne der Verordnung gelöst, wenn die Interventionswirkung als Anordnung verstanden wird, nach der die Entscheidung nicht nur zwischen zwei anderen Parteien, sondern auch zwischen der unterstützten Hauptpartei und dem Dritten wirken soll. Kollidiert diese Entscheidungswirkung mit einer zeitlich vorangehenden Entscheidung im Anerkennungsstaat zwischen diesen Personen, ist eine Anerkennung analog Art. 34 Nr. 3 EuGVO ausgeschlossen.

---

[367] Zur Verfahrensstellung des Dritten siehe Kapitel 3 C. III.
[368] *Mansel,* in Hommelhoff (Hrsg.), Binnenmarkt, S. 161 (220).
[369] *Kropholler,* EZPR, Art. 34 Rn. 1.

(4) Keine Anerkennungszuständigkeit – Art. 35 Abs. 3 EuGVO

Wie oben für die Anerkennung eines Dritturteils dargestellt wurde,[370] darf die Anerkennungszuständigkeit des Gerichts des Urteilsstaates nicht nachgeprüft werden.[371] Da die Streitverkündung oder Intervention nach den nationalen Rechten keine Zuständigkeit gegenüber dem Dritten voraussetzt,[372] ergeben sich diesbezüglich keine Unterschiede zu einer Anerkennung nach dem autonomen deutschen Recht. Dies wird noch durch Art. 65 EuGVO unterstrichen, wonach die Interventionswirkung nach dem Recht eines Vertragsstaates in einem anderen Vertragsstaat anzuerkennen ist. Verlangt das Recht des Urteilsstaates keine Zuständigkeit gegenüber dem Dritten, wird diese also auch für Anerkennungszwecke nicht vorausgesetzt. In dem Falle, dass das Verfahrensrecht des Urteilsstaates eine Zuständigkeit verlangt, wäre diese nicht nachprüfbar. Zwar ist die Zuständigkeit für Streitverkündungen und Interventionen in der EuGVO nicht geregelt. Dennoch ergibt sich aus dem Zusammenspiel des Art. 4 EuGVO mit den Anerkennungsvorschriften, dass sich das Verbot, die Anerkennungszuständigkeit zu überprüfen, auch auf Gerichtsstände bezieht, die nicht aus dem Zuständigkeitssystem der Verordnung, sondern aus nationalem Zuständigkeitsrecht folgen.

Die einzige Ausnahme vom Verbot, die Anerkennungszuständigkeit nachzuprüfen, besteht im Versicherungsrecht. Der Schutz, den die Vorschriften in Abschnitt 3 der EuGVO dem Versicherungsnehmer oder Begünstigten eines Versicherungsvertrags gewähren, soll auch im Anerkennungsverfahren gewährleistet sein. Aus diesem Grund kann die Anerkennungszuständigkeit des Urteilsstaates nachgeprüft werden. Für die Anerkennung der hier behandelten Interventionswirkung folgen daraus aber keine Besonderheiten. Die Streitverkündung gegenüber dem Versicherungsnehmer ist nach Art. 11 Abs. 3 EuGVO an dem Gericht zulässig, an dem auch die unmittelbare Klage des Geschädigten gegen den Versicherer erhoben werden kann. Dadurch ist gewährleistet, dass der Versicherer sich gegenüber dem Versicherungsnehmer optimal verteidigen kann und die Streitsache umfänglich von einem Gericht entschieden wird. Art. 11 Abs. 3 EuGVO besteht daher nicht im Interesse des Versicherungsnehmers oder des Begünstigten. Art. 35 Abs. 3 EuGVO will sicherstellen, dass die Schutzbestimmungen zu Gunsten des Versicherungsnehmers nicht umgangen werden. Er bezweckt aber nicht, den Versicherer zu begünstigen. Deshalb ist er auch hier einschränkend in dem Sinne auszulegen, dass sich der Versicherer auf die besondere Prüfung der Anerkennungszuständigkeit nicht berufen kann.[373]

---

[370] Siehe in diesem Kapitel unter C. III. 2.
[371] A.A. Burgstaller/Neumayr/*Burgstaller*, IZVR, Band 1, Kapitel 31, Art. 33 Rn. 4.
[372] Siehe Kapitel 3 E.
[373] Zur Auslegung im Rahmen der Anerkennung einer Interventionsklage siehe Kapitel 7 A. III.

2. Subjektive Rechtskrafterstreckung

Nach englischem Recht ist es möglich, den Dritten an eine Entscheidung zu binden, die in einem Verfahren ergangen ist, an dem er nicht beteiligt wurde. Die Urteilsbindung folgt aus einer erweiterten subjektiven Rechtskraft und nicht – wie im Beispiel des französischen Rechts – aus einer Interventionswirkung. Die subjektive Rechtskraft wird erstreckt, wenn der Dritte sich z.B. aus prozessmissbräuchlichen Gründen dem Verfahren fernhielt oder er in dem Verfahren durch eine andere Person repräsentiert wurde.[374] Auch das *interpleader proceeding* führt zu einer Rechtskrafterstreckung. Dieses Verfahren ähnelt der Hauptintervention und führt dazu, dass das Gericht den Beklagten, der das *interpleader*-Verfahren einleitet, durch den Dritten ersetzt. Der ursprüngliche Beklagte scheidet damit aus dem Verfahren aus, ist aber an die ergehende Entscheidung gebunden.[375]

Diese subjektive Rechtskrafterstreckung nach englischem Recht ist nach dem Anerkennungsregime der EuGVO grundsätzlich in den anderen Mitgliedstaaten anzuerkennen. Das ergibt sich nicht nur aus Art. 33 EuGVO, nach dem alle in einem Mitgliedstaat ergangenen Entscheidungen anzuerkennen sind, sondern auch aus dem für die Anerkennung nach der EuGVO geltenden Grundsatz der Wirkungserstreckung. Danach kommen ausländischen Entscheidungen im Anerkennungsstaat die gleichen Wirkungen wie im Urteilsstaat zu.[376] Neuerdings wird im Anschluss an die Rechtsprechung des Europäischen Gerichtshofs zur Kernpunkttheorie für Art. 21 EuGVÜ (Art. 27 EuGVO) diskutiert, ob eine einheitliche Rechtskraftkonzeption für den europäischen Justizraum entwickelt werden sollte.[377] In diesem Rahmen könnten dann einheitlich die Grenzen der subjektiven Rechtskraft festgelegt werden. Diese schon oben dargestellte Diskussion[378] hat zum einen nur die objektiven Grenzen der Rechtskraft im Blick und äußert sich nicht zur subjektiven Rechtskraft. Zum anderen würde eine einheitliche Rechtskraftkonzeption Art. 33 ff. EuGVO widersprechen, nach dem unter Anerkennung eine Wirkungserstreckung auf den Anerkennungsstaat und nicht eine europäisch vereinheitlichte Entscheidungswirkung verstanden wird. Darüber hinaus zeigt *Stürner* die Schwierigkeiten auf, eine einheitliche europäische Rechtskrafttheorie aus den sich stark unterscheidenden nationalen Rechtsauffassungen zu entwickeln.[379]

---

[374] Näheres siehe Kapitel 3 C. IV.
[375] Näheres siehe Kapitel 3 C. III.
[376] Siehe zur Wirkungserstreckung Kapitel 5 A. II. 3.
[377] Nagel/*Gottwald*, IZPR, § 11 Rn. 24; Ausführlich vgl. *Gottwald*, in Symposium Schwab, 2000, S. 85 (95 ff.); *Böhm*, in Bajons (Hrsg.), Übereinkommen, S. 141 (155 ff.).
[378] Siehe in diesem Kapitel unter A. II. 3.
[379] *Stürner*, in Festschrift für Schütze, S. 913 (933 f.).

Die Anerkennung dieser Entscheidungswirkung gegenüber dem Dritten kann auch nicht mit dem Argument versagt werden, der Umfang der materiellen Rechtskraft nach dem englischen Recht unterscheide sich von demjenigen nach dem deutschen Recht. Diese Begründung wurde ausdrücklich bei der Frage nach der Bindung an präjudizielle Rechtsverhältnisse nach englischem Recht[380] abgelehnt,[381] ergibt sich aber auch schon aus dem oben dargestellten Grundsatz der Wirkungserstreckung, wonach es für die Anerkennung unerheblich ist, ob die Rechtsordnung des Anerkennungsstaates eine vergleichbare Entscheidungswirkung kennt.

Die Anerkennung kann aber versagt werden, wenn sie einen Verstoß gegen den ordre public darstellt (Art. 34 Nr. 1 EuGVO). Jedoch gilt auch hier der vom Europäischen Gerichtshof aufgestellte Grundsatz, dass ein ordre public-Verstoß nur gegeben ist, wenn die Anerkennung zu einem nicht hinnehmbaren Gegensatz zur Rechtsordnung des Anerkennungsstaates führt, wofür bloß abweichende Rechtsvorschriften nicht ausreichend sind.[382] Der ordre public-Verstoß kann daher nicht allein deshalb bejaht werden, weil das deutsche Recht eine so weitgehende subjektive Rechtskrafterstreckung wie das englische Recht nicht kennt.[383] Ein ordre public-Verstoß liegt aber vor, wenn der Anspruch des verfahrensunbeteiligten Dritten auf rechtliches Gehör oder ein faires Verfahren verletzt wird. Voraussetzung dafür ist, dass das ausländische Verfahrensrecht von dem nach deutschem Recht eingeräumten Anspruch auf rechtliches Gehör in solchem Maße abweicht, dass nicht mehr von einem geordneten rechtsstaatlichen Verfahren ausgegangen werden kann.[384] Da der Vorbehalt des ordre public auf die öffentliche Ordnung des jeweiligen Anerkennungsstaates Bezug nimmt, ist Maßstab das rechtliche Gehör, wie es das deutsche Recht vorsieht. Ein ordre public-Verstoß scheidet demnach aus, wenn das deutsche Recht selbst eine vergleichbare subjektive Rechtskrafterstreckung kennt. Auch bei völlig unbekannten Instituten muss das fremde Verfahrensrecht insgesamt betrachtet werden. Der Anspruch des Dritten auf rechtliches Gehör ist deshalb nur verletzt, wenn dieser das Verfahren überhaupt nicht beeinflussen kann und so zu einem Verfahrensobjekt degradiert wird.

---

[380] Nach englischem Recht erstreckt sich die objektive Rechtskraft auch auf präjudizielle Rechtsverhältnisse siehe Kapitel 3 C. IV.

[381] OLG Hamm IPRax 1998, 202 (203), Anm. *Geimer* IPRax 1998, 175, bestätigt durch BGH IPRax 1998, 205.

[382] EuGH Rs. 7/98 *Krombach v. Bamberski*, Rn. 23; Rs. 38/98 *Renault v. Maxicar*, Rn. 28.

[383] Zur subjektiven Rechtskrafterstreckung nach deutschem Recht siehe die Darstellung im Zusammenhang mit der Anerkennung US-amerikanischer Rechtskrafterstreckung in diesem Kapitel unter B. V.

[384] *Kropholler*, EZPR, Art. 34 Rn. 13. Siehe auch die Rechtsprechungsnachweise bei Rauscher/*Leible*, EZPR, Band 1, Art. 34 Fn. 44.

a) Rechtskrafterstreckung wegen eines *interpleader*-Verfahrens

Nach den hier dargestellten Grundsätzen wird eine Rechtskrafterstreckung auf den Schuldner im Rahmen des *interpleader*-Verfahrens anerkannt. Auch das deutsche Recht kennt eine vergleichbare Regelung. Nach § 75 ZPO scheidet der Schuldner ebenfalls aus dem Verfahren aus, wenn er die streitige Sache hinterlegt. Auf die Entscheidung zwischen den streitenden Gläubigern hat er keinen Einfluss mehr. Darüber hinaus scheidet der Schuldner deshalb aus einem Verfahren freiwillig aus, an dem er als Verfahrenspartei beteiligt ist, weil er die Verpflichtung an sich nicht bestreitet, sich aber über die Person des Gläubigers im Unklaren ist. Er hatte demnach in diesem Verfahren Gelegenheit zur Äußerung.

b) Rechtskrafterstreckung wegen Repräsentation

Problematischer ist dagegen die Anerkennung der subjektiven Rechtskraft wegen Repräsentation. In beiden Fällen war der Dritte zu keinem Zeitpunkt am Verfahren beteiligt und tritt auch nicht in die Rechte und Pflichten einer Verfahrenspartei ein. Die Repräsentation setzt voraus, dass der Dritte ein gemeinsames Interesse mit dem Repräsentanten teilt. Auf den ersten Blick könnte darin eine Verletzung des rechtlichen Gehörs des Dritten liegen, weil die Repräsentation ihm keine Möglichkeit einräumt, auf das Verfahren Einfluss zu nehmen, und er von dem Auftreten einer der Hauptparteien als seinem Repräsentanten noch nicht einmal Kenntnis haben muss.[385] Dennoch ist ein ordre public-Verstoß zu verneinen, weil nicht nur die einzelne Regelung, sondern das gesamte ausländische Verfahrensrecht berücksichtigt werden muss. Obwohl die Repräsentation keine Kenntnis des Dritten und keine gerichtliche Anordnung voraussetzt, kann sich die Hauptpartei im Folgeprozess nur auf die Rechtskrafterstreckung berufen, wenn eine gerichtliche Erlaubnis vorliegt (Part 19.6.4 CPR). Gegen deren Erteilung kann der Dritte Tatsachen vortragen, die im konkreten Einzelfall eine Rechtskrafterstreckung als ungerechtfertigt erscheinen lassen.[386] Es genügt jedoch nicht, dass er von dem Verfahren nicht wusste.[387] Der Dritte besitzt somit Gelegenheit, sich vor Gericht zu äußern.

c) Rechtskrafterstreckung wegen Prozessmissbrauchs

Auch die Anerkennung der Rechtskrafterstreckung auf den Dritten wegen Prozessmissbrauchs ist problematisch *(Henderson v. Henderson rule)*. Charakte-

---

[385] Näheres siehe Kapitel 3 C. IV.
[386] *Zuckerman*, Nr. 12.26.
[387] *Howells v. Dominion Insurance Co Ltd.* (2005) EWHC 552, QB.

ristisch für dieses Institut ist, dass die Rechtskraft auf den Dritten zu seinen Gunsten erstreckt wird, weil es missbräuchlich wäre, dass eine der Hauptparteien gegenüber dem Dritten streitige Fragen nochmals verhandeln kann.[388] Der Dritte kann sich auf diese Rechtskrafterstreckung aber nur zu Verteidigungszwecken berufen, ein Klagebegehren damit aber nicht begründen. Der Blickwinkel ist demnach ein anderer. Da sich der Dritte auf diese Art der Rechtskrafterstreckung beruft, steht nicht sein Anspruch auf rechtliches Gehör, sondern der Anspruch der Hauptpartei auf ein faires Verfahren in Frage. Kann sich z. B. der nicht beklagte, akzessorisch Haftende auf die Klageabweisung gegenüber dem beklagten Hauptschuldner berufen, erhöht sich das Prozessrisiko des klagenden Gläubigers, wenn er kein zweites Verfahren anstrengen kann. Obwohl ihm potentiell zwei Schuldner zur Verfügung stehen, besitzt er nur eine Klagemöglichkeit. Das Prozessrisiko gegen den einen Schuldner zu verlieren, verdoppelt sich demnach. Darin könnte ein Verstoß gegen den ordre public liegen, weil Fragen tatsächlicher und rechtlicher Art nicht nur endgültig zwischen den Verfahrensparteien, sondern auch im Verhältnis zum Unbeteiligten entschieden werden. Diese Problematik begegnete in ähnlicher Form schon bei der Anerkennung begünstigender Drittwirkungen aus dem US-amerikanischen Recht.[389] Zwar stellte sich die Frage ihrer Anerkennung im Rahmen des autonomen deutschen Rechts, jedoch kann auf die dabei gewonnenen Ergebnisse zurückgegriffen werden. Wie herausgearbeitet besteht im deutschen Recht der in § 325 ZPO ausgedrückte Grundsatz, dass eine Entscheidung nur zwischen den Verfahrensparteien wirkt. Dies gilt nach § 425 Abs. 2 und § 432 Abs. 2 BGB auch für Gesamtschuldverhältnisse. Das deutsche Recht durchbricht im Bereich der akzessorischen Haftung selbst diesen Grundsatz, indem sich z. B. der Bürge auf die Klageabweisung im Verfahren gegenüber dem Hauptschuldner berufen kann (§ 768 BGB).[390] Da das deutsche Recht selbst Fälle einer einseitig drittbegünstigenden Urteilswirkung kennt, kann die Anerkennung der Urteilsbindung wegen Prozessmissbrauchs nicht mehr mit der Begründung abgelehnt werden, die englische Regelung füge sich nicht in die deutsche Rechtsordnung ein. Im Übrigen wäre eine solche Argumentation auch nur in den Fällen tragfähig, in denen das fremde Rechtsinstitut Zweifel an der Rechtsstaatlichkeit des Verfahrens begründet. Dies ist bei einer subjektiven Rechtskrafterstreckung jedoch nicht der Fall. Der Dritte kann sich auf die *Henderson v. Henderson rule* berufen, wenn es nicht gerechtfertigt ist, dass der Kläger seinen Anspruch ein zweites Mal gel-

---

[388] Im Detail siehe Kapitel 3 C. IV. 1.

[389] Siehe Kapitel 5 B. V. Im Gegensatz zum englischen Recht kann nach US-amerikanischem Recht der Dritte sich auf eine Urteilsbindung nicht nur zu Verteidigungszwecken berufen, sondern auch um sein eigenes Vorbringen zu unterstützen, siehe Kapitel 3 D. VI. Dies ist nach englischem Recht nicht möglich, vgl. *Zuckerman*, Nr. 24.51.

[390] Siehe zu den Einzelheiten und der dogmatischen Einordnung dieser Normen in diesem Kapitel unter B. V.

tend machen kann. Voraussetzung hierfür ist aber, dass der Kläger im Erstverfahren alle Tatsachen vortragen konnte. Da in der drittbegünstigenden Urteilswirkung kein Verstoß gegen die deutsche öffentliche Ordnung gesehen werden kann, muss auch die subjektive Rechtskrafterstreckung aufgrund Prozessmissbrauchs anerkannt werden.

3. Subjektive Rechtskrafterstreckung wegen joinder

Das englische Recht unterscheidet sich von den Rechtsordnungen des Festlandes darin, dass der Dritte in einem Verfahren vor einem englischen Gericht nur als vollwertige Verfahrenspartei mit eigenständigen Rechten beteiligt werden kann. Das Institut eines Streithelfers oder einer Nebenpartei ist dem englischen Recht unbekannt.[391] Soll der Dritte in das Verfahren auf eigene Initiative oder auf Betreiben der Hauptparteien einbezogen werden, ohne dass gegen ihn ein Anspruch geltend gemacht wird, steht nur das Institut des *joinder* nach Part 19 CPR offen. Demnach wird der Dritte als Verfahrenspartei mit allen Verfahrensrechten beteiligt, im Gegenzug aber auch von der subjektiven Rechtskraft des Urteils erfasst. Die Klage gegen den Streitgenossen ist keine Interventionsklage, weil das Urteil ihm gegenüber keine Vollstreckungswirkung entfaltet. Sie ist aber auch keine Streitverkündung, weil der *joinder* eigenständiger Beklagter des Verfahrens ist. Deshalb wird die Klage am Mehrparteiengerichtsstand nach Art. 6 Nr. 1 EuGVO erhoben. Die Rechtskraftwirkung gegenüber dem Streitgenossen wird nach den allgemeinen Regeln des Art. 33 ff. EuGVO anerkannt, auch wenn gegenüber dem Streitgenossen keine Vollstreckungswirkung besteht. Aus Art. 65 EuGVO folgt kein anderes Ergebnis. Diese Vorschrift regelt die Anerkennung der Interventionswirkung. Ihr Normzweck ist aber nicht, die Anerkennung von Entscheidungen ohne Vollstreckungswirkung zu bestimmen. Sie stellt nur sicher, dass eine Interventionswirkung auch in den Mitgliedstaaten anerkannt wird, denen eine Streitverkündung fremd ist.

III. Rechtsfolgen bei Säumnis des Dritten

1. Nach nationalen Verfahrensordnungen

Für die Streitverkündung wurden die Rechtsfolgen diskutiert, die entstehen, wenn der Dritte der Streitverkündung nicht nachkommt. Dieselbe Frage stellt sich jedoch auch im Rahmen der Interventionsklage oder der Verfahrensbeteiligung als *joinder*. Die Antwort darauf, welche Folgen der Dritte bei seiner Säumnis zu gegenwärtigen hat, kann jedoch nicht ganz so offensichtlich wie im Falle der Streitverkündung gegeben werden, sieht diese ja gerade eine Interven-

---

[391] *Zuckerman*, Nr. 12.2.

tionswirkung gegen den nicht beitretenden Dritten selbst vor. Eine solche Interventionswirkung kann sich aber aus einer Interventionsklage nicht ergeben, weil mit ihr ein Drittanspruch geltend gemacht wird. Die Säumnis des Beklagten führt üblicherweise zu einem Versäumnisurteil gegen ihn. Dies wird im Falle der Säumnis eines *joinder* gesetzlich von Part 12.8 CPR angeordnet. Wird der *joinder* jedoch ausgeübt, um einen Dritten an einem Verfahren mit dem Ziel zu beteiligen, ihn an das Verfahrensergebnis zu binden, ohne gegen ihn einen Anspruch geltend zu machen, ist ein Versäumnisurteil nach Part 12.8 CPR ausgeschlossen. Voraussetzung für ein solches Urteil ist, dass die Klage gegen den *joinder* eigenständig entschieden werden kann.[392] Das ist bei der Drittbeteiligung nicht der Fall. Der *joinder* wird gerade deshalb ausgeübt, um den Dritten an das Verfahrensergebnis in der Hauptsache zu binden. Auch die Säumnis eines Interventionsbeklagten führt nicht zu einem Versäumnisurteil. Die Klage wird nicht in einem eigenen Verfahren erhoben, sondern steht im Zusammenhang mit der Klage gegen den Hauptbeklagten. Das Institut der Interventionsklage ermöglicht es, Rechts- und Tatsachenfragen einheitlich zu entscheiden, die sich in Rechtsverhältnissen zwischen verschiedenen Personen stellen und die dennoch in einem Zusammenhang stehen. Ein Versäumnisurteil, das bei Vorliegen der Voraussetzungen entsprechend dem Klagebegehren verurteilt, kann aus diesem Grund nicht ergehen. Im englischen Recht wird deshalb die Säumnis des Drittbeklagten wie ein Anerkenntnis behandelt, das aber nicht zu einem Anerkenntnisurteil, sondern zu einer Entscheidungsbindung führt (Part 20.11. (2) a CPR). Im französischen Recht findet sich keine wörtlich im Gesetz geregelte Lösung des Problems, jedoch erlässt auch der französische Richter kein Versäumnisurteil. Die *intervention forcée au fins de condamnation* ist zwar eine Klage *(demande en justice)* wie die verfahrenseinleitende Klage *(demande initiale)* gegen den Hauptbeklagten, sie zeitigt jedoch als inzidente Klage *(demande incidente)* nicht dieselben prozessualen Folgen.[393]

2. Anerkennung nach der Säumnisentscheidung

Da die Rechtskrafterstreckung auf den Dritten im Falle seiner Säumnis mit dem Gedanken des Anerkenntnisses erklärt wird, stellt sich die Frage, ob sich deshalb die Anerkennung nach der Verordnung zur Einführung eines europäischen Vollstreckungstitels für unbestrittene Forderungen (EuVTVO)[394] richten

---

[392] *Blackstone*, Nr. 20.10.
[393] *Cadiet/Jeuland*, Nr. 465 ff.
[394] Auch der räumliche Anwendungsbereich ist für Entscheidungen englischer Gerichte gegeben. Zwar erstrecken sich die Kompetenzen nach Art. 61 ff. EV, der Ermächtigung für den Erlass der EuVTVO ist, nicht auf das Vereinigte Königreich. Jedoch beteiligt es sich an der Annahme und Anwendung der Verordnung. Siehe dazu Erwägungsgrund Nr. 24 und Rauscher/*Rauscher,* EZPR, Band 2, Einl. EG-Vollstr-TitelVO Rn. 24.

kann. Unbestritten sind gemäß Artikel 3 auch Forderungen, denen der Schuldner durch Anerkenntnis zugestimmt oder denen er im Verfahren nicht widersprochen hat. Sollte die EuVTVO anwendbar sein, ist weiterhin eine Anerkennung nach der EuGVO möglich, da Kapitel VII der Verordnung dem Gläubiger freistellt, zwischen den verschiedenen Anerkennungsmöglichkeiten zu wählen.[395] Der Vorteil einer Anerkennung nach der EuVTVO liegt auf der Hand. Da das erkennende Gericht das Urteil als europäischen Vollstreckungstitel bestätigen kann, spart sich der Gläubiger das Verfahren auf Vollstreckbarerklärung im Vollstreckungsstaat und damit Zeit und Kosten. Außerdem kennt die EuVTVO keinen ordre public-Vorbehalt, weshalb eine Vollstreckung im Ausland kalkulierbarer wird.

Obwohl die Verordnung auch den Fall regelt, dass der beklagte Schuldner sich auf das Verfahren nicht einlässt, kommt eine Anwendung der EuVTVO im Falle des säumigen Drittbeklagten aus mehreren Gründen nicht in Betracht. Da ein Versäumnisurteil trotz Fernbleibens des Dritten nicht ergehen kann, bleibt nur die Fallgruppe des Anerkenntnisses (Art. 3 Abs. 1 lit. a). In der Tat spricht das englische Prozessrecht davon, dass das Fernbleiben wie ein Anerkenntnis behandelt wird („[...] *is deemed to admit the additional claim* [...]" (Part 20.11. (2) (a) CPR). Aus Erwägungsgrund Nr. 5 zur EuVTVO ergibt sich aber, dass das Anerkenntnis des Schuldners ausdrücklich erfolgen muss. Da das englische Recht das Fernbleiben des Schuldners nur wie ein Anerkenntnis behandelt, darin jedoch keine ausdrückliche Zustimmung zu sehen ist, liegt ein Anerkenntnis im Sinne der EuVTVO nicht vor.

Als Ergebnis kann festgehalten werden, dass die Säumnis des Drittbeklagten zu einer besonderen Form der Rechtskrafterstreckung führt, die ebenfalls nur nach der EuGVO anerkannt werden kann. Eine Anerkennung einer bloßen Entscheidungswirkung ohne Vollstreckungswirkung gegenüber dem Dritten nach der EuVTVO scheidet mangels vollstreckbaren Titels aus. Die Anerkennung nach der EuGVO kennt im Falle der Urteilsbindung wegen Säumnis keine Besonderheiten. Jedoch ist der ordre public sorgfältig dahin gehend zu prüfen, ob dem Dritten tatsächlich die Interventionsklage zugestellt wurde.

IV. Ergebnis

Die Anerkennung von Drittwirkungen ausländischer Entscheidungen regeln die Art. 33 ff. EuGVO. Sie erfolgt nicht in einem besonderen Exequaturverfahren, sondern kraft Gesetzes in dem Verfahren, in dem die Anerkennungsfrage auftritt. Dies kann ein Verfahren auf Vollstreckbarerklärung eines ausländischen Interventionsklageurteils oder ein Folgeverfahren gegen den Dritten sein, in

---

[395] Rauscher/*Rauscher*, EZPR, Band 2, Einl. EG-VollstrTitelVO Rn. 51.

dem die Drittwirkung entscheidungserheblich ist. Etwaige Anerkennungshindernisse werden erst im Rechtsbehelfsverfahren geprüft. Das Anerkennungssystem der EuGVO versteht unter Anerkennung die Erstreckung der Wirkungen auf den Anerkennungsstaat, die das Recht des Urteilsstaates der Entscheidung verleiht. Voraussetzung für die Wirkungserstreckung ist nicht, dass die Wirkungen dem Recht des Anerkennungsstaates dem Wesen nach bekannt sind. Sie wird nur durch den ordre public begrenzt. Auch der Prüfungsumfang des Gerichts des Anerkennungsstaates ist eingeschränkt. Eine Überprüfung der Anerkennungszuständigkeit findet – abgesehen von der Aufzählung in Art. 35 Abs. 1 EuGVO – nicht mehr statt. Für die Anerkennung der Drittwirkungen bedeutet dies Folgendes:

Ein Interventionsklageurteil ist grundsätzlich anerkennungsfähig, auch wenn die Interventionsklage oder die Form der Hauptintervention dem Recht des Anerkennungsstaates fremd ist. Für die Anerkennung wird die Interventionsklage wie eine selbständig erhobene Klage behandelt. Die Anerkennung des Urteils folgt deshalb den allgemeinen Regeln zur Urteilsanerkennung, obwohl das Interventionsklageurteil gemeinsam mit der Entscheidung zwischen den ursprünglichen Hauptparteien in einem Ausspruch ergeht. Infolge dessen ist es für die Anerkennung des Interventionsklageurteils unerheblich, ob die Entscheidung zwischen den Hauptparteien anerkannt wird. Die Anerkennungshindernisse werden in Hinsicht auf den Dritten, seinen Prozessgegner und den ihrem Verhältnis zugrunde liegenden Prozessstoff geprüft. Das Gericht kann aber nicht nachprüfen, ob der Gerichtsstand der Interventionsklage tatsächlich gegeben ist.

Nach dem Anerkennungssystem der EuGVO werden alle Interventionswirkungen einer Entscheidung eines mitgliedstaatlichen Gerichts als prozessuale Urteilswirkungen qualifiziert und nach den allgemeinen Regelungen zur Urteilsanerkennung anerkannt. Unerheblich für die Anerkennung ist es, ob die Interventionswirkung nach der Verfahrensordnung des Urteilsstaates als Beweisregel oder materiellrechtlichen Einredeausschluss angesehen wird. Die Anerkennung der Interventionswirkung erfolgt grundsätzlich nicht im Wege der Substitution der jeweiligen nationalen Verfahrensvorschriften über die Drittbeteiligung (im deutschen Recht die §§ 68, 74 ZPO), weil nicht das Beteiligungsinstitut, sondern die aus ihm folgenden Wirkungen anerkannt werden.[396] Da die Interventionswirkung aus der Entscheidung zwischen den ursprünglichen Hauptparteien folgt, ist sie nur anerkennungsfähig, wenn auch die Entscheidung zwischen den Hauptparteien ihre Wirkungen auf den Anerkennungsstaat erstreckt. Die Anerkennungshindernisse nach Art. 34 EuGVO werden nur hinsichtlich der Hauptparteien, aber nicht in Bezug auf den Dritten geprüft. Da diese Vorschrift die Freizügigkeit der Entscheidungen einschränkt, ist sie nicht analogiefähig. Eine Ausnahme besteht nur für die Nummer 1, die eine ordre public-Prüfung erlaubt,

---

[396] So aber RGZ 61, 390.

und Nummer 3, nach der eine entgegenstehende Rechtskraft berücksichtigt wird. Denn die EuGVO wird im Licht der Europäischen Menschenrechtskonvention ausgelegt, so dass auch die Verfahrensrechte des Dritten gewahrt sein müssen. Werden unvereinbare Entscheidungen erlassen, kann der einheitliche Justizraum beeinträchtigt werden. Streitige Rechts- und Tatsachenfragen, an die der Dritte aufgrund der Interventionswirkung gebunden ist, dürfen deshalb nicht abweichend entschieden worden sein.

Auch die weitreichende subjektive Rechtskrafterstreckung, die das englische Verfahrensrecht im Falle eines *interpleader*-Verfahrens, des *joinder* oder bei fehlender Verfahrensbeteiligung aus Gründen der Repräsentation oder des Prozessmissbrauchs verleiht, wird anerkannt. Ein ordre public-Verstoß liegt grundsätzlich nicht vor.

D. Anerkennung nach dem Übereinkommen von Lugano

Wie zur Gerichtspflichtigkeit des Dritten nach dem LugÜ erklärt wurde, ist das Übereinkommen von Lugano als Parallelübereinkommen zum EuGVÜ konzipiert und deshalb weitestgehend mit diesem inhaltsgleich.[397] Um diese Übereinstimmung auch in der Rechtsanwendung zu gewährleisten und ein Auseinanderdriften des Staatsvertrages zu verhindern, verpflichteten sich die Vertragsstaaten, auf die Auslegung der Gerichte des jeweils anderen Vertragspartners Rücksicht zu nehmen. In jüngeren Entscheidungen hält das Schweizer Bundesgericht weiter an diesem Grundsatz der parallelen Auslegung fest, auch wenn die EuGVO das EuGVÜ mittlerweile ersetzt hat.[398] Seit Inkrafttreten der EuGVO ist die Parallelität jedoch durchbrochen. Dabei unterscheiden sich weniger die Voraussetzungen einer Anerkennung als vielmehr das Verfahren.[399] Während nach Art. 34 LugÜ (EuGVÜ) der Antrag auf Anerkennung und Vollstreckbarerklärung nicht nur hinsichtlich der Formalitäten, sondern auch in Bezug auf die Anerkennungshindernisse geprüft wird, findet diese Nachprüfung gemäß der EuGVO erst auf Rüge im Rechtsbehelfsverfahren statt. Das Anerkennungsverfahren der EuGVO ist damit stark vereinfacht. Abgesehen davon stimmen das Anerkennungssystem des LugÜ und das der EuGVO (EuGVÜ) überein. Danach erfolgt die Anerkennung der Drittwirkung eines Urteils, ohne dass es eines besonderen Anerkennungsverfahrens bedarf (Art. 26). Unter Anerkennung wird dabei seit der Rechtsprechung des Europäischen Gerichtshofs zum EuGVÜ in der Sache *Hoffmann v. Krieg*[400] die Wirkungserstreckung ver-

---

[397] Siehe Kapitel 4 C.
[398] BGE 129 III 626 ff. und *Greiner*, ZBJV 2005, S. 55 (73 ff.).
[399] Zu den hier nicht einschlägigen Unterschieden bei den Anerkennungsvoraussetzungen siehe *Kropholler*, EZPR, Einl. Rn. 64.
[400] EuGH Rs. 145/86, *Hoffmann v. Krieg*, Slg. 1988-I, 645.

standen.[401] Diese Rechtsprechung beeinflusst wegen des oben dargestellten Grundsatzes auch die Auslegung des LugÜ, nach dem das Übereinkommen von Lugano parallel die Interpretation der EuGVO nachvollzieht.[402] Die Anerkennungshindernisse, die Art. 27 abschließend aufzählt, werden schon im Antragsverfahren geprüft. Jedoch erhält der Schuldner in diesem Verfahrensstadium keine Gelegenheit sich zu äußern. Die internationale Zuständigkeit entzieht sich dabei nach Art. 28 Abs. 3 LugÜ einer Überprüfung. Eine Ausnahme besteht aber wie nach dem Anerkennungssystem der EuGVO u. a. für die internationale Zuständigkeit in Versicherungs- und Verbrauchersachen. Damit weicht das LugÜ ebenfalls von den traditionellen bilateralen und multilateralen Vollstreckungsverträgen ab, die in der Regel eine Zuständigkeitsüberprüfung kennen. Jedoch geht das LugÜ ebenso wie die EuGVO (EuGVÜ) nicht so weit, gänzlich auf eine ordre public-Kontrolle zu verzichten.

Aus dieser Darstellung ergibt sich, dass die Anerkennungsregeln des Übereinkommens von Lugano Parallelen zu denen der EuGVO (EuGVÜ) aufweisen. Bezüglich der Regelungen der EuGVO zum Verfahrensverlauf werden diese Ähnlichkeiten jedoch durchbrochen. Inhaltlich ergeben sich deshalb keine Besonderheiten für die Anerkennung der Drittwirkung eines Urteils oder der Anerkennung eines Dritturteils. Aus diesem Grund kann im Einzelnen auf die Darstellung zur Anerkennung nach der EuGVO verwiesen werden.

---

[401] *P. Mayr*, S. 81 Art. 26.
[402] Siehe Kapitel 4 C.

Kapitel 6

Substitution durch ausländische Beteiligungsinstitute

A. Einführung

Im deutschen materiellen Recht finden sich Normen, deren Tatbestände eine Klageerhebung oder die Zustellung einer Streitverkündungsschrift voraussetzen. Ein Beispiel für diese Art von Normen ist der § 204 Abs. 1 Nr. 1 und 6 BGB, wonach die Klageerhebung oder die Zustellung der Streitverkündung die Verjährung hemmen. Wird die Klage vor einem ausländischen Gericht erhoben oder wird der Streit in einem ausländischen Verfahren verkündet, fragt sich, ob diese Prozesshandlungen geeignet sind, die Verjährung nach den oben genannten Vorschriften zu hemmen. Dieses Problem entsteht jedoch nur, wenn Verjährungsstatut deutsches Recht ist.[1] Nach deutscher Vorstellung handelt es sich bei der Verjährung anerkanntermaßen nicht um ein prozessuales Institut, welches nach dem lex fori-Grundsatz zur Anwendung kommt, sobald das Verfahren vor einem deutschen Gericht stattfindet.[2] Die Verjährung einschließlich der Vorschriften über ihre Hemmung und Unterbrechung werden vielmehr materiellrechtlich qualifiziert, so dass sie anwendbar sind, wenn lex causae deutsches Recht ist.[3] Damit steht die deutsche Auffassung zwar im Gegensatz zur Qualifikation anderer Rechtsordnungen,[4] jedoch bestimmt die lex fori nach ihren eigenen Vorstellungen die Einordnung von Rechtsinstituten und damit die Anwendung ihres internationalen Privatrechts.[5]

Da Verjährungsvorschriften materiellrechtliche Sachnormen sind, werden ausländische Beteiligungsinstitute nicht im Wege der Wirkungserstreckung, sondern der Substitution berücksichtigt. Eine Verfahrensbeteiligung in einem ausländi-

---

[1] Zur materiellrechtlichen Wirkung einer Klageerhebung nach anderen Rechtsordnungen siehe *McGuire*, S. 238 (Österreich), 255 (Schweiz) und 275 (England).
[2] Zu den Ausnahmen und der Diskussion um den lex fori-Grundsatz siehe Kapitel 4 A. I.
[3] Siehe Art. 34 Abs. 1 Nr. 4 EGBGB; *Kegel/Schurig*, IPR, § 17 VI, S. 636; *Schack*, Rn. 521; *Kropholler*, IPR, § 17 I, S. 128. Eine Ausnahme besteht im internationalen Transportrecht nach Art. 32 Abs. 3 CMR, der auf die lex fori verweist.
[4] Siehe zur Entwicklung in England hin zu einer materiellrechtlichen Qualifikation der Foreign Limitation Periods Act 1984, besprochen in RabelsZ 49 (1985), 371. Zur Entwicklung in den US-amerikanischen Bundesstaaten siehe *Schack*, Rn. 522.
[5] *Schack*, Rn. 47; *Kropholler*, IPR, § 16 I S. 121. Siehe zu den einzelnen Qualifikationstheorien *Kegel/Schurig*, IPR, § 7 III und IV.

schen Verfahren, die nach ausländischem Recht verjährungshemmende Wirkung besitzt, erstreckt deshalb diese Wirkung nicht auf den deutschen Staat, wenn vor dessen Gerichten die Verjährungsfrage virulent wird. Denn die verjährungshemmende Wirkung ist eine materiellrechtliche, die von einem deutschen Gericht nur zu berücksichtigen ist, wenn nach dem deutschen internationalen Privatrecht lex causae das ausländische Recht ist. Ein weiterer Grund, weshalb es sich bei der Berücksichtigung ausländischer Verfahrensbeteiligungen nicht um Wirkungserstreckung nach den Anerkennungsregeln handelt, ergibt sich aus den Verjährungsvorschriften selbst. Diese knüpfen nicht an Entscheidungswirkungen wie z.B. die Rechtskraft an, sondern beziehen sich auf die Prozesshandlungen der Klageerhebung und der Streitverkündung. Aus diesen Gründen ist die Tatbestandswirkung nicht Gegenstand prozessualer Anerkennung.[6]

Da Verfahrensbeteiligungen in einem ausländischen Verfahren im Rahmen der deutschen materiellrechtlichen Verjährungsvorschriften berücksichtigt werden sollen, ist die Grundfrage, ob Prozesshandlungen in einem ausländischen Verfahren die Tatbestandsvoraussetzungen einer inländischen Sachnorm erfüllen können. Dies wird durch Auslegung der jeweiligen Sachnorm beantwortet.[7] Die Frage wird bejaht, wenn die ausländische Prozesshandlung die in der Sachnorm erwähnte inländische substituiert, d.h. mit ihr funktionell gleichwertig ist.

Voraussetzung für eine Substitution ist, dass die ausländische Prozesshandlung mit der inländischen gleichwertig ist.[8] Dabei wird nicht verlangt, dass sie in ihren Begrifflichkeiten oder in allen ihren Voraussetzungen und Rechtsfolgen übereinstimmen. Ausreichend ist, dass sie sich in ihren wesentlichen Merkmalen, also in ihren spezifischen rechtlichen Voraussetzungen und Wirkungen gleichen.[9] *Mankowski* spricht davon, dass System- und Substitutionsbegriff funktional insoweit äquivalent sein müssen, als der Substitutionsbegriff für die Rechtsfolge des Systembegriffs prädestiniert ist.[10] Ist dies zu bejahen, enthält die inländische Sachnorm einen verfahrensrechtlichen Verweisungsbefehl zu der Prozesshandlung im ausländischen Verfahren.[11] Dies ist, wie oben dargestellt wurde, notwendig, weil die Einleitung eines ausländischen Verfahrens kein taugliches Anerkennungsobjekt ist. Mit dieser Problemlösung stimmen Literatur und Rechtsprechung überein. Sie billigen einer ausländischen Streitverkündung verfahrenshemmende Wirkungen zu, wenn sie in den wesentlichen Vorausset-

---

[6] *Schack*, Rn. 780; *McGuire*, S. 225.
[7] *Schack*, Rn. 780.
[8] Weitere Voraussetzung ist, dass es sich bei der Sachnorm nicht um eine geschlossene Norm handelt, sie also nach ihrem Sinn und Zweck der Substitution offensteht. Vgl. *Kropholler*, IPR, § 33 II; *v. Bar/Mankowski*, IPR, Band I, § 7 V Rn. 243.
[9] *Kropholler*, IPR, § 33 II.
[10] *v. Bar/Mankowski*, IPR, Band I, § 7 V Rn. 243.
[11] *v. Bar/Mankowski*, IPR, Band I, § 7 V Rn. 242; *Mansel*, in Festschrift für Lorenz, S. 689 (692).

zungen einer deutschen entspricht.[12] Es wird auch die Formulierung verwendet, dass eine ausländische Klage eine funktional äquivalente Handlungsalternative des ausländischen Rechts ist, die im Wege der Substitution die Klage in § 204 Abs. 1 Nr. 1 BGB ersetzen kann.[13]

B. Funktionale Äquivalenz

Die oben besprochenen prozessualen Institute erfüllen demnach den Tatbestand der Verjährungshemmung nach § 204 Abs. 1 Nr. 1 oder 6 BGB, wenn sie zur Klageerhebung oder Streitverkündung funktional äquivalent sind. Um diesen Vergleich durchzuführen, müssen die Voraussetzungen und Wirkungen der zu vergleichenden Prozessinstitute herausgearbeitet werden.

I. Klageerhebung

Mit der Klageerhebung sind die Beteiligungsinstitute der Interventionsklage und der Hauptintervention funktional äquivalent. Die Institute des *joinder* sowie der ausländischen Streitverkündung sind mit einer Klage nicht vergleichbar.

1. Charakteristische Merkmale einer Klageerhebung

Der Lauf der Verjährungsfrist wird nach § 204 Abs. 1 Nr. 1 BGB durch eine Klageerhebung gehemmt, weil der Gläubiger unmissverständlich seinen ernsthaften Willen kundtut, den Anspruch durchzusetzen.[14] Die Klageerhebung hat deshalb gegenüber dem Schuldner eine Warnfunktion, dem die Verjährungshemmung gerecht wird.[15] Dieser Rechtsverfolgungswille des Gläubigers muss in der Klage eindeutig zum Ausdruck kommen. Die bloße Äußerung des Rechtsverfolgungswillens genügt für eine Hemmung nach § 204 Abs. 1 BGB nicht. Eine außergerichtliche Mahnung, unabhängig davon wie nachdrücklich sie erfolgt, reicht deshalb nicht aus. Ein anderes Ergebnis folgt auch nicht aus § 203 BGB, der eine Hemmung bei Verhandlungen vorsieht und nicht verlangt, dass ein Gericht beteiligt ist. Verhandlungen erfolgen zweiseitig und freiwillig. Die Verjährung kann deshalb nicht gegen den Willen einer der Parteien gehemmt werden. Anders sind einseitige Prozesshandlungen wie die Klageerhebung zu beurteilen, die zu einer Verjährungshemmung gegen den Willen des

---

[12] RGZ 61, 390, 392 f.; MünchKommBGB-*Grothe*, § 204 Rn. 42; Staudinger/*Peters* (2004), § 204 Rn. 85; Erman/*Schmidt-Räntsch*, § 204 Rn. 19.
[13] AnwaltskommentarBGB-*Mansel/Budzikiewicz*, § 204 Rn. 24.
[14] MünchKommBGB-*Grothe*, § 204 Rn. 3.
[15] MünchKommBGB-*Grothe*, § 204 Rn. 3.

Gegners führt. Aus diesem Grund stellt das Gesetz an eine einseitige verjährungshemmende Handlung höhere Anforderungen als an eine zweiseitige Verhandlung.

Da in der Klageerhebung der Rechtsverfolgungswille zum Ausdruck kommt, eine außergerichtliche Mahnung aber nicht ausreicht, muss die Klage zumindest wirksam erhoben sein, d.h. den Anforderungen des § 253 Abs. 1 und 2 ZPO gerecht werden.[16] Eine unwirksame Klage ist keine Klage im Sinne des Gesetzes, sondern nur eine möglicherweise ernsthafte Kundgabe des Rechtsverfolgungswillens, der – wie gesehen – nicht ausreicht.[17] Es wird aber nicht verlangt, dass die Klage auch zulässig ist, sie also alle Sachurteilsvoraussetzungen erfüllt.[18] Dies folgt aus Satz 1 des Absatzes 2 der Vorschrift, nach dem auch eine andere Beendigung des Verfahrens als eine rechtskräftige Entscheidung die Hemmung beenden kann. Das Gesetz geht demnach davon aus, dass die Klageerhebung nicht immer in eine Sachentscheidung, sondern auch in ein Prozessurteil münden kann.[19] Da die Klage nicht alle Sachurteilsvoraussetzungen zu erfüllen braucht, muss sie weder bei einem zuständigen Gericht erhoben werden,[20] noch kommt es auf entgegenstehende Rechtshängigkeit oder Rechtskraft an.[21] Es stellt sich aber die Frage, ob von diesem Grundsatz abgewichen werden muss, wenn die Zuständigkeitsregeln grob missachtet wurden. Da für die Verjährungshemmung aber nicht die subjektiven Gegebenheiten des Klägers maßgeblich sind, sondern nur die Frage, ob ein Sachurteil wirksam wäre, kann eine Ausnahme nicht zugelassen werden.[22] Vorausgesetzt wird jedoch, dass die Klage wirksam zugestellt wird, wobei eine öffentliche Zustellung genügt.[23]

2. Vergleich mit ausländischen Beteiligungsinstituten

Als mit der Klageerhebung nach deutschem Recht vergleichbare ausländische Beteiligungsinstitute kommen der englische *joinder* und die Interventionsklage des englischen und französischen Rechts in Betracht, weil diese Institute eine Klageerhebung voraussetzen. Das Institut des englischen Rechts, einen Dritten im Wege des *joinder* am Verfahren zu beteiligen, ist aber mit den oben dargestellten wesentlichen Merkmalen einer Klageerhebung im Sinne der Verjährungsvorschriften nicht funktional äquivalent. Gleiches gilt für die *intervention forcée de jugement commun* des französischen Rechts. Das Ergebnis ist auf den

---

[16] Staudinger/*Peters* (2004), § 204 Rn. 28; MünchKommBGB-*Grothe,* § 204 Rn. 21.
[17] MünchKommBGB-*Grothe,* § 204 Rn. 21.
[18] Staudinger/*Peters,* § 204 Rn. 24; MünchKommBGB-*Grothe,* § 204 Rn. 25.
[19] MünchKommBGB-*Grothe,* § 204 Rn. 25.
[20] Staudinger/*Peters* (2004), § 204 Rn. 25.
[21] Staudinger/*Peters* (2004), § 204 Rn. 27.
[22] Staudinger/*Peters* (2004), § 204 Rn. 25.
[23] Staudinger/*Peters* (2004), § 204 Rn. 33.

ersten Blick überraschend, weil das Gericht die Klage dem Dritten zustellt, der als *joinder* oder Streitverkündungsempfänger hinzugezogen wird.[24] Jedoch wird die Klage nicht deshalb zugestellt, weil die Hauptpartei, die den *joinder* beantragt, ihren Anspruch gegen den Dritten durchsetzen will. Vielmehr ist sie aus systematischen Gründen gezwungen, Klage zu erheben, weil das englische Recht eine Verfahrensbeteiligung nur als Verfahrenspartei kennt. Nur aus diesem Grund muss der hinzutretenden neuen Verfahrenspartei die Klage zugestellt werden. Der *joinder* führt außerdem nicht zu einer Entscheidung über den Drittanspruch, so dass die Klagezustellung an den *joinder* von Anfang an nicht geeignet ist, eine endgültige Entscheidung mit Vollstreckungswirkung herbeizuführen. Der *joinder* führt nur zu einer Rechtskrafterstreckung. Der Gläubiger muss seinen Anspruch gegen den Dritten deshalb in einem Folgeverfahren durchsetzen. Ob es zu solch einem Verfahren kommt, ist zum Zeitpunkt der Klagezustellung an den *joinder* im Erstverfahren jedoch noch unklar. Mit ihrem Antrag, den Dritten als *joinder* in das Verfahren zu ziehen, bringt die Hauptpartei deshalb nicht unmissverständlich zum Ausdruck, ihre Ansprüche gegen den Dritten in einem Folgeverfahren durchsetzen zu wollen. Für die *intervention forcée mise en cause aux jugement commun* gilt nichts anderes. Auch diese führt nicht zu einer abschließenden Entscheidung mit Vollstreckungswirkung gegenüber dem Dritten, sondern bereitet ein Folgeverfahren vor, in dem eine solche Entscheidung erwartet wird.

Da dieses Ergebnis jedoch nicht dazu führen kann, dass diese Rechtsinstitute überhaupt keine verjährungshemmende Wirkung besitzen, wird diskutiert, inwieweit sie als eine Streitverkündung im Sinne des § 204 Abs. 1 Nr. 6 BGB verstanden werden können. In der Literatur wird methodisch die Umdeutung in eine Streitverkündung des deutschen Rechts vorgeschlagen.[25] Diese Position soll weiter unten besprochen werden.[26]

Im Gegensatz zum *joinder* des englischen Rechts oder der Streitverkündung des französischen Rechts können die jeweiligen Interventionsklagen *(Part 20-Klage* oder *intervention forcée au fins de condamnation)* mit einer Klageerhebung im Sinne der Verjährungsvorschriften verglichen werden. Zwar wird die Interventionsklage in einem anhängigen Verfahren erhoben, jedoch kennt auch die Klageerhebung im Sinne der Verjährungsvorschriften die subjektive und objektive Erweiterung des Prozessstoffes durch nachträgliche Anspruchshäufung, Klageerweiterung und Widerklage.[27] Die Interventionsklage bezweckt, gegen den Dritten in einem schon anhängigen Verfahren Ansprüche geltend zu ma-

---

[24] Practice Direction 19.3.3: „A new defendant does not become a party to the proceedings until the amended claim form has been served on him."

[25] *Koch,* in Habscheid (Hrsg.), Justizkonflikt, S. 123 (130); *Taupitz,* ZZP 102 (1989), 288 (301).

[26] In diesem Kapitel unter B. II. 2.

[27] Staudinger/*Peters* (2004), § 204 Rn. 37.

chen, über die mit Rechtskraft- und Vollstreckungswirkung entschieden werden soll. Der Gläubiger drückt deshalb unmissverständlich aus, seine Ansprüche gegen den Dritten zu verfolgen. Anders als bei dem englischen *joinder* muss der Dritte damit rechnen, dass aufgrund des Verfahrens, an dem er beteiligt wird, über diese Ansprüche abschließend und endgültig entschieden wird. Für die Hauptintervention trifft das ebenfalls zu. Da ihr immer eine selbständige Klage des Dritten zugrunde liegt, äußert der Gläubiger unmissverständlich seinen Rechtsverfolgungswillen.

Da § 204 Abs. 1 Nr. 1 BGB nicht allein auf eine Klage, sondern auf ihre Erhebung abstellt, kann eine ausländische Klage nur die Verjährung hemmen, wenn die Prozesshandlung auch mit dem deutschen Recht vergleichbar ist. Nach deutschem Recht setzt die Klageerhebung voraus, dass sie dem Beklagten durch das Gericht zugestellt wurde. Der geltend gemachte Anspruch muss inhaltlich zweifelsfrei identifizierbar bezeichnet sein.[28] Für die Klageerhebung ist charakteristisch, dass der Beklagte das Begehren in Richtung und Umfang erkennen kann, gegen das er sich verteidigen soll. Die Handlung muss geeignet sein, prozessuale Folgen hervorzurufen, so dass dem Beklagten die Ernsthaftigkeit des klägerischen Vorbringens deutlich wird. Im französischen und englischen Recht wird die Klage durch Gericht zugestellt.[29] Sie enthält den geltend gemachten Anspruch und führt zu einer unfreiwilligen Verfahrensbeteiligung des Dritten. Deshalb sind die Institute vergleichbar.

3. Anerkennungsfähigkeit der zu erwartenden Entscheidung

Die verjährungshemmende Wirkung einer Klageerhebung in einem ausländischen Verfahren steht in Frage, wenn die zu erwartende Entscheidung in Deutschland nicht anerkannt wird.[30] Die Diskussion dreht sich dabei um die fehlende Anerkennungszuständigkeit und das rechtliche Gehör des Beklagten. Dabei wird nicht auf die besondere Situation des Drittbeklagten eingegangen. Unter den Vertretern, die ein anerkennungsfähiges ausländisches Urteil verlangen, findet sich auch die differenzierende Auffassung, nach der auf das Kriterium verzichtet werden soll, wenn sich die Anerkennung der Entscheidungen

---

[28] Staudinger/*Peters* (2004), § 204 Rn. 30.
[29] Für das englische Recht ergibt sich dies aus Part. 20.7. und 20.8. CPR, für das französische Recht aus Art. 333 CPC, *Dalloz*, CPC, Art. 333 Nr. 3.
[30] Für die Verjährungshemmung auch bei fehlender Anerkennungsfähigkeit der zu erwartenden Entscheidung siehe RGZ 61, 390, 392 f.; MünchKommBGB-*Grothe*, § 204 Rn. 9; Staudinger/*Peters*, 13. Bearb., § 209 Rn. 92; AnwaltskommentarBGB-*Mansel/Budzikiewicz*, § 204 Rn. 24; Burgstaller/Neumayr/*Burgstaller*, IZVR, Band 1, Kapitel 31 Art. 33 Rn. 15; *Schack*, Rn. 782; *Frank*, IPRax 1983, 109 (110); *Schlosser*, in Festschrift für Bosch, S. 859, (866); a.A. RGZ 129, 385, 389; Palandt/*Heinrichs*, § 204 Rn. 3; Erman/*Schmidt-Räntsch*, § 204 Rn. 10a (differenzierend); *Taupitz*, ZZP 102 (1989), 288 ff. Siehe auch die ausführliche Darstellung von *McGuire*, S. 219 ff.

nach der EuGVO richtet.[31] Die Anerkennungsfähigkeit soll aber geprüft werden, wenn § 328 ZPO Anwendung findet.

Die Anerkennungsfähigkeit der zu erwartenden Entscheidung wird aus mehreren Gründen verlangt. Nur ein Urteil, das auch im Inland Wirkungen entfaltet, sei geeignet, dem Beklagten die angestrebte Rechtsverfolgung unmissverständlich deutlich zu machen. Eine nicht anerkennungsfähige Entscheidung sei für die Rechtsverfolgung unerheblich.[32] Vor der Reform der Verjährungsvorschriften fand sich das Argument, § 211 BGB aF zeige, dass das ausländische Urteil anerkennungsfähig sein müsse, weil es sonst nicht geeignet sei, die Verjährungsunterbrechung zu beenden und die Frist in § 211 BGB aF in Gang zu setzen.[33]

Diese Auffassungen verkennen jedoch den Unterschied zwischen einer Substitution im Rahmen der Auslegung einer Sachnorm und der Erstreckung von Entscheidungswirkungen durch Anerkennung. Die Substitution verlangt nur, dass der im Ausland vollzogene Tatbestand mit den in der Sachnorm aufgestellten Tatbestandsvoraussetzungen funktional äquivalent ist.[34] Da die Vorschriften über die Verjährungshemmung auf die Prozesshandlung der Klageerhebung und nicht auf die das Verfahren beendende Entscheidung abstellen, kommt es nur darauf an, ob die Klageerhebung und nicht das Urteil funktional äquivalent ist.[35] Im Rahmen der Substitution können keine höheren Anforderungen an eine Klageerhebung nach ausländischer lex fori gestellt werden. Da eine Klageerhebung nach deutschem Recht nur wirksam sein muss, kann nicht verlangt werden, dass die ausländische Klageerhebung zu einem anerkennungsfähigen Urteil führt.

Aus dem Grunde ergibt sich kein anderes Ergebnis, obwohl die hier behandelte verjährungsrechtliche Diskussion dem Gesetzgeber bekannt war. Entscheidend ist nur, ob der Schuldner mit einer ernsthaften Rechtsverfolgung aufgrund der Klageerhebung rechnen und sich deshalb auf das Verfahren einlassen musste.[36] Dem oben dargestellten Argument, § 211 BGB aF verlange, dass auch die ausländische Entscheidung anerkennungsfähig sei, entzieht die Reform des Verjährungsrechts die gesetzliche Grundlage, da diese Vorschrift gestrichen wurde.[37] Darüber hinaus zeigen die neuen Verjährungsvorschriften, dass auch

---

[31] Erman/*Schmidt-Räntsch*, § 204 Rn. 10a.
[32] Erman/*Schmidt-Räntsch*, § 204 Rn. 10a.
[33] MünchKommBGB-*Grothe*, § 204 Rn. 9.
[34] Für die Verjährungshemmung im Besonderen siehe *Schack*, Rn. 782.
[35] *Schack*, Rn. 782.
[36] Staudinger/*Peters* (2004), § 204 Rn. 42; AnwaltskommentarBGB-*Mansel/Budzikiewicz*, § 204 Rn. 24.
[37] Eine ähnliche Regelung findet sich in § 204 Abs. 2 BGB für die Verjährungshemmung.

Handlungen geeignet sind, die Verjährung zu hemmen, die nicht zu einer Sachentscheidung führen können. Dieser gravierende Unterschied zum alten Verjährungsrecht erklärt sich aus der Umstellung einer grundsätzlichen Verjährungsunterbrechung auf eine regelmäßige Verjährungshemmung. Es kann deshalb nicht mehr argumentiert werden, eine Prozesshandlung wirke sich nicht auf die Verjährung aus, wenn sie zu einer nicht anerkennungsfähigen Entscheidung führt.[38] Als Ergebnis kann somit festgehalten werden, dass eine Verjährungshemmung durch eine ausländische Klageerhebung nicht voraussetzt, dass das zu erwartende Urteil anerkennungsfähig ist.

Jedoch fordern auch diejenigen, die eine Anerkennungsfähigkeit nicht voraussetzen, dass die Anerkennungszuständigkeit und der ordre public hinsichtlich des Beklagten geprüft werden.[39] Als Begründung wird angegeben, dass nur ein Schuldner, der sich auf die Klage einlassen muss, von ihrer Warnfunktion voll umfasst wird.[40] Diese Punkte müssen aber nicht bezüglich des Dritten vorliegen. Zum einen verlangt § 204 BGB auch für eine deutsche Klage nicht, dass sie zulässig, sondern nur, dass sie wirksam ist. Maßgeblich ist demnach nur, dass der Beklagte davon ausgehen muss, das Verfahren könnte in eine Sachentscheidung über den gegen ihn geltend gemachten Anspruch mit Vollstreckungswirkung münden. Diese Warnfunktion besteht auch im Falle einer ausländischen Klage, wenn sie wirksam erhoben wurde. Zum anderen besteht im Anwendungsbereich der EuGVO das Verbot, die internationale Zuständigkeit nachzuprüfen, das nicht im Anwendungsbereich des materiellen Rechts durchbrochen werden darf.[41] Darüber hinaus kann sich das Problem einer Interventionsklage, die vor einem international unzuständigen Gericht erhoben wird, unter Geltung der EuGVO nicht stellen. Denn Art. 6 Nr. 2 EuGVO sieht einen einheitlichen Interventionsgerichtsstand vor. Der missbräuchlichen Ausnutzung der Interventionsklage, um den Dritten seinem Gerichtsstand zu entziehen, kann zum einen mithilfe des ordre public entgegnet werden.[42] Zum anderen enthält Art. 6 Nr. 2 EuGVO einen besonderen Vorbehalt für Missbrauchsfälle.

Anders verhält es sich mit der Wahrung des Anspruchs auf rechtliches Gehör des Beklagten, der im Falle von Beteiligungen an ausländischen Verfahren besonders gefährdet ist. Im Rahmen der ordre public-Prüfung ist deshalb auf eine Verletzung dieses Anspruchs besonders zu achten. Bei dieser Prüfung handelt es sich aber nicht um eine Frage des anerkennungsrechtlichen ordre public, weil Art. 34 Nr. 1 EuGVO nur die Anerkennung von Entscheidungswirkungen, nicht

---

[38] MünchKommBGB-*Grothe,* § 204 Rn. 9.
[39] MünchKommBGB-*Grothe,* § 204 Rn. 9; Staudinger/*Peters* (2004), § 204 Rn. 42. Nur für die Prüfung des rechtlichen Gehörs im Rahmen des ordre public *Schack,* Rn. 783; AnwaltskommentarBGB-*Mansel/Budzikiewicz,* § 204 Rn. 24.
[40] Staudinger/*Peters* (2004), § 204 Rn. 42.
[41] So schon *Taupitz,* ZZP 102 (1989), 288 (303 f.).
[42] *Schack,* Rn. 783, allgemein zur missbräuchlichen Klageerhebung.

aber die Substitution von Tatbestandsvoraussetzungen materieller Normen regelt. Jedoch ist bei der Anwendung ausländischer Normen gemäß Art. 6 EGBGB immer auch der ordre public des internationalen Privatrechts zu beachten. Verstößt die Klageerhebung nach der ausländischen lex fori gegen den deutschen ordre public, kommen diese Vorschriften nicht zur Anwendung, so dass die Tatbestandsvoraussetzung Klageerhebung nicht substituiert werden kann. Anders formuliert: Eine Klageerhebung nach ausländischem Recht, die das rechtliche Gehör des Beklagten verletzt, ist mit einer Klageerhebung nach deutschem Recht nicht funktional äquivalent.

4. Umdeutung bei fehlender Anerkennungszuständigkeit

Verschiedentlich wird vorgeschlagen, die Interventionsklage in eine Streitverkündung umzudeuten.[43] Diese Diskussion wird vor allem dann geführt, wenn für eine Substitution verlangt wird, dass die zu erwartende Entscheidung anerkennungsfähig ist und die Anerkennungszuständigkeit nicht vorliegt. Da die Streitverkündung einen Gerichtsstand des Dritten am erkennenden Gericht nicht voraussetzt, könnte eine Umdeutung der *Part 20*-Klage oder der *intervention forcée au fins de condamnation* in eine Streitverkündung die gewünschte Verjährungshemmung begründen. Als Argument wird angeführt, dass die Streitverkündung ein wesensgleiches Minus der Klageerhebung sei, weshalb sie in ihr regelmäßig enthalten sei.[44] Nach der hier vertretenen Meinung kann sich das Problem grundsätzlich nicht stellen, weil nicht verlangt wird, dass die zu erwartende Entscheidung anerkennungsfähig ist. Auf die Anerkennungszuständigkeit kommt es deshalb nicht an.

Unabhängig von diesem Standpunkt kann die Interventionsklage grundsätzlich nicht in eine Streitverkündung umgedeutet werden. Streitverkündung und Interventionsklage ähneln sich darin, dass der Dritte an einem Verfahren vor einem Gericht beteiligt wird, zu dem er keinerlei eigenen örtlichen Bezug besitzt. Die einzige Verbindung ist der sachliche Zusammenhang zwischen dem im Verfahren streitigen Rechtsverhältnis und dem gegen ihn geltend gemachten Anspruch.[45] Jedoch kann die funktionale Gleichwertigkeit von Rechtsinstituten nicht schon deshalb bejaht werden, weil die Gerichtspflichtigkeit mit denselben

---

[43] *Koch,* in Habscheid (Hrsg.), Justizkonflikt, S. 123 (130); *Taupitz,* ZZP 102 (1989), 288 (301).

[44] Stein/Jonas/*Leipold,* 19. Auflage, § 328 Anm. I 2 f.; Stein/Jonas/*Schumann,* 20. A., § 328 Rn. 18, Fn. 21; MünchKommEGBGB-*Spellenberg,* vor Art. 11 Rn. 72; *Koch,* in Habscheid (Hrsg.), Justizkonflikt, S. 123 (130); *Taupitz,* ZZP 102 (1989), 288 (301); *Geimer,* ZZP 85 (1972), 196 (198 f.); *Milleker,* ZZP 80 (1967), 288 (290 Fn. 7). Zur niederländischen *vrijwaring,* die mit den hier behandelten englischen und französischen Rechtsinstituten vergleichbar ist, siehe RGZ 61, 390 (392 f.).

[45] *Milleker,* ZZP 84 (1971), 91 ff.; *Koch,* ZVglRWiss. 85 (1986), 11 (58); *Bernstein,* in Festschrift für Ferid, S. 75 (84 ff. und 91 f.).

Erwägungen begründet wird. Für sie ist nur maßgeblich, ob die Rechtsinstitute in ihren wesentlichen Merkmalen übereinstimmen, was gerade zu verneinen ist. Die Interventionsklage führt nicht zu einer Interventionswirkung, sondern zu einer endgültigen, gegenüber dem Dritten vollstreckbaren Entscheidung.[46] Sie stellt selbst eine unmissverständliche Rechtsverfolgung dar, der verjährungshemmende Wirkung zukommt, weil der Anspruch im anhängigen Verfahren geltend gemacht wird. Es handelt sich nicht um ein Rechtsinstitut, das wie die Streitverkündung nur erfolgreich ausgeübt werden kann, wenn die Verjährung gehemmt wird, obwohl der Anspruch noch nicht endgültig verfolgt wird. Darüber hinaus führt die generelle Umdeutung der Interventionsklageerhebung in eine Streitverkündung im Endeffekt zur Benachteiligung des Beklagten. Er ist gezwungen, im Ausland die volle Prozessführungslast zu tragen, um im Inland geringere Wirkungen zu erzielen.[47] Ist die zu erwartende Entscheidung nicht anerkennungsfähig, kann von ihm nicht verlangt werden, sich dennoch im Ausland zu verteidigen, um die geringere Interventionswirkung zu verhindern. Schlussendlich ist diese Auffassung mittlerweile durch die EuGVO überholt. Art. 65 EuGVO stellt die Streitverkündung und die Interventionsklage anerkennungsrechtlich gleich, indem er anordnet, dass auf sie dieselben Anerkennungsvorschriften anzuwenden sind. Der Verordnungsgeber geht deshalb davon aus, dass diese Rechtsinstitute voneinander grundsätzlich verschieden sind. Im Ergebnis besteht keine funktionale Gleichwertigkeit der *Part 20*-Klage und der *intervention forcée au fins de condamnation* mit der Streitverkündung. Sie liegt nur im Verhältnis zur Klageerhebung vor.

II. Streitverkündung

Die Beteiligungsinstitute des *joinder* und der französischen *intervention forcée mise en cause aux jugement commun* können mit der Streitverkündung nach deutschem Recht verglichen werden.

1. Charakteristische Merkmale einer Streitverkündung

Die verjährungshemmende Wirkung einer Streitverkündung kann nicht damit begründet werden, der Streitverkünder erschüttere die der Verjährung innewohnende Vermutung, eine Rechtsverfolgung werde nicht mehr stattfinden. Denn eine außergerichtliche Mahnung führt auch nicht zur Verjährungshemmung, obwohl der Gläubiger ebenfalls verdeutlicht, er mache seinen Anspruch geltend.[48]

---

[46] Zur niederländischen *vrijwaring*, siehe *Taupitz*, ZZP 102 (1989), 288 (301); *Koch*, in Habscheid (Hrsg.), Justizkonflikt, S. 123 (130).
[47] *Martiny*, HdbIZVR, Band III/1, Kapitel 1 Rn. 705.
[48] RGZ 129, 385 (389); *Taupitz*, ZZP 102 (1989), 288 (296); *Riezler*, S. 461.

Hintergrund der Verjährungshemmung ist vielmehr die Prozesssituation, die mit der Streitverkündung entsteht. Dabei unterscheidet sich die Streitverkündung des Klägers von derjenigen des Beklagten. Im ersten Fall wird der Gläubiger durch die prozessuale Interventionswirkung davon entlastet, zur gleichen Zeit verschiedene Verfahren zu führen, die er nur gewinnen kann, wenn seine Behauptungen sich widersprechen. Die Verjährungshemmung erleichtert dem Gläubiger diesen Vorteil der Streitverkündung, weil er nicht gezwungen ist, seinen Anspruch gegen den Streitverkündungsempfänger mithilfe sich widersprechender Behauptungen gerichtlich geltend zu machen, um der Anspruchsverjährung zu entgehen.[49] Auf diese Weise werden kostspielige Doppelprozesse vermieden, von denen einer aufgrund der Sachverhaltskonstellation bei einer Streitverkündung zwingend verloren geht.[50] Wesentliches Merkmal der Streitverkündung ist deshalb die Bindung des Streitverkündungsempfängers an die Feststellungen des Urteils zwischen den Parteien des Hauptprozesses, die den Gläubiger vor Parallelprozessen schützt.[51] Auf welche Weise diese Bindung zustande kommt – z. B. durch einen Einredeausschluss auf materiellrechtlicher Ebene, eine Rechtskrafterstreckung oder eine Interventionswirkung – ist dafür unerheblich.[52]

Im zweiten Fall, bei dem die Streitverkündung von dem Beklagten ausgeht, besitzt der Streitverkünder für den Fall seines Unterliegens im Verfahren Ansprüche auf Schadloshaltung oder Gewährleistung gegen den Dritten. Sinn der Streitverkündung ist es, den Dritten – z. B. den Rückgriffsschuldner – an das Verfahrensergebnis zu binden, so dass die Situation nicht eintreten kann, dass der Rückgriffsberechtigte aufgrund des Erstverfahrens leisten muss, im Zweitverfahren aber unterliegt. Sind diese Ansprüche bedingt wie bei der Haftung des Hauptschuldners gegenüber dem Bürgen oder dem Rückgriffsanspruch des Versicherers gegen den Versicherungsnehmer, so bezweckt die Streitverkündung nicht, die Verjährung dieser Ansprüche zu verhindern. Denn deren Lauf beginnt erst, wenn alle Anspruchsvoraussetzungen gegeben sind. Die Verjährungsgefahr besteht aber für unbedingte Ansprüche des beklagten Streitverkünders, so dass die Streitverkündung im Zusammenhang mit den Verjährungsvorschriften auch verhindern soll, dass der Gewährleistungsanspruch des Beklagten verjährt, solange er noch um seine eigene Haftung streitet.

In der obigen Darstellung der verjährungshemmenden Wirkung einer Klage wurde dargelegt, dass die Klageerhebung nur wirksam, aber nicht zulässig sein muss. Um den Gleichlauf zwischen Klageerhebung und Streitverkündung sicherzustellen, soll dies auch für letztere gelten.[53] Dagegen wird eingewendet,

---

[49] MünchKommBGB-*Grothe*, § 204 Rn. 39; *Taupitz*, ZZP 102 (1989), 288 (296).
[50] Staudinger/*Peters* (2004), § 204 Rn. 85.
[51] *Taupitz*, ZZP 102 (1989), 288 (296).
[52] Staudinger/*Peters* (2004), § 204 Rn. 85.
[53] Bamberger/Roth/*Henrich*, § 204 Rn. 28 f.

damit bestehe keine Möglichkeit im Verjährungsrecht, einer missbräuchlichen Nutzung der Streitverkündung entgegenzuwirken. Die Missbrauchsgefahr sei nach der Reform des Verjährungsrechts ungleich höher, weil die Regelung § 215 BGB aF nicht mehr in Kraft ist, nach dem eine Klage innerhalb von sechs Monaten nach Prozessbeendigung erhoben werden muss, um die Unterbrechungswirkung der Streitverkündung aufrechtzuerhalten.[54] Diese Argumentation überzeugt nicht. Zum einen folgte der Gesetzgeber nicht dem Bundesrat, der diese Bedenken im Gesetzgebungsverfahren äußerte.[55] Er maß ihnen also keine große Bedeutung bei. Zum anderen ist mit der Verjährungsreform die Gefahr einer missbräuchlichen Anwendung der Verjährungsvorschriften sehr viel geringer, weil der Fristlauf nicht mehr unterbrochen, sondern nur noch gehemmt wird.[56] Des Weiteren ist zu beachten, dass die Zulässigkeit der Streitverkündung erst im Folgeprozess zu prüfen ist,[57] so dass der Streitverkündungsempfänger bis dahin im Ungewissen darüber ist, ob der Streitverkündungsgrund tatsächlich gegeben ist. Auch wenn nur eine zulässige Streitverkündung verjährungshemmend wirken könnte, entlastete dies den Gläubiger deshalb nicht. Will er bezüglich des Verjährungsablaufs sicher sein, müsste er trotz einer möglichen Verjährungshemmung gegen den Streitverkündungsempfänger klagen.

Die verjährungshemmende Wirkung der Streitverkündung rechtfertigt sich deshalb durch folgendes charakteristische Merkmal: Der Dritte wird gegenüber dem Streitverkünder an die Entscheidung gebunden. Der Gläubiger muss nicht zwei Klagen parallel erheben, von denen eine zwingend unbegründet ist und die er nur schlüssig begründen kann, wenn er sich selbst widerspricht. Für die Verjährungshemmung genügt es, wenn die Streitverkündung wirksam ist. Ihre Zulässigkeit wird nicht verlangt.

2. Vergleich mit ausländischen Beteiligungsinstituten

Die funktionale Äquivalenz zwischen einer Streitverkündung nach deutschem Recht und einem Beteiligungsinstitut in einem ausländischen Verfahren setzt nicht voraus, dass letztere nach ihrem Recht verjährungshemmende Wirkung besitzt. Denn es werden nicht die Wirkungen ausländischer Rechtsinstitute erstreckt, sondern die Verjährungsvorschriften als Sachnormen mithilfe der Substitution ausgelegt.

---

[54] MünchKommBGB-*Grothe*, § 204 Rn. 40.
[55] Siehe ebenfalls dazu die Nachweise bei MünchKommBGB-*Grothe*, § 204 Rn. 39.
[56] MünchKommBGB-*Grothe*, § 204 Rn. 9.
[57] OLG München NJW 93, 2756; MünchKommZPO-*Schultes*, § 72 Rn. 17; Baumbach/*Hartmann*, § 72 Rn. 8; Thomas/Putzo/*Hüßtege*, § 72 Rn. 4.

a) Beteiligung mit Vollstreckungswirkung

Aufgrund des obigen Ergebnisses, nach dem die Interventionsklage *(Part 20-Klage* und *intervention forcée au fins de jugement)* mit der Klageerhebung funktional äquivalent ist, stellt sich an dieser Stelle nicht mehr die Frage, ob diese den wesentlichen Merkmalen einer Streitverkündung ähneln. Im Übrigen wäre das auch zu verneinen. Der Gläubiger, der die Interventionsklage erhebt, macht deutlich, dass er seine Ansprüche gegenüber dem Dritten endgültig verfolgt. Merkmal der Streitverkündung ist es aber, im Zusammenspiel mit den Verjährungsvorschriften zu verhindern, dass der Regressanspruch während des Hauptverfahrens verjährt.[58]

b) Beteiligung ohne Vollstreckungswirkung

Im Gegensatz dazu können der *joinder* und die *intervention forcée au jugement commun* mit der Streitverkündung verglichen werden. Diese Beteiligungsinstitute zielen nicht auf eine Entscheidung über den Anspruch gegen den Dritten, sondern bezwecken eine Rechtskrafterstreckung. Sie unterscheiden sich aber in ihrer Form. Während der Streit mit Schriftsatz verkündet wird, verlangen *joinder* und französische Streitverkündung eine Klageerhebung. Funktionale Äquivalenz bedeutet aber nicht, dass die zu vergleichenden Institute in ihrer Bezeichnung und ihren Voraussetzungen übereinstimmen. Sie müssen sich nur in ihren wesentlichen Merkmalen gleichen.[59] Für die Streitverkündung ist charakteristisch, dass sie zu einer Bindung des Dritten an die Entscheidung zwischen den Hauptparteien führt, die es dem Gläubiger ermöglicht, solange mit dem Folgeprozess gegen den Dritten zu warten, bis er Klarheit darüber hat, gegen wen sein Anspruch tatsächlich gegeben ist. Diese Funktion wird durch die Verjährungshemmung unterstützt, weil der Gläubiger auch nicht wegen drohender Verjährung gegen den Dritten Klage erheben muss. Das ausländische Institut ist deshalb funktional gleichwertig, wenn es zu einer Entscheidungsbindung des Dritten führt und der Gläubiger ihm gegenüber einen Anspruch geltend macht, der nur alternativ zum Anspruch gegen den Erstbeklagten besteht. Ebenso ist die funktionale Äquivalenz zu bejahen, wenn der Dritte gegenüber dem im Erstverfahren beklagten Schuldner haftet, und die Verjährungsfrist dieses Anspruchs unabhängig vom Erlass der Entscheidung im Erstverfahren zu laufen beginnt.

---

[58] Näheres dazu siehe in diesem Kapitel unter B. I. 4.
[59] *Kropholler*, IPR, § 33 II.

3. Anerkennungsfähigkeit der zu erwartenden Entscheidung

Wie für die Klageerhebung stellt sich auch im Rahmen der Streitverkündung die Frage, ob die Interventionswirkung anerkennungsfähig sein muss, damit der Zustellung der Streitverkündung verjährungshemmende Wirkung zukommt. Für *Taupitz* und ihm folgend *Heinrichs* ist eine ausländische Streitverkündung nur mit einer inländischen funktional gleichwertig, wenn die Interventionswirkung in Deutschland anerkannt wird.[60] Dies ergebe sich nicht aus dem Wortlaut, sei aber systematisch zu begründen, weil die Verjährungsunterbrechung auf der Interventionswirkung aufbaue, die in Deutschland nur einer anzuerkennenden Entscheidung zukomme. Außerdem würden damit an die verjährungshemmende Wirkung einer Streitverkündung dieselben Voraussetzungen wie einer Klageerhebung gestellt. Dieser Ansicht schließt sich *Peters* mit der Begründung an, dass die Interventionswirkung aus der Rechtskraft fließe, die ihrerseits eine anerkennungsfähige Entscheidung voraussetze.[61] Da zur Zeit der Streitverkündung die anzuerkennende Entscheidung noch nicht ergangen sei, solle eine Anerkennungsprognose vorgenommen werden. Prüfungsmaßstab solle dabei aber nicht der gesamte Katalog des § 328 ZPO sein, sondern nur die Frage des rechtlichen Gehörs, des ordre public und der entgegenstehenden Rechtskraft.[62]

Diese Auffassung trifft auf breite Ablehnung.[63] Die Gleichstellung der Klageerhebung mit der Streitverkündung kann auf diesem Weg mittlerweile nicht mehr erreicht werden. Im Zuge der Reform der Verjährungsvorschriften hat sich das Meinungsbild für die Klageerhebung geändert,[64] so dass nunmehr eine ausländische Klageerhebung unabhängig von ihrer Anerkennungsfähigkeit verjährungshemmend wirkt.[65] In der Tat kann die Interventionswirkung einer ausländischen Streitverkündung nur im Inland berücksichtigt werden, wenn die Entscheidung anerkannt wird. Jedoch bedeutet diese Aussage noch nichts für die Verjährungshemmung, weil § 204 Nr. 6 BGB nicht auf das zu erwartende Urteil, sondern auf die Prozesshandlung (Streitverkündungsschrift) abstellt.[66] Dies ergibt sich seit der Verjährungsrechtsreform sogar ausdrücklich aus dem Wortlaut der Norm. Es spricht aber nicht nur der Wortlaut für diese Auslegung, sondern auch die oben herausgearbeiteten wesentlichen Merkmale einer verjäh-

---

[60] *Taupitz*, ZZP 102 (1989), 288 (307 ff.); Palandt/*Heinrichs*, § 204 Rn. 21 (ohne Begründung).

[61] Staudinger/*Peters* (2004), § 204 Rn. 85.

[62] Staudinger/*Peters* (2004), § 204 Rn. 85; *Taupitz*, ZZP 102 (1989), 288 (307 ff.); Palandt/*Heinrichs*, § 204 Rn. 21 (ohne Begründung).

[63] RGZ 61, 390 (393); MünchKommBGB-*Grothe*, § 204 Rn. 42; Bamberger/Roth/*Henrich*, § 204 Rn. 28; AnwaltskommentarBGB-*Mansel/Budzikiewicz*, § 204 Rn. 24; *Schack*, Rn. 782.

[64] Vgl. MünchKommBGB-*Grothe*, § 204 Rn. 9.

[65] Vgl. in diesem Kapitel unter B. I. 3. und MünchKommBGB-*Grothe*, § 204 Rn. 9.

[66] *Schack*, Rn. 782.

rungshemmenden Streitverkündung. Diese muss nämlich nur wirksam, aber nicht zulässig sein. Die funktionale Gleichwertigkeit setzt deshalb nur eine im ausländischen Verfahren wirksame Streitverkündung voraus. Keine Rolle spielt dabei, ob sie eine Bindungswirkung hervorrufen kann, die schließlich in Deutschland anzuerkennen wäre. Die Wirksamkeit der Streitverkündung misst sich dabei nicht anhand der Anerkennungsvorschriften, sondern anhand der lex fori des Verfahrens, in dem der Streit verkündet wurde.[67]

C. Ergebnis

Die Diskussion, ob ausländische Prozessrechtsinstitute bei der Anwendung materiellrechtlicher Sachnormen berücksichtigt werden müssen, wird vor allem im Verjährungsrecht zur Verjährungshemmung nach § 204 Abs. 2 Nr. 1 und 6 BGB geführt. Das Problem stellt sich dabei nur, wenn deutsches Recht Verjährungsstatut ist. Ausländische Institute müssen die Tatbestandsvoraussetzungen der Klageerhebung oder der Streitverkündung erfüllen, damit die Verjährungshemmung als Rechtsfolge eintritt. Als materiellrechtliche Wirkung kann die Verjährungshemmung nicht im Wege der Wirkungserstreckung durch Anerkennung Anwendung finden. Methodisch handelt es sich bei der Berücksichtigung ausländischer Institute um Substitution. Das bedeutet, dass diese mit den im Tatbestand vorausgesetzten Prozesshandlungen in den charakteristischen Voraussetzungen und Wirkungen funktional vergleichbar sein müssen, um die angeordnete Rechtsfolge herbeizuführen.

Die Interventionsklage nach englischem (*Part 20*-Klage) und französischem Recht *(intervention forcée mise en cause aux fins de condamnation)* ist funktional mit der in § 204 Abs. 2 Nr. 1 vorausgesetzten Klageerhebung vergleichbar. Für diese ist charakteristisch, dass der Kläger unmissverständlich seinen Willen zum Ausdruck bringt, seinen Anspruch gerichtlich durchzusetzen. Die Interventionsklage führt zu einer Entscheidung mit Vollstreckungswirkung gegenüber dem Dritten und setzt so den Anspruch endgültig durch. Deshalb ist sie mit der Klageerhebung vergleichbar, auch wenn sie im Laufe eines anhängigen Verfahrens erhoben wird. Es genügt, dass die Interventionsklage wirksam erhoben wurde. Ebenso wenig, wie sie zulässig sein muss, wird verlangt, dass das Interventionsklageurteil anerkennungsfähig ist. Zum einen handelt es sich bei der Substitution nicht um Wirkungserstreckung. Zum anderen stellen die Verjährungsvorschriften auf die Prozesshandlung und nicht auf das zu erwartende Ergebnis ab. Da das neue Verjährungsrecht grundsätzlich nur noch zu einer Hemmung und nicht zu einer Unterbrechung führt, überwiegen die Interessen des Dritten nicht unbedingt. Verletzungen seines rechtlichen Gehörs können im

---

[67] MünchKommBGB-*Grothe*, § 204 Rn. 42; AnwaltskommentarBGB-*Mansel/Budzikiewicz*, § 204 Rn. 24.

Wege des ordre public nach Art. 6 EGBGB berücksichtigt werden. Damit läuft die verschiedentlich geführte Diskussion ins Leere, ob die Interventionsklage in eine Streitverkündung umgedeutet werden sollte. Da die Streitverkündung wegen ihrer anderen Wirkungen kein Minus der Interventionsklage, sondern ein aliud ist, kommt eine Umdeutung nicht in Frage. Diese Auffassung teilt auch das europäische Zivilverfahrensrecht, wie sich aus Art. 65 EuGVO schließen lässt.

Die Streitverkündung des französischen Rechts *(intervention forcée mise en cause au jugement commun)* und des englischen Rechts *(joinder)* sind nicht mit der Klageerhebung, sondern mit einer Streitverkündung nach Nummer 6 funktional vergleichbar. Sie führen nur zur einer Bindung des Dritten an die Feststellungen des Urteils, jedoch nicht zu einer Entscheidung, die gegenüber dem Dritten Vollstreckungswirkung entfaltet. Der Streitverkündung kommt eine verjährungshemmende Wirkung zu, um die prozessuale Situation des Streitverkünders auch im Verjährungsrecht abzusichern. Der Streitverkünder, der alternative Ansprüche gegenüber dem Beklagten und dem Dritten besitzt, kann den Dritten an die Feststellungen des Urteils binden und muss so keine weitere Klage mit widersprechenden Behauptungen erheben. Um zu verhindern, dass während des Erstverfahrens der Anspruch gegenüber dem Dritten verjährt, wirkt die Streitverkündung verjährungshemmend. Die gleiche prozessuale Situation liegt vor, wenn der Beklagte den Streit gegenüber dem Dritten wegen eines Anspruchs verkündet, der nicht durch seine Haftung gegenüber dem Kläger bedingt ist. Eine vergleichbare prozessuale Situation besteht auch im Falle einer ausländischen Streitverkündung. Da bei der Substitution nicht die Erstreckung der Streitverkündungswirkung infrage steht, kommt es nicht darauf an, ob die Streitverkündungswirkung prozessrechtlich, materiellrechtlich als Einredeausschluss oder als Beweisregel ausgestaltet ist. Ebenso interessiert nicht, ob die Streitverkündungswirkung überhaupt anerkennungsfähig ist. Der Streit muss nur wirksam verkündet werden. In diesem Punkt stimmen die Anforderungen an die Substitution einer Streitverkündung mit denen einer Klageerhebung überein.

Kapitel 7

Drittbeteiligung im internationalen Versicherungs- und Transportrecht

Das Transport- und das Versicherungsrecht sind Rechtsgebiete, für die Streitigkeiten zwischen mehr als zwei Parteien typisch sind. Gemäß § 1 der Allgemeinen Versicherungsbedingungen für Haftpflichtversicherungen (AHB) besteht Versicherungsschutz, wenn der Versicherungsnehmer von einem Dritten auf Schadenersatz in Anspruch genommen wird. An der Abwicklung des Schadens sind die Vertragspartner des Versicherungsvertrages (Versicherungsnehmer und Versicherer) sowie der Geschädigte beteiligt. Im Transportrecht können sich mehrere Frachtführer den Transport teilen. Derjenige, der im Außenverhältnis für Beschädigungen des Transportgutes haftet, kann einen Rückgriffsanspruch gegen die anderen Frachtführer geltend machen. Da diese Streitigkeiten häufig einen Auslandsbezug aufweisen, regelt das internationale Versicherungs- und Transportrecht die Verfahrensbeteiligung Dritter auf besondere Weise.

A. Internationales Versicherungsrecht

Im Grundsatz richtet sich die Drittbeteiligung an versicherungsrechtlichen Verfahren nach den Regelungen, die in den vorangehenden Kapiteln dargestellt wurden. Typischerweise berührt eine Streitigkeit aus dem KfZ-Haftpflichtversicherungsrecht die Interessen und Rechte von mindestens drei Parteien (versicherte Person, Versicherer und Geschädigter). Deshalb kennt diese Materie besondere materiell- und verfahrensrechtliche Vorschriften.[1] Das trifft auch für das internationale Zivilverfahrensrecht in Versicherungssachen zu. In Art. 11 EuGVO finden sich einheitliche Zuständigkeiten für Versicherungssachen innerhalb der Mitgliedstaaten, die teilweise auch die Drittbeteiligung regeln.

---

[1] Der Versicherungsnehmer ist gemäß § 7 Nr. 5 AKB verpflichtet, dem Versicherer die Prozessführung zu überlassen. § 10 Nr. 1 und 5 AKB verpflichten und bevollmächtigen den Versicherer, die Ansprüche abzuwehren, die gegen die versicherte Person geltend gemacht werden (vgl. Prölss/Martin/*Knappmann,* § 10 AKB Rn. 30). Der Versicherer ist damit Prozessbevollmächtigter nach § 80 ZPO des Versicherungsnehmers. § 3 Nr. 1 PflVG spricht dem Geschädigten einen Direktanspruch gegen den Versicherer zu, obwohl zwischen beiden weder eine versicherungs- noch eine deliktsrechtliche Beziehung besteht, vgl. Prölss/Martin/*Knappmann,* § 3 Nr. 1, 2 PflVG Rn. 4; Römer/Langheid/*Langheid,* § 3 PflVG Rn. 6.

I. Drittbeteiligung nach Art. 11 EuGVO

Die EuGVO enthält in ihrem Abschnitt 3 besondere Regelungen für Versicherungssachen, welche die Zuständigkeit selbständig und erschöpfend bestimmen[2] und somit ein „zuständigkeitsrechtliches Schutzsystem"[3] bilden. In Art. 11 dieses Abschnitts finden sich auch abschließende Bestimmungen über die Gerichtspflichtigkeit Dritter.

1. Normzweck und praktische Bedeutung

Art. 11 EuGVO hat zum Ziel, sich widersprechende gerichtliche Entscheidungen zu vermeiden und gerichtliche Verfahren ökonomisch zu gestalten. Streitigkeiten aus einem zusammengehörenden Lebenssachverhalt (wie der Entschädigungs- und der Regressprozess) sollen vor ein und demselben Gericht verhandelt werden.[4] Absatz 1 regelt die Beteiligung des Versicherers an dem Verfahren des Geschädigten gegen den Versicherten. Absatz 3 ermöglicht es dem Versicherer, den Versicherungsnehmer oder den Versicherten in das gegen ihn anhängige Verfahren einzubeziehen, um sich gegen einen Direktanspruch des Geschädigten zu verteidigen. Da Versicherungsverträge das Verhältnis Versicherter, Versicherer und Geschädigter mit Hilfe von vertraglichen Obliegenheiten auf materiellrechtlicher Ebene besonders regeln, ist die praktische Bedeutung des Art. 11 EuGVO eher gering. In der Regel ist der Versicherer verpflichtet, den Prozess für den Versicherten zu führen, während dieser den Schaden sofort melden und sich an die Weisungen des Versicherers halten muss.[5] Da sich der Versicherer auf diese Weise an dem Entschädigungsprozess beteiligen kann, besitzt er praktisch kein Bedürfnis, in dem Verfahren zu intervenieren. Hinzu kommt, dass Art. 9 Abs. 1 lit. b) den Versicherten dem Versicherungsnehmer gleichstellt, so dass er an seinem Wohnsitz klagen kann, ohne den Umweg über eine Interventionsklage gehen zu müssen. Eine andere Rechtslage bestand nach dem EuGVÜ. Bedeutender ist aber wohl, dass dem Geschädigten seit der vierten KfZ-Richtlinie[6] in allen Mitgliedstaaten ein Direktanspruch gegen den zah-

---

[2] *Kropholler*, EZPR, vor Art. 8 Rn. 1; Rauscher/*A. Staudinger*, EZPR, Band 1, Art. 8 Rn. 1; Geimer/Schütze/*Geimer*, Art. 8 Rn. 6, *Layton*, Band 1, Nr. 16.002.

[3] *Hub*, S. 17; zur Kritik an dieser besonderen Schutzrichtung der EuGVO siehe *Hub*, S. 226 f.

[4] *Hub*, S. 119.

[5] Ist Versicherungsvertragsstatut deutsches Recht trifft den Versicherten die vertragliche Obliegenheit gemäß den schon oben erwähnten §§ 7 Abs. 2 Nr. 5 und 10 Nr. 5 AKB. Zu den versicherungsvertraglichen Bestimmungen nach dem englischen Recht vgl. *Rühl*, S. 285, nach dem französischen Recht, vgl. *Völker*, in Basedow (Hrsg.), Europäisches Versicherungsvertragsrecht, Band 1, 451 (523 ff.).

[6] Richtlinie 2000/26/EG des Europäischen Parlaments und des Rates vom 16.5. 2000 zur Angleichung der Rechtsvorschriften der Mitgliedstaaten über die Kraftfahr-

lungskräftigeren Versicherer zusteht, weshalb gegen diesen in der Regel der Entschädigungsprozess anhängig gemacht wird.

2. Anwendungsbereich

Der Gerichtsstand setzt gemäß Art. 11 EuGVO voraus, dass der räumliche und sachliche Anwendungsbereich des Abschnitts 3 über die Zuständigkeit für Versicherungssachen eröffnet ist. Der räumliche Anwendungsbereich ergibt sich aus Art. 3 in Verbindung mit Art. 9 EuGVO. Abweichend von Art. 60 EuGVO reicht es aus, dass nach Art. 9 Abs. 2 der Versicherer seine Zweigniederlassung, Agentur oder sonstige Niederlassung in dem Mitgliedstaat hat, vor dessen Gerichten der Entschädigungsprozess geführt wird. Der sachliche Anwendungsbereich ist nach Art. 8 EuGVO eröffnet, wenn der Interventionsklage oder der Direktklage gegen den Versicherer eine Versicherungssache zugrunde liegt. Unter Anwendung der autonomen Auslegung[7] werden darunter Streitigkeiten um Rechte und Pflichten aus einem Versicherungsverhältnis oder die inhaltliche Weite eines Versicherungsschutzes verstanden.[8] Ein strukturelles Ungleichgewicht zwischen den Vertragspartnern, wie es vom Regelungsgedanken der EuGVO vorausgesetzt wird,[9] muss tatsächlich vorliegen[10]. Die Streitigkeit muss weiterhin eine Haftpflichtversicherungssache sein. Es genügt jedoch, dass der Entschädigungsprozess sachlich mit einer Haftpflichtversicherung zusammenhängt oder dass sich aus dieser das Interventionsinteresse ergibt. Der Versicherer muss das Risiko des Versicherten übernommen haben, einem geschädigten Dritten gegenüber haftpflichtig zu sein, d.h. ihm Schadenersatz aus dem eigenen Vermögen zu leisten. Haftpflichtsachen sind auch Direktansprüche des Geschädigten gegen den Versicherer, obwohl zwischen diesen kein Versicherungsvertragsverhältnis besteht.[11] Dagegen sind die Rückgriffsansprüche des Versicherers gegen den Schädiger aus übergegangenem Recht nicht erfasst, weil der

---

zeug-Haftpflichtversicherung und zur Änderung der Richtlinien 73/239/EWG und 88/357/EWG des Rates, Abl. EG 2000 Nr. L 181, 65.

[7] Vgl. zur autonomen Auslegung EuGH Rs. 412/98, *Group Josi v. Universal General Insurance,* Slg. 2000-I, 5925; Geimer/Schütze/*Geimer,* Art. 8 Rn. 14.

[8] Geimer/Schütze/*Auer,* IRV, EuGVO, Art. 8 Rn. 22; Rauscher/*A. Staudinger,* EZPR, Band 1, Art. 8 Rn. 10. Siehe auch EuGH Rs. 412/98, *Group Josi v. Universal General Insurance,* Slg. 2000-I, 5925.

[9] Erwägungsgrund Nr. 13.

[10] *Kropholler,* EZPR, vor Art. 8 Rn. 6. Deshalb werden auch *business insurances* von dem Anwendungsbereich erfasst. Eine Rückversicherung unterliegt aber mangels typischer Schutzbedürftigkeit des Versicherungsnehmers nicht dem Anwendungsbereich, siehe EuGH Rs. 412/98, *Group Josi v. Universal General Insurance,* Slg. I 2000, 5925.

[11] Geimer/Schütze/*Auer,* IRV, Art. 8 EuGVO Rn. 22; *Geimer,* in Festschrift für Heldrich, S. 627 (633).

Streitgegenstand sich nicht auf das Versicherungsverhältnis, sondern auf die Einstandspflicht bezieht.[12]

3. Drittbeteiligung des Versicherers gemäß Artikel 11 Abs. 1 EuGVO

a) Interventionsklage

Nach Art. 11 Abs. 1 EuGVO kann der Versicherer vor das Gericht „geladen werden", bei dem der Entschädigungsprozess anhängig ist. Diese Formulierung begegnet in der Vorschrift über die Streitverkündung (Art. 65 Abs. 1 EuGVO), aber nicht in der Zuständigkeitsnorm für Interventionsklagen (Art. 6 Nr. 2 EuGVO). Deshalb stellt sich die Frage, welche Drittbeteiligungsinstitute von Art. 11 Abs. 1 erfasst werden. Der Bericht von *Jenard* meint zur Auslegung des Art. 65 EuGVO, dass Interventionsklagen nach Art. 10 EuGVÜ (jetzt Art. 11 EuGVO) nicht erhoben werden können. Aus diesem Grunde besteht Einigkeit darüber, dass der erste Absatz des Art. 11 EuGVO nur die unfreiwillige Verfahrensbeteiligung regelt und eine freiwillige Intervention wie die Nebenintervention des deutschen oder des französischen Rechts nicht erfasst.[13]

Unter Art. 11 Abs. 1 EuGVO fallen alle Formen der unfreiwilligen Verfahrensbeteiligung. Im Rahmen dieser Vorschrift kann deshalb die Interventionsklage erhoben oder der Streit verkündet werden.[14] Der Bericht von *Jenard*[15] erwähnt zwar nur die Interventionsklage nach Art. 10 Abs. 1 EuGVÜ (Art. 11 Abs. 1 EuGVO). Jedoch ist er nur ein Anhaltspunkt für die Auslegung, die darüber hinaus auch den Wortlaut berücksichtigen muss. Art. 11 Abs. 1 EuGVO verwendet ebenso wie Art. 65 Abs. 1 S. 1 die Wendung „geladen werden", steht aber im Gegensatz zu Art. 6 Nr. 2, der die Formulierung „verklagt werden" benützt. Während Art. 65 Abs. 1 S. 1 EuGVO die Streitverkündung regelt, bezieht sich Art. 6 Nr. 2 EuGVO nur auf die Gerichtspflichtigkeit aufgrund einer Interventionsklage.[16] Der Wortlaut der EuGVO spricht deshalb dafür, die Wendung „geladen werden" im Sinne von Klageerhebung und Streitverkündung zu verstehen. Dagegen genügt *Mansel* dieser unterschiedliche Sprachgebrauch nicht, um die Streitverkündung unter Absatz 1 zu subsumieren. Denn auch die nationalen Vorschriften zur Interventionsklage enthalten die Wendung „geladen

---

[12] Rauscher/*A. Staudinger,* EZPR, Band 1, Art. 8 Rn. 17; Geimer/Schütze/*Geimer,* EZVR, Art. 8 Rn. 15.

[13] Geimer/Schütze/*Auer,* IRV, Art. 11 EuGVO Rn. 1; *Kropholler,* EZPR, Art. 11 Rn. 1; Rauscher/*A. Staudinger,* EZPR, Band 1, Art. 11 Rn. 2; *Geimer,* in Festschrift für Heldrich, S. 627 (633); *Hub,* S. 121.

[14] Ausdrücklich für diese Auslegung nur *Hub,* S. 123 f.

[15] *Jenard*-Bericht, Abl. EG 1976 Nr. C 59/1 (32).

[16] Praktische Bedeutung hat diese Diskussion nur für Streitverkündungen nach den Rechtsordnungen, die auch eine Interventionsklage vorsehen. Für die Staaten, die nur eine Streitverkündung kennen, bestimmt Art. 65 EuGVO deren Anwendung.

werden".[17] *Mansel* berücksichtigt aber nicht, dass die Auslegung der EuGVO autonom und unabhängig von nationalen Rechtsauffassungen erfolgen muss.[18] Ein weiteres Argument ist der Vergleich mit Absatz 3 der Vorschrift. Abweichend von Absatz 1 erwähnt er ausdrücklich nur die Streitverkündung. Dennoch erfasst er auch die Interventionsklage.[19] In anderssprachigen Fassungen der EuGVO wird an beiden Stellen identisch formuliert. Deshalb können die unterschiedlichen Formulierungen in der deutschsprachigen Fassung keine abweichende Auslegung begründen.[20] Im Ergebnis wirken sich die verschiedenen Auslegungsergebnisse aber nicht aus. Denn dem Versicherer kann in den Ländern, die eine Interventionsklage nicht kennen, der Streit nach Art. 65 EuGVO verkündet werden.

b) Internationale, örtliche und sachliche Zuständigkeit

Wenn die dargestellten Voraussetzungen vorliegen, kann die Interventionsklage oder die Streitverkündungsschrift bei dem Gericht eingereicht werden, bei dem der Entschädigungsprozess anhängig ist. Aus dem Wortlaut ergibt sich, dass Art. 11 Abs. 1 EuGVO nicht nur die internationale, sondern auch die örtliche und sachliche Zuständigkeit bestimmt. Der Normzweck stützt diese Auslegung. Dem Risiko sich widersprechender Entscheidungen wird nur vorgebeugt, wenn nicht nur die internationale, sondern auch die interne Zuständigkeit vereinheitlicht wird.[21] Denn auch verschiedene Gerichte eines Mitgliedstaates können sich in ihren Entscheidungen widersprechen.[22]

c) Vorbehalt des nationalen Rechts

Anders als für den Gerichtsstand allgemeiner Interventionsklagen verlangt die EuGVO für eine Interventionsklage in Versicherungssachen, dass das Recht des angerufenen Gerichts diese zulässt. Art. 11 EuGVO schafft somit kein europäisches Einheitsrecht, sondern setzt voraus, dass die lex fori das Institut der Inter-

---

[17] *Mansel*, in Hommelhoff (Hrsg.), Binnenmarkt, S. 161 (242).
[18] Siehe zur autonomen Auslegung der EuGVO Geimer/Schütze/*Geimer*, Art. 8 Rn. 14; EuGH Rs. 412/98, *Group Josi v. Universal General Insurance*, Slg. 2000-I, 5925.
[19] *Hub*, S. 124; *Layton*, Band 1, Nr. 16.044; *Gaudemet-Tallon*, Nr. 175.
[20] *Hub*, S. 124.
[21] Näher dazu die entsprechende Diskussion zu Art. 6 Nr. 2 EuGVO in Kapitel 4 B. II. 2.
[22] Dies entspricht auch den Zuständigkeitsregelungen für Interventionsklagen in den Mitgliedstaaten. Siehe zum französischen Recht Kapitel 3 B. II. und zum englischen Recht Kapitel 3 C. I. Im Falle der Streitverkündung genügt der sachliche Zusammenhang, der sich im Streitverkündungsgrund widerspiegelt, damit der Dritte mittelbar gerichtspflichtig ist, vgl. Wieczorek/Schütze/*Mansel*, § 68 Rn. 35.

ventionsklage kennt.[23] Da die nationalen Verfahrensrechte nicht vollständig verdrängt werden, besitzt Art. 65 Abs. 1 EuGVO in Bezug auf Versicherungssachen in Deutschland nur klarstellende Bedeutung, wenn er die Interventionsklage ausschließt.[24] Das angerufene Gericht muss also nach seinem innerstaatlichen Recht in der Lage sein, über eine derartige Klage zu entscheiden.[25] Weder reicht eine bloße Zuständigkeit aus, ohne dass die anderen Sachentscheidungsvoraussetzungen vorliegen, noch wird gefordert, dass der materielle Anspruch, welcher der Interventionsklage zugrunde liegt, tatsächlich gegeben ist. Das Verfahrensrecht des erkennenden Gerichts muss das Institut der erzwungenen Drittbeteiligung nur regeln.

d) Voraussetzung der erzwungenen Drittbeteiligung des Versicherers

Das nationale Recht bestimmt nicht abschließend über die Zulässigkeit der Streitverkündung oder der Interventionsklage. Die EuGVO verlangt, dass die Entschädigungsklage schon oder noch anhängig ist. Das Gericht muss außerdem für die Entschädigungsklage zuständig sein. Vereinzelt wird sogar gefordert, zwischen der Entschädigungsklage und der Drittbeteiligung müsse ein sachlicher Zusammenhang bestehen. Problematisch sind dabei die letztgenannten Voraussetzungen.

(1) Zuständigkeit des Gerichts für die Entschädigungsklage

Es wird übereinstimmend verlangt, dass das Gericht für den Entschädigungsprozess zuständig sein muss.[26] Diese Voraussetzung lässt sich zwar nicht dem Wortlaut entnehmen, wohl aber mit dem Normzweck des Art. 11 EuGVO begründen. Wie in diesem Kapitel gezeigt, findet die ausschließliche Zuständigkeit ihre Rechtfertigung darin, dass widersprechende Entscheidungen verhindert und Gerichtsverfahren ökonomisch gestaltet werden sollen. Wird die Klage auf Entschädigung gegen den Versicherten wegen Unzulässigkeit durch Prozessurteil abgewiesen, erscheint es sinnlos, die Interventionsklage vor diesem Gericht zu verhandeln. Eine Streitverkündung wäre in diesem Fall sogar überflüssig, weil Feststellungen eines Urteils, auf die sich die Streitverkündungswirkung bezieht, in einem Prozessurteil nicht getroffen werden können. Das Zuständigkeitserfordernis wahrt die Zuständigkeitsinteressen des Versicherers. Der Ge-

---

[23] Geimer/Schütze/*Auer,* IRV, Art. 11 EuGVO Rn. 2; *Kropholler,* EZPR, Art. 11 Rn. 1; *Gaudemet-Tallon,* Nr. 274; *Layton,* Band 1, Nr. 16.040.
[24] Geimer/Schütze/*Auer,* IRV, Art. 11 EuGVO Rn. 3.
[25] *Jenard*-Bericht, Abl. EG 1976 Nr. C 59/1 (32).
[26] *Kropholler,* EZPR, Art. 11 Rn. 3; Rauscher/*A. Staudinger,* EZPR, Band 1, Art. 11 Rn. 4; Geimer/Schütze/*Auer,* IRV, Art. 11 EuGVO Rn. 4; *Geimer,* in Festschrift für Heldrich, S. 627 (637); *Layton,* Band 1, Nr. 16.041.

schädigte kann mit dem Versicherten nicht missbräuchlich zusammenwirken, indem er die Entschädigungsklage an einem für den Versicherten günstigen Gericht anhängig macht, um diesem einen Interventionsklagegerichtsstand zu ermöglichen.

(2) Anforderungen an die Zuständigkeit

So einstimmig gefordert wird, den Gerichtsstand mithilfe des Zuständigkeitserfordernisses zu begrenzen, so differenziert wird diskutiert, welche Anforderungen die Zuständigkeit erfüllen muss. Es stellen sich zwei grundsätzliche Fragen. Erstens, ob sich die Zuständigkeit aus der EuGVO selbst oder aus dem nationalen Recht am Gerichtsstand ergibt. Zweitens, ob der Gerichtsstand der Entschädigungsklage durch rügeloses Einlassen oder durch eine Gerichtsstandsvereinbarung begründet werden kann.[27]

Schon im Rahmen des Art. 6 Nr. 2 EuGVO wurde die Zuständigkeit für die Hauptklage erörtert. Ergebnis der Untersuchung war, dass der Gerichtsstand auf nationalen Zuständigkeitsvorschriften beruhen kann, exorbitante Gerichtsstände jedoch ausgeschlossen sind.[28] Auch im Bereich der Versicherungssachen muss differenziert werden zwischen den Zuständigkeitsregelungen, die mit den Bestimmungen der EuGVO vereinbar sind, und denjenigen, die ausschließlich nationale Interessen schützen. Zuständigkeiten, die sowohl das autonome Recht, als auch die EuGVO vorsehen, werden im Rahmen des Art. 11 EuGVO berücksichtigt.[29] Es wäre reiner Formalismus, einem beklagten Versicherten die Beteiligung des Versicherers zu untersagen, nur weil er seinen Wohnsitz nicht in einem Mitgliedstaat hat. Das trifft erst recht zu, wenn für das Rechtsverhältnis, welches der Drittbeteiligung zugrunde liegt, der Anwendungsbereich der Art. 8 ff. EuGVO eröffnet ist.

(a) Exorbitanter Gerichtsstand der Entschädigungsklage

Nicht anders kann entschieden werden, wenn die Entschädigungsklage an einem exorbitanten Gerichtsstand anhängig ist. Dies wurde schon für die Hauptklage im Rahmen des Art. 6 Nr. 2 EuGVO nachgewiesen.[30] Wie bereits dargelegt, ergibt sich aus Art. 4 Abs. 2, dass die EuGVO die Geltung exorbitanter Gerichtsstände selbst voraussetzt und sie nur ausschließt, wenn der Beklagte seinen Wohnsitz in einem Mitgliedstaat hat (Art. 3 Abs. 2). Ein für die Entschä-

---

[27] Dafür: *Kropholler,* EZPR, Art. 11 Rn. 3; Rauscher/*A. Staudinger,* EZPR, Band 1, Art. 11 Rn. 4. Dagegen: Geimer/Schütze/*Geimer,* EZVR, Art. 11 Rn. 11.
[28] Siehe Kapitel 4 B. II. 4. b).
[29] Burgstaller/Neumayr/*Burgstaller,* Band 1, Kapitel 31, Art. 11 Rn. 2.
[30] Siehe Kapitel 4 B. II. 4. b).

digungsklage exorbitanter Gerichtsstand ist für die Interventionsklage nicht exorbitant, weil Art. 11 diesen Gerichtsstand aus Schutzüberlegungen und verfahrensökonomischen Gründen bestimmt. Aus dem Erwägungsgrund Nr. 13 zur EuGVO ergibt sich, dass der Versicherte als schwächere Partei zu schützen ist und deshalb die Zuständigkeitsinteressen des Versicherers zurücktreten müssen. Diese werden auch in den Art. 8 ff. konsequent vernachlässigt. Es wird deshalb nicht berücksichtigt, dass der Versicherer sich mittelbar durch eine Verfahrensbeteiligung vor einem exorbitanten Gerichtsstand verteidigen muss. Aus dem Regelungsziel der Art. 8 ff. lässt sich nicht rechtfertigen, dass der an einem klägerfreundlichen exorbitanten Gerichtsstand verklagte Versicherte sich gegen die Entschädigungsklage verteidigen muss, ohne sich der durch Interventionsklage oder Streitverkündung erzwungenen Mithilfe des Versicherers zu bedienen. *Auer* vertritt dagegen die Ansicht, dass die EuGVO nur die Interessen derjenigen schützt, die vom persönlichen Anwendungsbereich erfasst seien.[31] Aus diesem Grunde seien die Interessen des Versicherers, der seinen Sitz in einem Mitgliedstaat hat, den Interessen des nicht ansässigen Versicherten entgegen dem in Erwägungsgrund 13 geäußerten Schutzgedanken vorrangig. Autonome und exorbitante Gerichtsstände seien deshalb nicht zuzulassen. Man mag *Auer* darin zustimmen, dass die Interessen eines nicht in einem Mitgliedstaat Ansässigen anders zu gewichten sind, jedoch ist darüber hinaus zu berücksichtigen, dass die Anwendung internationaler Regelungen den Rechtsschutz der Bürger nicht beschneiden darf.[32] *Hub*[33] erläutert dies an dem Beispiel eines bei einem österreichischen Haftpflichtversicherer versicherten Kroaten, der in Italien einen Unfall mit einem Franzosen verursacht. Wird die Zuständigkeit für die Entschädigungsklage gegen den Kroaten im Rahmen des Art. 11 EuGVO nicht auf französisches Prozessrecht gestützt, kann der Kroate in Frankreich verklagt werden, ohne den österreichischen Versicherer einbeziehen zu können. Dieses Ergebnis ist sinnlos, weil alle Rechtsordnungen, mit denen der Fall einen Bezug hat, die Beteiligung Dritter zulassen.

(b) Gerichtsstandsvereinbarung

Unabhängig von der Anwendung nationaler oder europarechtlicher Zuständigkeitsregelungen ist umstritten, ob die Zuständigkeit des Gerichts für die Entschädigungsklage mit einer Gerichtsstandsvereinbarung zwischen dem Geschädigten und dem Versicherten oder sogar mit rügelosem Einlassen des Versicherten begründet werden kann. Das Problem besteht vor allem deshalb, weil das erforderliche Einvernehmen zwischen Versichertem und Geschädigtem auch zu

---

[31] Geimer/Schütze/*Auer*, IRV, Art. 6 EuGVO Rn. 37, Art. 11 Rn. 4 Fn. 6.
[32] *Hub*, S. 127 unter Hinweis auf *v. Hoffmann/Thorn*, IPR, § 6 Rn. 32 ff.; *Basedow*, in Schlosser (Hrsg.), Materielles Recht und Prozessrecht, S. 131, 151 ff.
[33] *Hub*, S. 127.

Lasten des Versicherers erzielt werden kann. Da Art. 11 EuGVO anders als Art. 6 Nr. 2 EuGVO keine Missbrauchsklausel kennt, ist die Frage nicht bedeutungslos. Sie wird aber überwiegend bejaht.[34] Angeführt wird der Normzweck. Verfahrensökonomische Überlegungen und das Risiko sich widersprechender Entscheidungen bestehen auch, wenn der Gerichtsstand der Entschädigungsklage mit dem Einvernehmen zwischen Geschädigtem und Versichertem begründet wird.[35] Das Gerichtsstandsrisiko ist außerdem eine spezielle Form des Versicherungsrisikos.[36] Da der Versicherer eine derartige Gerichtsstandsbegründung nicht beeinflussen kann, hat er ein besonderes Interesse, vor einem kollusiven Zusammenwirken des Versicherten mit dem Geschädigten bewahrt zu werden. Das Schutzbedürfnis des Versicherers überwiegt aber nicht das Interesse des Versicherten, seine Verteidigung gegen die Entschädigungsklage durch Beteiligung des Versicherers zu verbessern. Die fehlende Missbrauchsklausel in Art. 11 Abs. 1 EuGVO rechtfertigt nicht, die Gerichtsstände zum Schutze des Versicherers einzuschränken. Es muss davon ausgegangen werden, dass die Missbrauchsgefahr nicht wegen eines verordnungsgeberischen Versehens unberücksichtigt blieb. Eine Missbrauchskontrolle zu Gunsten des Versicherers widerspräche dem Zweck des dritten Abschnitts, der gemäß Erwägungsgrund Nr. 13 die Interessen des Versicherten schützen soll.

Es muss auch berücksichtigt werden, dass der Versicherer im Gegensatz zum Versicherten sich selbst schützen kann. Er kann eine nach Art. 13 Nr. 3 EuGVO zulässige Gerichtsstandsvereinbarung in den Versicherungsvertrag aufnehmen[37] und das Gerichtsstandsrisiko in seine Risikokalkulation einbeziehen. Darüber hinaus steht es ihm offen, dem Versicherten die Weisung zu erteilen, eine Gerichtsstandsvereinbarung nicht zu schließen oder sich nicht auf ein Verfahren rügelos einzulassen.[38] Sollte der Versicherte gegen diese Weisungen verstoßen, stellt dies eine Obliegenheitsverletzung dar und führt zur Leistungsbefreiung des Versicherers.[39] Aus diesen Gründen ist nicht ersichtlich, warum der Versi-

---

[34] Geimer/Schütze/*Auer*, IRV, Art. 11 EuGVO Rn. 10; *Kropholler*, EZPR, Art. 11 Rn. 3; Rauscher/*A. Staudinger*, EZPR, Band 1, Art. 11 Rn. 4.

[35] *Kropholler*, EZPR Art. 11 Rn. 3.

[36] Geimer/Schütze/*Auer*, IRV, Art. 11 EuGVO Rn. 10.

[37] Zum Ausschluss einer Interventionsklage oder Streitverkündung durch Gerichtsstandsvereinbarung und Prozessvertrag siehe Kapitel 8 A. und B.

[38] Diese Weisungsbefugnis ist für Versicherungsverträge des deutschen Rechts in § 7 Abs. 2 Nr. 5 AKB geregelt.

[39] Dieser Hinweis findet sich auch bei Geimer/Schütze/*Geimer*, EZVR, Art. 11 Rn. 11. *Geimer* vertritt jedoch die Meinung, dass der Weisungsverstoß zur fehlenden Gerichtspflichtigkeit des Versicherten führt. Da der Weisungsverstoß jedoch eine Obliegenheitsverletzung darstellt, bleibt unklar, wieso die Prozesshandlung deshalb unwirksam sein soll. Denn die Obliegenheitsverletzung besitzt materiellrechtliche Folgen, indem sie zur Leistungsbefreiung des Versicherers führt.

cherer mit einem Hinweis auf seine Zuständigkeitsinteressen in dieser Frage zu bevorzugen ist.[40]

(3) Zusammenhang zwischen Entschädigungs- und Interventionsklage

Mansel verlangt darüber hinaus, dass zwischen dem Entschädigungsprozess und dem Interventionsverfahren ein sachlicher Zusammenhang besteht.[41] Diese Anforderung ist jedoch überflüssig. Eine Intervention ist nach den nationalen Rechtsordnungen nur wirksam, wenn ein Streitverkündungsgrund oder ein Interventionsinteresse vorliegt. Das setzt aber gerade voraus, dass Entschädigungs- und Interventionsverfahren sachlich miteinander verbunden sind.[42] Das Argument, die nationalen Prozessordnungen seien im Anwendungsbereich der EuGVO verdrängt, hält nicht stand. Denn Art. 11 Abs. 1 EuGVO stellt die Interventionsklage ausdrücklich unter den Vorbehalt der Zulässigkeit nach dem jeweiligen nationalen Recht.[43] Darüber hinaus zeigt ein Vergleich mit dem Interventionsklagegerichtsstand des Art. 6 Nr. 2 mit dem Mehrparteiengerichtsstand der Nummer 1, dass die EuGVO durchaus davon ausgeht, ein sachlicher Zusammenhang werde von den nationalen Verfahrensordnungen gefordert. Denn Art. 6 Nr. 1 – die Zuständigkeitsnorm für Klagen gegen Streitgenossen – verlangt diesen Zusammenhang selbst, weil nach den einzelnen Verfahrensordnungen die passive Streitgenossenschaft im Gegensatz zur Interventionsklage in weitem Umfang zulässig ist.[44]

4. Drittbeteiligung gemäß Art. 11 Abs. 2 und 3 EuGVO

Art. 11 Abs. 2 EuGVO berücksichtigt den Sonderfall des Haftpflichtversicherungsrechts, dass der Geschädigte nicht nur einen Schadenersatzanspruch gegen den Schädiger, sondern auch einen direkten Entschädigungsanspruch gegen dessen Versicherer besitzt. Im deutschen Recht ist der Anspruch in § 3 Nr. 1 PflVG normiert. Art. 11 Abs. 3 ermöglicht es dem direkt in Anspruch genommenen Versicherer, seine Verteidigung zu verbessern, indem er den Versicherungsnehmer oder den Versicherten in das Verfahren einbezieht. Damit soll einerseits der Versicherer vor einem kollusiven Zusammenwirken des Geschädigten mit dem Versicherten geschützt werden.[45] Andererseits soll auch bei einer Direktklage sichergestellt werden, dass miteinander verbundene Rechtsfragen einheitlich ent-

---

[40] So aber Geimer/Schütze/*Geimer*, EZVR, Art. 11 Rn. 11.
[41] *Mansel*, in Hommelhoff (Hrsg.), Binnenmarkt, S. 161 (242).
[42] Zu den Voraussetzungen nach den einzelnen nationalen Rechtsordnungen siehe Kapitel 3 E.
[43] Zum Vorbehalt siehe Geimer/Schütze/*Auer*, IRV, Art. 11 EuGVO Rn. 2; *Kropholler*, EZPR, Art. 11 Rn. 1; *Gaudemet-Tallon*, Nr. 274; *Layton*, Band 1, Nr. 16.040.
[44] Siehe zum englischen Recht *Zuckerman*, Nr. 12.1; *Blackstone*, Nr. 14.3.

schieden werden.[46] Die Absätze 2 und 3 dienen damit – anders als Absatz 1 – nicht dem Schutz des Versicherten.

a) Internationale und örtliche Zuständigkeit

Art. 11 Abs. 2 EuGVO bestimmt wie Absatz 1 dieser Vorschrift die internationale und örtliche Zuständigkeit. Diese wird nicht direkt angeordnet, sondern bestimmt sich durch Verweisung auf die Art. 8, 9 und 10. Infolgedessen hat der Geschädigte die Wahl zwischen den Gerichtsständen, die auch dem Versicherungsnehmer oder einem anderen Beteiligten zur Verfügung stehen. Je nach Verweisung ergibt sich für die Direktklage die internationale und die örtliche Zuständigkeit aus der EuGVO.[47]

b) Direktklage gegen den Versicherer gemäß Art. 11 Abs. 2 EuGVO

Art. 11 Abs. 2 EuGVO begründet keinen Direktanspruch des Geschädigten gegen den Versicherer, sondern bestimmt die internationale und je nach Verweisung örtliche Zuständigkeit für eine entsprechende Klage. Dies setzt voraus, dass eine unmittelbare Klage gegen den Versicherer überhaupt zulässig ist. Darunter versteht die EuGVO nicht, dass die Sachurteilsvoraussetzungen vorliegen, die Klage also im prozessrechtlichen Sinne zulässig sein muss. Dem Geschädigten muss theoretisch ein direkter Anspruch gegen den Versicherer zustehen. Dies wird unter Anwendung der Kollisionsnormen des angerufenen Gerichts festgestellt.[48] Prüft ein deutsches Gericht demnach seine internationale Zuständigkeit, bestimmt sich das anzuwendende Recht nach Art. 40 IV EGBGB, der alternativ auf das Delikts- oder Versicherungsvertragsstatut verweist.[49] Diese Technik lehnt sich an die Methode zur Beantwortung von Vorfragen an, die

---

[45] Rauscher/*A. Staudinger*, EZPR, Band 1, Art. 11 Rn. 10; *Layton,* Band 1, Nr. 16.044.

[46] *Jenard*-Bericht, Abl. EG 1979 59/1 (32); *Kropholler,* EZPR, Art. 11 Rn. 5; Rauscher/*A. Staudinger*, EZPR, Band 1, Art. 11 Rn. 10; *Layton,* Band 1, Nr. 16.044.

[47] Geimer/Schütze/*Geimer*, EZVR, Art. 8 Rn. 28; *Kropholler,* EZPR, Art. 11 Rn. 4; Rauscher/*A. Staudinger*, EZPR, Band 1, Art. 11 Rn. 6.

[48] *Jenard*-Bericht, Abl. EG Nr. C 59/1 (32); Wieczorek/Schütze/*Hausmann*, Anh. I § 40 Art. 10 EuGVÜ Rn. 5; Burgstaller/Neumayr/*Burgstaller*, IZVR, Band 1, Kapitel 31 Art. 11 Rn. 6. Missverständlich formuliert, aber wohl dasselbe meinend Fasching/ *Simotta,* vor § 76–84 Rn. 55.

[49] Vgl. auch den Überblick über die Kollisionsnormen anderer Vertragsstaaten bei *Kadner Graziano,* S. 426 f. Das Haager Übereinkommen über das auf Straßenverkehrsunfälle anwendbare Recht vom 4.5.1971 (abgedruckt in *Jayme/Hausmann*, Internationales Privat- und Verfahrensrecht, 14. Auflage 2008 Nr. 100) wurde von Deutschland nicht ratifiziert. Zum Stand des Rechtssetzungsverfahrens der Verordnung des Europäischen Parlaments und des Rates über das auf außervertragliche Schuldverhältnisse anzuwendende Recht COM (2003) 427 (Rom II) siehe Kapitel 5 C. IV.

selbständig nach dem IPR des Forumstaates angeknüpft werden.[50] Sie weicht von der Auslegung prozessualer Normen ab, die sich nach der lex fori richtet oder verordnungsautonom erfolgt.[51] Denn anders als bei zuständigkeitsbegründenden Tatsachen wie z.B. dem Wohnsitz handelt es sich bei der Zulässigkeit des Direktanspruchs um eine Voraussetzung für die Anwendung einer Zuständigkeitsregel, die nach materiellem Recht gegeben sein muss.

c) Drittbeteiligung der versicherten Person gemäß Art. 11 Abs. 3 EuGVO

Art. 11 Abs. 3 EuGVO ermöglicht es dem beklagten Versicherer, den Versicherten oder den Versicherungsnehmer[52] in den Entschädigungsprozess als Dritten einzubeziehen. Dies ist der Ausgleich dafür, dass er direkt von dem Geschädigten in Anspruch genommen werden kann. Art. 11 Abs. 3 EuGVO hat einerseits den Schutz des Versicherers vor betrügerischen Machenschaften des Versicherten und des Geschädigten im Auge, verfolgt aber auch den allgemeinen Zweck, doppelte Verfahren und sich widersprechende Entscheidungen zu vermeiden.[53] Damit ist diese Regelung im Gegensatz zu Absatz 1 keine Schutzbestimmung zu Gunsten des Versicherten.

(1) Anwendbares Recht

Art. 11 Abs. 3 setzt voraus, dass die Verfahrensbeteiligung des Dritten nach dem Recht zulässig ist, welches auf den Drittanspruch angewendet wird. Umstritten ist, welches Recht das sein soll. Der Wortlaut „für die unmittelbare Klage maßgebliche Recht" verweist auf die lex causae. Die Streitverkündung ist aber ein prozessrechtliches Institut. Das spricht für eine Anwendung der lex fori. Dieses Auslegungsproblem besteht auch in der englischen Fassung. In Absatz 3 heißt es, „law governing the actions", während Absatz 1 die Wendung „the law of the court" enthält. Es wird vorgeschlagen, die Zulässigkeit der

---

[50] Zur Vorfragenproblematik in prozessualen und materiellrechtlichen Vorschriften siehe *Neuhaus*, Grundbegriffe, S. 133; Kegel/*Schurig*, § 9 I 1, S. 373; *Kropholler*, § 32 IV 2, S. 226; *Rauscher*, IPR, 4. Abschn. B II, S. 110.

[51] Zur Auslegung prozessualer Normen siehe *Schack*, Rn. 49 und 51; *Geimer*, IZPR, Rn. 316; *Schütze*, IZPR, Rn. 60 und 64. Abweichend von der Auslegung lege fori wird der Erfüllungsort von der h.M. aber lege causae bestimmt. Siehe *Kropholler*, EZPR, Art. 5 Rn. 22 m.w.N.; *Schack*, Rn. 270. Zur Kritik siehe *Schack*, Rn. 51.

[52] Versicherter und Versicherungsnehmer können bei Haftpflichtversicherungen auseinanderfallen, *Kropholler*, vor Art. 8 Rn. 7. Versicherungsnehmer einer KfZ-Haftpflichtversicherung ist der Halter des Fahrzeugs, während Halter und Führer Versicherte sind.

[53] *Kropholler*, EZPR, Art. 11 Rn. 5; Geimer/Schütze/*Geimer*, EZVR, Art. 11 Rn. 23; *Layton*, Band 1, Nr. 16.044; *Gaudemet-Tallon*, Nr. 275.

Drittbeteiligung entweder nur nach der lex causae[54] oder der lex fori[55] oder aber unter kumulativer Anwendung[56] beider zu bestimmen.

Für eine Anwendung der lex causae spricht der Wortlaut der Norm.[57] Die Auslegung kann dabei jedoch nicht stehen bleiben. Der Versicherer will eine nach der lex causae zulässige Drittbeteiligung im konkreten Prozess auch verwirklichen. Das setzt voraus, dass die lex fori eine Verfahrensbeteiligung erlaubt. Eine Zulässigkeit alleine nach der lex causae hat deshalb für den Versicherer keinen Wert. Sinnvoll ist sie nur, wenn unter ihrer Verweisung eine Prozessrechtsverweisung verstanden wird. Das kann jedoch nicht angenommen werden. Prozessrechtsverweisungen durchbrechen den Grundsatz der lex fori und liegen deshalb nur in Ausnahmefällen vor. Der Normtext enthält aber keinerlei Anhaltspunkte für eine derartige Auslegung.[58] Aus diesem Grund kommt es nicht nur auf die lex causae, sondern auch auf die lex fori an.

Sollte die Drittbeteiligung nach beiden Verweisungen zulässig sein, kommt sie nur in Betracht, wenn dasselbe Recht berufen wird. *Geimer* formuliert eindeutig, dass eine Streitverkündung nach § 72 ZPO nur infrage kommt, wenn sich der Direktanspruch aus deutschem Recht ergibt.[59] Dies spricht für eine kumulative Anwendung der möglichen Rechtsordnungen. Es stellt sich aber die Frage, warum ein Versicherer den Streit nicht verkünden soll, wenn zwar die lex fori, aber nicht die lex causae diese Beteiligungsform zulässt. Im Anwendungsbereich der EuGVO kann es nicht auf Schutzüberlegungen der nationalen Rechtsordnungen ankommen, die den nach der EuGVO gewährten Schutz einschränken.[60] Art. 11 Abs. 3 EuGVO bestimmt aber eindeutig, dass dem Versicherer zum Ausgleich des Direktanspruchs eine erzwungene Drittbeteiligung zustehen soll. Demnach ist Absatz 3 eine Verweisung auf die lex fori.

(2) Auslegung „Streitverkündung"

Auch der Begriff der Streitverkündung muss geklärt werden. Die Auslegung erfolgt auch hier autonom, d.h. unabhängig von Vorstellungen nationaler Rechts-

---

[54] Geimer/Schütze/*Geimer*, EZVR, Art. 11 Rn. 24; erstmals in Geimer/Schütze/ *Geimer*, Urteilsanerkennung, Bd. I/1, S. 410; Wieczorek/Schütze/*Hausmann*, Anh. I § 40 Art. 10 EuGVÜ Rn. 5; *Kropholler*, EZPR, Art. 11 Rn. 5 (jedoch ohne Begründung).

[55] *Mansel*, in Hommelhoff (Hrsg.), Binnenmarkt, S. 161 (204); Rauscher/*A. Staudinger*, EZPR, Band 1, Art. 11 Rn. 10 (ohne Begründung); *Hub*, S. 133.

[56] Geimer/Schütze/*Auer*, IRV, Art. 11 EuGVO Rn. 23.

[57] So auch *Layton*, Nr. 16.044 Fn. 35, der auf die englische Fassung verweist, aber allgemein Zweifel äußert.

[58] *Mansel*, in Hommelhoff (Hrsg.), Binnenmarkt, S. 161 (204).

[59] Geimer/Schütze/*Geimer*, EZVR, Art. 11 Rn. 24.

[60] Allgemein zum Verhältnis der EuGVO zu den nationalen Rechtsordnungen siehe *Schack*, Rn. 93; Rauscher/*A. Staudinger*, EZPR, Band 1, Einl. zur Brüssel-I VO Rn. 40.

ordnungen, und berücksichtigt Systematik und Vorstellungen der EuGVO. Auf den ersten Blick scheint Art. 11 Abs. 3 EuGVO eine Streitverkündung im Sinne des § 72 ZPO zu meinen. Anders als in Absatz 1 wird ausdrücklich die Streitverkündung erwähnt, während Art. 6 Nr. 2 EuGVO von „Interventionsklage" und Absatz 1 von „Ladung" spricht. Für diese Auslegung spricht außerdem der besondere Schutz des Versicherten, der nach Erwägungsgrund Nr. 13 auch durch die Zuständigkeitsvorschriften geschützt wird. Könnte der Versicherer in dem Verfahren mit dem Geschädigten eine Interventionsklage gegen den Versicherten erheben, wäre dieser besondere Schutz ausgehöhlt. Dies bedeutete, dass der Versicherte zwar gezwungenermaßen an dem Verfahren des Geschädigten beteiligt werden kann, er aber nicht im Rahmen eines Dritturteils verurteilt werden darf. Diese Unterscheidung gewährleistet nur die Streitverkündung.

Beide Argumente sind jedoch nicht stichhaltig. Die grundsätzliche Unterscheidung zwischen Streitverkündung und Interventionsklage findet sich nur in der deutschen Fassung. In Absatz 1 des englischen Wortlauts heißt es, „may be joined in proceedings", während Absatz 3 von „may be joined as a party to the action" spricht. Auch die französische Fassung weist nicht auf eine Streitverkündung im Sinne des § 72 ZPO hin, weil sie von „la mise en cause" spricht. Aus diesen Gründen wird die Auslegung des Absatzes 3 bei anderssprachigen Autoren nicht weiter thematisiert.[61] Auch das zweite Argument kann nicht überzeugen. Der Schutz des Versicherten wird nicht ausgehöhlt, wenn er an einem Gerichtsstand gerichtspflichtig wird, den der Geschädigte wählt. Denn dem Geschädigten stehen nur die Gerichtsstände des Versicherten zur Verfügung. Der Europäische Gerichtshof entschied aber in seinem Urteil vom 13.12.2007, dass der Geschädigte den Versicherer auch an seinem eigenen Wohnort verklagen kann.[62]

Auch der deutsche Wortlaut rechtfertigt keine enge Auslegung des Absatzes 3. Die Vorschrift ist eindeutig eine Zuständigkeitsregelung, die überflüssig wäre, wenn sie nur die Streitverkündung umfasste. Da die mittelbare Gerichtspflichtigkeit des Streitverkündungsempfängers durch den sachlichen Zusammenhang mit dem Erstverfahren begründet wird, setzt sie keine Zuständigkeit voraus.[63] Dem Verordnungsgeber war der Unterschied zwischen Streitverkündung und Interventionsklage bekannt. Das zeigt Art. 65 Abs. 1 EuGVO, der bei Interventionsklagen von Zuständigkeit spricht, bei Streitverkündung aber das Wort „Ladung" benützt. Aus dem Wortlaut des Art. 65 EuGVO folgt ein weiteres Argument für eine weite Auslegung des Absatzes 3. Der Vorbehalt für die Interventionsklage gemäß Art. 11 EuGVO wird erklärt, ohne zwischen den einzelnen Absätzen der Norm zu unterscheiden. Darüber hinaus rechtfertigt auch der

---

[61] *Gaudemet-Tallon,* Nr. 275; *Layton,* Band 1, Nr. 16.044.
[62] EuGH Rs. 463/06, *FBTO Schadeverzekeringen v. Odenbreit.*
[63] Wieczorek/Schütze/*Mansel,* § 68 Rn. 35.

Normzweck diese Auslegung. Es ist nicht ersichtlich, warum in den Ländern, die keine Streitverkündung kennen, der Versicherer nicht den Versicherten in das Verfahren auf direkte Entschädigung einbeziehen können soll. Die Ziele einheitlicher Entscheidungen und erhöhter Verfahrensökonomie würden sonst nur für die Rechtsprechung der Länder gefördert, deren Rechtsordnungen eine Streitverkündung kennen.

II. Anerkennung von Entscheidungen in versicherungsrechtlichen Streitigkeiten

Die Anerkennung der Drittwirkung im Bereich des internationalen Versicherungsrechts richtet sich nach den oben beschriebenen Anerkennungsregeln des europäischen oder autonomen nationalen Rechts. Deshalb kann auf diese Ausführungen verwiesen werden.[64] Im Anwendungsbereich der EuGVO besteht jedoch ein grundlegender Unterschied. Das anerkennende Gericht muss die internationale Zuständigkeit des erkennenden Gerichts gemäß Art. 35 Abs. 1 EuGVO prüfen.

Art. 35 Abs. 3 der EuGVO verbietet grundsätzlich, die Anerkennungszuständigkeit zu überprüfen, weil das Zuständigkeitssystem in den Mitgliedstaaten vereinheitlicht und die Mitgliedstaaten sich in ihrer Rechtsanwendung vertrauen.[65] Von diesem Prinzip weicht Art. 35 Abs. 1 EuGVO ab. Der Katalog der nachprüfbaren Zuständigkeiten widerspricht der in den Erwägungsgründen geäußerten Auffassung, dass im gegenseitigen Vertrauen in die Justiz innerhalb der Gemeinschaft der freie Verkehr der Entscheidungen gewährleistet sein muss.[66] Zum Schutze der typischerweise schwächeren Partei soll in Versicherungssachen die internationale Zuständigkeit weiterhin überprüfbar sein. Die Ausnahme wird eng ausgelegt. Es handelt sich um eine abschließende Aufzählung, nach der nur die internationale, nicht aber die örtliche oder sachliche Zuständigkeit im Anerkennungsstadium nachgeprüft werden kann.[67]

Diese Begründung der Ausnahmevorschrift überzeugt jedoch nicht. Zum einen kann die Zuständigkeit auch in Versicherungssachen durch rügeloses Einlassen begründet werden. Zum anderen schießt die Vorschrift über ihr Anliegen hinaus, weil sich nach dem Wortlaut auch der typischerweise stärkere Vertragspartner auf eine Zuständigkeitsprüfung berufen kann. Zweifel bestehen auch, weil Verfahren in Verbrauchersachen in der Regel nicht existenzbedrohend

---

[64] Siehe Kapitel 5.
[65] Rauscher/*Leible*, EZPR, Band 1, Art. 35 Rn. 1; *Gaudemet-Tallon*, S. 381.
[66] Erwägungsgrund Nr. 6 und 16.
[67] MünchKommZPO-*Gottwald*, Art. 35 EuGVO Rn. 11; *Kropholler*, EZPR, Art. 35 Rn. 5.

sind.[68] Berücksichtigt man den heutigen Stand der europäischen Integration, ist sie kaum zu rechtfertigen. Da die Ausnahmen den Schutz der typischerweise schwächeren Partei bezwecken, kann für die Normauslegung nicht allein der Wortlaut ausschlaggebend sein.

Wird der Versicherte wegen einer unerlaubten Handlung vom Geschädigten verklagt und erhebt er gegen seinen Haftpflichtversicherer Garantieklage am nach Art. 11 Abs. 1 EuGVO zuständigen Gericht, kann diese Zuständigkeit im Anerkennungsverfahren nachgeprüft werden. Jedoch geschieht dies nur aus Anlass eines Rechtsbehelfs. Diese Prüfungsmöglichkeit unterliegt aber mehreren Einschränkungen. Zum einen wird sie gemäß des Wortlauts der Vorschrift nur auf Garantieklagen gegen Haftpflichtversicherer angewendet. Zum anderen erlaubt sie nur, die Zuständigkeit des Garantieklagegerichtsstands zu prüfen. Das Gericht des Anerkennungsstaates ist deshalb an die Zuständigkeitsentscheidung bezüglich der Hauptklage gebunden.[69] Denn nach Art. 35 Abs. 1 EuGVO kann nur die Zuständigkeit nach den Abschnitten 3, 4 und 6 des Kapitels II vom Gericht des Anerkennungsstaates nachgeprüft werden. Ist die Hauptklage an einem Gerichtsstand der unerlaubten Handlung anhängig, sind die Voraussetzungen der Zuständigkeitsprüfung nicht erfüllt.

Eine weitere Einschränkung ergibt sich aus dem Zweck der Zuständigkeitsvorschriften in Versicherungssachen. Sie bilden ein „zuständigkeitsrechtliches Schutzsystem"[70] für den schwächeren Vertragspartner.[71] Diesem besonderen Schutzcharakter folgen die Vorschriften über die Anerkennung von Entscheidungen in Versicherungssachen, indem sie erlauben, die Zuständigkeiten vom Gericht des Anerkennungsstaates nachprüfen zu lassen. Als Begründung wird angeführt, dass die Zuständigkeitsvorschriften in Versicherungssachen in den Mitgliedstaaten entweder zwingender Natur oder Bestandteil des ordre public seien.[72] Normzweck ist der Schutz des schwächeren Vertragspartners.[73] Es wird deshalb die Auffassung vertreten, Art. 35 Abs. 1 EuGVO sei restriktiv auszulegen, so dass nur die versicherte Person die Anerkennungszuständigkeit rügen kann.[74] Solch eine Auslegung setzt voraus, dass die Vorschrift keine anderen

---

[68] *Schütze,* RIW 1974, 429, macht diesen Widerspruch deutlich, indem er darauf hinweist, dass die EuGVO zwar den Käufer eines Staubsaugers schützt, auf die Zuständigkeitsinteressen des Beklagten in einem Millionenprozess aber keine Rücksicht nimmt. *Schack,* Rn. 840, verweist auf die lange Verfahrensdauer, wenn die Zuständigkeit überprüft wird.

[69] *Layton,* Band 1, Nr. 26.090; *Mansel,* in Hommelhoff (Hrsg.), Binnenmarkt, S. 161 (250).

[70] *Hub,* S. 17.

[71] *Gaudemet-Tallon,* Nr. 385.

[72] *Jenard*-Bericht, Abl. EG 1976 Nr. C 59/1 (46).

[73] Erwägungsgrund Nr. 13.

[74] MünchKommZPO-*Gottwald,* Art. 35 Rn. 10; Geimer/Schütze/*Tschauner,* IRV, Art. 35 EuGVO Rn. 5; Rauscher/*Leible,* Art. 35 Rn. 6; *Layton,* Band 1, Nr. 26.090.

Interessen – wie z.B. ein öffentliches Interesse an der Funktionsfähigkeit der Versicherungswirtschaft – schützt. Die Erwägungsgründe erwähnen solche Interessen nicht. Im *Jenard*-Bericht[75] wird jedoch angedeutet, dass die besonderen Zuständigkeiten in Versicherungssachen auch im Interesse der Versicherungswirtschaft bestehen, um sie vor betrügerischen Machenschaften zu schützen. Außerdem soll eine geordnete Rechtspflege dadurch gewährleistet werden, dass alle Ansprüche vor demselben Gericht erhoben werden. Der *Jenard*-Bericht steht damit im Widerspruch zum Schutzzweck, wie ihn die Erwägungsgründe beschreiben. Er liefert aber kein stichhaltiges Argument gegen die restriktive Auslegung, sondern erläutert allgemein den Sinn des dritten Abschnitts der EuGVO über die Zuständigkeit in Versicherungssachen. Um betrügerischen Machenschaften vorzubeugen, kann der Versicherer nach Absatz 3 die versicherte Person an dem Entschädigungsprozess beteiligen. Durch eine umfassende Drittbeteiligung wird eine geordnete Rechtspflege gewährleistet. Diese Interessen rechtfertigen jedoch nicht, die Anerkennung von Entscheidungen durch eine Zuständigkeitsprüfung zu erschweren. Grundsätzlich will die EuGVO die Freizügigkeit der Entscheidungen der Mitgliedstaaten gewährleisten. Nur in den ausdrücklich genannten Fällen, soll dieses oberste Ziel zurücktreten. Das trifft nur für eine Zuständigkeit zu, die den Versicherungsnehmer begünstigt. Denn nur der Schutz des schwächeren Vertragspartners wird ausdrücklich in den Erwägungsgründen erwähnt.

Im Ergebnis besteht die einzige Besonderheit in Versicherungssachen darin, dass die Vorschriften der EuGVO besondere Rücksicht auf den schwächeren Vertragspartner nehmen. Bei anderen Fragen sollen die Versicherungssachen aber nicht anders behandelt werden wie jede andere Streitigkeit. Deshalb werden nur Zuständigkeitsvorschriften zu Gunsten der schwächeren Partei im Anerkennungsverfahren nachgeprüft. Mit dem Sinn und Zweck der Verordnung wäre es unvereinbar, wenn der Haftpflichtversicherer eine Zuständigkeitsprüfung verlangen könnte.

III. Ergebnis

Das Versicherungsrecht regelt die Drittbeteiligung auf besondere Weise. Die EuGVO enthält mit Art. 11 EuGVO eine besondere Vorschrift zur Drittbeteiligung in Verfahren über haftpflichtversicherungsrechtliche Streitigkeiten. Absatz 1 und 2 regeln die internationale, örtliche und sachliche Zuständigkeit, um eine einheitliche Entscheidung über die Rechtsbeziehungen des Geschädigten, des Versicherungsnehmers und des Versicherers zu ermöglichen. Absatz 1 bestimmt

---

[75] *Jenard*-Bericht, Abl. EG 1976 Nr. C 59/1 (32); Geimer/Schütze/*Geimer,* EZVR, Art. 35 Rn. 8; *Kropholler,* EZPR, Art. 35 Rn. 7; Rauscher/*Leible,* EZPR, Band 1, Art. 35 Rn. 6; *Geimer,* in Festschrift für Heldrich, S. 627 (642).

die Beteiligung des Versicherers in einem Verfahren zwischen dem Geschädigten und dem Versicherungsnehmer, während Absatz 2 und 3 die Beteiligung des Versicherungsnehmers im Verfahren zwischen Geschädigten und Versicherer ermöglichen.

Nach Absatz 1 kann dem Versicherer der Streit verkündet oder gegen ihn eine Interventionsklage erhoben werden. Die Regelung erfasst damit nur die unfreiwillige Drittbeteiligung, nicht aber die freiwillige Beteiligung des Versicherers. Ob die jeweilige lex fori eine Streitverkündung oder Interventionsklage voraussetzt, wird von der EuGVO nicht geregelt. Diese schafft nicht ein einheitliches europäisches Zivilverfahrensrecht, sondern setzt die Existenz eines solchen Prozessrechtsinstituts voraus. Die unfreiwillige Verfahrensbeteiligung des Versicherers setzt voraus, dass der Entschädigungsprozess schon und noch anhängig ist und das Gericht für die Entschädigungsklage zuständig ist. Die Zuständigkeit kann sich dabei aus den Regelungen der EuGVO oder aus nationalen Zuständigkeitsvorschriften ergeben. Es genügt auch, wenn sie durch rügeloses Einlassen des Versicherungsnehmers begründet wurde oder wenn es sich um einen exorbitanten Gerichtsstand handelt. Wie Art. 6 Nr. 2 EuGVO verlangt auch Art. 11 nicht, dass zwischen Entschädigungsklage und Interventionsklage ein besonderer Zusammenhang besteht.

Absatz 2 regelt die Zuständigkeit der Direktklage des Geschädigten gegen den Versicherer, wenn diesem ein direkter Anspruch nach der anzuwendenden lex causae zusteht. Absatz 3 ermöglicht dem Versicherer, den Geschädigten an dem für die Direktklage zuständigen Gericht zu beteiligen. Er regelt wie Absatz 1 nur die unfreiwillige Verfahrensbeteiligung und umfasst entgegen seines Wortlautes sowohl die Interventionsklage als auch die Streitverkündung. Welches Drittbeteiligungsinstitut im Einzelfall zur Verfügung steht, richtet sich nach der jeweiligen lex fori.

Die Anerkennung der Drittwirkungen einer Entscheidung in haftpflichtversicherungsrechtlichen Streitigkeiten richtet sich nach den allgemeinen Anerkennungsregeln der EuGVO. Jedoch besteht eine Besonderheit. Nach Art. 35 setzt die Anerkennung von Entscheidungen über versicherungsrechtliche Streitigkeiten voraus, dass das Gericht des Urteilsstaates international zuständig war. Deshalb muss auch die Anerkennungszuständigkeit für die Drittbeteiligung geprüft werden. Jedoch wird diese Ausnahmevorschrift teleologisch dahingehend reduziert, dass sich der Versicherer nicht auf eine fehlende Anerkennungszuständigkeit berufen kann. Der Versicherer, der nach Art. 11 Abs. 1 unfreiwillig an dem Entschädigungsverfahren beteiligt wurde oder gegen den eine Direktklage nach Art. 11 Abs. 2 erhoben wurde, kann deshalb gegen eine Wirkungserstreckung nicht einwenden, das Gericht wäre nicht zuständig gewesen. Dieser Einwand steht jedoch dem Versicherungsnehmer zu, der nach Absatz 3 an dem Verfahren beteiligt wurde.

B. Internationales Transportrecht

Auch beim grenzüberschreitenden Transport ist nicht selten mehr als ein Frachtführer beteiligt, so dass sich häufig die Frage nach der Beteiligung Dritter stellt. Wird ein Frachtführer wegen Beschädigung der Ware oder Lieferverzögerungen in Anspruch genommen, kann er von den anderen beteiligten Frachtführern unter Umständen Regress verlangen. An der endgültigen Abwicklung des Schadens sind deshalb mindestens drei Parteien beteiligt. Dabei ist ein internationaler Bezug der Schadensabwicklung immer gegeben, weil die Vertragspartner von vornherein davon ausgehen, dass das Transportgut über die Grenze verbracht werden soll. Aus diesem Grund kennt das internationale Transportrecht spezielle Regelungen für die Drittbeteiligung.[76] Das Übereinkommen über den Beförderungsvertrag im internationalen Straßengüterverkehr (CMR)[77] sieht ebenso wie die Vorschriften für den Vertrag über internationale Eisenbahnbeförderung von Gütern (CIM)[78] einen Rückgriffsanspruch des Beförderers gegen die an dem Transport beteiligten anderen Beförderer vor, wenn er aufgrund des jeweiligen Übereinkommens Entschädigungen zu leisten hat. Die besonderen Regelungen der Drittbeteiligung finden sich im Zusammenhang mit der gerichtlichen Durchsetzung dieser Rückgriffsansprüche. Danach kann der rückgriffspflichtige Beförderer oder Unterfrachtführer bei Beteiligung im Haftungsprozess nicht mehr im Regressprozess einwenden, der regressnehmende Beförderer oder Frachtführer sei nicht zur Zahlung verpflichtet gewesen.

---

[76] Am 23. Oktober 2007 haben das Europäische Parlament und der Rat die Verordnung (EG) Nr. 1371/2007 über die Rechte und Pflichten der Fahrgäste im Eisenbahnverkehr erlassen. Diese Verordnung tritt 24 Monate nach ihrer Veröffentlichung im Amtsblatt am 3. Dezember 2009 in Kraft. Sie enthält eine eigene Regelung über das Rückgriffsverfahren. Nach Art. 63 kann dem in Rückgriff zu nehmenden Beförderer durch Streitverkündung die Möglichkeit gegeben werden, dem Rechtsstreit beizutreten. Nach Absatz 6 ist es aber verboten, in das Entschädigungsverfahren mit dem Fahrgast das Rückgriffsverfahren einzubeziehen. Eine Interventionsklage ist deshalb ausgeschlossen. Da das englische Recht das Institut der Streitverkündung nicht kennt, der Rückgriffsschuldner aber als Streitgenosse *(joinder)* förmlich am Verfahren beteiligt werden kann (Kapitel 3 C. II.), ist Art. 63 so auszulegen, dass der Dritte förmlich in das Verfahren einbezogen werden muss. Zur ähnlichen Auslegung nach der CMR unter dem Vorbehalt der unterschiedlichen Auslegungsgrundsätze für einen Staatsvertrag und für eine europäische Verordnung, siehe in diesem Kapitel unter B. I. 2.
[77] Übereinkommen über den Beförderungsvertrag im internationalen Straßengüterverkehr vom 19.5.1956, amtliche deutsche Übersetzung in BGBl. 1961 II, 1119.
[78] Übereinkommen vom 9.5.1980 über den Internationalen Eisenbahnenverkehr (COTIF), BGBl. 1985 II, 1001, zzgl. des Anhangs A – Einheitliche Rechtsvorschriften für den Vertrag über die internationale Eisenbahnbeförderung von Personen und Gepäck (CIV), BGBl. 1985 II, 178; sowie Anhang B – Einheitliche Rechtsvorschriften für den Vertrag über die internationale Eisenbahnbeförderung von Gütern (CIM), BGBl. 1985 II 224 ff. Mit dem Protokoll vom 3.6.1999 (Ratifizierungsgesetz vom 2.9.2002 (BGBl. 2002 II, 2140) wurde eine erneute Revision des COTIF beschlossen. Siehe näher hierzu *Koller*, vor Art. 1 CIM Rn. 1.

I. Information des Regressschuldners von dem Haftungsprozess

Sowohl das CMR als auch das CIM ordnen einen Einredeausschluss als Folge der Drittbeteiligung an, stellen daran aber unterschiedliche Anforderungen. Sie stimmen jedoch darin überein, dass der Dritte von dem Haftungsprozess informiert werden muss und ihm eine Beteiligung möglich gewesen sein muss. Während das CMR nur verlangt, dass der Unterfrachtführer „in Kenntnis gesetzt wurde" und die Möglichkeit hatte, sich an dem Verfahren zu beteiligen, erfordert das CIM eine „Streitverkündung" gegenüber des in Regress genommenen Beförderers und verbietet, das Rückgriffsverfahren in das Entschädigungsverfahren einzubeziehen (Art. 62 § 5 CIM). Da die Staatsverträge die Begriffe „in Kenntnis setzen" und „Streitverkündung" nicht selbst definieren, müssen sie ausgelegt werden.[79]

1. Auslegung „in Kenntnis setzen" – Art. 39 CMR

Die CMR verlangt, dass der Regressschuldner ordnungsgemäß in Kenntnis gesetzt wurde. Einigkeit besteht darüber, dass eine Streitverkündung diese Voraussetzungen erfüllt, aber nicht zwingend ist.[80] Ohne weitere Begründung verlangt *Mansel*,[81] dass der Dritte durch Streitverkündung oder Ladung nach § 856 Abs. 3 ZPO informiert wird. Diese Auffassung lässt sich nicht rechtfertigen. Ein Vergleich mit anderen Vorschriften des internationalen Zivilverfahrensrechts führt nicht weiter. Infrage kämen die Art. 27 Nr. 2 EuGVÜ und Art. 34 Nr. 2 EuGVO, die wie Art. 39 CMR das rechtliche Gehör schützen, aber eine Zustellung des verfahrenseinleitenden Schriftstücks verlangen.[82] An der Ausarbeitung

---

[79] Die Auslegung der CMR und des CIM beachtet, dass völkerrechtliche Verträge unter Berücksichtigung juristischer Auslegungsmethoden aus sich selbst heraus auszulegen sind, Baumbach/Hopt/*Merkt*, Einl. CMR Rn. 2. Da sie internationales Einheitsrecht darstellen, kann dabei nicht ohne Weiteres auf nationales Recht zurückgegriffen werden. Auf nationale Vorschriften oder andere Staatsverträge kann nur Bezug genommen werden, wenn die abweichenden Verhältnisse und die Entstehungsgeschichte berücksichtigt werden, *Kropholler*, Internationales Einheitsrecht, S. 258 ff. Es existieren nur einzelne Staatsverträge mit unterschiedlichen Vertragspartnern, aber kein internationales Transportrecht als abgeschlossenes System. Da sich die CMR eng an die CIM anlehnt, bietet sich eine einheitliche Auslegung an, Baumbach/Hopt/*Merkt*, Einl. CMR Rn. 2; BGHZ 75, 96. Das CIM verweist aber in Art. 10 auf Landesrecht, wenn seine Regelung nicht abschließender Natur ist und eine bewusste Regelungslücke gegeben ist. Davon ist auszugehen, wenn dies das CIM ausdrücklich erwähnt, vgl. MünchKommHGB-*Mutz*, Internat. Eisenbahntransportrecht, Vorbem. 19. Welches Landesrecht anzuwenden ist, ergibt sich aus den Kollisionsnormen des angerufenen Gerichts, *Koller*, Art. 11 CIM, Rn. 1. Bei prozessrechtlichen Fragen ist auf die lex fori zurückzugreifen, Thume/*de la Motte*/*Temme*, vor Art. 1 Rn. 87.

[80] *Koller*, Art. 39 CMR Rn. 2; Thume/*Schmid*, Art. 39 Rn. 4; Ebenroth/Boujong/*Huther*, Art. 39 CMR Rn. 2.

[81] Wieczorek/Schütze/*Mansel*, ZPO, § 68 Rn. 19.

[82] MünchKommHGB-*Basedow*, Art. 39 CMR Rn. 4.

dieser Vorschriften waren nicht dieselben Vertragspartner wie bei dem Abschluss des CMR beteiligt, so dass die Regelungen nicht ohne Weiteres übernommen werden können. Hinzu kommt, dass Art. 27 Nr. 2 EuGVÜ und Art. 34 Nr. 2 EuGVO die Voraussetzung für die Anerkennung eines Versäumnisurteils regeln. Eine gerichtliche Entscheidung erfordert immer die ordnungsgemäße Verfahrenseröffnung, indem das verfahrenseinleitende Schriftstück zugestellt wird. Das CMR zielt im Gegensatz dazu nur darauf ab, den Dritten an die Entscheidung zu binden. Das CMR verlangt nicht, dass dem Dritten der Streit verkündet wird, weil Art. 39 CMR sonst überflüssig wäre. Dieser spricht originär eine Bindungswirkung aus und regelt nicht nur die Anerkennung von Streitverkündungswirkungen nach den Verfahrensordnungen der Vertragsstaaten. Setzte Art. 39 CMR eine Streitverkündung voraus, wäre die Bindungswirkung aufgrund des CMR sinnlos. Denn dann träte eine Urteilsbindung schon nach den Verfahrensrechten der Vertragsstaaten ein.

Für Art. 39 CMR ist es entgegen *Mansel* ausreichend, dass der Dritte formlos von dem Verfahren informiert wird. Diese Auslegung lässt sich nicht durch den im CMR und CIM unterschiedlichen Wortlaut stützen. Während das CMR nur von „in Kenntnis setzen" spricht, erwähnt das CIM die Streitverkündung ausdrücklich. Das internationale Transportrecht kennt kein einheitliches System, sondern nur einzelne Staatsverträge mit unterschiedlichen Vertragspartnern, so dass die Bestimmung des einen Vertrags nicht ohne Weiteres für die Auslegung des anderen herangezogen werden kann. Jedoch folgt aus dem Normzweck, dass der Dritte nicht förmlich unter gerichtlicher Beteiligung informiert werden muss.[83] Indem der Regressschuldner in Kenntnis gesetzt wird, soll gewährleistet werden, dass er seine Rechte im Haftungsprozess verteidigen kann. Demnach bezweckt Art. 39 CMR, im internationalen Straßentransport eine der Interventionswirkung vergleichbare Urteilsbindung herbeizuführen, wenn dem Regressschuldner eine Beteiligung am Haftungsprozess möglich war.[84] Das Erfordernis, dass der Regressschuldner „in Kenntnis zu setzen" ist, darf deshalb nicht zu streng ausgelegt werden. Ein Zustellungserfordernis lässt sich auch nicht mit gerichtlichen Interessen begründen. Anders als bei der Streitverkündung nach § 74 Abs. 3 ZPO kommt es im Rahmen des CMR nicht auf den genauen Zeitpunkt des Inkenntnissetzens an. Auch andere Gründe, die eine förmliche Zustellung erforderlich machen, sind nicht ersichtlich. Durch das Inkenntnissetzen soll der Regressschuldner nur in die Lage versetzt werden, sich an dem Verfahren zu beteiligen. Deshalb ist eine formlose Mitteilung, wie sie § 270 ZPO regelt, ausreichend.

---

[83] MünchKommHGB-*Basedow*, Art. 39 CMR Rn. 4; *Cummins v. Davis Freight*, (1981) 2 Lloyds L. Rep. 402, 408 C.A.
[84] Thume/*Schmid*, Art. 39 CMR Rn. 3.

2. Auslegung „Streitverkündung" – Art. 51 § 1 CIM

Das CIM verlangt nicht nur, dass der Regressschuldner ordnungsgemäß in Kenntnis gesetzt wurde, sondern fordert auch, dass es ihm durch gehörige Streitverkündung möglich war, dem Verfahren beizutreten. Der Wortlaut der deutschen Fassung suggeriert damit, das CIM setze eine Streitverkündung voraus. Aus den folgenden Gründen trifft dies nicht zu.[85] Die Auslegung des CIM richtet sich sowohl nach der deutschen als auch nach der französischen Fassung als den verbindlichen Textfassungen.[86] Während die deutsche Fassung die „Streitverkündung" erwähnt, spricht der französische Text von „assigné", was als „geladen" übersetzt werden kann. Die französische Übersetzung deutet nicht darauf hin, dass eine Streitverkündung erforderlich ist, die nach französischem Rechtsverständnis nur als Klage erfolgen kann.[87] Darüber hinaus ergibt sich aus dem deutschen Text, dass der regresspflichtige Beförderer durch die „Streitverkündung" in die Lage versetzt werden soll, dem Verfahren beizutreten. Der Beitritt als Nebenintervenient setzt aber keine Streitverkündung voraus, sondern ist auch möglich, wenn der Nebenintervenient auf formlose Weise von dem Verfahren Kenntnis erlangt. Deshalb verlangt die Norm entgegen dem Wortlaut der deutschen Fassung keine Streitverkündung.[88] Im Gegensatz zur CMR reicht aber eine formlose Mitteilung nicht aus, weil der deutsche und der französische Text darin übereinstimmen, dass das regresspflichtige Eisenbahnunternehmen förmlich über das Verfahren informiert werden muss. Während das französische Recht unter „assignation" eine gerichtliche Ladung versteht, die dem zu Ladenden zugestellt wird,[89] ist eine Streitverkündung nach dem deutschen Recht nur wirksam, wenn sie förmlich zugestellt wurde. Die gerichtliche Ladung kennt das deutsche Recht für das Zwangsvollstreckungsverfahren. Im Falle der mehrfachen Pfändung sind nach § 856 Abs. 3 ZPO nichtklagende Gläubiger zu dem Verfahren gegen den Drittschuldner zu laden. Diese Vorschrift bezweckt, dass rechtliche Gehör der Gläubiger zu wahren, weil die Entscheidung nach § 856 Abs. 4 ZPO für und gegen sämtliche Gläubiger wirkt.[90] Das deutsche Recht kennt keine vergleichbare Regelung für das Erkenntnisverfahren. Jedoch soll auch im Anwendungsbereich des CIM das rechtliche Gehör des Dritten gewahrt werden. Aufgrund der vergleichbaren Interessenlage, kann deshalb § 856 Abs. 3 ZPO im Anwendungsbereich des CIM analog angewendet werden.[91]

---

[85] So im Ergebnis *Koller*, Art. 52 CIM Rn. 1.
[86] *Koller*, vor Art. 1 CIM Rn. 5.
[87] Siehe Kapitel 3 B. I.
[88] *Koller*, Art. 39 CMR Rn. 2.
[89] *Dalloz*, CPC, Art. 55.
[90] MünchKommZPO-*Smid*, § 856 Rn. 5.
[91] So auch, aber ohne Begründung Wieczorek/Schütze/*Mansel*, Art. 68 Rn. 19. A.A. Wieczorek/*Wieczorek*, 2. Auflage, § 72 A I a 3, der anscheinend die Terminologie des Art. 52 CIM nur übernimmt.

II. Möglichkeit der Verfahrensbeteiligung

Die CMR und das CIM verlangen außerdem, dass der regresspflichtige Beförderer sich an dem Haftungsprozess beteiligen konnte (Art. 39 CMR, Art. 51 § 1 CIM). Ob diese Möglichkeit bestand, richtet sich nach dem Prozessrecht des Gerichtes, vor dem der Haftungsprozess geführt wird.[92] Das Recht des Gerichts, bei dem der Regressprozess anhängig sein wird,[93] kann nicht maßgeblich sein, weil es zur Zeit des Haftungsprozesses noch gar nicht feststeht. Darüber hinaus kann nur eine tatsächliche Interventionsmöglichkeit das rechtliche Gehör des Regressschuldners gewährleisten.[94] Eine Beteiligungsmöglichkeit nach dem Recht des Regressanspruchs, die vor dem Gericht des Haftungsprozesses gar nicht besteht, kann nicht ausgeübt werden und ist deshalb nicht geeignet, das rechtliche Gehör des Schuldners zu wahren. Wird der Haftungsprozess vor einem deutschen Gericht durchgeführt, kann der regresspflichtige Beförderer oder der Unterfrachtführer nach § 66 ZPO als Nebenintervenient beitreten. Solch eine Beitrittsmöglichkeit besteht auch nach den Verfahrensordnungen anderer Länder.[95]

Jedoch sehen manche Verfahrensordnungen eine Interventionsklage vor, die zu einer endgültigen Entscheidung mit Vollstreckungswirkung über den Regressanspruch führt.[96] Diese Möglichkeit, den Haftungsprozess durch Beteiligung des Regressschuldners zu einem Verfahren mit drei Parteien zu erweitern, schließt das CIM aus. Art. 51 § 6 CIM verbietet ausdrücklich, das Rückgriffsverfahren in den Haftungsprozess einzubeziehen. Eine vergleichbare Regelung findet sich nicht ausdrücklich im CMR. Sie kann auch nicht durch analoge Anwendung des Art. 51 § 6 CIM in das CMR eingeführt werden. Zwar haften sowohl Frachtführer im Straßentransportverkehr als auch befördernde Eisenbahnunternehmen als Gesamtschuldner im Außenverhältnis (Art. 34 CMR sowie Art. 26 und 27 § 4 CIM), weshalb die Interessenlagen der jeweiligen Regressgläubiger vergleichbar sind. Dennoch kann die Regelung im Eisenbahntransportverkehr nicht auf den Straßengütertransport mit der Folge übertragen werden, dass auch im Anwendungsbereich des CMR eine Interventionsklage ausgeschlossen wäre. Dafür spricht zwar die Entstehungsgeschichte und der gleiche Zweck der Übereinkommen, das Recht des grenzüberschreitenden Güterverkehrs zu vereinheitlichen. So lehnte sich die erste Fassung der CMR an die Vorschriften des CIM an,[97] dessen Revision im Jahre 1999 u.a. bezweckte, die

---

[92] MünchKommHGB-*Basedow*, Art. 39 CMR Rn. 4.
[93] So *Theunis/Messent*, International Carriage of Goods by Road (CMR), S. 176.
[94] MünchKommHGB-*Basedow*, Art. 39 CMR Rn. 4.
[95] Siehe Kapitel 3 E.
[96] Siehe Kapitel 3 E.
[97] Denkschrift zur CMR abgedruckt in BT-Drucks. III/1144, S. 33.

transportrechtlichen Abkommen stärker aufeinander abzustimmen.[98] Jedoch existiert kein zusammenhängendes System eines internationalen Transportrechts. Jedes Übereinkommen wird selbständig und aus sich selbst heraus ausgelegt.[99] Da die Staatsverträge von unterschiedlichen Staaten ausgehandelt und ratifiziert wurden, können Regelungen des einen Vertrags nicht ohne Weiteres in einem anderen Vertrag berücksichtigt werden. Erforderlich sind vielmehr Anhaltspunkte, die sich aus dem Wortlaut oder der Systematik ergeben und die darauf schließen lassen, dass eine vergleichbare Regelung gewollt war.[100] Diese liegen jedoch nicht vor. Aus diesem Grund kann eine Interventionsklage in einem Haftungsprozess erhoben werden, für den der Anwendungsbereich des CMR eröffnet ist.

III. Rechtsfolge Einredeausschluss

Sowohl nach dem CIM[101] als auch nach dem CMR[102] kann der rückgriffspflichtige Beförderer oder der Frachtführer nicht mehr im Regressprozess einwenden, der regressnehmende Beförderer oder der Frachtführer seien nicht zur Zahlung verpflichtet gewesen, wenn er von dem Haftungsprozess in Kenntnis gesetzt wurde und die Möglichkeit zur Intervention hatte. Somit ist eine Folge der Beteiligungsmöglichkeit im Haftungsprozess ein Einredeausschluss im Regressprozess. Findet dieser Prozess vor dem Gericht eines anderen Staates statt, stellt sich die Frage, auf welchem Wege dieser Einredeausschluss berücksichtigt wird. Dabei sind zwei Möglichkeiten denkbar. Auf einen materiellrechtlichen Einredeausschluss kann sich der Regressberechtigte berufen, wenn auf das Vertragsverhältnis die Regelungen des CMR anwendbar sind. Dies ist auch bei einer prozessrechtlichen Qualifizierung der Fall.[103] Sieht man in dem Einredeaus-

---

[98] Begründung des Regierungsentwurfs, BR-Drucks. 929/01, S. 194.
[99] *Koller*, vor Art. 1 CIM Rn. 6.
[100] Allgemein zur Auslegung des CMR und des CIM siehe *Koller*, vor Art. 1 CMR Rn. 4 und vor Art. 1 CIM Rn. 5. Zur Auslegung internationaler Staatsverträge siehe *Kropholler*, Internationales Einheitsrecht, S. 258 ff.
[101] Artikel 51 § 1 CIM lautet: „Ein Beförderer, gegen den gemäß Artikel 50 Rückgriff genommen wird, kann die Rechtmäßigkeit der durch den Rückgriff nehmenden Beförderer geleisteten Zahlung nicht bestreiten, wenn die Entschädigung gerichtlich festgesetzt worden ist, nachdem dem erstgenannten Beförderer durch gehörige Streitverkündung die Möglichkeit gegeben war, dem Rechtsstreit beizutreten."
[102] Artikel 39 Abs. 1 CMR lautet: „Ein Frachtführer, gegen den nach den Artikeln 37 und 38 Rückgriff genommen wird, kann nicht einwenden, dass der Rückgriff nehmende Frachtführer zu Unrecht gezahlt hat, wenn die Entschädigung durch eine gerichtliche Entscheidung festgesetzt worden war, sofern der im Wege des Rückgriffs in Anspruch genommene Frachtführer von dem gerichtlichen Verfahren ordnungsgemäß in Kenntnis gesetzt worden ist und in der Lage war, sich daran zu beteiligen."
[103] Das CMR und auch das CIM enthalten materiellrechtliche und prozessrechtliche Regelungen, die in den Vertragsstaaten anzuerkennen sind, *Koller*, vor Art. 1 CMR Rn. 2 und Art. 31 CMR sowie vor Art. 1 CIM Rn. 3 und 46 CIM.

schluss jedoch eine Entscheidungswirkung ähnlich der Streitverkündungswirkung, so kann sich der Regressberechtigte auch darauf berufen, wenn der Regressprozess nicht vor dem Gericht eines Vertragsstaates anhängig ist,[104] die Entscheidungswirkung über den Haftungsprozess aber nach dem Grundsatz der Wirkungserstreckung anzuerkennen ist.

1. Qualifizierung des Einredeausschlusses als Entscheidungswirkung

Auf die Frage, welcher Rechtsnatur der Einredeausschluss ist, geht die Literatur kaum ein. Es finden sich nur unbegründete Hinweise, dass es sich dabei um eine Quasi-Rechtskrafterstreckung[105] oder um eine der Streitverkündung ähnliche Wirkung[106] handele. Diese Einordnung entscheidet aber darüber, ob der Einredeausschluss nur in einem Verfahren zu beachten ist, auf welches das CIM oder das CMR anwendbar sind, oder ob er als Entscheidungswirkung auch in Nichtvertragsstaaten anerkannt werden kann.

CMR und CIM sind internationale Staatsverträge und damit Bestandteil des internationalen Einheitsrechts.[107] Ihre Auslegung richtet sich nach den besonderen Auslegungs- und Lückenfüllungsmaximen, wie sie in Art. 31 bis 33 des Wiener Übereinkommens[108] ihren Niederschlag gefunden haben.[109] Sie sind danach aus sich selbst heraus auszulegen, wobei vorrangig von Wortlaut und Systematik auszugehen ist.[110] Im Falle des CMR sind nur die englischen und französischen Sprachfassungen,[111] für das CIM auch die deutsche Sprachfassung verbindlich.[112] Die Textfassungen geben aber keinen Anhaltspunkt, in welches Rechtsgebiet der Einredeausschluss eingeordnet werden soll. Die englische Fassung erwähnt nur *„no carriers shall be entitled to dispute the validity"*, nachdem *„the carrier had been given due notice of the proceedings and afforded an opportunity of entering an appearance"*. Ebenso die französische Fassung, nach der es *„n'est pas recevable à contester le bien-fondé du paiement"*, wenn *„il à été dument informé et qu'il à été même d'y intervenir"*. Dabei fällt auf, dass

---

[104] Die Gerichte eines Nichtvertragsstaates können nach Art. 31 Abs. 1 CMR zuständig sein. Sie sind aber nicht an das CMR gebunden, vgl. *Koller,* vor Art. 1 CMR Rn. 3, für das CIM siehe *Koller,* vor Art. 1 CIM Rn. 3.
[105] *Thume/Schmid,* Kommentar zum CMR, Art. 39 Rn. 3.
[106] Staub/*Helm,* HGB Anh. VI § 452, Art. 39 CMR Rn. 4; *Helm,* VersR 1988, 548 (555).
[107] *Koller,* vor Art. 1 CMR Rn. 2.
[108] Wiener Übereinkommen vom 23.5.1969 über das Recht der Verträge (BGBl. 1985 II 926).
[109] *Kropholler,* Internationales Einheitsrecht, S. 266.
[110] Thume/*de la Motte/Temme,* vor Art. 1 CMR Rn. 86; *Koller,* vor Art. 1 CMR Rn. 4.
[111] Thume/*de la Motte/Temme,* vor Art. 1 CMR Rn. 86.
[112] *Koller,* vor Art. 1 CIM Rn. 5.

beide Sprachfassungen keine juristische Terminologie der Drittbeteiligung enthalten, sondern sehr allgemein formuliert sind. Daraus kann aber nicht geschlossen werden, dass die Vorschriften kein prozessrechtliches Institut der Drittbeteiligung vorsehen, da diese Art der Formulierung nur den Auslegungsmaximen für internationales Einheitsrecht folgen. Danach wird nicht von der juristischen Terminologie, sondern von dem Verständnis in der Umgangssprache ausgegangen.[113]

Aus der Systematik lässt sich entnehmen, dass der Einredeausschluss nicht materiellrechtlich verstanden werden kann, sondern prozessrechtlicher Natur ist. Das CMR und das CIM enthalten sowohl Regelungen über den Regressanspruch (Art. 37 CMR oder Art. 50 CIM), als auch über das Regressverfahren (Art. 38 CMR oder Art. 51 CIM). Der Einredeausschluss wird dabei im letzteren Teil angeordnet. Der Befund, dass die Vorschriften über das Regressverfahren auch die Drittbeteiligung regeln, wird für das CIM noch mit § 6 des Art. 51 CIM verstärkt, der eine Interventionsklage ausdrücklich ausschließt. Damit regelt die Vorschrift über das Regressverfahren ausdrücklich die Drittbeteiligung auf prozessrechtlicher Ebene.

Diese Auslegung lässt sich auch mit rechtsvergleichenden Argumenten stützen. Die überwiegende Anzahl der Vertragsstaaten kennt eine Verfahrensbeteiligung Dritter, die zu seiner Urteilsbindung führt.[114] Zwar wird diese Drittwirkung oft als Erstreckung der materiellrechtlich verstandenen Rechtskraft aufgefasst. Es ist jedoch anerkannt, dass diese Einordnung der Rechtskraft für Anerkennungsfragen keine Rolle spielt. Ein Staatsvertrag, der einen materiellrechtlichen Einredeausschluss für den Fall der Verfahrensbeteiligung Dritter anordnet, wäre für fast alle Vertragsstaaten eine absolute Ausnahmeregelung. Da nicht erkennbar ist, ob eine solche Besonderheit angeordnet werden sollte, kann von ihr nicht ausgegangen werden.

Ein prozessrechtliches Verständnis des Einredeausschlusses steht auch im Einklang mit den Zielen, die die Vertragsstaaten mit den internationalen Transportverträgen verfolgen. Berücksichtigt werden muss aber, dass eine am Sinn und Zweck orientierte Auslegung zwar zulässig ist, diese aber nur mit den Materialien gestützt werden kann.[115] Diese sind jedoch bei der Auslegung nur subsidiär heranzuziehen[116] und im Falle des CMR gar nicht veröffentlicht.[117] Der Sinn und Zweck kann deshalb ein Auslegungsergebnis nur stützen, dieses aber

---

[113] Thume/*de la Motte*/*Temme,* vor Art. 1 CMR Rn. 86; *Koller,* vor Art. 1 CMR Rn. 4.

[114] Siehe Kapitel 3 E.

[115] *Koller,* vor Art. 1 CMR Rn. 4 m.w.N.

[116] Art. 32 des Wiener Übereinkommens vom 23.5.1969 über das Recht der Verträge (BGBl. 1985 II, 926).

[117] *Koller,* vor Art. 1 CMR Fn. 27.

allein nicht rechtfertigen. Die transportrechtlichen Staatsverträge bezwecken, das Recht des grenzüberschreitenden Güterverkehrs zu vereinheitlichen, um die schwächere Vertragspartei zu schützen.[118] Ein prozessrechtliches Verständnis des Einredeausschlusses als Entscheidungswirkung verfolgt dieses Ziel bestmöglich. Wird der Einredeausschluss als Entscheidungswirkung verstanden, müssen ihn Gerichte der Nichtvertragsstaaten berücksichtigen, falls die Entscheidung nach dem Grundsatz der Wirkungserstreckung anerkannt wird. Ein materiellrechtliches Verständnis beschränkte die Anwendung des Einredeausschlusses von vornherein nur auf Vertragsstaaten, die verpflichtet sind, das CMR anzuwenden. Findet der Haftungsprozess demnach in einem Vertragsstaat, der Regressprozess aber in einem Nichtvertragsstaat statt, kann sich der Regressverpflichtete dennoch auf den Einredeausschluss berufen. Dies stellt für ihn eine große Erleichterung dar, weil er nicht Gefahr läuft, in einem Regressprozess leer auszugehen. Dieses Risiko besteht, weil mehrere aufeinanderfolgende Straßenfrachtführer grundsätzlich gesamtschuldnerisch für die Ausführung der gesamten Beförderung haften, im Außenverhältnis aber nur bestimmte Frachtführer in Anspruch genommen werden können (Art. 37 CMR). Der Regressprozess und damit die erleichterte Drittbeteiligung entlastet deshalb den im Außenverhältnis haftenden Frachtführer.

2. Anerkennung der Bindungswirkung im Folgeverfahren

Findet das Regressverfahren vor den Gerichten eines anderen Staates als der Haftungsprozess statt, stellt sich die schon oben aufgeworfene Frage, aus welchen Gründen und unter welchen Voraussetzungen der Einredeausschluss berücksichtigt wird. Da es sich – wie oben gesehen – bei dem Einredeausschluss um eine Entscheidungswirkung handelt, liegt er der Entscheidung zugrunde, wenn die Anerkennungsvoraussetzungen gegeben sind. Auf die Anwendung des CMR im Regressprozess kommt es deshalb nicht mehr an.

Die Pflicht, Entscheidungen anzuerkennen, die auf Grundlage des CMR ergehen, ergibt sich nicht unmittelbar aus der EuGVO oder dem LugÜ. Dies folgt aus Art. 67 EuGVO/57 LugÜ, nach denen Anerkennungsregeln für besondere Rechtsgebiete unberührt bleiben, wenn die Abkommen Ausschließlichkeit beanspruchen.[119] Das CMR regelt die Anerkennung in Art. 31 Abs. 3 und 4, das CIM kennt keine vergleichbare Vorschrift. Jedoch enthält das CMR nur Regelungen über die Anerkennungspflicht, aber nicht über die zu erfüllenden Voraussetzungen.[120] Im Ergebnis werden Entscheidungen auf der Grundlage des CIM nach den Anerkennungsregeln der EuGVO oder des LugÜ anerkannt. Das

---

[118] *Koller,* vor Art. 1 CMR Rn. 1.
[119] Nagel/*Gottwald,* IZVR, § 12 Rn. 168.
[120] *Koller,* Art. 32 CMR Rn. 9.

CMR verpflichtet die Vertragsstaaten selbst, Entscheidungen anzuerkennen. Mögliche Anerkennungshindernisse ergeben sich jedoch aus der EuGVO oder dem LugÜ. Findet der Regressprozess vor dem Gericht eines Staates statt, der weder Vertragsstaat des CMR oder des LugÜ noch Mitgliedstaat im Sinne der EuGVO ist, sind weder die Anerkennungsregeln der EuGVO, des LugÜ noch des CMR anwendbar. Die Anerkennung kann sich dann nur aus dem jeweiligen autonomen Anerkennungssystem ergeben.[121]

IV. Ergebnis

Die Beteiligung Dritter an Verfahren des internationalen Transportrechts richtet sich nach den jeweiligen Staatsverträgen (CMR und Anhang B zum COTIF [CIM]). Diese weisen große Unterschiede zu anderen Regelungen der Drittbeteiligung auf. Anders als die internationalen prozessrechtlichen Übereinkommen und europäischen Verordnungen wie z.B. das LugÜ und die EuGVO regeln sie nicht nur die Gerichtspflichtigkeit des Dritten oder die Anerkennung der Wirkungen einer Drittbeteiligung, sondern bestimmen selbst die Voraussetzungen einer Verfahrensbeteiligung Dritter. Damit erreichen die transportrechtlichen Übereinkommen einen höheren Grad der Rechtsvereinheitlichung. Das CMR und das CIM verlangen, dass der Dritte von dem Verfahren Kenntnis erlangte. Während es nach dem CMR ausreicht, dass der Dritte formlos informiert wird, muss er nach dem CIM unter Mitwirkung des Gerichts in Kenntnis gesetzt und geladen werden. Jedoch muss nach beiden Staatsverträgen nicht der Streit verkündet werden. Das CIM verbietet, gegenüber dem Dritten eine Interventionsklage zu erheben. Diese Einschränkung besteht für das CMR nicht. Außerdem muss es dem Dritten möglich sein, sich am Verfahren zu beteiligen. In welcher Form die Verfahrensbeteiligung erfolgt, lässt sich dem Recht der lex fori des Haftungsprozesses entnehmen (Erstverfahren). Die Verfahrensbeteiligung des Dritten im Haftungsprozess führt nach beiden Übereinkommen zu einem Einredeausschluss im Regressverfahren. Dabei handelt es sich aber nicht um einen materiellrechtlich zu qualifizierenden Einredeausschluss, sondern um eine prozessrechtlich einzuordnende Entscheidungswirkung. Infolgedessen wird der Einredeausschluss nicht nur beachtet, wenn das CMR oder das CIM angewendet werden. Er wird vielmehr als Urteilswirkung anerkannt. Die Bindungswirkung wird deshalb in einem Regressverfahren vor dem Gericht eines Vertragsstaates und eines Nichtvertragsstaates berücksichtigt. Die Anerkennungspflicht ergibt sich für das CMR direkt aus der staatsvertraglichen Regelung. Für das CIM lässt sie sich wie die Anerkennungsvoraussetzungen den Regelungen des internationalen oder autonomen Anerkennungsrechts entnehmen.

---

[121] *Koller*, Art. 32 CMR Rn. 9.

Kapitel 8

Ausschluss der Drittbeteiligung im Erstverfahren

Derjenige, der grenzüberschreitend tätig ist, muss damit rechnen, unfreiwillig als Dritter in ein ausländisches Verfahren mit der Folge gezogen zu werden, dass das Urteil auch ihm gegenüber Wirkungen entfaltet. Ebenso kann sich jeder freiwillig an einem ausländischen Verfahren beteiligen, wenn er die dafür notwendigen Voraussetzungen erfüllt. Er wird dann aber auch von den Entscheidungswirkungen im Inland erfasst. Zum Nachteil der Hauptpartei kann sich der Dritte jedoch auch zu seinen Gunsten auf die Interventionswirkung berufen. Darüber hinaus muss jemand, der international tätig ist, einkalkulieren, dass Entscheidungen ihm gegenüber rechtskräftig werden, an deren Zustandekommen er formell nicht beteiligt war. Prozesse im Ausland anstatt im Inland zu führen, kostet Geld und Zeit. Ausländische Verfahren bergen überdies ein erhöhtes Risiko. Die ausländische Rechtsordnung und die fremde Sprache können zu Schwierigkeiten führen, die eine sachgerechte Prozessführung erschweren. Diese Probleme sind bei der Streitverkündung noch größer. Da ein Gerichtsstand bezüglich des Dritten nicht bestehen muss, kann er ohne Beschränkung des Ortes an Verfahren beteiligt werden. Die Kosten einer Rechtsverteidigung sind für ihn daher schwierig zu kalkulieren. Es liegt deshalb im Interesse des potentiellen Dritten, seine Verfahrensbeteiligung vor ausländischen Gerichten soweit wie möglich einzuschränken. Ein ähnliches Interesse verfolgt unter Umständen auch eine der Hauptparteien, deren Prozessrisiko erhöht wird, wenn der Dritte sich freiwillig an einem Verfahren mit der Folge beteiligt, dass die Entscheidung auch zu seinen Gunsten wirkt. Dabei muss zwischen zwei Konstellationen unterschieden werden. Zum einen können die Hauptparteien sich über die Beteiligung eines am Verfahren noch nicht beteiligten Dritten einigen. Da der Dritte nicht Vertragspartei ist, stellt sich die Frage, ob die Vereinbarung sich auch auf den Dritten erstrecken kann. Es handelt sich dabei um das Problem drittbelastender prozessualer Vereinbarungen, welches nur noch indirekt mit dem hier zu behandelnden Thema zusammenhängt. Es wird deshalb auf die Ausführungen *Jungermanns* und *Wagners* verwiesen.[1] Zum anderen kann ein Prozessvertrag zwischen dem Dritten und der Hauptpartei mit dem Inhalt geschlossen werden, dass der Streit nicht verkündet oder eine Interventionsklage nur vor einem bestimmten Gericht erhoben werden darf. Diese Vereinbarung ist

---

[1] *Jungermann*, Die Drittwirkung internationaler Gerichtsstandsvereinbarungen, 2006. Allgemein zur Drittwirkung von Prozessverträgen siehe *Wagner*, S. 303 ff.

nur wirksam, wenn ein derartiger Prozessvertrag zulässig ist und auf die Prozessrechtslage einwirken kann.

A. Gerichtsstandsvereinbarung

Um die Frage zu beantworten, ob die Drittbeteiligung durch eine Gerichtsstandsvereinbarung ausgeschlossen werden kann, muss zwischen der Interventionsklage und der Streitverkündung unterschieden werden. Während die eine die Zuständigkeit auch gegenüber dem Dritten verlangt, setzt die andere einen Gerichtsstand des Dritten nicht voraus.

I. Interventionsklage

Die Vertragspartner begründen mit einer Gerichtsstandsvereinbarung die Zuständigkeit eines an sich unzuständigen Gerichts (Prorogation). Das derogierte Gericht verliert nur seine Zuständigkeit, wenn ein solcher Parteiwille erkennbar vorliegt.[2] Die Parteien können sich aber auch nur darauf beschränken, einen zusätzlichen Gerichtsstand zu begründen. Wird eine Klage bei einem derogierten Gericht erhoben, ist sie als unzulässig abzuweisen. Die Zulässigkeit und Wirksamkeit der Derogation legen die Verfahrensvorschriften am derogierten Gerichtsstand (lex fori derogati) fest. Zulässigkeit und Wirksamkeit der Prorogation richten sich nach dem Recht des berufenen Gerichts.[3] Die Derogation deutscher Gerichte muss also die Anforderungen der §§ 38, 40 ZPO erfüllen.[4] Da eine Interventionsklage in einem Verfahren vor deutschen Gerichten nicht erhoben werden kann,[5] ist es unmöglich, die internationale Zuständigkeit eines deutschen Gerichts für eine Interventionsklage zu bestimmen. Deutsches Recht kann deshalb weder das Recht des derogierten noch des prorogierten Gerichtsstandes sein, so dass die §§ 38 und 40 ZPO nicht Maßstab einer solchen Gerichtsstandsvereinbarung sind.

Die Zulässigkeit und Wirksamkeit einer Gerichtsstandsvereinbarung richten sich aber nach Art. 23 EuGVO, wenn der Anwendungsbereich der EuGVO eröffnet ist. Nach dieser Vorschrift kann auch der Interventionsklagegerichtsstand des Art. 6 Nr. 2 derogiert werden.[6] Die Gerichtsstandsvereinbarung nach der

---

[2] Rosenberg/Schwab/*Gottwald*, § 37 Rn. 22; *Schack*, Rn. 433.
[3] *Schack*, Rn. 448; *Kropholler*, IPR, § 58 IV 2, S. 627; Stein/Jonas/*Bork*, § 38 Rn. 13a; *Schröder*, S. 458.
[4] *Schack*, Rn. 450.
[5] Siehe die Ausführungen zur Gerichtspflichtigkeit eines Dritten vor einem deutschen Gericht in Kapitel 4 A. II.
[6] Zu den Anforderungen, die Art. 23 EuGVO an eine Gerichtsstandsvereinbarung stellt, siehe EuGH Rs. C 106/95, *MSG Mainschiffahrts-Genossenschaft eG v. Les Gravières Rhénanes SARL*, Slg. 1997-I, 911; Geimer/Schütze/*Geimer*, EZVR, Art. 23

EuGVO unterscheidet sich aber erheblich von derjenigen nach der ZPO. Sie kann von jeder potentiellen Partei für künftige Rechtsstreitigkeiten und nicht nur von Kaufleuten abgeschlossen werden. Außerdem ist der prorogierte Gerichtsstand ein ausschließlicher, was bei Geltung der ZPO nur im Zweifel anzunehmen ist.

II. Streitverkündung

Eine Gerichtsstandsvereinbarung kann eine Streitverkündung nicht ausschließen.[7] Sie soll eine andere als die gesetzlich vorgesehene Zuständigkeit begründen. Dies ergibt sich zum einen aus der Systematik, weil sich die Regelungen über die Gerichtsstandsvereinbarung im Anschluss an die Zuständigkeitsvorschriften befinden, lässt sich aber auch dem Wortlaut entnehmen. § 38 ZPO spricht davon, dass ein an sich unzuständiges Gericht durch Vereinbarung zuständig wird, und in Absatz 1 des Art. 23 EuGVO findet sich die Formulierung, dass das benannte Gericht zuständig ist.[8] Die Streitverkündung setzt aber nicht voraus, dass am Gericht der Hauptsache der Gerichtsstand für den Streitverkündungsempfänger besteht.[9] Denn die Zuständigkeit beruht u.a. auf einer Sachnähe zum geltend gemachten Anspruch, den die Streitverkündung gerade nicht voraussetzt.[10] Das Rechtsverhältnis zwischen dem Dritten und dem Streitverkünder liegt der Streitverkündung nur zugrunde, eine etwaige Klage wird aber nicht erhoben. Da es also auf die Zuständigkeit nicht ankommt, beeinflusst eine Zuständigkeitsvereinbarung nicht die Streitverkündung.

Zu einem anderen Ergebnis kommt *Geimer*, der für die grenzüberschreitende Streitverkündung eine internationale Zuständigkeit fordert.[11] Wird diese durch eine Gerichtsstandsvereinbarung derogiert, könne die Interventionswirkung mangels internationaler Zuständigkeit nicht anerkannt werden.[12] Eine internationale Zuständigkeit sei notwendig, weil die fehlende Entscheidungszuständigkeit anhand von reinen Inlandsfällen entwickelt wurde. Wegen des Grundsatzes der

---

Rn. 75 und 95; Rauscher/*Mankowski*, EZPR, Band 1, Art. 23 Rn. 14 ff.; Rosenberg/Schwab/*Gottwald*, § 37 Rn. 1 ff.; *Linke*, Rn. 190.

[7] Burgstaller/Neumayr/*Burgstaller*, IZVR, Band 1, Kapitel 31, Art. 6 Rn. 14.

[8] Zu § 38 ZPO siehe *Mansel*, ZZP 109 (1996), 61.

[9] *Mansel*, ZZP 109 (1996), 61 m.w.N. *Mansel*, ZZP 109 (1996), 61, ist jedoch der Auffassung, dass § 72 ZPO lex specialis gegenüber den §§ 12 ff. ist. Er geht aber nicht so weit, dass die „Zuständigkeitsregel" des § 72 ZPO durch eine Gerichtsstandsvereinbarung verdrängt werden kann. Denn nach seiner Auslegung beziehen sich die §§ 38 und 40 ZPO nur auf die Zuständigkeitsvorschriften der §§ 12 ff.

[10] *Mansel*, ZZP 109 (1996), 61.

[11] *Geimer*, IZPR, Rn. 2820 und 2822. Eine internationale Zuständigkeit wegen eines kompetenzrechtlichen Sachzusammenhangs befürworten auch *Schröder*, S. 581 und *Kraft*, S. 116. Dagegen steht aber die überwiegende Meinung, siehe *Kropholler*, HdbIZVR, Band 1, Kapitel III Rn. 438; *Schack*, Rn. 367; *Linke*, Rn. 173.

[12] *Geimer*, IZPR, Rn. 2822; *Kraft*, S. 116.

Gleichheit und Einheitlichkeit der Rechte und Pflichten der von der EuGVO betroffenen Personen dürfe der Streitverkündungsempfänger aber nicht anders als der Interventionsbeklagte behandelt werden. Zulässigkeitsvoraussetzungen für die Streitverkündung – z. B. der Streitverkündungsgrund nach deutschem Recht – seien deshalb wie zuständigkeitsbegründende Tatsachen zu behandeln,[13] so dass eine grenzüberschreitende Streitverkündung eine Zuständigkeit i. w. S. voraussetzt. Im Ergebnis könnte die Streitverkündung vor einem Gericht ausgeschlossen werden. Zu demselben Schluss kommt mit anderer Begründung *Stürner*.[14] Zwar befürwortet er keine internationale Zuständigkeit, jedoch zeige seiner Auffassung nach der rechtsvergleichende Befund innerhalb der EU, dass die Übergänge zwischen Streitverkündung und Interventionsklage fließend seien. Beide Institute seien austauschbar, so dass eine unterschiedliche Behandlung im Rahmen des Art. 23 EuGVO nicht zu rechtfertigen sei.

Nach der hier vertretenen Auffassung setzt die Streitverkündung keine internationale Zuständigkeit gegenüber dem Dritten voraus,[15] weshalb ihr Ausschluss durch eine Gerichtsstandsvereinbarung unsystematisch wäre. Denn mit einer Gerichtsstandsvereinbarung kann nur die Zuständigkeit bestimmt werden.[16] Eine Gerichtsstandsvereinbarung über die Streitverkündung kann auch nicht mit *Stürner* damit begründet werden, die Streitverkündung sei mit der Interventionsklage vergleichbar. Die Darstellung im ersten Kapitel dieser Arbeit zeigt, dass Streitverkündung und Interventionsklage oft gleiche Sachverhaltskonstellationen erfassen. Jedoch entfalten sie unterschiedliche Wirkungen. Während die Streitverkündung zu einer Urteilsbindung des Dritten ohne Vollstreckbarkeit führt, ist ein Interventionsklageurteil ihm gegenüber vollstreckbar.[17] Da in dem Verfahren über eine Interventionsklage der Drittanspruch endgültig entschieden wird, die Streitverkündung jedoch nur ein Folgeverfahren vorbereiten kann, sind diese Institute in ihrer Funktion nicht vergleichbar. Im Ergebnis kann die Streitverkündung nicht durch eine Gerichtsstandsvereinbarung ausgeschlossen werden. Das bedeutet aber nicht, dass die Streitverkündung in einem Verfahren überhaupt nicht verhindert werden kann.

B. Prozessvertrag

Vereinbarungen über einen Prozess können nicht nur mit einer Gerichtsstandsvereinbarung getroffen werden. Potentielle Parteien können durch erklärte

---

[13] *Hoffmann/Hau*, RIW 1997, 89.
[14] *Stürner*, in Festschrift Geimer, S. 1307 (1314).
[15] Siehe Kapitel 5 B. IV.
[16] MünchKommZPO-*Patzina*, § 38 Rn. 3; Rosenberg/Schwab/*Gottwald*, § 37 Rn. 22; *Schack*, Rn. 433.
[17] Siehe Kapitel 3 E.

Willenseinigung einen prozessualen Erfolg herbeiführen.[18] Es steht ihnen offen, sich vertraglich zu verpflichten, eine Prozesshandlung vorzunehmen oder auf sie zu verzichten.[19] Da die Streitverkündung oder der Beitritt Prozesshandlungen sind, ist eine Vereinbarung, in der sich die Parteien verpflichten, eine Drittbeteiligung nicht vorzunehmen, ein Prozessvertrag. Ebenso ist es denkbar (aber unzulässig), vertraglich festzulegen, dass die Rechtskraft einer ausländischen Entscheidung sich nicht auf den Dritten erstreckt.

I. Anwendbares Recht

Eine prozessuale Vereinbarung im Vorfeld eines Prozesses wird in der Regel im Zusammenhang mit einem materiellrechtlichen Vertrag geschlossen, was für die Anwendung der lex causae spräche. Jedoch verpflichten sich die Vertragspartner eine Prozesshandlung – die Streitverkündung – zu unterlassen, weshalb die Vereinbarung ein Verhalten einer Partei enthält, das darauf abzielt, eine prozessrechtliche Wirkung herbeizuführen. Die Vereinbarung über den Ausschluss einer Drittbeteiligung wirkt damit auf das Prozessrecht ein, weshalb es sich nicht um ein materielles Rechtsgeschäft, sondern um Prozesshandlungen der Parteien handelt, die grundsätzlich dem Prozessrecht unterliegen.[20] Deshalb bestimmt sich ihr Zustandekommen nach allgemeinen Vertragsgrundsätzen, die jedoch aufgrund prozessualer Wertungen modifiziert werden können.[21] Wird der Prozessvertrag im Vorfeld eines Verfahrens und im engen Zusammenhang mit einem materiellen Vertrag abgeschlossen, können sich die Anforderungen an den Vertragsschluss auch aus dem ausländischen Sachstatut ergeben.[22] Die Zulässigkeit der Vereinbarung und ihre Wirkung auf den Prozess wird jedoch von der lex fori bestimmt. Im Falle der Streitverkündung handelt es sich dabei um das Recht des Gerichts, vor dem das Erstverfahren stattfindet. Die lex fori des Folgeverfahrens ist dafür unerheblich. Denn die Verfahrensbeteiligung des Dritten findet im Erstverfahren statt; im Folgeverfahren sind nur die Wirkungen dieser Beteiligung zu beachten.

---

[18] Stein/Jonas/*Leipold*, vor § 128 Rn. 220. Das Institut des Prozessvertrages wurde grundlegend herausgearbeitet von *Hellwig*, Zur Systematik des zivilprozeßrechtlichen Vertrages, 1968; *Schlosser*, Einverständliches Parteihandeln im Zivilprozeß, 1968; *Konzen*, Rechtsverhältnisse zwischen Prozeßparteien, 1976, und *Wagner*, Prozeßverträge, 1998.
[19] MünchKommZPO-*Lüke*, 2. Auflage, Einl. Rn. 284; MünchKommZPO-*Rauscher*, Einl. Rn. 395; Rosenberg/Schwab/*Gottwald*, § 66 Rn. 5; *Schwab*, in Festschrift für Baumgärtel, S. 503 (510).
[20] MünchKommZPO-*Rauscher*, Einl. Rn. 395; Musielak/*Musielak*, Einl. Rn. 66.
[21] Siehe dazu Stein/Jonas/*Leipold*, vor Art. 128 Rn. 306; MünchKommZPO-*Rauscher*, Einl. Rn. 397; Musielak/*Musielak*, Einl. Rn. 66.
[22] *Schack*, Rn. 444 zur Gerichtsstandsvereinbarung.

II. Zulässigkeit

Da das Prozessrecht als Teilgebiet des öffentlichen Rechts grundsätzlich zwingenden Charakter hat, ist wegen des öffentlichen Interesses an einer effektiven Rechtspflege ein Konventionalprozess grundsätzlich verboten. Das Institut des Prozessvertrages wurde deshalb früher abgelehnt. Jedoch hat *Hellwig*[23] herausgearbeitet, dass das Prozessrecht trotz seines öffentlich-rechtlichen Charakters nicht ausnahmslos zwingende, sondern auch dispositive Normen enthält. Dies darf aber nicht so verstanden werden, dass das Prozessrecht wie das materielle Zivilrecht eine völlige Vertragsfreiheit kennt, die nur durch die zwingenden Normen begrenzt wird. Der Ansatzpunkt ist vielmehr ein anderer. Der Konventionalprozess ist verboten, es sei denn, die Vorschrift ist dispositiv. Prozessverträge sind deshalb nur zulässig, soweit die einzelne Norm dispositiven Charakter hat[24], was durch Auslegung ermittelt werden muss. Das Gesetz regelt vereinzelt ausdrücklich prozessuale Vereinbarungen, so für die Gerichtsstandsvereinbarung, die Schiedsvereinbarung, die sofortige Unterwerfung unter die Zwangsvollstreckung, Vereinbarungen über die Art der Sicherheitsleistung sowie die Abkürzung von Fristen. Jedoch können die Parteien auch Vereinbarungen anderen Inhalts treffen. Da sich Prozessvereinbarungen im Gesetz nur völlig verstreut und systemlos finden lassen und sich auch aus den Gesetzesmaterialien keine Hinweise ergeben, dass der Gesetzgeber nur die erwähnten Prozessverträge zulassen wollte, ist die gesetzliche Aufzählung nicht abschließend.[25]

Ob eine prozessrechtliche Vorschrift dispositiv ist, muss deshalb anhand prozessrechtlicher Prinzipien festgestellt werden.[26] Nach dem Grundsatz der Bewährung der staatlichen Rechtsordnung muss es dem Einzelnen möglich sein, individuelle Rechte durchzusetzen. Diese Rechtsbewährungsfunktion darf nicht gänzlich ausgehöhlt werden. Normen, die ausschließlich diesem Interesse dienen, sind deshalb zwingend.[27] Bestehen nach der Norm für die Parteien mehrere Handlungsalternativen, können sich die Parteien vertraglich auf eine der gesetzlichen Handlungsalternativen festlegen.[28] Deshalb können die Parteien Klage- und Rechtsmittelrücknahmeversprechen vereinbaren, weil das Gesetz der befugten Partei freistellt, die Klage oder das Rechtsmittel zurück zu nehmen.[29]

---

[23] *Hellwig*, S. 82.
[24] Stein/Jonas/*Leipold*, vor § 128 Rn. 300; Rosenberg/Schwab/*Gottwald*, § 66 Rn. 5; Musielak/*Musielak*, Einl. Rn. 67.
[25] *Hellwig*, S. 81. Zur historischen Auslegung siehe die Hinweise in *Hellwig*, S. 81 Fn. 4.
[26] *Hellwig*, S. 83.
[27] *Hellwig*, S. 83.
[28] *Hellwig*, S. 88.
[29] Stein/Jonas/*Leipold*, vor § 128 Rn. 303 und 305; Rosenberg/Schwab/*Gottwald*, § 66 Rn. 8.

Ein Vertrag über gesetzlich nicht vorgesehene Arten der Zustellung ist jedoch nicht zulässig, weil dieser die Handlungsmöglichkeiten der Parteien erweitert. Normen, die sich an das Gericht wenden wie die Regeln über die Beweiswürdigung, die funktionelle Zuständigkeit oder die Geschäftsverteilung, enthalten keine Handlungsalternative für die Parteien und bestehen vor allem im Interesse der Bewahrung der staatlichen Rechtsordnung. Vereinbarungen darüber sind deshalb unzulässig.[30]

Verzichten Parteien auf Prozesshandlungen, welche sie im Verfahren vornehmen können, aber nicht müssen, entstehen auch Probleme. Denn bei der Auslegung ist der Justizgewährungsanspruch zu berücksichtigen, der umso schwerer wiegt, als das Prozessrecht von der Einmaligkeit der Rechtsschutzgewährung ausgeht. Eine Vereinbarung, überhaupt kein Versäumnisurteil zu beantragen, ist deshalb unzulässig.[31] Wegen des rechtsstaatlichen Postulats des freien Zugangs zum Gericht ist eine Vereinbarung über die Unklagbarkeit nur unter den strengen Voraussetzungen einer Schiedsabrede und unter Berücksichtigung des Bestimmtheitsgrundsatzes möglich. Deshalb ist der generelle Verzicht auf Rechtsschutz und der allgemeine Ausschluss der Klagbarkeit unzulässig.[32]

III. Einzelne Drittbeteiligungsmöglichkeiten

Aus diesen Kriterien ergibt sich für den Ausschluss der Drittbeteiligungsinstitute Folgendes. Die Parteien können sich in einem Prozessvertrag verpflichten, in einem künftigen Prozess den Streit nicht zu verkünden.[33] Da der potentielle

---

[30] Stein/Jonas/*Leipold,* vor § 128 Rn. 301; Rosenberg/Schwab/*Gottwald,* § 66 Rn. 8.

[31] Solch eine Vereinbarung stellt einen allgemeinen Verzicht auf Befugnisse der Prozessführung dar, die den Gegner in die Lage versetzt, durch fortdauernde Säumnis den Verfahrensgang zu verhindern und damit die Rechtsschutzgewährung für den Verzichtenden zu vereiteln. Siehe Stein/Jonas/*Grunsky,* vor § 330 Rn. 14; MünchKommZPO-*Prütting,* § 330 Rn. 28. Der Verzicht, innerhalb einer bestimmten Frist oder mehrerer Termine ein Versäumnisurteil nicht zu beantragen, ist aber zulässig, siehe MünchKommZPO-*Prütting,* § 330 Rn. 28.

[32] Stein/Jonas/*Schumann,* 21. A., Einl. Rn. 407 und vor § 253 Rn. 90. A.A. *Jacoby,* S. 171, der für Verfahren, die der Dispositionsmaxime unterliegen, keine Pflicht des Staates erkennt, dem materiellen Recht zur Durchsetzung zu verhelfen. Der Schutz desjenigen, der über seine Klagebefugnis verfügt, kann nicht so weit gehen, dass seine Dispositionsfreiheit gänzlich eingeschränkt wird. Der Schutz kann deshalb nur durch Anforderungen an die Wirksamkeit im Einzelfall gewährleistet werden.

[33] Ob die Erhebung einer Interventionsklage durch eine Prozessvereinbarung ausgeschlossen werden kann, ist nicht Gegenstand dieser Untersuchung, die sich auf das deutsche internationale Zivilverfahrensrecht beschränkt. In diesem Kapitel soll festgestellt werden, inwieweit durch Vereinbarungen von den Normen der deutschen Zivilprozessordnung abgewichen werden kann. Schon oben wurde geklärt, dass die Interventionsklage der deutschen Rechtsordnung fremd ist und deshalb nicht vor einem deutschen Gericht erhoben werden kann. Da das deutsche Recht den Parteien eine Interventionsklage nicht zur Verfügung stellt, fragt sich nicht, inwieweit ihre Erhebung ausgeschlossen werden kann.

Streitverkünder nicht verpflichtet ist, den Streit zu verkünden, steht es ihm offen, darauf zu verzichten. Dagegen wurde eingewendet, die Streitverkündung verfolge vordergründig öffentliche Interessen, weshalb eine abweichende Vereinbarung unzulässig sei.[34] Diese Auffassung kann aber nicht erklären, warum der Streitverkünder nicht verpflichtet wird, in jedem Fall den Streit zu verkünden, um widersprüchliche Entscheidungen im öffentlichen Interesse zu verhindern.[35] Die Streitverkündung dient vielmehr in erster Linie der Rechtsverfolgung des Streitverkünders. Das öffentliche Interesse an Prozessökonomie und Einheitlichkeit der Entscheidungen ist nur eine mittelbare Folge.[36] Einer solchen Verpflichtung stehen auch keine Gründe der Rechtsschutzgewährung entgegen, weil der Verzicht auf eine Streitverkündung nicht mit der (unzulässigen) Erklärung vergleichbar ist, eine Klageerhebung oder Rechtsmitteleinlegung zu unterlassen. Der Streitverkünder entledigt sich nicht jeglichen Rechtsschutzes, weil ihm der eigentliche Hauptprozess gegen den Dritten noch offen steht. Anders als beim Klageverzicht, kann der Streitverkünder seinen Anspruch noch geltend machen. Er verschlechtert höchstens seine prozessuale Situation und begibt sich in Gefahr, zwei Prozesse zu verlieren, von denen er eigentlich einen gewinnen müsste. Dieser Prozessverlauf kann jedoch auch Folge einer prozesstaktischen Überlegung sein, den Streit nicht zu verkünden. Der vertragliche Verzicht auf die Streitverkündung ähnelt auch nicht einer Vereinbarung über die Interventionswirkung. Solch ein Prozessvertrag wäre unzulässig, weil die Vorschriften über Entscheidungswirkungen wie z.B. über die Rechtskraft zwingend sind.[37] Verpflichtet sich jedoch jemand, einen Streit in Zukunft nicht zu verkünden, trifft er keine Vereinbarung über die Entscheidungswirkung, sondern lediglich über eine Prozesshandlung, die dieser vorausgeht.

Durch Vereinbarung kann jedoch nicht ausgeschlossen werden, dass sich die Rechtskraft auf den verfahrensunbeteiligten Dritten erstreckt,[38] weil die Normen über die Rechtskraft zwingenden Charakter haben. Wegen der Einmaligkeit staatlichen Rechtsschutzes kann ein Streitgegenstand nicht nochmals zur Entscheidung gebracht werden.[39] Die Parteien können aber über die rechtskräftig festgestellte Rechtsfolge verfügen.[40] Weiterhin bestimmt jeder Staat selbst, welche Rechtsschutzformen er zur Verfügung stellt.[41] Deshalb können die Parteien nicht vereinbaren, eine Interventionsklage zu erheben. Da das deutsche Prozess-

---

[34] *Milleker*, ZZP 84 (1971), 91 (99).
[35] So schon *Geimer*, ZZP 85 (1972), 196 (205).
[36] *v. Hoffmann/Hau*, RIW 1997, 90.
[37] A.A. *Wagner*, S. 711 ff. und S. 728 jedoch zur Frage der Erstreckung.
[38] In Kapitel 5 B. V. wurde festgestellt, dass die weitergehende US-amerikanische Drittwirkung in Deutschland unter Umständen anerkannt werden kann.
[39] Stein/Jonas/*Leipold*, § 322 Rn. 222.
[40] Stein/Jonas/*Leipold*, § 322 Rn. 222.
[41] Stein/Jonas/*Leipold*, vor § 128 Rn. 301; Rosenberg/Schwab/*Gottwald*, § 66 Rn. 8.

recht eine solche Klageform nicht vorsieht, erweiterte diese Vereinbarung die Handlungsformen der Parteien über das gesetzlich vorgeschriebene Maß hinaus. Dies ist, wie oben dargelegt, nicht möglich.

C. Auslegung von Gerichtsstandsvereinbarungen

Das bisherige Ergebnis, die Streitverkündung könne mithilfe eines Prozessvertrages und die Interventionsklage durch eine Gerichtsstandsvereinbarung ausgeschlossen werden, führt aber in der Praxis oft nicht weiter. In vertraglichen Vereinbarungen wird zukünftigen gerichtlichen Streitigkeiten oft nur mit einer Gerichtsstandsklausel begegnet, die über eine mögliche Drittbeteiligung schweigt. Das liegt daran, dass die Vertragsparteien bei Vertragsschluss eine Drittbeteiligung in einem gerichtlichen Verfahren oft nicht bedenken. Die Gerichtsstandsvereinbarung muss deshalb ausgelegt werden.

I. Auslegung als Ausschluss der Interventionsklage

Haben die Vertragsparteien eine Gerichtsstandsvereinbarung im Anwendungsbereich der EuGVO getroffen, nach der „alle Streitigkeiten" einem bestimmten Gericht unterworfen sind, so ist das prorogierte Gericht ausschließlich zuständig (Art. 23 Abs. 1 S. 2 EuGVO). Auch wenn die Parteien den Interventionsklagegerichtsstand nicht in der Vereinbarung erwähnt haben, äußern sie damit den Willen, das Rechtsverhältnis nur der Gerichtsgewalt des gewählten Staates zu unterwerfen. Im Wege der ergänzenden Vertragsauslegung ist deshalb auch der Interventionsklagegerichtsstand nach Art. 6 Nr. 2 EuGVO derogiert.[42] Es macht keinen Unterschied, ob die Klage selbständig oder anläßlich eines schon anhängigen Verfahrens erhoben wird. Die Interventionsklage muss deshalb nicht ausdrücklich in der Gerichtsstandsklausel erwähnt sein.

II. Umdeutung in einen Ausschluss der Streitverkündung

Diese ergänzende Vertragsauslegung kann jedoch nicht für die Streitverkündung herangezogen werden, weil eine Gerichtsstandsvereinbarung nach ihrem eindeutigen Wortlaut nur die Zuständigkeit regeln, aber nicht die Ausübung von zulässigen Prozesshandlungen unterbinden will. Es bleibt deshalb nur, die Gerichtsstandsvereinbarung in einen Prozessvertrag über den Ausschluss der Streitverkündung umzudeuten.[43] Das setzt voraus, dass ein entsprechender Parteiwille

---

[42] *Geimer*, ZZP 85 (1972), 196 (206); *Stürner*, in Festschrift für Geimer, S. 1307 (1314); *Geimer*, NJW 1979, 388; *Mansel*, ZZP 109 (1996), 61.
[43] Zur Methode der Umdeutung bei nicht möglicher ergänzender Vertragsauslegung siehe MünchKommBGB-*Busche*, § 140 Rn. 3; Staudinger/*Roth* (2003), § 140 Rn. 8.

festgestellt werden kann.[44] Hierbei sind zwei Fälle denkbar. Erstens eine Gerichtsstandsvereinbarung, die die Interventionsklage ausdrücklich erwähnt, und zweitens eine Vereinbarung, die sich allgemein auf „alle Streitigkeiten" bezieht.

Im ersten Fall besteht der erforderliche Parteiwille in der Regel nicht. Die Vereinbarung über die Interventionsklage zeigt, dass die Parteien eine mögliche Drittbeteiligung in Betracht gezogen haben. Daraus lässt sich aber noch nicht schließen, dass damit allgemein Drittbeteiligungsformen, also auch die Streitverkündung, ausgeschlossen sein sollen.[45] Diese Auffassung wird jedoch von *Kraft*[46] vertreten, der argumentiert, der Parteiwille müsse im Zusammenhang mit der Rechtswirklichkeit ermittelt werden, in der die Parteien leben. Für Länder mit Interventionsklagen sei es typisch, dass sie die Möglichkeit einer Streitverkündung nicht kennen, weshalb die Parteien diesbezüglich nicht vorsorgen. Diese Argumentation leidet an falschen Prämissen, denn die Rechtsordnungen, die eine Interventionsklage kennen, besitzen in der Regel auch ein der Streitverkündung vergleichbares Beteiligungsinstitut, also eine Verfahrensbeteiligung ohne Vollstreckungswirkung.[47] Einer Umdeutung der Gerichtsstandsvereinbarung in einen Ausschluss der Streitverkündung steht demnach die Tatsache entgegen, dass die Parteien die Drittbeteiligung mit der Gerichtsstandsvereinbarung für die Interventionsklage grundsätzlich berücksichtigten, den Ausschluss einer Verfahrensbeteiligung ohne Vollstreckungswirkung aber nicht regelten. Ohne weitere gegensätzliche Anhaltspunkte muss daraus der Schluss gezogen werden, dass die Parteien solch eine Verfahrensbeteiligung nicht ausschließen wollten. Anders liegt der Fall, wenn die Parteien in einer Rechtsordnung verwurzelt sind, die tatsächlich keine Verfahrensbeteiligung ohne Vollstreckungswirkung kennt. Dies trifft jedoch auf die hier untersuchten Rechtsordnungen nicht zu.

Auch im zweiten Fall, in dem die Parteien die Gerichtsstandsvereinbarung nur allgemein für „alle Streitigkeiten" abschließen, liegt der für die Umdeutung erforderliche Parteiwille nicht vor. Laut *Geimer* soll eine Gerichtsstandsvereinbarung auch die Streitverkündung umfassen, wenn das prorogierte Gericht ausschließlich zuständig ist. Im Ergebnis umfasst eine Gerichtsstandsvereinbarung damit regelmäßig auch die Streitverkündung. Im Anwendungsbereich der EuGVO ist das prorogierte Gericht regelmäßig ausschließlich zuständig (Art. 23 Abs. 1 S. 2 EuGVO), während für den § 38 ZPO davon nur im Zweifel ausgegangen wird.[48] *Geimer* begründet seine Auffassung mithilfe des Parteiwillens. Mit der Prorogation des ausschließlichen Gerichtsstandes äußern die Parteien

---

[44] Allgemein zur Umdeutung im Prozessrecht vgl. MünchKommZPO-*Rauscher*, Einl. Rn. 391; Thomas/Putzo/*Reichold,* Einl. III Rn. 20.
[45] So aber *Kraft*, S. 117.
[46] *Kraft*, S. 117.
[47] Siehe dazu Kapitel 3 E.
[48] Zur Ausschließlichkeit des Gerichtsstands siehe Zöller/*Vollkommer*, § 38 Rn. 42; Thomas/Putzo/*Hüßtege*, § 38 Rn. 32.

den Willen, ihr Rechtsverhältnis nur dem Gericht des gewählten Staates zu unterwerfen. Wird der Streit vor einem anderen Gericht verkündet, schränkt dies die Entscheidungsgewalt des prorogierten Gerichts ein.[49] Denn die Interventionswirkung bindet den Streitverkündungsempfänger an rechtliche und tatsächliche Feststellungen des Gerichts des Erstverfahrens, obwohl diese eigentlich das prorogierte Gericht treffen sollte. Dem Parteiwillen wird deshalb nur eine Umdeutung der Gerichtsstandsvereinbarung gerecht. Als weiteres Argument wird die Lösung eines ähnlichen Problems herangezogen.[50] Die Aufrechnung im Prozess führt dazu, dass die Rechtskraft sich teilweise auch auf die Gegenforderung erstreckt (§ 322 Abs. 2 ZPO). Der Aufrechnungsgegner besitzt deshalb dieselbe Prozessführungslast wie bei einer Klage oder Widerklage. Aus diesem Grund soll eine Gerichtsstandsvereinbarung im Zweifel ein Aufrechnungsverbot enthalten.[51]

Dieses Verständnis des Parteiwillens führt jedoch dazu, dass der potentielle Streitverkünder durch die Vereinbarung eines Gerichtsstandes einen partiellen Rechtsverlust erleidet. Wird eine Gerichtsstandsvereinbarung in den Ausschluss einer Streitverkündung umgedeutet, kann sich der Streitverkünder nicht mehr vor einem doppelten Prozessverlust schützen,[52] indem er den Dritten gegen seinen Willen an dem Verfahren beteiligt. Dieses Problem besteht unabhängig davon, ob die Interventionsklage in der Gerichtsstandsvereinbarung ausdrücklich geregelt wird. Denn die Parteien wollen damit nur den Ort der Rechtsverfolgung, nicht aber den Umfang des Rechtsschutzes bestimmen. Einer Gerichtsstandsvereinbarung kann aber nur entnommen werden, dass das Rechtsverhältnis der Entscheidungsgewalt eines bestimmten Gerichts unterliegen soll. Sie kann nicht ohne weiteren Anhaltspunkt dahin gehend ausgelegt werden, dass eine der Verfahrensparteien ein erhöhtes Prozessrisiko ohne Gegenleistung eingehen will. Deshalb liegt ein entsprechender Parteiwille nicht vor, der eine Umdeutung in einen Ausschluss rechtfertigen könnte.

D. Rechtsfolge einer Vertragsverletzung

I. Gerichtsstandsvereinbarung

Wird eine Interventionsklage am derogierten Gerichtsstand erhoben, ist diese Klage mangels Zuständigkeit des Gerichts unzulässig. Die Zuständigkeit kann

---

[49] *Geimer,* NJW 1970, 387; *Mansel,* ZZP 109 (1996), 61.
[50] *Mansel,* ZZP 109 (1996), 61; *ders.,* in Bajons (Hrsg.), Übereinkommen von Brüssel und Lugano, S. 177 (199).
[51] Stein/Jonas/*Leipold,* § 145 Rn. 47; Stein/Jonas/*Bork,* § 38 Rn. 31; ablehnend *Gottwald,* IPRax 1986, 10 (11), für den Anwendungsbereich der EuGVO *Kropholler,* EZPR, Art. 23 Rn. 99.
[52] *Kraft,* S. 119.

jedoch durch rügeloses Einlassen des Interventionsbeklagten begründet werden (Art. 24 EuGVO). Dafür reicht nicht, dass der Hauptbeklagte sich auf die Interventionsklage einlässt, weil eine Vertretungsfiktion ausscheidet, wie sie das deutsche Recht kennt. Zum einen erhebt er selbst diese Klage und ist somit Prozessgegner des Dritten. Durch die Interventionsklage wird ein Anspruch des Hauptbeklagten gegenüber dem Interventionsbeklagten geltend gemacht und der Prozess um eine weitere Partei erweitert. Zum anderen unterstützt der Interventionsbeklagte anders als im Falle der streitverkündungsähnlichen Institute nicht die Hauptpartei, sondern ist selber eigenständige Verfahrenspartei.

II. Prozessvertrag

1. Unmittelbare prozessuale Wirkung

Wird der Streit entgegen der vertraglichen Vereinbarung verkündet, hängen die Rechtsfolgen von der rechtlichen Einordnung des Vertrages ab. Diese erfolgt danach, ob sie materiellrechtlich oder prozessrechtlich wirkt und ob die Vereinbarung die prozessuale Lage unmittelbar umgestaltet, oder erst erfüllt werden kann, wenn eine weitere Erklärung gegenüber dem Gericht erfolgt. Die Verpflichtungsverträge wirken erst auf den Prozess ein, wenn die Handlung, zu der sich die Partei verpflichtet, gegenüber dem Gericht erklärt wird.[53] Ein Beispiel hierfür ist die Vereinbarung, ein Rechtsmittel oder eine Klage zurückzunehmen.[54]

Die vertragliche Vereinbarung, den Streit nicht zu verkünden, stellt zwar eine Verpflichtung dar, eine Prozesshandlung zu unterlassen, wirkt jedoch im Gegensatz zu den dargestellten Verpflichtungsverträgen unmittelbar negativ auf den Prozess ein. Vergleichbar damit ist der Rechtsmittelverzicht, der dazu führt, dass ein entgegen der Vereinbarung eingelegtes Rechtsmittel unzulässig ist.[55] Andere Vereinbarungen wie die Gerichtsstandsvereinbarung, die die Zuständigkeit eines Gerichts erst begründet, wirken dagegen positiv.[56] Beide Formen wirken aber jeweils unmittelbar auf die Prozessrechtslage ein.[57] Der vertragliche Verzicht auf eine Prozesshandlung vollzieht selbst schon den Verzicht, so dass dieser nicht mehr vor Gericht erklärt werden muss.[58] Zwar unterscheiden die Vereinbarungen sich darin, dass die Zuständigkeit von Amts wegen zu prüfen und deshalb die Gerichtsstandsvereinbarung von Amts wegen zu berücksichti-

---

[53] *Schwab,* in Festschrift für Baumgärtel, S. 503 (510).
[54] Siehe zum Rechtsmittelverzicht *Wagner,* S. 229 f. und 509 ff.
[55] Rosenberg/Schwab/*Gottwald,* § 66 Rn. 2.
[56] *Schwab,* in Festschrift für Baumgärtel, S. 503 (509).
[57] *Schwab,* in Festschrift für Baumgärtel, S. 503 (510).
[58] *Schwab,* in Festschrift für Baumgärtel, S. 503 (510). Durch Auslegung kann sich aber auch ein anderes Ergebnis ergeben.

gen ist, während der Verzicht einredeweise geltend gemacht werden muss. Jedoch ist für eine unmittelbare Wirkung nicht entscheidend, auf welchem Wege die vertragliche Vereinbarung beachtet wird. Dies zeigt die Schiedsvereinbarung, die eine Mitwirkung staatlicher Gerichte unmittelbar ausschließt, aber nur auf Rüge nach § 1027 ZPO Berücksichtigung findet.[59] Die vertragliche Vereinbarung, die Streitverkündung zu unterlassen, stellt somit eine Verpflichtung dar, eine Prozesshandlung zu unterlassen, die unmittelbar und negativ die prozessrechtliche Lage derart umgestaltet, dass die abredewidrige Streitverkündung unzulässig ist.

Diese Unzulässigkeit ist jedoch nur auf Einrede zu beachten. Eine Klage auf Erfüllung scheidet mangels Rechtsschutzbedürfnisses aus. Zwar besitzen Prozessverträge nicht nur Verfügungs-, sondern auch Verpflichtungscharakter, der für eine materiellrechtliche Einordnung und damit für eine selbständige Klagemöglichkeit sprechen würde. Jedoch kann die Vereinbarung durch Einrede im anhängigen Verfahren geltend gemacht werden, weshalb kein Rechtsschutzbedürfnis vorliegt, auf Erfüllung der Vereinbarung zu klagen.[60] Die Verpflichtung führt aber dazu, dass ihr Verstoß einen materiellrechtlichen Schadenersatzanspruch begründen kann.[61]

2. Überprüfung der Zulässigkeit im Erst- oder Folgeverfahren

Findet der Folgeprozess nicht vor den Gerichten des Staates statt, vor denen der Erstprozess geführt wurde, stellt sich die Frage, in welchem Verfahren der vertragliche Ausschluss geltend gemacht wird. Denkbar sind das Erstverfahren, in dem der Streit verkündet, oder das Folgeverfahren, in dem die Streitverkündungswirkung relevant wird.

Diese Frage wird aktuell, wenn nach der jeweiligen lex fori des Erstverfahrens die Zulässigkeit der Streitverkündung erst im Folgeverfahren geprüft werden darf. Dies ist im deutschen, aber nicht im englischen und französischen Recht der Fall. In den letztgenannten Rechtsordnungen muss das Gericht der Drittbeteiligung zustimmen, so dass der Prozessvertrag im Erstverfahren geprüft wird. Im deutschen Recht wird die Zulässigkeit der Streitverkündung erst problematisiert, wenn es tatsächlich zu einem Rechtsstreit gegen den Streitverkündungsempfänger kommt.[62] Im Zusammenhang mit dem Anerkennungssystem der EuGVO wird diese Regelung problematisch. Denn die Streitverkündungs-

---

[59] *Schwab*, in Festschrift für Baumgärtel, S. 503 (509); *Mansel*, ZZP 109 (1996), 61.
[60] MünchKommZPO-*Lüke*, 2. Auflage, Einl. 285; Rosenberg/Schwab/*Gottwald*, § 66 Rn. 6.
[61] Rosenberg/Schwab/*Gottwald*, § 66 Rn. 3.
[62] MünchKommZPO-*Schultes*, § 72 Rn. 17; Baumbach/*Hartmann*, § 72 Rn. 8; Thomas/Putzo/*Hüßtege*, § 72 Rn. 4; Rosenberg/Schwab/*Gottwald*, § 51 Rn. 28.

wirkung ist grundsätzlich anzuerkennen, es sei denn, es besteht ein Anerkennungshindernis. Wie oben dargestellt verbietet die EuGVO eine *révision au fond* und zählt die Anerkennungshindernisse abschließend auf.[63] Ein vertraglicher Verzicht findet sich in diesem Katalog nicht. Im Ergebnis kann sich der Streitverkündungsempfänger weder im Erstverfahren wegen der deutschen Vorschriften, noch im Folgeverfahren wegen des europarechtlichen Anerkennungssystems auf den Prozessvertrag berufen. Er wäre ausschließlich auf einen Schadenersatzanspruch wegen Vertragsverletzung angewiesen, den er u. U. vor einem ausländischen Gericht einklagen müßte.

Diese Lösung ist unbefriedigend, weil der Streitverkündungsempfänger weiterhin das volle Risiko trägt, unbegrenzt im Rahmen der Drittbeteiligung gerichtspflichtig zu sein. Der Schadenersatzanspruch wegen Vertragsverletzung gleicht diesen Nachteil nicht aus, weil seine gerichtliche Durchsetzung wie jedes gerichtliche Verfahren zeit- und kostenaufwendig sowie risikobehaftet ist. Da die EuGVO Anwendungsvorrang gegenüber dem jeweiligen nationalen Recht beansprucht und unabhängig von nationalen Rechtsproblemen angewendet werden muss[64], kann das Problem nicht auf europarechtlicher Ebene gelöst werden. Auch eine erweiternde Auslegung der Vorschriften über die Anerkennungshindernisse kommt nicht in Betracht, weil dies Ausnahmen von dem Verbot der *révision au fond* sind und deshalb eng ausgelegt werden müssen. Auch der Ansatz *Mansels,* eine unzulässige Streitverkündung könne keine Wirkungen entfalten, für die sich die Anerkennungsfrage stellt, führt nicht weiter.[65] Denn das Anerkennungssystem der EuGVO sieht gerade keine Prüfung der Zulässigkeit vor, so dass der prozessvertragliche Ausschluss der Streitverkündung nicht berücksichtigt wird.

Die Lösung muss deshalb auf der Ebene des nationalen Rechts gesucht werden. Denkbar wäre, den Streitverkündungsempfänger auf eine Feststellungsklage nach § 256 ZPO zu verweisen. Das Feststellungsinteresse besteht wegen des drohenden Rechtsverlusts. Jedoch ist eine Feststellungsklage für den Streitverkündungsempfänger sehr risikobehaftet, weil der Streitverkünder damit die Möglichkeit erhält, Ansprüche im Wege der Widerklage geltend zu machen, für die eine internationale Zuständigkeit eigentlich nicht gegeben ist.

Das Problem besteht nicht, wenn das Gericht die Zulässigkeit im Erstverfahren prüft, falls die Streitverkündung einen Auslandssachverhalt betrifft. Das wäre mit einer analogen Anwendung des § 71 ZPO möglich, der eigentlich den Zwischenstreit über die Zulässigkeit der Nebenintervention regelt.[66] § 71 ZPO

---

[63] Siehe Kapitel 5 C. IV.
[64] Zum Verhältnis des nationalen Rechts zum Europarecht siehe *Schack,* IZVR, Rn. 93; Rauscher/*A. Staudinger,* EZPR, Band 1, Einl. zur Brüssel-I VO Rn. 40.
[65] *Mansel,* ZZP 109 (1996), 61 (75 ff.).
[66] *v. Hoffmann/Hau,* RIW 1997, 93.

regelt den Fall, dass einer der Beteiligten ein Interesse daran hat, dass die Nebenintervention nicht zugelassen wird. Die Nebenintervention räumt dem Dritten Verfahrensrechte ein. Die aktive Verfahrensbeteiligung des Dritten führt zu Folgen, die durch eine Zulässigkeitsprüfung im Folgeverfahren nur schwer beseitigt werden können. Deshalb wird die Partei, die sich gegen die Nebenintervention wendet, nicht auf eine Prüfung im Folgeprozess verwiesen. Im Falle einer Streitverkündung ohne Auslandsbezug ist die Interessenlage anders. Die negativen Wirkungen einer Streitverkündung treten erst im Folgeverfahren ein. Solange sich der Rechtsstreit im Erstverfahren befindet, erhält der Streitverkündungsempfänger zusätzliche Beteiligungsrechte, zu deren Ausübung er nicht verpflichtet ist. Es widerspricht also nicht seinen Interessen, sich erst im Folgeverfahren gegen die Streitverkündung wehren zu können. Für die Gerichte und die Parteien hat diese Regelung den Vorteil, dass sie nicht mit einer Zulässigkeitsprüfung belastet werden, obwohl es noch offen ist, ob es überhaupt zu einem Folgeverfahren kommt. Hintergrund ist der Gedanke, dass derjenige eine Überprüfung der Zulässigkeit verlangen kann, dessen Interessen gefährdet sind.

Die Interessenlage der Streitverkündung mit Auslandsbezug ähnelt der einer Nebenintervention. Wie oben gesehen, kann der Streitverkündungsempfänger eine Zulässigkeitsprüfung im Folgeverfahren nicht erzwingen. Da er sich in keinem Verfahrensstadium gegen die Streitverkündung wehren kann, ist er rechtlos gestellt. Das bedeutet, dass ein Beteiligter die Überprüfung im Erstverfahren deshalb verlangt, weil seine Interessen sonst unwiderruflich geschmälert werden.

Es sprechen aber auch Gründe des internationalen Zivilverfahrensrechts dafür, die Zulässigkeit im Erstverfahren zu überprüfen. Das inländische Gericht besitzt eine höhere Rechtsnähe, weil die Streitverkündung wegen des lex fori-Grundsatzes nach deutschem Verfahrensrecht erfolgt. Da die Streitverkündungswirkung in verschiedenen Verfahren vor Gerichten unterschiedlicher Länder entscheidungserheblich werden kann, fördert eine Überprüfung im Erstverfahren außerdem den internationalen Entscheidungseinklang.

E. Ausschluss der Drittbeteiligung zu Lasten einer vertragsfremden Person

Die obigen Ausführungen gehen davon aus, dass Verpflichteter und Vertragspartner identisch sind. Denkbar ist aber auch, dass derjenige gar nicht am Vertragsschluss mitwirkt, dessen Prozesshandlungen eingeschränkt werden sollen. Das kann der potentielle Streitverkünder, aber auch der mögliche Nebenintervenient sein. Als Beispiel diene eine typische Konstellation des Versicherungsrechts. Der Geschädigte klagt unmittelbar gegen den Versicherer, der jedoch mit dem Versicherungsnehmer eine Gerichtsstandsvereinbarung abgeschlossen hat.

Die Klage wird an einem durch diese Gerichtsstandsvereinbarung derogierten Gericht erhoben. Die Klage wäre dann unzulässig, wenn der Geschädigte an die Gerichtsstandsvereinbarung zwischen dem Versicherer und dem Versicherungsnehmer gebunden wäre. Geht man davon aus, dass der Geschädigte mit dem Direktanspruch in die Rechtsstellung des Versicherungsnehmers eintritt, wäre diese Frage zu bejahen.[67] Jedoch zeigt sich schnell, dass diese Auffassung nicht haltbar ist, weil der Geschädigte keinen versicherungsrechtlichen, sondern weiterhin einen deliktsrechtlichen Anspruch besitzt. Aus dem Wortlaut des § 3 Nr. 1 PflVG, „der Versicherer hat im Rahmen seiner Leistungspflicht aus dem Versicherungsverhältnis einzustehen", lässt sich nichts anderes herleiten. Diese Formulierung bedeutet nur, dass sich der Umfang der Leistungspflicht aus dem Versicherungsverhältnis ergibt. Die Anspruchsgrundlage wird dadurch nicht bestimmt. Auch der Verweis des Art. 11 Abs. 2 EuGVO auf die Gerichtsstände des Versicherungsnehmers lässt nicht den Schluss zu, dass der Geschädigte an die Rechtsstellung des Versicherungsnehmers gebunden wäre.[68] Der Geschädigte steht dem Versicherungsnehmer und dem Versicherer gegenüber. Sein Anspruch ist deliktischer Natur, während sich das Rechtsverhältnis des Versicherungsnehmers und des Versicherers nach dem Versicherungsrecht richtet.[69] Der Geschädigte steht damit nicht auf der Seite des Versicherungsnehmers[70], sondern ist in dieser versicherungsrechtlichen Konstellation eigenständiger Dritter. Wäre er an die Gerichtsstandsvereinbarung gebunden, wirkte diese zu seinen Lasten, weil er in seiner Klagemöglichkeit eingeschränkt wird, ohne dass seine Zuständigkeitsinteressen bei Vertragsschluss berücksichtigt worden wären. Es handelt sich deshalb um einen Vertrag zu Lasten eines Dritten. Diese Verträge sind im Prozessrecht ebenso wie im materiellen Recht unzulässig[71] und besitzen deshalb gegenüber dem Dritten keine Wirkung.[72] Diese Rechtsauffassung wird durch den *Schlosser*-Bericht bekräftigt, nach dem Gerichtsstandsvereinbarungen im Versicherungsrecht nicht gegenüber dem Dritten wirken.[73] Eine prozessuale Vereinbarung über die Verfahrensbeteiligung eines Dritten kann deshalb nicht wirksam abgeschlossen werden, ohne dass der Dritte selbst Vertragspartner der Vereinbarung ist.

---

[67] So *Heiss,* in Reichert-Facilides (Hrsg.), Versicherungsrecht, S. 105 (143).
[68] *Hub,* S. 203.
[69] *Hub,* S. 203.
[70] Anders der Rechtsnachfolger. Siehe EuGH Rs. C 71/83, *Tilly Russ und Ernest Russ v. NV Havon- & Vervoerbedriyf Nova und NV Goeminne Hont,* Slg. 1984-I, 2417.
[71] Zur grundsätzlichen Unzulässigkeit des Vertrages zu Lasten Dritter siehe BGHZ 54, 244 (247); 61, 360 (361); 78, 369 (374); Staudinger/*Jagmann,* § 328 BGB Rn. 42; MünchKommBGB-*Gottwald,* § 328 Rn. 172; Palandt/*Grüneberg,* Einf. v. § 328 Rn. 10.
[72] Ausführlich *Hub,* S. 201; *Kropholler,* EZPR, Art. 11 Rn. 6; Geimer/Schütze/*Geimer,* EuZVR, Art. 11 Rn. 26; Wieczorek/Schütze/*Hausmann,* Anh. I § 40, Art. 10 EuGVÜ Rn. 6; Geimer/Schütze/*Auer,* Art. 11 EuGVO Rn. 14.
[73] Bericht *Schlosser,* Abl. EG 1979, Nr. C 59/71 (116) Nr. 148.

F. Ergebnis

Die Beteiligung Dritter kann vertraglich durch einen Prozessvertrag ausgeschlossen werden. Grundsätzlich kann eine solche Vereinbarung jedoch nur die Vertragsparteien binden und nicht zu Lasten eines Dritten wirken. Hinsichtlich der Interventionsklage kann eine Gerichtsstandsvereinbarung getroffen werden. Sollten die Parteien in der Gerichtsstandsvereinbarung die Interventionsklage nicht ausdrücklich erwähnen, kann diese nur im Wege der ergänzenden Vertragsauslegung von der Vereinbarung erfasst werden. Eine Gerichtsstandsvereinbarung führt dazu, dass die Interventionsklage als unzulässig abzuweisen ist, wenn sie vor dem derogierten Gericht erhoben wird.

Die Streitverkündung kann nur in einem Prozessvertrag ausgeschlossen werden. Auf diese vertragliche Vereinbarung kann sich der mögliche Streitverkündungsempfänger entgegen der Regelung in der ZPO schon im Erstverfahren berufen. Grundsätzlich kann nach den §§ 72 ff. ZPO die Zulässigkeit der Streitverkündung nicht im Erstverfahren überprüft werden. Jedoch wird im Fall der grenzüberschreitenden Streitverkündung § 71 ZPO analog angewendet. Denn aus europarechtlichen Gründen kann der Ausschluss nicht im Folgeverfahren geltend gemacht werden, weshalb der Streitverkündungsempfänger sich gar nicht auf die Unzulässigkeit berufen könnte.

Erfolgt der Ausschluss der Streitverkündung nicht ausdrücklich, sondern schließen die Parteien nur eine Gerichtsstandsvereinbarung, könnte sich ein Ausschluss nur im Wege der Umdeutung ergeben. Eine Umdeutung kann grundsätzlich nicht bejaht werden, weil die Interessen der Beteiligten gegenläufig sind. Während der Kläger prozessökonomisch und möglichst risikolos seinen Anspruch durchsetzen und deshalb dem Dritten den Streit bei Bedarf verkünden will, möchte dieser verhindern, örtlich unbeschränkt an einem Verfahren beteiligt zu werden. Aus einer Gerichtsstandsvereinbarung kann nicht die Absicht des Streitverkünders entnommen werden, seinen Rechtsschutz und seine Verteidigungsmöglichkeiten mit dem Ausschluss der Streitverkündung einschränken zu wollen.

Kapitel 9

Einreden und Rechtsbehelfe gegen die Drittwirkung im Folgeverfahren

Sollten die Beteiligten die Drittbeteiligung nicht im Vorfeld durch Prozessvertrag ausgeschlossen oder durch Gerichtsstandsvereinbarung eingeschränkt haben, kann der Dritte im Rahmen der jeweiligen rechtlichen Möglichkeiten an dem Verfahren beteiligt werden. Da seine Interessen nicht immer berücksichtigt werden – nach deutschem und französischem Recht besitzt der Nebenintervenient eine untergeordnete Verfahrensstellung als Streithelfer – sehen einzelne Verfahrensordnungen besondere Verteidigungsmöglichkeiten gegen die Drittwirkung vor. Nach deutschem Recht steht ihm im Folgeverfahren die Einrede mangelhafter Prozessführung durch die Hauptpartei zur Verfügung. Im französischen Recht kann er den außerordentlichen Rechtsbehelf des Drittwiderstands *(tierce opposition)* erheben. Schwierigkeiten ergeben sich, wenn die Rechtsmittel grundsätzlich nur im Folgeverfahren erhoben werden können, oder wenn das Verfahren zur Vollstreckbarerklärung im Anerkennungsstaat durchgeführt wird, obwohl im Entscheidungsstaat ein Rechtsbehelf gegen die Entscheidung eingelegt wurde.

A. Einrede mangelhafter Prozessführung

Nach deutschem Zivilverfahrensrecht steht dem Streitverkündungsempfänger oder Nebenintervenient im Folgeverfahren die Einrede der schlechten Prozessführung zu. Da seine Verfahrenshandlungen im Erstverfahren nicht im Widerspruch zu denen der unterstützten Hauptpartei stehen dürfen, kann er im Folgeverfahren einwenden, dass er durch Erklärungen und Handlungen der Hauptpartei gehindert worden ist, Angriffs- und Verteidigungsmittel geltend zu machen. Eine vergleichbare Regelung kennt z.B. das englische Recht nicht, weil der Dritte sich als *joinder* an dem Verfahren beteiligt und deshalb eine eigene unabhängige Verfahrenspartei und nicht nur Streithelfer ist.[1] Gleiches gilt für den Streitverkündungsempfänger des französischen Rechts. Der französische Nebenintervenient verfügt im Gegensatz dazu nicht über eine unabhängige Verfahrensstellung, kann aber ausnahmsweise gegen die Entscheidung Drittwiderstand *(tierce opposition)* einlegen.[2]

---

[1] Siehe Kapitel 3 C. II.

I. Erhebung im Folgeverfahren

Findet das Folgeverfahren in einem anderen Land statt, kann der in einem Verfahren vor einem deutschen Gericht beteiligte Dritte diese Einrede vor dem ausländischen Gericht aus zwei Gründen nicht erheben. Zum einen handelt es sich um eine prozessrechtliche Einrede, die nach dem Grundsatz der lex fori nur erhoben werden kann, wenn deutsches Verfahrensrecht das Folgeverfahren regelt.[3] Der Streitverkündungsempfänger kann sich deshalb nicht auf die schlechte Prozessführung der Hauptpartei in einem Folgeverfahren vor einem englischen Gericht berufen. Zum anderen verbietet das Anerkennungssystem nach der EuGVO, die Einrede im Folgeverfahren zu berücksichtigen. Die Einrede beseitigt die Urteilsbindung im Verhältnis zum Dritten, so dass die Interventionswirkung wegfällt. Da sie jedoch erst im Folgeverfahren erhoben werden kann, besteht so lang eine anerkennungsfähige Interventionswirkung, wie der Dritte die Einrede nicht erhebt. Damit entpuppt sie sich als ein Anerkennungshindernis, das wie die anderen Anerkennungshindernisse nach der EuGVO nur berücksichtigt werden darf, wenn der Dritte sich darauf beruft. Da die Gründe, aus denen die Anerkennung versagt wird, in den Art. 34 und 35 abschließend aufgezählt sind, finden andere Anerkennungshindernisse keine Beachtung. Unabhängig davon, dass die Einrede wegen des Grundsatzes der lex fori nicht im Ausland erhoben werden kann, kann sie deshalb einer Anerkennung auch nicht entgegenstehen. Weder die Verfahrensregelungen des Folgeverfahrens noch die Vorschriften über die Anerkennung ermöglichen es demnach, den Streitverkündungsempfänger vor den Folgen seiner abhängigen und untergeordneten Verfahrensstellung im Erstverfahren zu schützen.

II. Mangelnde Prozessführung und ordre public

Werden die Vorschriften wie dargestellt ausgelegt, wird die mangelnde Prozessführung der Hauptpartei nicht mehr berücksichtigt. Der Dritte ist damit weder vor einem kollusiven Zusammenwirken der Hauptparteien, noch davor geschützt, dass der Streitverkünder wegen der Interventionswirkung sein Interesse an der Prozessführung verliert. Die abhängige, für den Dritten nachteilige Verfahrensstellung rechtfertigt allein auch nicht, einen ordre public-Verstoß anzunehmen. Denn dieser setzt voraus, dass die Entscheidungsanerkennung der öffentlichen Ordnung des Anerkennungsstaates widerspricht, was bejaht wird, wenn das ausländische Verfahren so von dessen Grundprinzipien abweicht, dass es nicht mehr rechtsstaatlichen Anforderungen genügt.[4] Es genügt aber nicht, dass das Entscheidungsergebnis durch die mangelnde Prozessführung einer Par-

---

[2] Siehe Kapitel 3 B. I. und III.
[3] Zum Grundsatz der lex fori siehe Kapitel 4 A. I.
[4] EuGH Rs C-7/98, *Krombach v. Bamberski,* 2000-I, 1935 Rn. 23.

tei zu Lasten eines anderen Verfahrensbeteiligten beeinflusst wurde. Im Grundsatz sind bei der Prüfung des ordre public Verfahrensunterschiede hinzunehmen.[5] Dies gilt bei der Anerkennung der Streitverkündungswirkung umso mehr, weil Art. 65 EuGVO diese ausdrücklich anordnet und den abschließenden Katalog der Anerkennungshindernisse für diesen Sonderfall nicht erweitert. Es bestehen aber noch aus einem anderen Grund Zweifel daran, ob ein ordre public-Verstoß vorliegt. Nach Art. 35 darf bei der Anerkennung die Entscheidung nicht in der Sache geprüft werden. Da eine mangelhafte Prozessführung nur festgestellt werden kann, wenn der gesamte Verfahrensablauf inklusive aller Darlegungs- und Beweispflichten nachvollzogen wird, führt eine derartige ordre public-Prüfung zu einer verbotenen *révision au fond*. Deshalb kann die mögliche Interessenlosigkeit des Streitverkünders einen ordre public-Verstoß nicht begründen. Anderes gilt aber im Falle eines kollusiven Zusammenwirkens der Hauptparteien zu Lasten des Dritten. Stellt dieses einen Prozessbetrug dar, kann die Anerkennung versagt werden, weil durch die Anerkennung betrügerische Machenschaften der Parteien nicht zementiert werden sollen.[6]

III. Feststellung mangelnder Prozessführung im Erstverfahren

Der Streitverkündungsempfänger kann sich nur eingeschränkt während des Erstverfahrens gegen die mangelnde Prozessführung des Streitverkünders wehren. Grundsätzlich erkennt man an, dass die an reinen Inlandsfällen orientierten autonomen deutschen Verfahrensvorschriften an die besonderen Interessen in einem Verfahren mit Auslandsberührung angepasst werden müssen.[7] Das deutsche System der Streitverkündung wird einem Auslandssachverhalt nicht gerecht, weil es den Streitverkündungsempfänger an der Bindungswirkung teilhaben lässt, ihm jedoch nur eine abhängige Verfahrensstellung einräumt. Die Einrede der mangelnden Prozessführung soll diese schlechte Verfahrensstellung ausgleichen und den Dritten davor schützen, dass die Hauptpartei das Interesse an dem Prozess wegen der zu erwartenden Streitverkündungswirkung verliert oder mit der anderen Hauptpartei kollusiv zusammenwirkt. Dieser Schutz läuft jedoch ins Leere, wenn das Folgeverfahren vor einem ausländischen Gericht stattfindet, dessen Rechtsordnung eine solch eingeschränkte Verfahrensbeteiligung des Dritten nicht kennt.

---

[5] *Schack,* Rn. 864.
[6] *Martiny,* HdbIZVR, Band III/1, Kapitel 1 Rn. 1118; *Geimer,* IZPR, Rn. 2986.
[7] Siehe zur Anpassung der Vorschriften über die Überprüfung der internationalen und der örtlichen Zuständigkeit in der Rechtsmittelinstanz BGHZ 44, 46. *v. Hoffmann/Hau,* RIW 1997, 89 (92 f.), zeigt dies im Bereich des internationalen Interventionsrechts am Beispiel des die Streitverkündung ausschließenden Prozessvertrages, auf den sich der Dritte gemäß § 71 ZPO analog vor dem deutschen Gericht des Erstverfahrens berufen kann.

A. Einrede mangelhafter Prozessführung

Diesem Problem kann auch nicht abgeholfen werden, indem das deutsche System der Drittbeteiligung so an Auslandssachverhalte angepasst wird, dass dem Dritten eine unabhängige Verfahrensstellung eingeräumt wird, weil diese dem deutschen System der Drittbeteiligung völlig widerspricht. Die Stellung des Dritten als bloßer Streithelfer, der die Hauptpartei unterstützt, spiegelt sich in der Streitverkündungswirkung wider. Diese wirkt nur zu Gunsten der unterstützten Partei, aber nicht zu ihren Lasten. Erhält der Dritte die Stellung einer autonomen Partei, wäre aber nicht ersichtlich, warum er die gesamte Last der Prozessführung tragen sollte, ohne einen Vorteil daraus ziehen zu können. Außerdem liefe diese Lösung dem Grundsatz der lex fori zuwider, nach dem das Verfahrensrecht am Gerichtsstand die Verfahrensbeteiligung regelt.[8] Die Lösung führt auch zu verschiedenen Beteiligungsinstituten je nachdem, in welchem Staat das Folgeverfahren stattfindet. Dabei ist auch zu beachten, dass in einem frühen Verfahrensstadium noch unklar sein kann, ob das Folgeverfahren im Ausland stattfindet.

Eine Lösung kann auch nicht darin bestehen, die Einrede schlechter Prozessführung gemäß § 71 ZPO analog in einem Zwischenverfahren schon vor dem Gericht des Erststaates zu zulassen. Denn eine solche Überprüfung ist in diesem Verfahrensstadium noch gar nicht möglich. Ob die Prozessführung des Streitverkünders mangelhaft war und sich zum Nachteil des Dritten auswirkt, lässt sich erst nach Entscheidungsfindung durch das Gericht feststellen.

Als einzige Möglichkeit bleibt deshalb, dass das Gericht des Erstverfahrens nach Erlass der Entscheidung auf Antrag des Dritten feststellt, ob der Prozess zum Nachteil des Streitverkündungsempfängers mangelhaft geführt wurde. Einen Anhaltspunkt dafür gibt § 71 ZPO, der zwar nur die Nebenintervention regelt, jedoch erkennen lässt, dass das Gericht Enscheidungen speziell über das Verfahren der Drittbeteiligung treffen kann.[9] Für diese Auslegung sprechen mehrere Gründe. Zum einen können die Interessen nur auf diesem Weg gewahrt werden, wenn das Folgeverfahren im Ausland stattfindet. Zum anderen ist eine Überprüfung durch das erkennende Gericht auch dann vorzuziehen, wenn die Einrede im ausländischen Folgeverfahren erhoben werden könnte.[10] Erstens hat das Gericht des Erstverfahrens die größere Rechts- und Sachnähe, so dass es sehr viel besser als das Gericht des Folgeverfahrens feststellen kann, ob der Streitverkünder den Prozess angemessen geführt hat. Zweitens führt eine Überprüfung im Folgeverfahren, die rechtlich nur sehr eingeschränkt möglich ist, zu einem erheblichen Kosten- und Zeitaufwand, weil eine mangelnde Prozessfüh-

---

[8] Siehe zum lex fori-Grundsatz und den möglichen Beteiligungsinstituten Kapitel 5 A. I.
[9] So auch OLG Köln RIW 2003, 73. Vgl. auch die Besprechung von *Roth*, IPRax 2003, 515.
[10] *v. Hoffmann/Hau* RIW 1997, 89 (92 f.), jedoch zur Einrede des die Streitverkündung ausschließenden Prozessvertrages.

rung nur durch ausgiebige Überprüfung des Verfahrensablaufs einschließlich der Darlegungs- und Beweislasten festgestellt werden kann. Drittens kann nur eine Entscheidung des Erstgerichts über die Prozessführung des Streitverkünders den internationalen Entscheidungseinklang gewährleisten. Besteht ein Bezug zu mehreren Rechtsordnungen und finden deshalb mehrere Folgeverfahren in verschiedenen Ländern statt, ist es möglich, dass die Interventionswirkung von dem einen Gericht verneint und von dem anderen bejaht wird.

B. Einrede fremder Rechtsordnung

Das internationale Privatrecht des Entscheidungsstaates und des Anerkennungsstaates können unterschiedliche Kollisionsnormen enthalten, so dass das entscheidende Gericht dem Rechtsstreit ein Sachrecht zugrunde legt, das nach dem internationalen Privatrecht des Anerkennungsstaates nicht zur Anwendung berufen worden wäre. Im Erstverfahren könnten z.B. allgemeine Geschäftsbedingungen als unwirksam angesehen werden, die nach dem Sachrecht zulässig sind, das gemäß der Kollisionsnormen des Gerichts des Folgeverfahrens angewendet wird. Ebenso könnte der Haftungsmaßstab – Vorsatz oder Fahrlässigkeit – unterschiedlich sein. Stünde dem Dritten in diesen Fällen die Einrede der fremden Rechtsordnung zu, könnte sich der Streitverkünder nicht mehr auf die Interventionswirkung berufen. Jedoch ist gleich am Anfang darauf hinzuweisen, dass dieses Problem innerhalb der Europäischen Union entschärft, wenn nicht sogar überholt ist, weil die Kollisionsnormen zwischen den Mitgliedstaaten vereinheitlicht wurden.[11]

Das autonome deutsche Recht enthält nicht ausdrücklich eine Einrede der fremden Rechtsordnung. Dies erklärt sich damit, dass die Vorschriften über die Verfahrensbeteiligung Dritter an reinen Inlandsfällen ausgerichtet sind. Jedoch enthält die ZPO mit § 68 ZPO eine Prozesseinrede, die gegen die Interventionswirkung erhoben werden kann. Diese bezieht sich bei Inlandsfällen nur auf die schlechte Prozessführung der unterstützten Hauptpartei. *Milleker*[12] spricht sich dennoch – zur Rechtslage vor der Reform von 1986 – für eine Einrede der fremden Rechtsordnung aus. Er begründet dies mit dem Interesse des Dritten, dass seine Rechtsstreitigkeiten nach dem Sachrecht entschieden werden, das durch die Kollisionsnormen an seinem Gerichtsstand zur Anwendung berufen wird. Auf den ersten Blick ist eine analoge Anwendung des § 68 ZPO überlegenswert. *Milleker* geht aber auf die Frage nicht ein, ob überhaupt eine planwidrige Regelungslücke besteht. Die Problematik kollisionsrechtlicher Widersprüche war dem deutschen Gesetzgeber bekannt. Noch in § 328 Abs. 1 Nr. 3 ZPO in der Fassung vor der Reform von 1986 wird die kollisionsrechtliche

---

[11] Zum Stand von Rom I und Rom II siehe Kapitel 5 C. IV.
[12] *Milleker*, ZZP 80 (1967), 288 (309 f.).

B. Einrede fremder Rechtsordnung

Kontrolle für Anerkennungsfragen geregelt. Diese Norm wurde jedoch mit der Reform von 1986 ersatzlos gestrichen. Das bedeutet, dass der Gesetzgeber den Prozessgegner mit Gerichtsstand im Inland vor kollisionsrechtlichen Abweichungen im Ausland nicht schützen möchte. Damit kann von einer Gesetzeslücke nicht mehr die Rede sein. Ebenso fehlt es an einer vergleichbaren Interessenlage. *Milleker* stützt seine Auffassung allein auf das Interesse des Dritten, dass der Entscheidung das Sachrecht zugrunde gelegt wird, welches durch das Kollisionsrecht an seinem Gerichtsstand zur Anwendung berufen sein würde. Dieses Interesse ist ein reines Zuständigkeitsinteresse des Dritten, das im Rahmen seiner Verfahrensbeteiligung gerade keine Schutz genießt. Dies zeigen die obigen Ausführungen zur analogen Anwendung der Vorschriften über die Anerkennungszuständigkeit.[13] Eine analoge Anwendung des § 68 ZPO sowie eine Einrede der fremden Rechtsordnung wird deshalb abgelehnt.[14]

Auch die EuGVO gibt dem Dritten nicht die Einrede fremder Rechtsordnung an die Hand. In ihrem Anwendungsbereich wurde auch die kollisionsrechtliche Kontrolle des EuGVÜ (Art. 27 Nr. 4) abgeschafft. Der Katalog der Anerkennungshindernisse nach Art. 34 und 35 enthält keine dem LugÜ vergleichbare Vorschrift. Eine darüber hinausgehende kollisionsrechtliche Kontrolle ist nicht möglich, weil die EuGVO die Anerkennungshindernisse abschließend aufzählt.

Auch das Übereinkommen von Lugano kennt die Einrede der fremden Rechtsordnung nicht. Als einzige Ausnahme der hier dargestellten Rechtsquellen besteht jedoch nach Art. 27 Nr. 4 LugÜ die Möglichkeit, die Anerkennung zu versagen, wenn die Sachentscheidung wegen abweichender Kollisionsnormen anders ausfällt. Diese kollisionsrechtliche Kontrolle, die nach dem Wortlaut der Norm nur die Rechtskraft erfasst, soll auch bei der Anerkennung der Interventionswirkung durchgeführt werden.[15] Die Streitverkündungswirkung wird demnach nicht anerkannt, wenn die Interventionswirkung Feststellungen zu einer Vorfrage erfasst, die nach dem Kollisionsrecht des Anerkennungsstaates aufgrund eines anderen Sachrechts zu entscheiden gewesen wären und das Ergebnis der Rechtsanwendung ein anderes sein würde.[16] Die Revision des Übereinkommens von Lugano vom 30. Oktober 2007 schafft diese kollisionsrechtliche Kontrolle jedoch ab. In Art. 34 LugÜ (revidierte Fassung), der die Anerkennungshindernisse bestimmt, findet sich keine derartige Vorschrift mehr.[17]

---

[13] Siehe Kapitel 5 B. IV. 2.
[14] Gegen die analoge Anwendung des § 68 ZPO auch Wieczorek/Schütze/*Mansel*, § 68 Rn. 42. *Mansel,* in Hommelhoff (Hrsg.), Binnenmarkt, S. 161 (221), befürwortet aber die Einrede der fremden Rechtsordnung.
[15] *Mansel,* in Hommelhoff (Hrsg.), Binnenmarkt, S. 161 (221).
[16] *Mansel,* in Hommelhoff (Hrsg.), Binnenmarkt, S. 161 (221).
[17] Siehe allgemein zur Revision des Übereinkommens von Lugano Kapitel 1 und 4 C.

C. Rechtsbehelf gegen die Drittwirkung

Das französische Verfahrensrecht ermöglicht es einem verfahrensunbeteiligten Dritten, sich mithilfe des Drittwiderstandes *(tierce opposition)* gegen tatsächliche Auswirkungen einer Entscheidung auf seine Rechte und Interessen oder gegen die Auswirkungen eines Zwangsvollstreckungsverfahrens zur Wehr zu setzen.[18] Dieser Rechtsbehelf steht auch einem Nebenintervenienten zur Verfügung, obwohl der Drittwiderstand voraussetzt, dass der Rechtsbehelfsführer sich am Verfahren nicht beteiligte. Mit dieser Ausnahme wird der verfahrensrechtliche Nachteil ausgeglichen, dass der Nebenintervenient sich mit seinen Prozesshandlungen nicht im Widerspruch zu der unterstützten Hauptpartei setzen darf.

Der Drittwiderstand ist ein außerordentlicher Rechtsbehelf im Erkenntnisverfahren, der dazu führt, dass die Entscheidung keine Wirkungen gegenüber dem Dritten entfaltet.[19] Er besitzt aber keine Suspensivwirkung, so dass das Zwangsvollstreckungsverfahren unter Umständen vom Gericht ausgesetzt werden muss. Es gilt jedoch der oben beschriebene Grundsatz, dass die lex fori des Zwangsvollstreckungsstaates über die Statthaftigkeit der jeweiligen Rechtsbehelfe bestimmt. Dabei entstehende Probleme werden im Wege der Anpassung gelöst.[20] Deshalb kann der Dritte keinen Drittwiderstand in einem Verfahren vor einem deutschen Gericht erheben.

I. Auswirkungen auf die Anerkennung

Die Möglichkeit, einen Drittwiderstand vor dem Gericht des Entscheidungsstaates auszuüben, verhindert auch nicht die Wirkungserstreckung auf den Anerkennungsstaat. Dies zeigt ein Vergleich mit der Anerkennung der materiellen Rechtskraftwirkung nach der EuGVO, die schon dann erfolgt, wenn die formelle Rechtskraft nach der lex fori des Anerkennungsstaates noch nicht eingetreten ist, wenn also noch Rechtsbehelfe im Entscheidungsstaat eingelegt werden können.[21] Für die Anerkennung einer Entscheidungswirkung ist es demnach irrelevant, ob die Entscheidung im Urteilsstaat noch mit Rechtsmitteln angegriffen werden kann. Dies ergibt sich auch im Umkehrschluss aus der EuGVO, weil nach Art. 37 das Vollstreckbarerklärungsverfahren ausgesetzt werden kann,

---

[18] Siehe zum Drittwiderstand Kapitel 3 B. V.

[19] Siehe Kapitel 3 B. V.

[20] Siehe die Beispiele zur Anpassung bei *Geimer,* IZPR, Rn. 3239. Allgemein zur Anpassung *Kropholler,* IPR, § 34, S. 234; *Kegel/Schurig,* § 8, S. 357; *v. Bar/Mankowski,* § 7 VII, S. 706.

[21] MünchkommZPO-*Gottwald,* Art. 32 EuGVO Rn. 14; *Schack,* Rn. 822. Dies gilt aber nicht für eine Anerkennung nach autonomem deutschem Recht, wie sich aus § 723 Abs. 2 S. 1 ZPO ergibt, vgl. BGHZ 141, 286 (294).

wenn gegen die Entscheidung im Erststaat ein ordentlicher Rechtsbehelf eingelegt wurde. Zwar richtet sich das Anerkennungssystem der EuGVO vor allem an der Anerkennung der Rechtskraftwirkung aus, jedoch gilt für die Anerkennung einer Drittwirkung nichts anderes. Zum einen ist der Grundsatz der Wirkungserstreckung zu berücksichtigen, nach dem sich die Drittwirkungen der Entscheidung auf den Anerkennungsstaat erstrecken. Zum anderen ist zu beachten, dass ein Drittwiderstand nach französischem Recht innerhalb von dreißig Jahren oder sogar zeitlich unbegrenzt erfolgen kann.[22] Als Folge wäre eine Entscheidung eines französischen Gerichts regelmäßig nicht anerkennungsfähig, weil im Urteilsstaat ein Drittwiderstand erhoben werden kann. Solch eine Auslegung widerspricht grundlegend dem Sinn und Zweck der Verordnung, die Freizügigkeit der Entscheidungen in den Mitgliedstaaten zu erleichtern.[23]

II. Aussetzung des Verfahrens zur Vollstreckbarerklärung

Da der Dritte den Drittwiderstand nur vor dem Gericht des Erststaates ausüben kann, im Anerkennungsstaat aber die Anerkennung droht, muss er die Möglichkeit haben, diese zu verhindern. Andernfalls wäre der Drittwiderstand tatsächlich folgenlos, weil die Entscheidung trotz eingelegten Rechtsbehelfs Wirkungen im Anerkennungsstaat entfaltet, die die Rechte und Interessen des Dritten einschränken. Die EuGVO löst einen solchen Konflikt, indem das anerkennende Gericht das Verfahren aussetzen kann, wenn im Erststaat ein ordentlicher Rechtsbehelf gegen die Entscheidung eingelegt wurde (Art. 37 EuGVO für den Fall der inzidenten Anerkennung und Art. 46, 33 Abs. 2 EuGVO im Fall eines selbständigen Anerkennungsverfahrens). Ob der Drittwiderstand ein Rechtsbehelf im Sinne der EuGVO ist, bestimmt sich nach den Auslegungskriterien, die der Europäische Gerichtshof in seiner Entscheidung *Industrial Diamond Supplies*[24] aufgestellt hat. Danach muss die Einordnung die Funktion der Verfahrensaussetzung im europäischen Anerkennungssystem berücksichtigen. Da auch vorläufig vollstreckbare Urteile anerkennungsfähig sind, muss der Schuldner vor nicht wiedergutzumachenden Schäden geschützt werden, die dadurch entstehen können, dass eine Entscheidung vollstreckt wird, obwohl sie von einem Gericht des Ursprungsmitgliedstaates abgeändert wird.[25] Jedoch muss bei der Anwendung der Vorschrift berücksichtigt werden, dass die EuGVO vorrangig die Freizügigkeit der Entscheidungen in den Mitgliedstaaten

---

[22] Nach Art. 586 CPC gilt in der Regel eine mindestens dreißigjährige Frist für die *tierce opposition*.
[23] Erwägungsgrund Nr. 10.
[24] EuGH Rs. 43/77, *Industrial Diamond Supplies v. Luigi Riva*, 1977-I, 2175.
[25] EuGH Rs. 43/77, *Industrial Diamond Supplies v. Luigi Riva*, 1977-I, 2175 (2178).

erleichtern soll.[26] Da das Gericht über die Verfahrensaussetzung in eigenem Ermessen entscheidet, muss die Vorschrift weit ausgelegt werden. Nur so können die für den Einzelfall angemessenen Schutzmaßnahmen für den Schuldner ergriffen werden, wenn das Gericht begründete Zweifel am Bestand der Entscheidung hat. Der Europäische Gerichtshof versteht deshalb unter einem ordentlichen Rechtsbehelf, einen jeden, der zur Aufhebung oder Abänderung der Entscheidung führen kann, die dem Anerkennungsverfahren zugrunde liegt. Darüber hinaus muss der Behelf in einer bestimmten gesetzlichen Frist im Urteilsstaat eingelegt werden, die durch die Entscheidung selbst in Lauf gesetzt wird.[27] Keine Rechtsbehelfe sind nach der Auffassung des Gerichtshofs Behelfe, die von einem Dritten ausgehen, ohne dass ihm die Rechtsbehelfsfrist entgegen gehalten wird, die durch die ursprüngliche Entscheidung ausgelöst wurde.[28]

Der Drittwiderstand ist nach französischem Recht ein außerordentlicher Rechtsbehelf, der gegen eine gerichtliche Entscheidung eingelegt werden kann. Er führt nicht dazu, dass die Entscheidung nicht mehr vollstreckt wird, doch kann das Gericht auf Antrag die Vollstreckung aussetzen. Der Drittwiderstand hebt nicht die Rechtskraft der Entscheidung zwischen den Parteien auf, sondern verhindert, dass das angegriffene Urteil Wirkungen gegenüber dem Dritten entfaltet.[29] Aus diesen Rechtsfolgen des Drittwiderstands lässt sich noch nicht schließen, dass er nicht als Rechtsbehelf im Sinne der Verordnung angesehen werden kann. Der Europäische Gerichtshof und auch die Literatur halten die Einordnung als ordentlicher oder außerordentlicher Rechtsbehelf in den nationalen Rechtsordnungen für unerheblich.[30] Zur Abgrenzung taugt auch nicht die Frage, ob der Rechtsbehelf die Vollstreckbarkeit beseitigt, oder eine Aussetzung der Vollstreckung rechtfertigen kann. Zum einen verlangt die Anerkennung nach der EuGVO, dass die Entscheidung im Ursprungsmitgliedstaat vollstreckbar ist, so dass eine Beseitigung der Vollstreckbarkeit die Anerkennung von vornherein hindert. Auf die Verfahrensaussetzung kommt es dann gar nicht mehr an. Zum anderen sehen viele nationale Rechtsordnungen eine Aussetzung der Vollstreckung auch bei außerordentlichen Rechtsbehelfen vor, weshalb sich dieses Kriterium für die Abgrenzung nicht eignet.[31] Auch der fehlende Einfluss auf die

---

[26] Erwägungsgrund Nr. 10.
[27] EuGH Rs. 43/77, *Industrial Diamond Supplies v. Luigi Riva*, 1977-I, 2175.
[28] EuGH Rs. 43/77, *Industrial Diamond Supplies v. Luigi Riva*, 1977-I, 2175.
[29] Kapitel 3 B. V.
[30] EuGH Rs. 43/77, *Industrial Diamond Supplies v. Luigi Riva*, 1977-I, 2175; MünchKommZPO-*Gottwald*, Art. 37 EuGVO Rn. 4; *Kropholler*, EZPR. Art. 37 Rn. 3; *Rauscher/Leible*, EZPR, Band 1, Art. 37 Rn. 3.
[31] Schlussantrag des Generalanwalts zu dem Verfahren EuGH Rs. 43/77, *Industrial Diamond Supplies v. Luigi Riva*, 1977-I, 2175, 2191 (2197).

Rechtskraft der Entscheidung wird als Kriterium abgelehnt, weil es sich dabei selbst um einen europarechtlich nicht eindeutig bestimmten Begriff handelt.[32]

Die entscheidende Frage ist, ob der Rechtsbehelf nur befristet eingelegt werden kann.[33] Dies ergibt sich aus dem Wortlaut der Norm. Außerdem ist entscheidend, ob der Rechtsbehelf zu einer Änderung des Vollstreckungstitels führt und damit unmittelbare Auswirkungen auf die Rechte und Pflichten der ursprünglichen Verfahrensparteien hat.[34] Denn nur dann ist ein besonderer Schutz des Schuldners nötig, weil nicht ausgeschlossen werden kann, dass die Vollstreckung unberechtigt erfolgte. Weiterhin wird verlangt, dass der Rechtsbehelf dasselbe Verfahren fortführt und nicht ein neues Verfahren einleitet.[35] Der Rechtsbehelf muss demnach Teil des gewöhnlichen Verlaufs eines Rechtsstreits sein, so dass die verfahrensrechtliche Entwicklung für jede Partei vorhersehbar war.[36] Das ist nur bei fristgebundenen Rechtsbehelfen der Fall, die durch die Entscheidung selbst in Gang gesetzt werden. Der Europäische Gerichtshof hält Zweifel an der Beständigkeit der anzuerkennenden Entscheidung nur dann für begründet, wenn der Rechtsbehelf innerhalb einer Frist von höchstens drei Monaten eingelegt werden muss.[37] Aus diesen Gründen ist der Drittwiderstand kein Rechtsbehelf im Sinne der EuGVO.[38] Er ist nicht geeignet, Zweifel an der Bestandskraft der Entscheidung zu begründen, weil er nicht zu einer Änderung des Vollstreckungstitels zwischen den Parteien führt und deren rechtliche Beziehung unberührt lässt. Da er innerhalb von dreißig Jahren oder sogar zeitlich unbefristet eingelegt werden kann, wäre eine Verfahrensaussetzung nicht mit dem Grundziel der Verordnung vereinbar, die Freizügigkeit der Entscheidungen zu gewährleisten.

---

[32] Schlussantrag des Generalanwalts zu dem Verfahren EuGH Rs. 43/77, *Industrial Diamond Supplies v. Luigi Riva,* 1977-I, 2175, 2191 (2197).

[33] Schlussantrag des Generalanwalts zu dem Verfahren EuGH Rs. 43/77, *Industrial Diamond Supplies v. Luigi Riva,* 1977-I, 2175, 2191 (2198).

[34] Schlussantrag des Generalanwalts zu dem Verfahren EuGH Rs. 43/77, *Industrial Diamond Supplies v. Luigi Riva,* 1977-I, 2175, 2191 (2198).

[35] Schlussantrag des Generalanwalts zu dem Verfahren EuGH Rs. 43/77, *Industrial Diamond Supplies v. Luigi Riva,* 1977-I, 2175, 2191 (2198).

[36] EuGH Rs. 43/77, *Industrial Diamond Supplies v. Luigi Riva,* 1977-I, 2175 (2185) Rn. 35/48.

[37] EuGH Rs. 43/77, *Industrial Diamond Supplies v. Luigi Riva,* 1977-I, 2175. Siehe dazu die Erläuterungen in der beim Gerichtshof eingereichten schriftlichen Erklärung der Regierung der Bundesrepublik Deutschland zu der Entscheidung EuGH Rs. 43/77, *Industrial Diamond Supplies v. Luigi Riva,* 1977-I, 2175, 2178.

[38] So auch der Schlussantrag des Generalanwalts zu dem Verfahren EuGH Rs. 43/77, *Industrial Diamond Supplies v. Luigi Riva,* 1977-I, 2175, 2191 (2198).

D. Ergebnis

Der Dritte kann sich nur schwer gegen die Rechtskraft eines Interventionsklageurteils oder gegen die Interventionswirkung wehren. Wird ihm der Streit in einem Verfahren vor einem deutschen Gericht verkündet, steht ihm die Einrede der mangelnden Prozessführung zu. Diese kann er nicht im Folgeverfahren vor einem ausländischen Gericht erheben, wenn die maßgebliche lex fori eine derartige Einrede nicht kennt. Ebenso kann er sie nicht im Erstverfahren erheben, weil die mangelnde Prozessführung erst nach Abschluss des Verfahrens festgestellt werden kann. Ebenfalls hindert die mangelnde Prozessführung des Streitverkünders nicht die Anerkennung, weil die zugelassenen Anerkennungshindernisse abschließend in der EuGVO aufgezählt sind, ohne mögliche Einreden nationaler Verfahrensordnungen zu erwähnen. Unter Umständen sind die Tatsachen, die dieser Einrede zugrunde liegen, jedoch geeignet, einen ordre public-Verstoß zu begründen. Um den Dritten der mangelnden Prozessführung der Hauptpartei nicht schutzlos zu überlassen, hat das Gericht des Erstverfahrens die mangelnde Prozessführung des Streitverkünders nach Erlass der anzuerkennenden Entscheidung analog § 71 ZPO festzustellen.

Die Einrede fremder Rechtsordnung steht dem Dritten nicht zu. Eine kollisionsrechtliche Kontrolle findet sich seit der Reform nicht mehr in § 328 ZPO. Auch die EuGVO sieht diese abweichend zur Rechtslage nach dem EuGVÜ nicht vor. Allein im Rahmen einer Anerkennung nach dem Übereinkommen von Lugano kann der Dritte nach Art. 27 Nr. 4 die Einrede fremder Rechtsordnung erheben.

Im Zwangsvollstreckungsverfahren stehen dem Dritten nur die Rechtsbehelfe zur Verfügung, welche die lex fori vorsieht. In einem deutschen Verfahren kann er deshalb zwar Vollstreckungsabwehrklage erheben oder Vollstreckungserinnerung und sofortige Beschwerde einlegen, nicht aber das Urteil angreifen. Der französische Drittwiderstand *(tierce opposition)*, der erlaubt, eine Entscheidung noch im Stadium der Zwangsvollstreckung in ihrer Wirkung gegenüber dem Dritten anzugreifen, kann wegen des Grundsatzes der lex fori nicht in einem deutschen Verfahren erhoben werden. Die Möglichkeit, einen Drittwiderstand in Frankreich auszuüben, hindert auch nicht die Anerkennung und Vollstreckbarerklärung durch ein deutsches Gericht. Der Dritte kann auch nicht verlangen, dass das Verfahren nach Art. 37 EuGVO ausgesetzt wird, weil es sich bei dem Drittwiderstand nicht um einen ordentlichen Rechtsbehelf im Sinne der Verordnung handelt.

Kapitel 10

Schlussbetrachtung

A. Unterschiede in den nationalen Verfahrensregelungen

Die vorliegende Untersuchung der Beteiligung Dritter im internationalen Zivilverfahrensrecht zeigt, dass jede Rechtsordnung vor der Aufgabe steht, materiellrechtlichen Dreipersonenverhältnissen prozessual gerecht zu werden. In den untersuchten Rechtsordnungen wirkt die Rechtskraft einer Entscheidung grundsätzlich nur zwischen den Verfahrensparteien. Sind an dem Sachverhalt, der dem Rechtsstreit zugrunde liegt, mehrere Personen beteiligt, muss das Prozessrecht sicherstellen, dass auch der Dritte von den Entscheidungswirkungen erfasst wird. In der Einleitung zu dieser Untersuchung wurde bereits dargelegt, dass die alternative Schuldnerschaft dabei die größten Probleme bereitet.[1] Das Problem der Drittbeteiligung beschränkt sich aber nicht auf die unfreiwillige Verfahrensbeteiligung, weil der Verfahrensunbeteiligte selbst daran interessiert sein kann, in dem Verfahren zu intervenieren.[2]

Obwohl dieselben Fallgruppen in den Rechtsordnungen Probleme bereiten, besitzt jede der untersuchten Rechtsordnungen eine andere prozessuale Lösung. Im dritten Kapitel wurde gezeigt, dass der größte Unterschied in der Verfahrensstellung des Dritten und der unfreiwilligen Verfahrensbeteiligung besteht.[3] In einigen Rechtsordnungen kann der Dritte als eigenständige, unabhängige Verfahrenspartei beteiligt werden, während andere Rechtsordnungen ihm nur die Stellung eines Streithelfers einräumen. Daraus ergibt sich eine weitere Abweichung. Die Länder, deren Verfahrensrechte eine dritte Partei zulassen, kennen das Institut der Interventionsklage, mit der ein Dritter an einem Verfahren derart beteiligt wird, dass über sein Rechtsverhältnis mit einer der Hauptparteien endgültig entschieden wird. In diesen Ländern wirft eine Verfahrensbeteiligung Probleme auf, die nicht zu einer endgültigen Entscheidung über den Anspruch gegen den Dritten führen soll. Kann der Dritte nicht als Streithelfer beteiligt werden, ist auch eine Streitverkündung, wie sie die deutsche Rechtsordnung kennt, ausgeschlossen. Das englische Recht lässt deshalb nur eine Streitgenossenschaft für alternative Schuldner zu. Diese verfahrensrechtlichen

---

[1] Vgl. Kapitel 1.
[2] Vgl. Kapitel 1.
[3] Vgl. umfassend Kapitel 3 E.

Unterschiede lassen sich mit den verschiedenen prozessualen Grundsätzen erklären, von denen die einzelnen Rechtsordnungen ausgehen. So liegt dem deutschen Prozessrecht das Zweiparteiensystem zugrunde, während das englische Recht vor allem das Ziel verfolgt, alle zusammenhängenden Fragen mit Wirkung für alle Beteiligten zu entscheiden. Trotzdem haben die unterschiedlichen prozessualen Lösungen eine Gemeinsamkeit. Die Ansprüche des Dritten auf rechtliches Gehör oder ein faires Verfahren sowie seine Zuständigkeitsinteressen werden in jeder Rechtsordnung in Betracht gezogen. Aber auch an diesem Punkt weichen die untersuchten Rechtsordnungen voneinander ab. Auch wenn das US-amerikanische Recht wie das deutsche Recht von einem Anspruch auf ein faires Verfahren ausgeht, versteht es darunter nur die adäquate Vertretung der Drittinteressen und nicht die Beteiligung der Person des Dritten. Dieser Unterschied wirkt sich auf den Umfang der subjektiven Rechtskraft einer Entscheidung aus.

B. Mögliche Regelungssysteme im internationalen Zivilverfahrensrecht

Die Verfahrensbeteiligung Dritter wird wie das gesamte internationale Zivilverfahrensrecht von dem lex fori-Grundsatz bestimmt.[4] In der deutschen Zivilprozessordnung finden sich keine besonderen Vorschriften über die Beteiligung Dritter an einem Verfahren, das einen Auslandsbezug aufweist. Das autonome deutsche Recht hält grundsätzlich am Zweiparteiensystem fest. Eine unfreiwillige Verfahrensbeteiligung ist somit nur im Rahmen der Streitverkündung möglich. Der Dritte kann als Nebenintervenient oder Hauptintervenient das Verfahren beeinflussen. Die internationale Zuständigkeit des Gerichts sowie die Anerkennung einer Entscheidungswirkung gegenüber dem Dritten wurden jedoch durch Staatsverträge oder europäische Verordnungen vereinheitlicht. Die vorliegende Untersuchung beschränkte sich auf die EuGVO und die transportrechtlichen Staatsverträge.[5] Das Übereinkommen von Lugano zeigte keine Bestimmung, die unabhängig von den Regelungen der EuGVO von Interesse waren.[6] Auch im Anwendungsbereich der EuGVO bestimmt der lex fori-Grundsatz das anzuwendende Verfahrensrecht. Jedoch begrenzt die Verordnung die nationalen Vorschriften über die Drittbeteiligung. Zum einen kann nationales Verfahrensrecht nur angewendet werden, solange es die praktische Wirksamkeit der EuGVO nicht gefährdet.[7] Deshalb darf ein englisches Gericht eine Interven-

---

[4] Vgl. Kapitel 4 A.
[5] Vgl. Kapitel 2.
[6] Vgl. zu den Bestimmungen des Übereinkommens von Lugano hinsichtlich des Erstverfahrens Kapitel 4 C. und in Bezug auf die Anerkennung Kapitel 5 D.
[7] Vgl. Kapitel 4 B. II. 2.

tionsklage nicht deshalb ablehnen, weil der Interventionsbeklagte seinen Wohnsitz in einem anderen Staat, als den Gerichtsstaat hat.[8] Zum anderen stellt die EuGVO besondere Anforderungen an die Drittbeteiligung, um die Ziele der Verordnung – die Zuständigkeitsinteressen des ausländischen (Dritt-)beklagten zu wahren[9] – nicht zu gefährden. Gemäß Art. 6 Nr. 2 EuGVO muss gesondert geprüft werden, ob die Hauptklage missbräuchlich erhoben wurde, um den Interventionsbeklagten seinem Gerichtsstand nach Art. 2 Abs. 1 EuGVO zu entziehen. Der Streitgenosse kann gemäß Art. 6 Nr. 1 EuGVO nur an dem Gericht verklagt werden, das für die Klage gegen den Hauptbeklagten zuständig ist, wenn zwischen den Klagen ein sachlicher Zusammenhang besteht. Beide Voraussetzungen müssen verordnungsautonom und unabhängig von den Rechtsauffassungen der Mitgliedstaaten ausgelegt werden. Die EuGVO setzt voraus, dass die jeweilige lex fori die Drittbeteiligung zulässt.

Im Unterschied zur EuGVO bestimmen die transportrechtlichen Staatsverträge (CMR und CIM) selbst, unter welchen Voraussetzungen eine Entscheidung auch gegenüber einem Dritten Wirkungen entfaltet. Im Anwendungsbereich der CMR und des CIM genügt es, dass der Dritte geladen wird.[10] Gegen ihn muss keine Klage wie nach dem englischen oder französischen Recht erhoben werden. Es muss auch keine Streitverkündungsschrift wie im deutschen Recht zugestellt werden. Im Vergleich zu den nationalen Verfahrensordnungen stellen die transportrechtlichen Staatsverträge daher geringere Anforderungen an eine Drittbeteiligung. Abweichend von den anglo-amerikanischen Rechten und vom französischen Recht schließt das CIM eine Interventionsklage aus. Das Gericht entscheidet deshalb nicht endgültig und abschließend über das Rechtsverhältnis mit dem Dritten. Eine Entscheidung entfaltet deshalb nur Bindungswirkung.

Die EuGVO und die transportrechtlichen Staatsverträge regeln die Drittbeteiligung im internationalen Zivilverfahrensrecht unterschiedlich, weil sie verschiedene Regelungsziele verfolgen. Die EuGVO will eine einheitliche Zuständigkeit in allen Mitgliedstaaten gewährleisten und verhindern, dass die Drittbeteiligung nur deshalb erschwert wird, weil das Verfahren einen Auslandsbezug aufweist. Die nationalen verfahrensrechtlichen Besonderheiten sollen aber erhalten bleiben. Anders die transportrechtlichen Staatsverträge. Die Schadensabwicklung zwischen den Frachtführern soll erleichtert werden. Frachtführer können sich deshalb gemäß einheitlicher Bestimmungen an einem Verfahren beteiligen, unabhängig davon, in welchem Vertragsstaat das Verfahren anhängig ist.

---

[8] Vgl. zu den Zweckmäßigkeitserwägungen bei der Zulassung der Interventionsklage Kapitel 3 C. I.
[9] Erwägungsgrund Nr. 11.
[10] Vgl. Kapitel 7 B. I.

C. Drittbeteiligungsmöglichkeiten nach der EuGVO

Die Drittbeteiligung wird in der EuGVO in Art. 6 und in Art. 65 geregelt. In Art. 11 EuGVO finden sich besondere Vorschriften für Streitigkeiten aus Haftpflichtversicherungen. Die Vorschriften erschöpfen sich darin, die Zuständigkeit des Gerichts des Erstverfahrens gegenüber dem Dritten zu bestimmen. Art. 6 Nr. 2 EuGVO regelt die Interventionsklage, die zu einer endgültigen und abschließenden Entscheidung über den Drittanspruch führt. Abweichend von den nationalen Verfahrensordnungen erfasst die Norm alle Interventionsklagen, unabhängig davon, ob sie von einer der Hauptparteien oder dem Dritten ausgehen. Damit besitzt sie einen weiteren Anwendungsbereich als die Interventionsklage nach dem englischen Recht, die nur vom Beklagten erhoben werden kann.[11] Im Vergleich zum französischen Recht versteht das europäische Recht die Interventionsklage aber enger, weil die Klage in eine abschließende Entscheidung münden muss. Das trifft bei der französischen Streitverkündung nicht zu, obwohl es sich dabei nach französischer Rechtsauffassung um eine Interventionsklage handelt.[12] Die Interventionsklage wird im Anwendungsbereich der EuGVO leichter zugelassen, als nach den nationalen Verfahrensordnungen. Denn der bereits oben erwähnte Grundsatz der praktischen Wirksamkeit untersagt, die Klage im Interesse der Zweckmäßigkeit abzuweisen. Art. 6 Nr. 1 EuGVO behandelt die Streitgenossenschaft. Ihr Anwendungsbereich geht über das deutsche Verständnis hinaus, weil auch die englische Streitgenossenschaft im Falle der Alternativschuldnerschaft erfasst wird. Diese Fallgruppe wird nach deutschem Recht nicht mithilfe der Streitgenossenschaft, sondern mithilfe der Streitverkündung geregelt. Art. 65 Abs. 1 EuGVO enthält schlussendlich Bestimmungen zur Streitverkündung, also zu einer Verfahrensbeteiligung, die nicht in eine abschließende und zu vollstreckende Entscheidung gegenüber dem Dritten mündet. Es handelt sich dabei nicht um eine Zuständigkeitsregelung, so dass keine besonderen Anforderungen an die Streitverkündung gestellt werden. Diese Besonderheit lässt sich mit dem Regelungsgegenstand der EuGVO erklären. Nach dem zweiten und sechsten Erwägungsgrund hat die EuGVO zum Ziel, die Vorschriften über die Zuständigkeit und Anerkennung von Entscheidungen zu vereinheitlichen. Die EuGVO dient damit nicht einer allgemeinen Rechtsvereinheitlichung auf dem Gebiet des Zivilprozessrechts, so dass die Streitverkündung schon nicht der Regelungsmaterie der EuGVO unterfällt. Sie setzt keine Zuständigkeit voraus. Denn das Rechtsverhältnis zwischen der Hauptpartei und dem Dritten rechtfertigt nur die Streitverkündung, steht aber nicht als Streitgegenstand zur Entscheidung. Der Dritte muss deshalb nicht unmittelbar gerichtspflichtig sein. Die Streitverkündung wird in Art. 65 Abs. 1 EuGVO nur im Zusammenhang

---

[11] Vgl. Kapitel 3 C. I.
[12] Vgl. Kapitel 3 B. I.

mit dem Vorbehalt hinsichtlich der Interventionsklage erwähnt. Darüber besitzt diese Vorschrift aber nur klarstellende Bedeutung.

D. Schutz der Beteiligteninteressen im Erstverfahren

Wie dargelegt, stellt Art. 6 Nr. 1 und 2 EuGVO besondere Anforderungen an die Streitgenossenschaft und die Interventionsklage. Art. 65 EuGVO lässt die nationalen Bestimmungen über die Streitverkündung unberührt. Da eine Streitverkündung die Zuständigkeitsinteressen nur mittelbar berührt, ist diese Unterscheidung sinnvoll. Denn die zusätzlichen Anforderungen gewährleisten, dass die Zuständigkeitsinteressen des Dritten nur in besonderen Fällen zurücktreten müssen. Damit ermöglicht das Zuständigkeitssystem der EuGVO eine Drittbeteiligung gemäß der nationalen Verfahrensordnungen durchzuführen, ohne die Regelungsziele der EuGVO zu gefährden. Die jeweiligen nationalen Beteiligungsinstitute werden damit in die EuGVO integriert, obwohl sie stark voneinander abweichen und von unterschiedlichen Verfahrensprinzipien geprägt sind. Zusammenfassend kann gesagt werden, dass die Zuständigkeitsinteressen des Dritten dann völlig in den Hintergrund treten, wenn über den Drittanspruch in dem Verfahren nicht entschieden wird. Kommt es jedoch zu einer abschließenden Entscheidung werden seine Interessen berücksichtigt. Um die Drittbeteiligung aber zu gewährleisten, gehen die Zuständigkeitsinteressen des Dritten nicht vor. Es wird nur geprüft, ob die Beteiligung des Dritten erforderlich ist und nicht missbräuchlich erfolgt. Anders die Nebenintervention, die die Zuständigkeitsinteressen des Dritten, der sich freiwillig beteiligt, nicht berührt. Jedoch wird die Dispositionsbefugnis der Parteien eingeschränkt, die gewährleistet, dass die Parteien grundsätzlich selbst darüber bestimmen können, ob und über was sie einen Rechtsstreit führen. Da die EuGVO sich auf die Bestimmung der Zuständigkeit beschränkt, gibt sie keine Antwort darauf, wie die Dispositionsbefugnis mit dem Beteiligungsinteresse ausgeglichen werden soll. Diese Frage bleibt weiterhin dem autonomen deutschen Recht überlassen. Damit übernimmt die EuGVO den Ausgleich der nationalen Verfahrensordnungen zwischen dem Beteiligungsinteresse und dem Zuständigkeitsinteresse sowie der Dispositionsbefugnis der Parteien.

E. Schutz der Beteiligteninteressen im Anerkennungsverfahren

Es bestehen keine grundlegenden Unterschiede in der Anerkennung der Drittwirkung nach dem autonomen deutschen Recht und nach der EuGVO. Sowohl § 328 ZPO als auch Art. 33 ff. EuGVO verstehen unter Anerkennung eine Wirkungserstreckung.[13] Während nach dem deutschen Recht die Entscheidungswir-

---

[13] Vgl. Kapitel 5 A. II.

kung dann anzuerkennen ist, wenn sie dem deutschen Recht nicht wesensfremd ist, müssen nach der EuGVO grundsätzlich alle Entscheidungswirkungen auf den Anerkennungsstaat erstreckt werden, unabhängig davon, ob seine Rechtsordnung eine vergleichbare Regelung enthält. Einzige Beschränkung stellt der ordre public dar. Dieser Unterschied wird bei der Anerkennung subjektiver Rechtskrafterstreckung auf einen Dritten bemerkbar. Gemäß § 328 ZPO kann die Anerkennung der Rechtskrafterstreckung des US-amerikanischen Rechts im Einzelfall versagt werden. Im Gegensatz dazu muss nach Art. 33 ff. EuGVO auch die englische Rechtskrafterstreckung wegen Prozessmissbrauchs anerkannt werden.[14] Einziges Korrektiv bleibt der ordre public, um das Interesse des Dritten zu wahren, nicht an eine Entscheidung gebunden zu sein, auf die er keinen Einfluss hatte. Die ordre public-Prüfung ist sowohl nach § 328 Abs. 1 Nr. 4 ZPO als auch gemäß Art. 34 Nr. 1 EuGVO zugelassen.[15] Die Prüfung erfolgt für beide Vorschriften nach demselben Maßstab, weil der ordre public innerhalb der vom Europäischen Gerichtshof gesetzten äußersten Grenzen nach dem jeweiligen nationalen Recht bestimmt wird. Die vorliegende Untersuchung zeigt aber, dass der ordre public nicht geeignet ist, um die Anerkennung der Rechtskrafterstreckung auf Dritte allgemein zu versagen.

Die Anerkennung nach den Vorschriften der EuGVO und des autonomen deutschen Rechts unterscheiden sich auch in den vorgesehenen Anerkennungshindernissen. So verlangt § 328 Abs. 1 Nr. 1 ZPO die Anerkennungszuständigkeit des erkennenden ausländischen Gerichts, was nach Art. 35 Abs. 3 EuGVO ausdrücklich verboten ist. Dieser Unterschied wird im Falle des Interventionsklageurteils aktuell. Die Entscheidung eines US-amerikanischen Gerichts wird nur anerkannt, wenn dessen internationale Zuständigkeit spiegelbildlich zu bejahen ist. Mangels einer Interventionsklage im deutschen Recht werden die Zuständigkeitsvorschriften für selbständige Klagen nach §§ 12 ff. analog herangezogen.[16] Die Zuständigkeitsinteressen des Dritten werden somit unmittelbar geschützt. Erfolgt die Anerkennung nach den Vorschriften der EuGVO ist das anerkennende Gericht an die Zuständigkeitsentscheidung des Erstgerichts gebunden. Dieser Nachteil wird aber durch die EuGVO selbst ausgeglichen, die in Art. 6 Nr. 2 einen einheitlichen, vorhersehbaren Gerichtsstand vorsieht.

Unabhängig von diesen Unterschieden weichen § 328 ZPO und Art. 33 ff. EuGVO bei der Anerkennung von Drittwirkungen nicht voneinander ab. Das Interventionsklageurteil wird wie eine eigenständig ergangene Entscheidung behandelt, so dass alle Anerkennungshindernisse in Bezug auf den Dritten geprüft

---

[14] Vgl. Kapitel 5 B. V. zur Anerkennung US-amerikanischer Rechtskrafterstreckung und Kapitel 5 C. II. 2. zur englischen Rechtskrafterstreckung.
[15] Zum ordre public gemäß § 328 Abs. 1 Nr. 4 vgl. Kapitel 5 B. IV. 3., zum ordre public nach Art. 34 Nr. 1 EuGVO vgl. Kapitel 5 C. IV. 1.
[16] Vgl. Kapitel 5 B. I. 3.

werden.[17] Damit werden die Interessen des Dritten umfänglich gewahrt. Anders bei der Interventionswirkung.[18] Diese wird nach § 328 ZPO und nach Art. 33 ff. EuGVO als eine Wirkung der Entscheidung zwischen den Hauptparteien anerkannt. Die Anerkennungsvoraussetzungen müssen deshalb nur hinsichtlich der Hauptparteien und nicht des Dritten vorliegen. Dessen Interessen werden nur im Rahmen des ordre public berücksichtigt. Auch eine Entscheidung in Folge einer Hauptintervention wird sowohl nach den Bestimmungen der ZPO als auch der EuGVO anerkannt. Es spielt dabei keine Rolle, ob nach dem angewandten nationalen Verfahrensrecht die Hauptintervention zu einem Parteiwechsel, einer Verfahrensverbindung oder einer Rechtskrafterstreckung führt.

Die vorliegende Untersuchung zeigt demnach, dass die unterschiedlichen Drittbeteiligungsinstitute in den jeweiligen nationalen Verfahrensrechten kein unlösbares Problem im internationalen Zivilverfahrensrecht darstellen. Der Ausgleich zwischen den Beteiligteninteressen (Zuständigkeitsinteresse und Dispositionsbefugnis), den das nationale Recht für Inlandsfälle vorsieht, spiegelt sich im internationalen Zivilverfahrensrecht wider. Richtet sich die Anerkennung nach der EuGVO, muss der Dritte sich aber eventuell Entscheidungswirkungen entgegenhalten lassen, die seiner Heimatrechtsordnung fremd sind. Das folgt aus den nationalen Verfahrensunterschieden, die innerhalb der Europäischen Union hinzunehmen sind. Bei einer Anerkennung nach § 328 ZPO muss er damit nicht rechnen. Die Untersuchung zeigt aber am Beispiel US-amerikanischer Entscheidungen, dass der Dritte sich nicht darauf verlassen kann, die Entscheidung werde nicht anerkannt. Zwar sind viele Entscheidungswirkungen dem deutschen Recht fremd, jedoch enthält das deutsche Recht Regelungen, die zu vergleichbaren Rechtsfolgen führen.[19] Als Ergebnis kann zweierlei festgehalten werden. Eine Beteiligung Dritter an einem Verfahren wird im internationalen Zivilverfahrensrecht nicht deshalb erschwert, weil der Prozess Auslandsberührung besitzt. Nach dem Diskriminierungsverbot im europäischen Recht ist diese Vorgehensweise sogar ausdrücklich untersagt (Art. 12 EGV). Das bedeutet, dass der Interessenausgleich der § 64 ff. ZPO auch das internationale Zivilverfahrensrecht beeinflusst, wenn das Verfahren vor einem deutschen Gericht anhängig ist. Gleiches gilt für die Lösung des ausländischen Verfahrensrechts, wenn der Prozess im Ausland geführt wird. Die Beteiligten müssen sich deshalb auf eine Drittbeteiligung einstellen. Wie dargestellt wurde, bietet auch das Anerkennungsverfahren keinen ausreichenden Schutz vor Drittwirkungen einer ausländischen Entscheidung. Diese Rechtslage gewinnt noch an Schärfe, weil dem Dritten Rechtsbehelfe gegen die Drittwirkung nicht zur Verfügung stehen, die nur

---

[17] Zur Anerkennung nach § 328 ZPO vgl. Kapitel 5 B. I., nach Art. 33 ff. EuGVO vgl. Kapitel 5 C. III.
[18] Zur Anerkennung der Interventionswirkung vgl. Kapitel 5 B. III. und C. IV.
[19] Vgl. Kapitel 4 B. V. 1. a).

im Verfahrensrecht des Urteilsstaates, aber nicht im Anerkennungsstaat vorgesehen sind.[20] Das trifft auf den französischen Drittwiderstand oder die Zulässigkeitsprüfung für die Streitverkündung nach deutschem Recht zu. Aus diesem Grund sollten die Parteien und der Dritte mithilfe einer Gerichtsstandsvereinbarung oder eines Prozessvertrages die Drittbeteiligung im Vorfeld regeln. Das deutsche autonome Recht kann den Interessen der Beteiligten entgegen kommen, indem es eine Zulässigkeitsprüfung der Streitverkündung analog § 71 ZPO nach Erlass der Entscheidung zulässt, wenn das Folgeverfahren in einem anderen Staat durchgeführt wird.[21]

---

[20] Vgl. Kapitel 9 A. und C.
[21] Vgl. Kapitel 9 A. III.

Literaturverzeichnis

Amt für amtliche Veröffentlichungen der Europäischen Gemeinschaften: Rat der Europäischen Union, Bürgerliches Recht – Europa der justiziellen Zusammenarbeit, 2005

Andrews, Neil: English Civil Procedure, 2003

Anweiler, Jochen: Die Auslegungsmethoden des Gerichtshofs der Europäischen Gemeinschaften, 1997

Bamberger, Heinz Georg/*Roth,* Herbert: Kommentar zum Bürgerlichen Gesetzbuch, Band 1, 2. Auflage 2007

Bar, Christian von/*Mankowski,* Peter: Internationales Privatrecht, Band 1, Allgemeine Lehren, 2. Auflage 2003

Barnett, Peter R.: Res Judicata, Estoppel, and Foreign Judgments, The Preclusive Effects of Foreign Judgments in Private International Law, 2001

Basedow, Jürgen: Qualifikation, Vorfrage und Anpassung im internationalen Zivilverfahrensrecht, in: Schlosser, Peter (Hrsg.), Materielles Recht und Prozeßrecht und die Auswirkungen der Unterscheidung im Recht der internationalen Zwangsvollstreckung, 1992, S. 131

Baumbach, Adolf/*Hopt,* Klaus J./*Merkt,* Hanno: Handelsgesetzbuch mit GmbH & Co., Handelsklauseln, Bank- und Börsenrecht, Transportrecht, 33. Auflage 2008

Baumbach, Adolf/*Lauterbach,* Wolfgang/*Albers,* Jan/*Hartmann,* Peter: Zivilprozessordnung mit Gerichtsverfassungsgesetz und anderen Nebengesetzen, 66. Auflage 2008

Bernstein, Herbert: Prozessuale Risiken im Handel mit den USA, (Ausgewählte Fragen zu § 328 ZPO) in: Heldrich, Andreas/Henrich, Dieter (Hrsg.), Konflikt und Ordnung, Festschrift für Murad Ferid zum 70. Geburtstag, 1978, S. 75

Bettermann, Karl August: Die Vollstreckung des Zivilurteils in den Grenzen seiner Rechtskraft, 1949

Blomeyer, Arwed: Zivilprozeßrecht: Erkenntnisverfahren, 2. Auflage, 1985

– Rechtskrafterstreckung infolge zivilrechtlicher Abhängigkeit, ZZP 75 (1962), S. 24

Böhm, Peter: Der Streitgegenstandsbegriff des EuGH und seine Auswirkungen auf das österreichische Recht, in: Bajons, Ena-Marlis (Hrsg.), Die Übereinkommen von Brüssel und Lugano, der Einfluß der europäischen Gerichtsstands- und Vollstreckungsübereinkommen auf den österreichischen Zivilprozess, Symposium vom 31. Jänner und 1. Februar 1997, S. 141

– Die Rechtsschutzformen im Spannungsfeld von lex fori und lex causae, in: Holzhammer, Richard/Jelinek, Wolfgang/Böhm, Peter (Hrsg.), Festschrift für Hans W. Fasching zum 65. Geburtstag, 1988, S. 107

Born, Gary: International Civil Litigation in United State Courts, commentary and materials, 3. Auflage 1996

Briggs, Adrian/*Rees,* Peter: Civil Jurisdiction and Judgments, 4. Auflage 2005

Bunge, Jürgen: Zivilprozessrecht und Zwangsvollstreckung in England und Schottland, 2. Auflage 2005

Burgstaller, Alfred/*Neumayr,* Matthias (Hrsg.): Internationales Zivilverfahrensrecht, Band 1, 6. Lieferung 2006, Kapitel 31, EuGVO – Verordnung über die gerichtliche Zuständigkeit und die Anerkennung und Vollstreckung von Entscheidungen in Zivil- und Handelssachen, Burgstaller, Alfred, Neumayr, Matthias (Bearb.), Stand: Oktober 2002

Burnham, William: Introduction to the law and legal system of the United States, 4. Auflage 2006

Cadiet, Loïc: Code de Procédure Civile, 20. Auflage 2007

Cadiet, Loïc/*Jeuland,* Emmanuel: Droit Judiciaire Privé, 5. Auflage 2006

Calliess, Christian/*Ruffert,* Matthias: EUV, EGV, das Verfassungsrecht der Europäischen Union mit Europäischer Grundrechtecharta, Kommentar, 3. Auflage 2007

Coester-Waltjen, Dagmar: Internationales Beweisrecht, 1983

– Die Bedeutung des Art. 6 Nr. 2 EuGVÜ, Anmerkung zu EuGH vom 15.5.1990 – Rs. C 365/88, IPRax 1992, S. 290

Cound, J. John/*Friedenthal,* H. Jack/*Miller,* R. Arthur/*Sexton,* E. John: Civil Procedure: cases and materials, 5. Auflage 1989

Craushaar, Götz von: Die internationalrechtliche Anwendbarkeit deutscher Prozeßnormen, Österreichisches Erbrecht im deutschen Verfahren, 1961

Dalloz, Édouard: Nouveau Code de Procédure Civile, 95. Auflage 2003

Dalloz, Édouard/*Wiederkehr,* Georges: Code Civil, 103. Auflage 2004

Dätwyler, Cornelia: Gewährleistungs- und Interventionsklage nach französischem Recht und Streitverkündung nach schweizerischem und deutschem Recht im internationalen Verhältnis nach IPRG und Lugano-Übereinkommen unter Berücksichtigung des Vorentwurfs zu einer schweizerischen Zivilprozessordnung, 2005

Dauner-Lieb, Barbara/*Ring,* Gerhard (Hrsg.), Anwaltkommentar BGB, Band 1, Allgemeiner Teil mit EGBGB, 1. Auflage 2005

Donzallas, Yves: L'interprétation de la Convention de Lugano (CL) par le Tribunal fédéral: étude de jurisprudence, ZSR 1999 I, S. 11

Droz, Georges A. L.: Compétence judiciaire et effets des jugements dans le Marché Commun, Étude de la Convention de Bruxelles du 27 Septembre 1968, 1972

Ebenroth, Carsten Thomas/*Boujong,* Karlheinz/*Joost,* Detlev (Hrsg.): Handelsgesetzbuch Kommentar, Band 2, §§ 343–475h Transportrecht, Bank- und Börsenrecht, 1. Auflage 2001

Ellgar, Reinhard: Kurzinformation zum Foreign Limitation Periods Act 1984, RabelsZ 49 (1985), S. 371

Engelman-Pilger, Albrecht: Die Grenzen der Rechtskraft des Zivilurteils im Recht der Vereinigten Staaten, eine Darstellung mit rechtsvergleichenden Anmerkungen, 1974

Erman, Walter/*Westermann,* Harm Peter: Bürgerliches Gesetzbuch, Handkommentar, Band 1, 11. Auflage 2004

Fasching, Hans W./*Konecny,* Andreas: Kommentar zu den Zivilprozessgesetzen,
– 1. Band, EGJN, JN samt EuGVÜ/LGVÜ, 2. Auflage 2000
– 2. Band, Teilband 1 EGZPO §§ 1–73 ZPO, 2. Auflage 2002

Fischer, Gerfried: Objektive Grenzen der Rechtskraft im internationalen Zivilprozeßrecht, in: Gerhardt, Walter/Diederichsen Uwe u. a. (Hrsg.), Festschrift für Wolfram Henkel zum 70. Geburtstag 1995, S. 199

Försterling, Thomas/*Kutscher-Puis,* Fabienne: Kosten des Zivilverfahrens in Frankreich – ein Überblick –, IPRax 2002, S. 245

Fragistas, Charalampos N.: Die Prozeßstandschaft im internationalen Prozeßrecht, in: Süss, Theodor/Simonius August u. a. (Hrsg.), Festschrift für Hans Lewald bei Vollendung des Vierzigsten Amtsjahres als ordentlicher Professor, 1953, S. 471

Frank, Rainer: Unterbrechung der Verjährung durch Auslandsklage, Urteilsanmerkung zu LG Deggendorf vom 24.11.1983 – O 411/81 – IPRax 1983, S. 108

Friedenthal, Jack H./*Kane,* Mary Kay/*Miller,* Arthur M.: Civil Procedure, 4. Auflage 2005

Gaudemet-Tallon, Hélène: Anmerkung zu der Entscheidung des Cour de cassation vom 19.11.2002, Rev. crit. dr. int. priv., 2003, S. 129

– Compétence et execution des jugements en Europe, Règlement n° 44/2001 Conventions de Bruxelles et de Lugano, 3. Auflage 2002

– Anmerkung zu dem Urteil des Cour de Cassation vom 24.3.1987, Rev. crit. dr. internat. priv. 76 (1987), S. 580

Geimer, Reinhold: Internationales Zivilprozeßrecht, 5. Auflage 2005

– Die Sonderrolle der Versicherungssachen im Brüssel I-System, in: Lorenz, Stephan/Trunk, Alexander u. a. (Hrsg.), Festschrift für Andreas Heldrich zum 70. Geburtstag, 2005, S. 627

– Härtetest für deutsche Dienstleister im Ausland, Anmerkung zu OLG Hamm vom 27.6.1996 abgedruckt in IPRax 1998, S. 202 und BGH vom 18.9.1997 abgedruckt in IPRax 1998, S. 205, IPRax 1998, S. 203

– „Internationalpädagogik" oder wirksamer Beklagtenschutz? Einige Bemerkungen zur internationalen Anerkennungszuständigkeit, in Heldrich, Andreas/Ushida, Takeyoshi (Hrsg.), Festschrift für Hideo Nakamura zum 70. Geburtstag, 1996, S. 169

- Fora Connexitatis, Der Sachzusammenhang als Grundlage der internationalen Zuständigkeit, Bemerkungen zu Artikel 6 des EWG-Übereinkommens vom 27. September 1968, WM 1979, S. 350
- Anerkennung und Vollstreckbarerklärung französischer Garantieurteile in der Bundesrepublik Deutschland, ZZP 85 (1972), S. 196
- Anmerkung zu der Entscheidung des BGH vom 15.10.1969 VIII ZR 122/68, NJW 1970, S. 387

Geimer, Reinhold/*Schütze,* Rolf A.: Europäisches Zivilverfahrensrecht, Kommentar zur EuGVVO, EuEheVO, EuZustellungsVO, zum Lugano-Übereinkommen und zum nationalen Kompetenz- und Anerkennungsrecht, 2. Auflage 2004

- Internationale Urteilsanerkennung, Band 1, Teilband 1, Das EWG-Übereinkommen über die gerichtliche Zuständigkeit und die Vollstreckung gerichtlicher Entscheidungen in Zivil- und Handelssachen, 1983, Band 1, Teilband 2, Allgemeine Grundsätze und autonomes deutsches Recht, 1984

Geimer, Reinhold/*Schütze,* Rolf A./*Bülow,* Arthur/*Böckstiegel,* Karl-Heinz: Internationaler Rechtsverkehr in Zivil- und Handelssachen, Band 1, Grundwerk 1973, 30. Ergänzungslieferung, Stand: Juli 2006

Georganti, Philia: Die Zukunft des ordre public Vorbehalts im Europäischen Zivilprozessrecht, 2006

Gottwald, Peter: Präjudizialwirkung der Rechtskraft zugunsten Dritter?, in: Heinrich, Christian (Hrsg.), Festschrift für Hans-Joachim Musielak zum 70. Geburtstag 2004, S. 183

- Streitgegenstandslehre und Sinnzusammenhänge, in: Gottwald, Peter (Hrsg.), Dogmatische Grundfragen des Zivilprozesses im geeinten Europa, Akademisches Symposium zu Ehren von Karl Heinz Schwab aus Anlass seines 80. Geburtstages, 2000, S. 85
- Grundfragen der Anerkennung und Vollstreckung ausländischer Entscheidungen in Zivilsachen, ZZP 103 (1990), S. 257
- Die Prozessaufrechnung im Europäischen Zivilprozess, IPRax 1986, S. 10

Gottwald, Peter/*Nagel,* Heinrich: Internationales Zivilprozessrecht, 6. Auflage 2007

Götze, Cornelius: Vouching In und Third-Party Practice: Formen unfreiwilliger Drittbeteiligung im amerikanischen Zivilprozeß und ihre Anerkennung in Deutschland, 1993

Greiner, Monique Janetti: Die Rechtsprechung des Bundesgerichts zum Zivilprozessrecht im Jahre 2005, 2. Teil Internationales Zivilprozessrecht, ZBJV 2005, S. 55

Grunsky, Wolfgang: Dispositionsgrundsatz und Verfahrensbeteiligung im europäischen Vergleich, in: Grunsky, Wolfgang/Stürner, Rolf (Hrsg.), Wege zu einem europäischen Zivilprozessrecht, 1992, S. 25

- Lex fori und Verfahrensrecht, ZZP 89 (1976), S. 241

Guinchard, Serge: Droit et Pratique de la Procédure Civile, 5. Auflage 2006

Guldener, Max: Schweizerisches Zivilprozessrecht, 3. Auflage 1979

Habscheid, Walther J.: Schweizerisches Zivilprozess- und Gerichtsorganisationsrecht, 2. Auflage 1990

- Die Voraussetzungen der Intervention Dritter in einen Rechtsstreit – eine rechtsvergleichende Untersuchung –, in: Institute of Comparative Law, Waseda University (Hrsg.), Recht in Ost und West, Festschrift zum 30-jährigen Jubiläum des Instituts für Rechtsvergleichung der Waseda Universität, 1988, S. 651
- Rechtsvergleichende Bemerkungen zum Problem der materiellen Rechtskraft des Zivilurteils, in: Constantopoulos, D. S. (Hrsg.), Festschrift für Charalampos Fragistas, 1966, S. 529

Häsemeyer, Ludwig: Die Interventionswirkung im Zivilprozess – prozessuale Sicherung materiellrechtlicher Alternativverhältnisse, ZZP 84 (1971), S. 179

Hay, Peter: US-amerikanisches Recht, 4. Auflage 2008

Heiss, Helmut: Gerichtsstandsfragen in Versicherungssachen nach europäischem Recht, in: Reichert-Facilides, Fritz/Schnyder, Anton K. (Hrsg.), Versicherungsrecht in Europa – Kernperspektiven am Ende des 20. Jahrhunderts, Referate und Diskussionsbeiträge eines in Basel am 24./25. September 1998 durchgeführten internationalen Symposiums, 2000, S. 105

Hellwig, Hans-Jürgen: Zur Systematik des zivilprozeßrechtlichen Vertrages, 1968

Helm, Johann Georg: Probleme der CMR: Geltungsbereich – ergänzendes Recht – Frachtbrief – Weisungsbefugnis – aufeinanderfolgende Frachtführer, VersR 1988, S. 548

Henry, Xavier (Hrsg.): Méga Code Civil, 7. Auflage 2007

Herrmann, David: Die Anerkennung US-amerikanischer Urteile in Deutschland unter Berücksichtigung des ordre public, 2000

Hess, Burkhard: EMRK, Grundrechte-Charta und europäisches Zivilverfahrensrecht, in: Mansel, Heinz-Peter/Pfeiffer, Thomas u. a. (Hrsg.), Festschrift für Erik Jayme, Band 1, 2004, S. 348

Hoek, Aukje A. H. van: Case Law, Case C-7/98, *D. Krombach v. A. Bamberski,* Judgment of the Full Court of 28 March 2000. [2000] ECR I-1395, C.M.L.Rev. 2001, 1011

Hoffmann, Bernd von: Gegenwartsprobleme internationaler Zuständigkeit, IPRax 1982, S. 217

Hoffmann, Bernd von/*Hau,* Wolfgang: Probleme abredewidriger Streitverkündung im Europäischen Zivilrechtsverkehr, RIW 1997, S. 89

Hoffmann, Bernd von/*Thorn,* Karsten: Internationales Privatrecht, 9. Auflage 2007

Hub, Torsten: Internationale Zuständigkeit in Versicherungssachen nach der VO 44/01/EG (EuGVVO), 2005

Huet, André: Chronique de jurisprudence française, J.D.I. 1995, S. 143

Jacob, Jack I. H.: Private International Litigation, 1. Auflage 1988

Jacoby, Florian: Der Musterprozeßvertrag, 2000

Jaeckel, Fritz: Die Reichweite der lex fori im internationalen Zivilprozeßrecht, 1995

James, Fleming/*Hazard*, Geoffrey C./*Leubsdorf*, John: Civil Procedure, 5. Auflage 2001

Jauernig, Othmar: Subjektive Grenzen der Rechtskraft und Recht auf rechtliches Gehör, ZZP 101 (1988), S. 361

Jayme, Erik: Nationaler ordre public und europäische Integration: Betrachtungen zum Krombach-Urteil des EuGH, 2000

Jenard, Paul: Bericht zu dem Übereinkommen über die gerichtliche Zuständigkeit und die Vollstreckung gerichtlicher Entscheidungen in Zivil- und Handelssachen, Abl. EG vom 5.3.1979 Nr. C 59/1

Jungermann, Julia: Die Drittwirkung internationaler Gerichtsstandsvereinbarungen nach EuGVÜ/EuGVO und LugÜ, 2006

Junker, Abbo: Einheit und Vielfalt: Die Zivilprozeßrechte der Vereinigten Staaten von Amerika, Geschichte, Systematik, Rezeption, ZZP 101 (1988), S. 241

– Discovery im deutsch-amerikanischen Rechtsverkehr, 1987

Kadner-Graziano, Thomas: Gemeineuropäisches Internationales Privatrecht: Harmonisierung des IPR durch Wissenschaft und Lehre (am Beispiel der außervertraglichen Haftung für Schäden), 2002

Kahl, Arno: Die Streitverkündung, 1998

Kaye, Peter: Law of the European Judgments Convention, 3. und 5. Band, 1999

Kegel, Gerhard/*Schurig*, Klaus: Internationales Privatrecht, 9. Auflage 2004

Kilian, Matthias: Erfolgshonorare im Internationalen Privatrecht, AnwBl. 2003, S. 452

Koch, Harald: Alternativen zum Zweiparteiensystem im Zivilprozess – Parteiübergreifende Interessen und objektive Prozeßführungsrechte – KritV 1989, S. 323

– Streitverkündung und Drittklage im amerikanisch-deutschen Prozeß, ZVglRWiss 85 (1986), S. 11

– Zur Frage der Drittbeteiligung im amerikanisch-europäischen Prozess, in: Habscheid, Walther J. (Hrsg.), Der Justizkonflikt mit den Vereinigten Staaten von Amerika, 1986, S. 123

Koller, Ingo: Transportrecht, Kommentar zu Spedition und Gütertransport, 6. Auflage 2007

Konzen, Horst: Die Präjudizialität rechtskräftiger arbeitsgerichtlicher Beschlüsse im nachfolgenden Individualprozeß, in: Bettermann, Karl August, Festschrift für Albrecht Zeuner zum 70. Geburtstag 1994, S. 400

– Rechtsverhältnisse zwischen Prozeßparteien, Studien zur Wechselwirkung von Zivil- und Prozeßrecht bei der Bewertung und den Rechtsfolgen prozesserheblichen Parteiverhaltens, 1976

Kraft, Bernd: Grenzüberschreitende Streitverkündung und Third Party Notice, 1997

Krause, Rainer: Urteilswirkung gegenüber Dritten im US-amerikanischen Zivilprozeßrecht: eine rechtsvergleichende Untersuchung zu den subjektiven Grenzen der Rechtskraft, 1994

Kropholler, Jan: Internationales Privatrecht, 6. Auflage 2006

– Europäisches Zivilprozeßrecht, 8. Auflage 2005

– Internationale Zuständigkeit, in: Drobnig, Ulrich/Kötz, Hein (Hrsg.), Handbuch des Internationalen Zivilverfahrensrechts, Band 1, 1982

– Internationales Einheitsrecht, 1975

Kühne, Gunther: IPR-Gesetz-Entwurf: Entwurf eines Gesetzes zur Reform des internationalen Privat- und Verfahrensrechts, 1980

Langan, Peter St./*Henderson,* Hevey: Civil Procedure, 3. Auflage 1983

Larenz, Karl/*Canaris,* Claus-Wilhelm: Methodenlehre der Rechtswissenschaft, 3. Auflage 1995

Layton, Alexander: European Civil Practice, 1. Band, 2. Auflage 2004

Leipold, Dieter: Neuere Erkenntnisse des EuGH und des BGH zum anerkennungsrechtlichen ordre public, in: Hohloch, Gerhard/Frank, Rainer/Schlechtriem, Peter (Hrsg.), Festschrift für Hans Stoll zum 75. Geburtstag, 2001, S. 625

– Wege zur Konzentration von Zivilprozessen: Anregungen aus dem Europäischen Zivilprozeßrecht, 1999

– Lex fori, Souveränität, Discovery, Grundfragen des Internationalen Zivilprozeßrechts, 1989

Lindacher, Walter F.: Die internationale Verbandsklage in Wettbewerbssachen, in: Prütting, Hanns/Rüssmann, Helmut (Hrsg.), Festschrift für Gerhard Lüke zum 70. Geburtstag 1997, S. 377

Linke, Hartmut: Internationales Zivilprozeßrecht, 4. Auflage 2006

Löhnig, Martin/*Althammer,* Christoph: Zwischen Realität und Utopie: Der Vertrauensgrundsatz in der Rechtsprechung des EuGH zum Europäischen Zivilprozessrecht, ZZP Int. 2004, S. 23

Lüke, Wolfgang: Die Beteiligung Dritter im Zivilprozeß: eine rechtsvergleichende Untersuchung zu Grundfragen der subjektiven Verfahrenskonzentration, 1993

Mangoldt, Herrmann von/*Klein,* Friedrich/*Stark,* Christian: Kommentar zum Grundgesetz, Band 3, Art. 83–146 GG, 5. Auflage 2005

Mansel, Heinz-Peter: Gerichtspflichtigkeit von Dritten: Streitverkündung und Interventionsklage (Deutschland), in: Bajons, Ena-Marlis/Mayr, Peter G./Zeiler, Gerold (Hrsg.), Die Übereinkommen von Brüssel und Lugano, Der Einfluß der Europäischen Gerichtsstands- und Vollstreckungsübereinkommen auf den österreichischen Zivilprozeß, 1997, S. 177

– Gerichtsstandsvereinbarung und Ausschluß der Streitverkündung durch Prozeßvertrag, ZZP 109 (1996), S. 61

- Streitverkündung und Interventionsklage im Europäischen internationalen Zivilprozeßrecht (EuGVÜ/Lugano-Übereinkommen), in: Hommelhoff, Peter/Jayme, Erik/Mangold, Werner (Hrsg.), Europäischer Binnenmarkt: internationales Privatrecht und Rechtsangleichung, Beiträge und Diskussionen des Symposiums 1994 in Heidelberg, 1995, S. 161
- Besprechung von Kropholler, Jan, Zivilprozessrecht, Kommentar, RabelsZ 1995, S. 335
- Streitverkündung (vouching in) und Drittklage (third party complaint) im US-Zivilprozeß und die Urteilsanerkennung in Deutschland, in: Heldrich, Andreas/Kono, Toshiyuki (Hrsg.), Herausforderungen des Internationalen Zivilverfahrensrechts. Japanisch-deutsch-schweizerisches Symposium über aktuelle Fragen des internationalen Zivilverfahrensrechts im Verhältnis zu den USA, 1994, S. 63
- Substitution im deutschen Zwangsvollstreckungsrecht, Zur funktionellen Rechtsvergleichung bei der Sachrechtsauslegung, in: Pfister, Bernhard/Will, Michael R. (Hrsg.), Festschrift für Werner Lorenz zum 70. Geburtstag 1991, S. 689

Martiny, Dieter: Anerkennung ausländischer Entscheidungen nach autonomem Recht, in: Drobnig, Ulrich/Kötz, Hein (Hrsg.), Handbuch des Internationalen Zivilverfahrensrechts, Band 3, Teilband 1, 1984

- Anerkennung nach multilateralen Staatsverträgen, in: Drobnig, Ulrich/Kötz, Hein (Hrsg.), Handbuch des Internationalen Zivilverfahrensrechts, Band 1, Teilband 2, 1984

Mayr, Peter G.: EuGVÜ und LugÜ, Die europäischen Zuständigkeits- und Vollstreckungsübereinkommen mit einer Einführung, den nationalen und internationalen Materialien, der gesamten Judikatur des EuGH und Literaturhinweisen, 2001

Mayr, Peter G./*Czernich,* Dietmar: Europäisches Zivilprozessrecht, 2006

McGuire, Mary-Rose: Verfahrenskoordination und Verjährungsunterbrechung im Europäischen Prozessrecht, 2004

Meier, Isaak/*Sogo,* Miguel: Internationales Zivilprozessrecht und Zwangsvollstreckungsrecht mit Gerichtsstandsgesetz, 2. Auflage 2005

Meier, Markus: Grenzüberschreitende Drittbeteiligung, 1994

Mendelssohn-Bartholdy, Albrecht: Grenzen der Rechtskraft, 1900

Milleker, Erich: Inlandswirkungen der Streitverkündung im ausländischen Verfahren, ZZP 80 (1967), S. 288

- Formen der Intervention im französischen Zivilprozess und ihre Anerkennung in Deutschland, ZZP 84 (1971), S. 91

Müller, Horst: Der Schuldausspruch bei Ehescheidungen durch deutsche Gerichte nach ausländischem Recht, JbIntR 5 (1955), S. 239

Münchener Kommentar zum Bürgerlichen Gesetzbuch: Rebmann, Kurt/Säcker, Franz Jürgen (Hrsg.),
  – Band 1, Allgemeiner Teil, Teilband 1 §§ 1–240, ProstG, 5. Auflage 2006
  – Band 2, Schuldrecht, Allgemeiner Teil §§ 241–432, 5. Auflage 2007

- Band 10, Einführungsgesetz zum Bürgerlichen Gesetzbuche (Art. 1–46), Internationales Privatrecht, 4. Auflage 2006

Münchener Kommentar zum Handelsgesetzbuch: Schmidt, Karsten/Basedow, Jürgen (Hrsg.), Band 7, Viertes Buch Handelsgeschäfte §§ 407–457 Transportrecht, 1. Auflage 1997

Münchener Kommentar zur Zivilprozessordnung: Lüke, Gerhard/Rauscher, Thomas/Wax, Peter (Hrsg.), Band 2, §§ 511—945, 3. Auflage 2007

Münchener Kommentar zur Zivilprozessordnung: Lüke, Gerhard/Wax, Peter (Hrsg.), Band 1, Einleitung, §§ 1–354, 2. Auflage 2000

Münchener Kommentar zur Zivilprozessordnung: Rauscher, Thomas/Wax, Peter/Wenzel, Joachim (Hrsg.),
- Band 1, Einleitung, § 1–510c, 3. Auflage 2008
- Band 3, §§ 946–1086, EGZPO, GVG, EGGVG, Internationales Zivilprozessrecht, 3. Auflage 2008

Musielak, Hans-Joachim: Kommentar zur Zivilprozessordung mit Gerichtsverfassungsgesetz, 5. Auflage 2007

Neuhaus, Paul Heinrich: Die Grundbegriffe des Internationalen Privatrechts, 2. Auflage 1976

Otte, Karsten: Umfassende Streitentscheidung durch Beachtung von Sachzusammenhängen, Gerechtigkeit durch Verfahrensabstimmung? 1998

Pagenstecher, Max: Werden die Partei- und Prozessfähigkeit eines Ausländers nach seinem Personalstatut oder nach den Sachnormen der lex fori beurteilt? Ein Beitrag zur Lehre von den zivilprozessualen Kollisionsnormen, ZZP 64 (1950/51), S. 249

Palandt, Otto/*Bassenge,* Peter: Bürgerliches Gesetzbuch, 67. Auflage 2008

Pirrung, Jörg: Internationales Privat- und Verfahrensrecht nach Inkrafttreten der Neuregelung des IPR: Texte, Materialien, Hinweise, 1987

Pohle, Rudolf: Zur Beweislast im internationalen Recht, in: von Cammerer, Ernst/Nikisch, Arthur/Zweigert, Konrad (Hrsg.), Festschrift für Hans Dölle, Vom deutschen zum europäischen Recht, Band 2, 1963, S. 317

Prölss, Erich R./*Knappmann,* Ulrich: Versicherungsvertragsgesetz, Kommentar zu VVG und EGVVG sowie Kommentierung wichtiger Versicherungsbedingungen – unter Berücksichtigung des ÖVVG und österreichischer Rechtsprechung, 27. Auflage 2004

Protokolle der Kommission für die zweite Lesung des Entwurfs des Bürgerlichen Gesetzbuchs: Achilles, Spahn (Hrsg.), im Auftrag des Reichs-Justizamtes, Band VI, 1899

Prütting, Hanns/*Wegen,* Gerhard/*Weinreich,* Gerd: BGB Kommentar, 2. Auflage 2007

Radtke, Manfred: Der Grundsatz der lex fori und die Anwendbarkeit ausländischen Verfahrensrechts, 1981

Raum, Rolf/*Lindner,* Nicola: Rechtsangleichung im Delikts- und Vollstreckungsrecht mit Blick auf die EU-Osterweiterung, NJW 1999, S. 470

Rauscher, Thomas: Anmerkung zur Entscheidung des EuGH vom 27.4.2004 in der Rechtssache C-159/02 Gregory Paul Thurner v. Felix Fareed Ismail Grovit u.a., IPRax 2004, S. 405

— Internationales Privatrecht, 3. Auflage 2009

Rauscher, Thomas/*Heiderhoff,* Bettina (Hrsg.): Europäisches Zivilprozessrecht Kommentar, Band 1 Brüssel I-VO, Brüssel IIa-VO, Band 2 EG-ZustellVO, EG-BEwVO, EG-VollstrTitelVO, 2. Auflage 2006

Reatz, Karl Ferdinand: Die zweite Lesung des Entwurfs eines Bürgerlichen Gesetzbuchs für das Deutsche Reich unter Gegenüberstellung der ersten Lesung, im Auftrag des Vorstandes des Deutschen Anwaltvereins, 2. Band, 1. Heft, 1896

Rechberger, Walter H./*Simotta,* Daphne-Ariane: Grundriß des österreichischen Zivilprozeßrechts, Erkenntnisverfahren, 5. Auflage 2000

Riezler, Erwin: Internationales Zivilprozeßrecht und prozessuales Fremdenrecht, 1949

Rixen, Hermann: Die Anwendung ausländischen Verfahrensrechts im deutschen Zivilprozess, 1999

Römer, Wolfgang/*Langheid,* Theo: Versicherungsvertragsgesetz mit Pflichtversicherungsgesetz (PflVG) und Kraftfahrzeug-Pflichtversicherungsverordnung (KfZ-PfVV), Kommentar, 2. Auflage 2003

Rosenberg, Leo: Lehrbuch des Deutschen Zivilprozeßrechts, 2. Auflage 1929

Rosenberg, Leo/*Schwab,* Karl-Heinz/*Gottwald,* Peter: Zivilprozessrecht, 16. Auflage 2004

Roth, Herbert: Zur Überprüfung der Voraussetzungen einer Streitverkündung im Vorprozess, Anmerkung zur Entscheidung des OLG Köln vom 3.6.2002 – 11 W 20/02 –, IPRax 2003, S. 515

— Anmerkung zur Entscheidung des BGH vom 29.4.1999 – IX ZR 263/97 – ZZP 112 (1999), S. 473

— Die Reichweite der lex-fori-Regel im internationalen Zivilprozeßrecht, in: Küper, Wilfried/Welp, Jürgen (Hrsg.), Festschrift für Walter Stree und Johannes Wessels zum 70. Geburtstag, 1993, S. 1045

Rotmann, Bastian: Der Schutz des Dritten in der Mobiliarzwangsvollstreckung: eine rechtsvergleichende Untersuchung vor dem Hintergrund der Verordnung (EG) Nr. 805/2004 zur Einführung eines Europäischen Vollstreckungstitels für unbestrittene Forderungen, 2006

Rühl, Gisela: Obliegenheiten im Versicherungsvertragsrecht, 2004

Schack, Haimo: Einführung in das US-amerikanische Zivilprozessrecht, 3. Auflage 2003

— Internationales Zivilverfahrensrecht, 4. Auflage 2006

— Widersprechende Urteile: Vorbeugen ist besser als Heilen, Anmerkung zur Entscheidung des EuGH vom 8.12.1987 in der Rechtssache 144/86, IPRax 1989, S. 139

— Drittwirkung der Rechtskraft, NJW 1988, S. 865

Schaefer, Hans-Georg: Drittinteressen im Zivilprozeß, 1993

*Schlosser-*Bericht zu dem Übereinkommen des Königreichs Dänemark, Irlands und des Vereinigten Königreiches Großbritannien und Nordirland über den Beitritt zum Übereinkommen über die gerichtliche Zuständigkeit und die Vollstreckung gerichtlicher Entscheidungen in Zivil- und Handelssachen sowie zum Protokoll betreffend die Auslegung dieses Übereinkommens durch den Gerichtshof: Abl. EG vom 5.3.1979 Nr. C 59/71

Schlosser, Peter: Ausschlußfristen, Verjährungsunterbrechung und Auslandsklage, in: Habscheid, Walther J./Gaul, Hans Friedrich (Hrsg.), Festschrift für Friedrich Wilhelm Bosch zum 65. Geburtstag, 1976, S. 859

– Einverständliches Parteihandeln im Zivilprozeß, 1968

Schnyder, K. Anton/*Liatowitsch,* Manuel: Internationales Privat- und Zivilverfahrensrecht, 2. Auflage, 2006

Schröder, Jochen: Internationale Zuständigkeit Entwurf eines Systems von Zuständigkeitsinteressen im zwischenstaatlichen Privatverfahrensrecht aufgrund rechtshistorischer, rechtsvergleichender und rechtspolitischer Betrachtungen, 1971

Schurig, Klaus: Der Konnexitätsgerichtsstand nach Art. 6 Nr. 1 EuGVVO und die Verschleifung von örtlicher und internationaler Zuständigkeit im europäischen Zivilverfahrensrecht, in: Heinrich, Christian (Hrsg.), Festschrift für Hans-Joachim Musielak zum 70. Geburtstag 2004, S. 493

Schütze, Rolf A.: Deutsches Internationales Zivilprozessrecht unter Einschluss des Europäischen Zivilprozessrechts, 2. Auflage 2005

– Forum non conveniens und Rechtschauvinismus, in: Mansel, Heinz-Peter/Pfeiffer, Thomas u. a. (Hrsg.), Festschrift für Erik Jayme Band 1, 2004, S. 849

– Rechtsverfolgung im Ausland, Probleme des ausländischen und internationalen Zivilprozeßrechts, 3. Auflage 2002

Schwab, Karl Heinz: Probleme der Prozeßhandlungslehre, in: Prütting, Hanns (Hrsg.), Festschrift für Gottfried Baumgärtel zum 70. Geburtstag 1990, S. 503

– Der Streitgegenstand im Zivilprozeß, 1954

Schwander, Ivo (Hrsg.): Das Lugano-Übereinkommen, Europäisches Übereinkommen über die gerichtliche Zuständigkeit und die Vollstreckung gerichtlicher Entscheidungen in Zivil- und Handelssachen, 1990

Soergel, Hans Theodor/*Siebert,* Wolfgang (Hrsg.): Bürgerliches Gesetzbuch, BGB mit Einführungsgesetz und Nebengesetzen, Band 10 Einführungsgesetz, 12. Auflage 1996

Spellenberg, Ulrich: Drittbeteiligung im Zivilprozeß in rechtsvergleichender Sicht, ZZP 106 (1993), 283

Spickhoff, Andreas: Der völkerrechtsbezogene ordre public, in: Leible, Stefan/Ruffert, Matthias (Hrsg.), Völkerrecht und IPR, 2006, S. 273

– Der ordre public im internationalen Privatrecht, 1989

Spiecker gen. Döhmann, Indra: Die Anerkennung der Rechtskraftwirkungen ausländischer Urteile, eine Untersuchung zur Fortgeltung des ne-bis-in-idem, 2002

Staub, Hermann/*Canaris,* Claus-Wilhelm/*Helm,* Johann Georg: Handelsgesetzbuch HGB, Großkommentar, Band 7 Teilband 2, Anhang VI nach § 452: CMR, 4. Auflage 2002

Staudinger, Julius von: Kommentar zum Bürgerlichen Gesetzbuch mit Einführungsgesetz und Nebengesetzen, Bork, Reinhard/Kohler, Jürgen/Roth, Herbert (Bearb.), Buch 1 Allgemeiner Teil §§ 134–163 (Allgemeiner Teil 4), Neubearbeitung 2003

– Kommentar zum Bürgerlichen Gesetzbuch mit Einführungsgesetz und Nebengesetzen, Grunsky, Karl-Heinz/Peters, Frank u.a. (Bearb.), Buch 1 Allgemeiner Teil §§ 164–240 (Allgemeiner Teil 5), Neubearbeitung 2004

– Kommentar zum Bürgerlichen Gesetzbuch mit Einführungsgesetz und Nebengesetzen, Jagmann, Rainer/Kaiser, Dagmar u.a. (Bearb.), Buch 2 Recht der Schuldverhältnisse §§ 328–359, Neubearbeitung 2004

– Kommentar zum Bürgerlichen Gesetzbuch mit Einführungsgesetz und Nebengesetzen, Busche, Jan/Noack, Ulrich/Rieble, Volker (Bearb.), Buch 2 Recht der Schuldverhältnisse §§ 397–432, Neubearbeitung 2005

– Kommentar zum Bürgerlichen Gesetzbuch mit Einführungsgesetz und Nebengesetzen EGBGB/IPR, IntVerfREhe (Internationales Verfahrensrecht in Ehesachen), Neubearbeitung 2005

– Kommentar zum Bürgerlichen Gesetzbuch mit Einführungsgesetz und Nebengesetzen, Grunsky, Karl-Heinz/Peters, Frank u.a. (Bearb.), Buch 1 Allgemeiner Teil §§ 164–240, 13. Bearbeitung 1995

Stein, Friedrich: Die Civilprozeßordnung für das deutsche Reich, Gaupp, Ludwig (Bearb.), 1. Band, 11. Auflage 1913

Stein, Friedrich/*Gaupp,* Ludwig: Die Civilprozeßordnung für das Deutsche Reich nebst den auf den Civilprozeß bezüglichen Bestimmungen des Gerichtsverfassungsgesetzes und des Einführungsgesetzes, Band 2, 2. Auflage 1890

Stein, Friedrich/*Jonas,* Martin: Kommentar zur Zivilprozessordnung, Berger, Christian/Bork, Reinhard/Brehm, Wolfgang u.a. (Bearb.)
– Band 1 Einleitung, §§ 1–40, 22. Auflage 2003
– Band 2 §§ 41–127a, 22. Auflage 2004
– Band 3 §§ 128–252, 22. Auflage 2005
– Band 5 §§ 328–510b, 22. Auflage 2006

– Kommentar zur Zivilprozeßordnung, Bork, Reinhard/Brehm, Wolfgang/Grunsky, Wolfgang/Leipold, Dieter u.a. (Bearb.)
– Band 1 §§ 1–90, 21. Auflage 1993
– Band 2 §§ 91–252, 21. Auflage 1994
– Band 3 §§ 253–299a, 21. Auflage 1997
– Band 4 Teilband 1 §§ 300–347, 21. Auflage 1998

– Kommentar zur Zivilprozeßordnung, Grunsky, Wolfgang (Bearb.), Band 2, Teilband 2 §§ 300–510b, 20. Auflage 1989

- Kommentar zur Zivilprozeßordnung, Grunsky, Wolfgang/Leipold, Dieter (Bearb.), Band 2 19. Auflage 1972
- Kommentar zur Zivilprozessordnung, Schönke, Adolf (Bearb.), Band 1, 17. Auflage 1949

Streinz, Rudolf: Der „effet utile" in der Rechtsprechung des Gerichtshofs der Europäischen Gemeinschaften, in: Due, Ole/Schwarze, Jürgen (Hrsg.), Festschrift für Ulrich Everling, Band 2, 1995, S. 1491

Stürner, Rolf: Die erzwungene Intervention Dritter im europäischen Zivilprozeß, in: Schütze, Rolf A. (Hrsg.), Festschrift für Reinhold, Geimer zum 65. Geburtstag, „Einheit und Vielfalt des Rechts", 2002, S. 1307

- Rechtskraft in Europa, in: Geimer, Reinhold (Hrsg.), Wege zur Globalisierung des Rechts, Festschrift für Rolf A. Schütze zum 65. Geburtstag, 1999, S. 913

Taupitz, Jochen: Verjährungsunterbrechung im Inland durch unfreiwillige Beteiligung am fremden Rechtsstreit im Ausland, ZZP 102 (1989), S. 288

Theunis, Jan: International Carriage of Goods by Road (CMR), 1987

Thomas, Heinz/*Putzo,* Hans: Zivilprozessordnung mit Gerichtsverfassungsgesetz, den Einführungsgesetzen, und europarechtlichen Vorschriften, Kommentar, 29. Auflage 2008

Thume, Karl-Heinz/*Demuth,* Klaus: Kommentar zum CMR Übereinkommen über den Beförderungsvertrag im internationalen Straßengüterverkehr, 2. Auflage 2007

Vogel, Oscar/*Spühler,* Karl: Grundriss des Zivilprozessrechts und des internationalen Zivilprozessrechts der Schweiz, 8. Auflage 2006

Völker, Silke: Frankreich, in: Basedow, Jürgen/Fock, Till, Europäisches Versicherungsvertragsrecht, Band I, 2002, S. 451

Vollkommer, Max: Anmerkung zur Entscheidung des OLG Köln vom 19.12.1990, NJW-RR 1991, S. 1535

- Anmerkung zur Entscheidung des OLG München vom 11.10.1985 – 14 U 209/85 –, NJW 1986, S. 264

Walter, Gerhard: Internationales Zivilprozessrecht der Schweiz, 4. Auflage 2007

- Prozessverträge: Privatautonomie im Verfahrensrecht, 1998

Walther, Fridolin: Die Schweiz und das europäische Zivilprozessrecht – *quo vadis?*, ZSR 2005 II, S. 301

Wieczorek, Bernhard: Zivilprozeßordnung und Nebengesetze, Band 1 §§ 1–252, 2. Auflage 1976

Wieczorek, Bernhard/*Schütze,* Rolf A.: Zivilprozeßordnung und Nebengesetze, Großkommentar, Band 1, Einleitung 33 1–127a, 3. Auflage 1994,

- Zivilprozessordnung und Nebengesetze, Großkommentar, Band 2, Teilband 1, §§ 128–252, 3. Auflage 2007
- Zivilprozessordnung und Nebengesetze, Großkommentar, Band 2, Teilband 3, 1. Teil, §§ 300–354, 3. Auflage 2007

Wilhelmi, Walter: Die Streitverkündung vom Ausland, Niemeyers Zeitschrift f. Intern. Recht 1933–34, S. 105

William, Rose/*Ashfield,* Evan (Hrsg.): Blackstone's civil practice 2008, 8. Auflage 2007

Wilmowsky, Gustav K./*Levy,* M.: Civilprozeßordnung und Gerichtsverfassungsgesetz für das Deutsche Reich nebst Einführungsgesetzen, Band 1, 4. Auflage 1886

Zöller, Richard (Begr.): Zivilprozessordnung, 26. Auflage 2007

Zuckerman, Adrian: Zuckerman on civil procedure, principles of practice, 2. Auflage 2006

Sachverzeichnis

Abuse of process siehe Prozessmissbrauch

Alternativschuldnerschaft
- deutsches Recht 62
- englisches Recht **96 f.**, 105, 280
- EuGVO **100**, 105, 280
- französisches Recht **31**, 61
- US-amerikanisches Recht **47**, 61

Anerkenntnis
- EuGVO 201
- ZPO 28
- siehe auch Säumnis

Anerkennung
- Anerkennungstheorien 113 ff.
- autonomes Recht 118 ff.
- Europäisches Gerichtsstands- und Vollstreckungsübereinkommen 175 ff.
- Übereinkommen von Lugano 203 ff.
- siehe auch die einzelnen Rechtsinstitute

Anerkennungsverfahren 118

Anerkennungszuständigkeit
- Hauptintervention *(interpleader)* 127, 178
- Interventionsklage 122, 178
- Streitverkündung *(vouching in)* 135, **142**, 178
- Verfahrensbeitritt *(intervention)* 133 ff., 178

Auslegung
- englisches Recht 36
- europäisches Recht 23, 70 ff., 82 Fn. 90, 89, 186
- internationaler Vertrag 91, 240 Fn. 79
- Prozessvertrag 257 ff.
- Übereinkommen von Lugano 107 f., 203

Ausschluss der Drittbeteiligung siehe Gerichtsstandsvereinbarung und Prozessvertrag

CIM 23
CIV 23
CMR 23, 239 ff., 279
COTIF 23, 239

Direktklage gegen den Versicherer 231
Dritte 15 ff.
Drittwiderstand siehe *tierce opposition*

Drittwirkung
- Anerkennung 110 ff., 202
- Ausgestaltung als Einrede
  - England 41
  - USA 160
- Ausgestaltung als Entscheidungswirkung 245 ff.
- CMR/CIM 240, 244, **248**
- Österreichisches Recht 91 Fn. 134
- US-amerikanisches Recht 56
- Vergleich 60

Einreden des Dritten
- akzessorische Haftung 169
- Bürgschaft 160, 167
- deutsches Recht 27
- englisches Recht 40
- Gesellschaftsrecht 164
- KfZ-Haftpflichtversicherung 168, 221
- Versicherungsrecht 168

Einreden gegen die Drittwirkung **266**
- Einrede fremder Rechtsordnung 270

– Einrede mangelhafter Prozessführung 60, 132, 144 (D), 189 (F), **268**
– Rechtsbehelfsverfahren siehe *tierce opposition*

funktionale Äquivalenz 207
– Klageerhebung 207
– Streitverkündung 214

gerichtliche Verfügungen 126
Gerichtspflichtigkeit
– ausländisches Verfahren 63
– EuGVO 68
Gerichtsstand
– exorbitanter Gerichtsstand 79
– Interventionsklage (Art. 6 Nr. 2 EuGVO) 69, **76 f.**, 88
– Interventionsklage nach englischem Recht 80
– Streitgenossenschaft (Art. 6 Nr. 1 EuGVO) 76, 98 f.
– US-amerikanisches Recht 48
– Vereinbarung 250
– Versicherungsrecht 223, 227, 230
– siehe auch Zuständigkeit
Gerichtsstandsvereinbarung 250
– Auslegung 257
– Interventionsklage 250
– Streitverkündung 251
– Versicherungssachen 228
– Verstoß 259
Gesamtschuldner
– EuGVO 103
– internationales Transportrecht 247
– Rechtskraftwirkung 158, 168, 170
– Verfahrensbeteiligung nach englischem Recht 37
– Verfahrensbeteiligung nach französischem Recht 35
– Verfahrensbeteiligung nach US-amerikanischem Recht 47
– siehe auch *joinder*

Hauptintervention **61**
– Anerkennung 172 ff., 175, 175 Fn. 303, 195, 283
– deutsches Recht 29, 67
– englisches Recht *(interpleader)* 39
– EuGVO 72 ff., 87
– französisches Recht *(intervention volontaire principale)* 33
– österreichisches Recht 74 Fn. 48
– Schweizer Recht 106 Fn. 197
– Substitution 207
– US-amerikanisches Recht *(interpleader)* 50
Henderson v. Henderson-rule 42 f.

*i*mpleader siehe Interventionsklage
injunction siehe gerichtliche Verfügungen
Interessen
– Anerkennung der Drittwirkung **111 ff.**
– Beteiligteninteresse 59 f.
– Beteiligteninteresse im Anerkennungsverfahren 281 f.
– Beteiligteninteresse im Erstverfahren 281
– Gerichtspflichtigkeit des Dritten 15 ff.
– Gruppeninteresse im US-amerikanischen Recht 49, 155 ff.
– Interessenabwägung nach der EuGVO 93, 102
– Interventions- oder Streitverkündungsinteresse 32, 48, 61
– Nebeninterventionsinteresse 66
– öffentliche Interessen 69
– Rechtssicherheit 134 f.
– Zuständigkeitsinteresse 15, 136 ff.
interpleader siehe Hauptintervention
intervention siehe Interventionsklage, Hauptintervention, Nebenintervention und Streitverkündung
Interventionsklage
– Anerkennung 175 ff., 202 ff.
– Ausschluss durch Prozessvertrag 250, 257
– Gerichtsstand in Deutschland 65

Sachverzeichnis

- Gerichtsstand nach EuGVO 68 ff., 280
- englisches Recht *(part 20-Klage)* 36
- französisches Recht *(intervention forcée mise en cause aux fins de condamnation)* 30
- Rechtsvergleichung 60 ff., 277
- Schweizer Recht
- Substitution 207 ff., 219
- Transportrecht 243, 248
- US-amerikanisches Recht *(impleader)* 46
- Versicherungsrecht 224

Interventionswirkung
- Anerkennung 133 ff., 180 ff., 202
- deutsches Recht 26 ff., 91
- englisches Recht 39, 40 ff.
- französisches Recht 30, 33
- Rechtsvergleichung 62
- Substitution 214 f.
- systematische Einordnung 130 ff.
- Transportrecht 241
- US-amerikanisches Recht siehe *issue preclusion*
- vertraglicher Ausschluss 259
- zu Lasten der Hauptpartei 131

issue preclusion
- Anerkennung 128 ff., 166, 173
- Bürge 159
- US-amerikanisches Recht 45, 53 ff.
- Verfahrensunbeteiligter 151

joinder siehe Streitgenossenschaft

Kollisionsnorm
- Einrede fremder Rechtsordnung 270
- europarechtliche Vereinheitlichung 182 Fn. 326
- verfahrensrechtliche Kollisionsnorm 64 Fn. 5
- versteckte Kollisionsnorm 63
- Vorfrage 68 Fn. 18

Konnexität
- Alternativschuldner 100
- Mehrparteiengerichtsstand (Art. 6 Nr. 1 EuGVO) 98

LugÜ siehe Übereinkommen über die gerichtliche Zuständigkeit und die Anerkennung und Vollstreckung von Entscheidungen

Missbrauch
- Missbrauchsklausel nach Art. 6 Nr. 2 EuGVO 81 ff., 104, 178, 212
- Versicherungsrecht 229
- Wirkungserstreckung wegen Prozessmissbrauch siehe Prozessmissbrauch

mutual preclusion 56, 152, 173

Nebenintervention
- Anerkennung siehe Interventionswirkung 181
- deutsches Recht 28
- englisches Recht *(joinder)* 38, 88
- EuGVO 89, 95
- französisches Recht *(intervention volontaire accessoire)* 31, 74
- LugÜ 107
- Nebeninterventionsinteresse bei Fällen mit Auslandsbezug 66
- Rechtsvergleichung 60
- Schweizer Recht 106 Fn. 197
- US-amerikanisches Recht 48
- Versicherungsrecht 224
- Zwischenstreit (§ 71 ZPO) 269

non-mutual preclusion 59, 171 ff.

ordre public
- Anerkennungstheorien 113
- deutsches Recht 125, 148
- EuGVO 187, 202, 282
- EuVTVO 201
- kollusives Zusammenwirken der Hauptparteien 267
- LugÜ 204

- mutual preclusion 164
- non-mutual preclusion 170
- rechtliches Gehör 145, 148 (ZPO), 191 (EuGVO)
- subjektive Rechtskrafterstreckung 195 f., 203
  - Prozessmissbrauch 198
  - *representation* 197
  - Substitution 212
- verfahrensrechtlicher ~ 149, 165

part 20-Klage siehe Interventionsklage
Partei siehe Verfahrenspartei
Prätendentenstreit siehe Hauptintervention
Prozessmissbrauch 42
- Wirkungserstreckung 158, 163, 197
Prozessvertrag 252, 260
- zu Lasten Dritter 263

Qualifikation 205
- funktionelle ~ 119
- Interventionsklageurteil 119
- materiellrechtliche ~ 181
- prozessrechtliche ~ 181

rechtliches Gehör 15 f.
- deutsches Recht 124, 145, 149
- EMRK 188
- EuGVO 179, 186, 190
Rechtskraft
- Ausgestaltung 54 (USA)
- Einrede der ~ 54 (USA)
- objektive Rechtskraft 196 Fn. 381
Rechtskrafterstreckung 16
- englisches Recht 40, 110
- französisches Recht 30
- US-amerikanisches Recht 56
- subjektive Rechtskrafterstreckung 195 ff.
- siehe auch *mutual*- und *non-mutual preclusion*
Rechtsnachfolger 56, 152

Repräsentation *(representation)*
- Anerkennung nach der EuGVO 197, 203
- Anerkennung nach der ZPO 152, 173
- englisches Recht 44
- US-amerikanisches Recht 57
Res judicata 40 ff., 53
Rom I 182 Fn. 327
Rom II 182 Fn. 327

Säumnis des Dritten
- englisches Recht 37, 199 ff.
- französisches Recht 200
- Verzicht auf Versäumnisurteil 255
Streitgenossenschaft
- Alternativschuldner 31, 100 f.
- englisches Recht *(joinder)* 38 f., 62, 105
- EuGVO 75, 95 ff.
- Gesamtschuldner 103
- Regressanspruch 100
Streitverkündung
- Ausschluss 251, 257
- deutsches Recht 26, 67
- englisches Recht 38
- EuGVO 88 ff., 181
- französisches Recht *(intervention forcée mise en cause commun de jugement)* 30, 74
- Substitution 214
- Transportrecht 242
- US-amerikanisches Recht *(vouching in)* 51 ff., 135
- Versicherungsrecht 233
Streitverkündungswirkung siehe Interventionswirkung
subjektive Rechtskraft 16, 152, 168
- englisches Recht 180, 195 ff.
- *joinder* 199
Substitution 182, 202, **205**
- Klageerhebung 207
- Streitverkündung 214 ff.

Tatbestandswirkung siehe Substitution
tierce opposition 30, **34**, 75, **266**
Transportrecht 221, 239
– CIM 23, 239
– CMR 23, 239

Übereinkommen über die gerichtliche Zuständigkeit und die Anerkennung und Vollstreckung von Entscheidungen 21
– Anerkennung 203
– Einrede fremder Rechtsordnung 271
– Gerichtspflichtigkeit 106
Umdeutung 213, 257
unvereinbare Entscheidungen siehe widersprechende Entscheidungen

Verfahrensbeteiligung 16 ff.
– Ausschluss 249
– einzelne Rechtsinstitute 59 f.
– Interesse 112
Verfahrensökonomie 235
– englisches Recht 43
Verfahrenspartei 15, 25
Verfahrensrecht
– ausländisches Verfahrensrecht 63 ff.

– nationales Verfahrensrecht 78, 84
– ordre public 149, 165, 189
Verjährungshemmung siehe Substitution
Verordnung über die gerichtliche Zuständigkeit und die Anerkennung und Vollstreckung von Entscheidungen 21
Versäumnisurteil 37, 200, 255
Versicherungsrecht 221
virtual representation 153 ff., 161 ff.
Vollstreckungswirkung 17, 20, 61
Vorfrage 64 Fn. 5, 68 Fn. 18
vouching in siehe Streitverkündung

widersprechende Entscheidungen 77, 98, 104 f., **112**
Wirkungserstreckung siehe Anerkennungstheorien
Wirkungsgleichstellung siehe Anerkennungstheorien

Zuständigkeit
– für Interventionsklagen siehe Gerichtsstand
– für Streitgenossen siehe Gerichtsstand
– kraft Sachzusammenhangs 143
Zweiparteiensystem 15, 60